高职高专会计类精品教材系列

# Excel 在财务管理中的应用

（第三版）

李　慧　主　编

徐小慧　副主编

科　学　出　版　社

北　京

## 内 容 简 介

本书以 Excel 2016 为平台，系统介绍 Excel 软件在财务管理中的应用。全书分为八章，主要内容包括 Excel 2016 软件基础、Excel 在财务管理核心概念中的应用、Excel 在筹资管理中的应用、Excel 在流动资产管理中的应用、Excel 在投资管理中的应用、成长期企业财务预算案例、创业企业财务预测案例，以及个人/家庭理财方案设计案例。本书帮助读者在掌握财务管理的基本理论和方法的基础上，能够熟练应用 Excel 软件对企业、个人的财务活动进行管理。

本书既可作为高等职业院校会计学、财务管理等专业的教学用书，也可作为财会工作者、企业管理者、创业者及银行、保险等相关领域专业人员的参考读物。

**图书在版编目（CIP）数据**

Excel 在财务管理中的应用/李慧主编. —3 版. —北京：科学出版社，2020.6

ISBN 978-7-03-063361-3

Ⅰ. ①E… Ⅱ. ①李… Ⅲ. ①表处理软件-应用-财务管理-高等职业教育-教材 Ⅳ. ①F275-39

中国版本图书馆 CIP 数据核字（2019）第 255359 号

责任编辑：薛飞丽 杨 昕 / 责任校对：陶丽荣

责任印制：吕春珉 / 封面设计：东方人华平面设计部

科学出版社 出版

北京东黄城根北街 16 号

邮政编码：100717

http://www.sciencep.com

铭浩彩色印装有限公司 印刷

科学出版社发行 各地新华书店经销

*

2007 年 9 月第 一 版 2020 年 6 月第十三次印刷

2014 年 8 月第 二 版 开本：787×1092 1/16

2020 年 6 月第 三 版 印张：13 1/4

字数：314 000

**定价：41.00 元**

（如有印装质量问题，我社负责调换〈铭浩〉）

销售部电话 010-62136230 编辑部电话 010-62135397-2039

# 第三版前言

财务管理是管理人才的必备技能之一。Excel 2016 软件集函数运算、数据分析、统计、绘图、排序、分类等功能于一体，具有界面友好且操作简单的特点，可以广泛应用于财务管理、统计分析和预测决策等领域。本书以 Excel 2016 软件为平台，系统介绍 Excel 软件在企业筹资管理、投资管理、流动资产管理、财务预测、财务预算、个人理财等财务管理活动中的应用，使读者在掌握财务管理的基本理论和方法的基础上，能够熟练应用 Excel 2016 软件对企业、个人的财务活动进行有效管理。

本书自 2007 年 9 月首次出版、2014 年 8 月再版以来，已经多次印刷，得到了众多院校教师、学生和其他读者的认可。应 Excel 软件新版上线、新经济业务不断涌现及企业增值税、个人所得税等变化之需，编者对本书相关内容进行了修订和补充，推出第三版。

本书具有以下特点：

1）本书以 Excel 2016 软件为平台，全面系统地介绍了该软件在企业财务管理和个人理财活动中的应用。

2）本书详细阐述了 Excel 软件在财务管理核心概念、筹资管理、投资管理及流动资产管理等财务活动中的具体应用，并编写了运用 Excel 软件编制成长期企业财务预算、进行创业企业财务预测和设计个人理财方案三个综合案例，思路清晰，步骤详尽，循序渐进地培养读者利用 Excel 软件分析与解决财务管理实际问题的综合能力，为学生参与企业财务管理实践、创业实践、创业计划大赛及个人理财规划等活动提供有力帮助。

3）本书通过文字、图片及表格相结合的方式阐述 Excel 软件在财务管理中应用的主要内容，体系完整，内容精练，篇幅仅为同类教材的三分之二，每章末均附有习题，易学易用，适合高等职业院校教学和其他读者自学选用。

本书由李慧负责框架设计，并编写第二章至第八章，徐小慧编写第一章。本书在编写过程中得到了天津职业技术师范大学林永春和山西经济管理干部学院刘智远的大力支持，此外，谢铭泉、姜志云、马从彦、李丹丹、陈婷婷、张骁等同学参与了案例收集、数据计算等工作。本书在编写过程中参阅了相关著作，在此一并表示衷心的感谢！

由于作者水平和时间所限，书中难免存在不足之处，恳请读者批评指正。

编 者

2019 年 4 月

# 第一版前言

随着我国经济的不断发展，社会对各类应用型人才的需求越来越大，要求也越来越高。高等职业教育正是适应社会对人才的需求，以培养高素质、高层次的应用型人才为己任而产生和发展起来的。高等职业院校的课程设置应以技术应用能力、职业素质培养为主线，以“实际、实用、实践、实效”为原则。

“财务管理”是会计、工商管理等专业的主干课程之一，高等职业教育中的“财务管理”课程具有务实性较强、计算量较大等特点，因此本书以Excel 2007版为平台，系统介绍了Excel软件在企业筹资管理、投资管理、财务分析等活动中的应用，使学生在掌握财务管理基本理论和方法的基础上，能熟练应用计算机对企业财务活动进行管理。

本书具有以下特点：

1）课题新。Excel在财务管理中的应用是高职会计、工商管理等专业的新兴课程，可以切实提高高职学生运用所学理论分析解决实际问题的能力。

2）平台新。本书以Excel最新版本2007版为平台编写。

3）简明实用。本书中的操作步骤均以简要说明结合图片形式给出，每章均附有习题及术语积累，易学易用。

4）体系完整。本书覆盖财务管理的主要内容及环节。

5）内容精炼。本书篇幅仅为同类教材的三分之二，适合高职教学选用。

本书按照财务管理的内容和环节共分为八章。其中，第二至第六章由李慧编写，第一、第七、第八章由刘智远编写。李慧负责本书框架及结构设计。在编写的过程中参考并引用了有关专家学者的研究资料，得到了科学出版社的大力支持，在此深表感谢!

由于编者水平有限，书中难免存在疏漏之处，请广大读者批评指正。

# 目 录

# 第一章

# Excel 2016 软件基础

## 第一节　Excel 2016 软件简介

Excel 2016 软件是 Microsoft Office 办公组件中的一款功能强大的工具，它可以创建电子表格，进行数据运算、分析和共享信息，以此帮助决策者做出更加明智的决策。Excel 2016 软件是一款集表格处理、文档处理、数据库处理、绘图、统计、排序、分类等功能于一体的多功能通用电子表格软件，具有界面友好、操作简单的特点，应用广泛。利用 Excel 软件的强大功能及其提供的大量函数，可以很方便地进行统计分析、预测分析和财务管理等工作。本书着重介绍 Excel 2016 软件在财务管理中的应用。

### 一、Excel 2016 软件的特点

（1）新增 Tell Me 功能

用户在“告诉我你想要做什么”或“操作说明搜索”文本框中输入关键词，Tell Me 就能提供相应的操作选项。Tell Me 功能可以让用户快速地找到所需功能的按钮，节省了在选项卡中寻找某个命令具体位置的时间。

（2）拥有更多的模板

用户可以根据用途选择合适的模板，如费用报销单模板、学年日历模板、考勤日历模板等。丰富的模板素材让用户有了更多的选择。此外，还有入门教程、公式教程、数据透视表教程等帮助用户高效地使用 Excel 2016 软件的操作演示教程。

（3）提供更加丰富的主题颜色

Excel 2016 软件共有三种主题颜色供用户选择，分别是彩色、深灰色和灰白色，用户可以在个性化设置中对主题颜色进行更改。

（4）内置查询增强版（Power Query）

用户无须单独下载安装 Power Query 插件，该插件可以直接在数据选项卡下找到，用于发现、链接、合并和优化数据源以满足分析需要。Power Query 能够搜索数据源并创建链接，然后按照满足需要的方式调整数据（如删除列、更改数据类型或合并表格），调整数据之后，可以共享发现或使用查询功能创建报表。

（5）新增预测功能

在数据选项卡下新增预测工作表功能。预测工作表可以根据现有的数据信息，一键

预测未来数据发展态势，并将其以折线图和柱形图的形式呈现出来。

（6）新增六种图表

用户可以创建表示数据之间结构关系的树状图、多层级数据层次占比的旭日图、数据分类情况和各类别间差异的直方图、一组数据分散情况的箱形图、一系列数据增减变化和数据间差异对比的瀑布图。

（7）新增 Power Map 插件

Power Map 是一个三维数据可视化工具。用户可以将地理数据和临时数据绘制在一个三维地球仪或自定义地图上，随着时间的推移进行显示，并且创建可以与其他人共享的可视教程。

## 二、Excel 2016 软件的启动与退出

### 1. Excel 2016 软件的启动

Excel 2016 软件有以下五种启动方法。

1）如图 1-1 所示，单击微软图标，进入开始界面→选择左下角的⊙图标，进入应用界面，选择 Excel 2016，即可启动 Excel。

（a）　（b）　（c）

图 1-1　Excel 2016 软件的启动

2）双击一个扩展名为.xls 或.xlsx 的文件即可启动 Excel。

3）在桌面已经创建 Excel 2016 快捷方式的情况下，双击快捷方式即可启动 Excel。

4）在已将 Excel 2016 固定到任务栏中的情况下，单击任务栏中的图标即可启动 Excel。

5）在桌面空白处右击→选择新建→Microsoft Excel 工作表→编辑文件名称→双击此文件即可启动 Excel。

2. Excel 2016 软件的退出

Excel 2016 软件有以下四种退出方法。

1）单击 Excel 窗口右上角的控制按钮 即可退出 Excel。

2）右击 Excel 标题栏空白处，选择“关闭”选项即可退出 Excel，如图 1-2 所示。

3）在 Excel 界面左上角的“文件”选项卡中选择“关闭”选项即可退出 Excel，如图 1-3 所示。

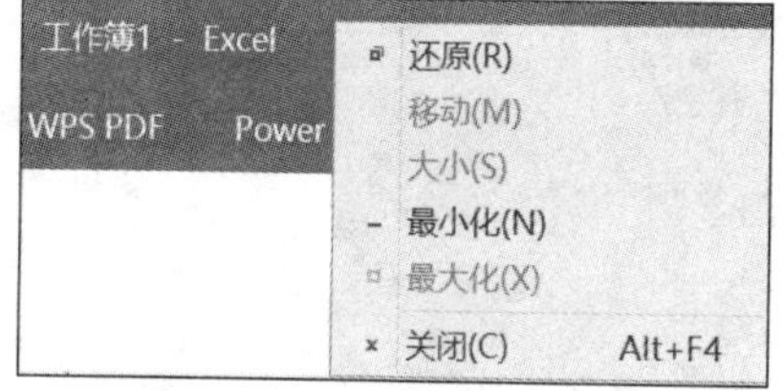


图 1-2 退出 Excel 2016（一）

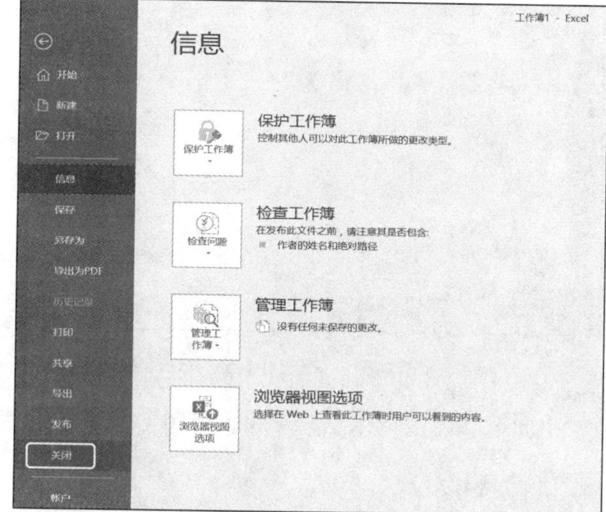


图 1-3 退出 Excel 2016（二）

4）按 Alt+F4 组合键也可退出 Excel。

## 三、Excel 2016 软件的外观

当 Excel 2016 软件正常启动后，出现 Excel 2016 软件工作窗口，包含根据特定情境设计的各种工作簿模板，如图 1-4 所示。

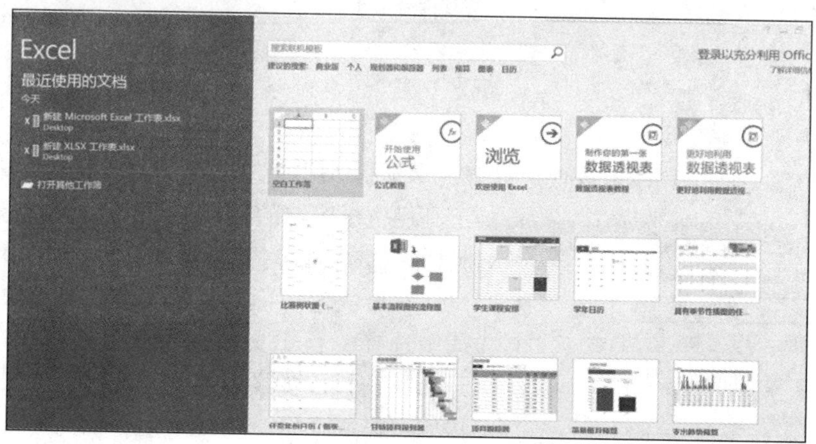


图 1-4 Excel 2016 软件工作窗口

根据实际情况对以上模板进行选择，选定模板后，窗口中出现空白工作簿，如图1-5所示。

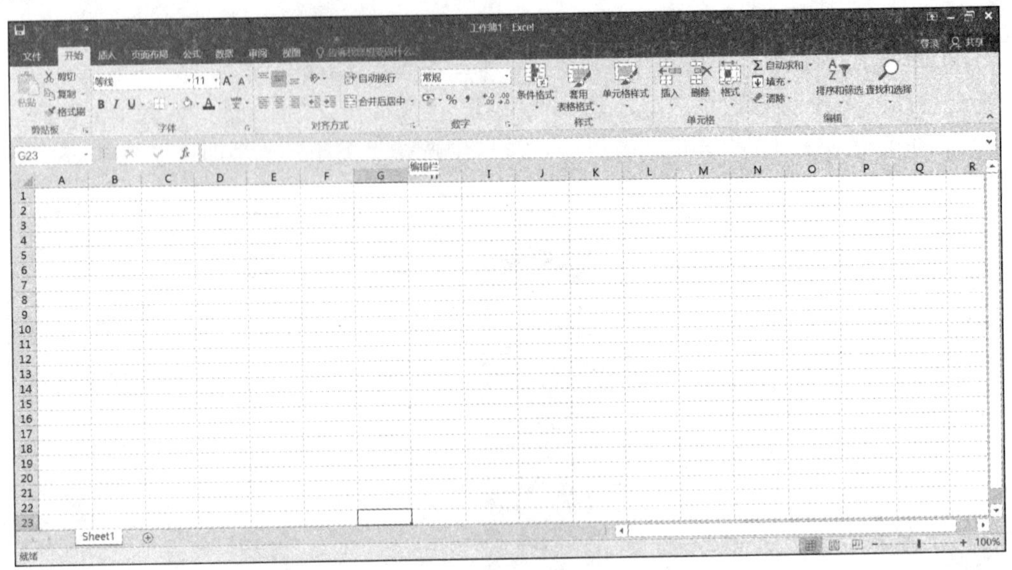

图1-5　Excel 2016软件空白工作簿

下面按功能区域来认识Excel 2016软件的工作窗口。

1. 标题栏

标题栏是一个浓缩的窗口，其提示的控件如图1-6所示。标题栏位于窗口的最上方，其用最精练的语言说明该窗口的名称及主要功能。Excel 2016软件的标题栏从左到右依次为快速访问工具栏、窗口名称及功能提示和控制按钮。

图1-6　标题栏

（1）快速访问工具栏

使用快速访问工具栏可以快速打开日常频繁使用的工具。在默认情况下，快速访问工具栏位于窗口的顶部。用户可以向快速访问工具栏添加命令，对其进行自定义，如图1-7所示。

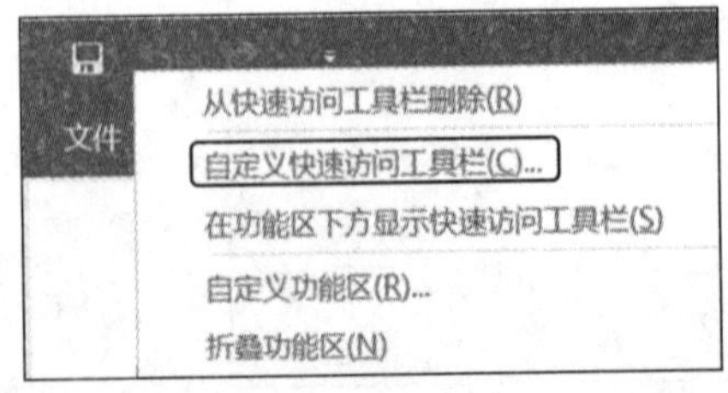


图1-7　快速访问工具栏

右击快速访问工具栏区域，弹出快捷菜单，从中选择“自定义快速访问工具栏”选项，打开选项窗口，如图1-8所示。自定义的具体步骤如下。

1）在“从下列位置选择命令”下拉列表框

中，选择“常用命令”选项。

2）在“自定义快速访问工具栏”下拉列表框中，选择“用于所有文档（默认）”选项或某个特定文档。

3）选择要添加的命令，然后单击“添加”按钮。对所有要添加的命令重复以上操作。

4）单击“上移”按钮和“下移”按钮，按照希望这些命令在“快速访问工具栏”上出现的顺序将其排列。

5）单击“确定”按钮。

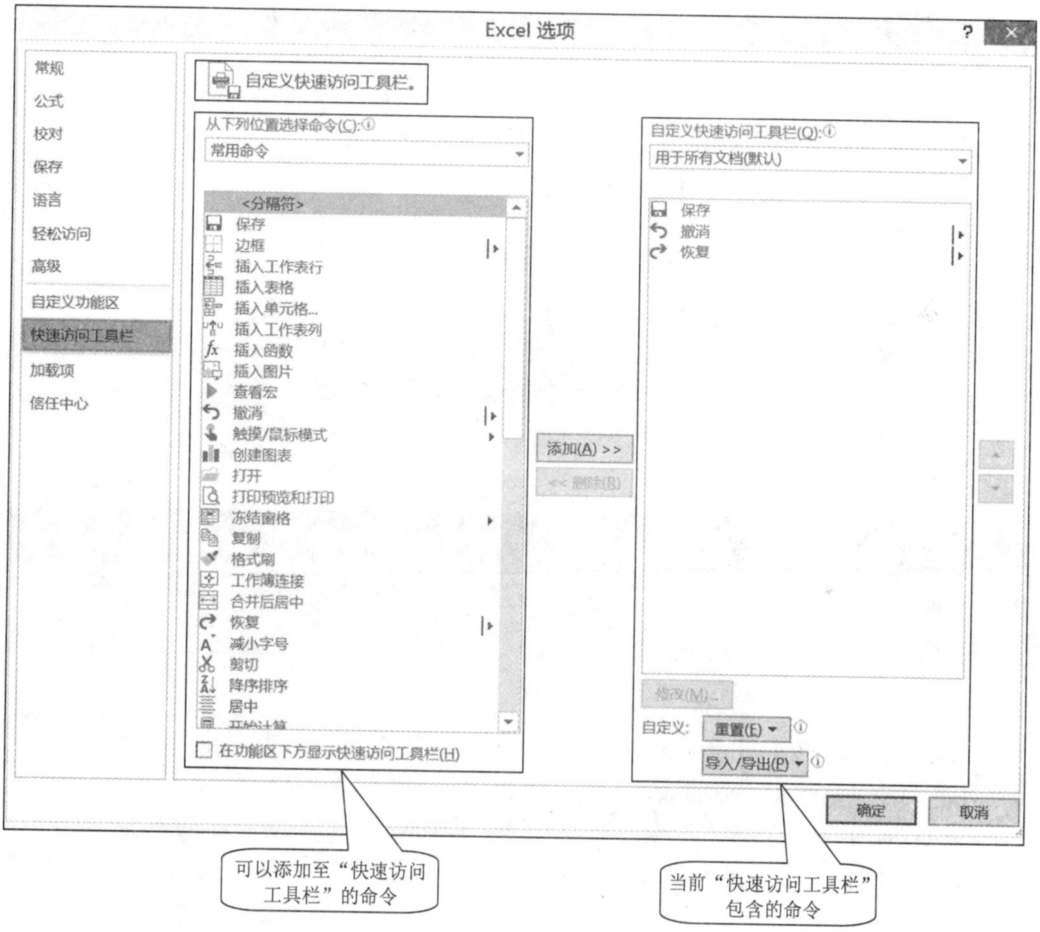

可以添加至“快速访问工具栏”的命令

当前“快速访问工具栏”包含的命令

图 1-8　选项窗口

（2）窗口名称及功能提示

窗口名称及功能提示用来显示窗口及窗口功能的信息。

（3）控制按钮

控制按钮可以实现功能区的显示与隐藏，即实现窗口的最小化、最大化、向下还原（窗口最大化后才会显示该按钮）和关闭功能，也可通过右击标题栏，在弹出的窗口控制快捷菜单中进行相应的操作，如图 1-9 所示。

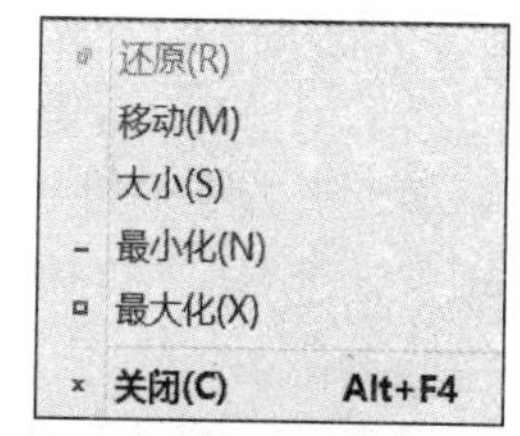


图 1-9　窗口控制快捷菜单

2. 任务功能区

任务功能区位于标题栏下方，由任务功能区选项卡和任务功能区逻辑组工具栏两部分组成，如图 1-10 所示。

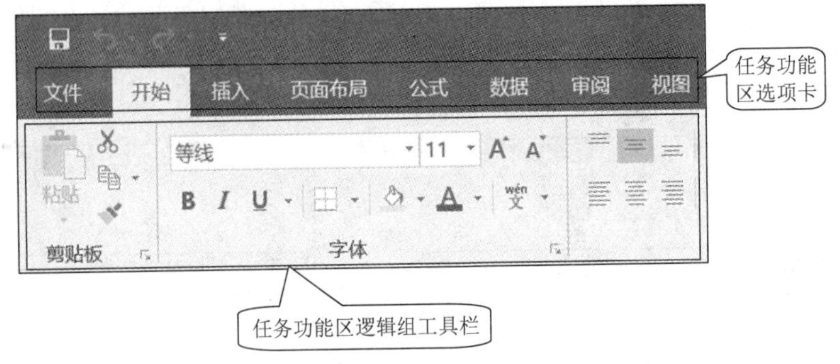


图 1-10　任务功能区

任务功能区可以使用户直接、快速地找到完成某一任务所需的命令。命令被组织在任务功能区逻辑组工具栏中，任务功能区逻辑组工具栏集中在任务功能选项卡下。每个选项卡都与一种类型的活动（如为公式输入内容或布局设计）相关。为了减少混乱，某些选项卡只在需要时才显示。例如，仅当选择图片后才显示“图片工具”选项卡，如图 1-11 所示。

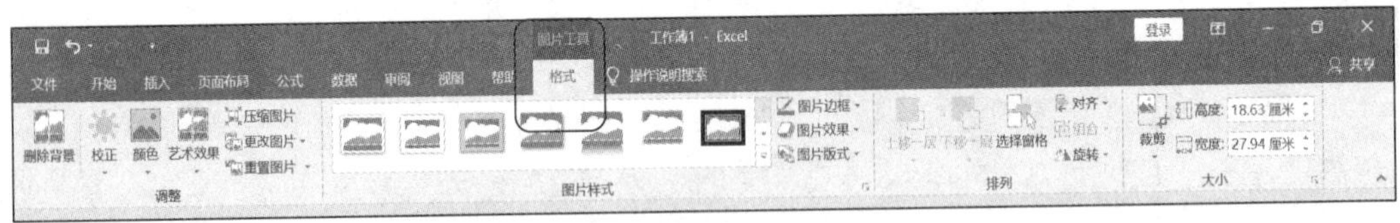

图 1-11　“图片工具”选项卡

当操作的数据较多且希望工作区域增大时，可以将任务功能区折叠以增大工作区域。任务功能区折叠和还原的操作方法如下。

1）右击任意任务功能选项卡，在弹出的菜单中选择“折叠功能区”选项。

还原功能区：右击任意任务功能选项卡，在弹出的菜单中选择“折叠功能区”选项。

2）选中任意任务功能选项卡后，双击该选项卡，任务功能区自动折叠。

还原功能区：选中任意任务功能区选项卡后，双击该选项卡，任务功能区最小化状态消失，恢复任务功能区。

3）使用键盘快捷方式。若实现功能区最小化，则按 Ctrl+F1 组合键。若还原功能区，则再按 Ctrl+F1 组合键。若在功能区最小化的情况下使用功能区，则可选择要使用的选项卡，然后选择要使用的选项或命令。例如，在功能区最小化的情况下，可以选择“开始”选项卡，然后在“字体”选项组中单击所需的文本大小。在单击所需的文本大小后，功能区返回到最小化状态。

**提示：**对于功能区下的任意选项或按钮，都可通过右击，在弹出的窗口中选择“添加至快速访问工具栏”选项的方式将其添加至快速访问工具栏。

3. 工作簿及工作表

Excel 工作簿是包含一个或多个工作表的文件，可以用其中的工作表来组织各种相关信息。工作表总是存储在工作簿中。

Excel 工作簿模板是指创建后作为其他相似工作簿基础的工作簿。工作簿的默认模板名为Book.xlt。

Excel 工作表是指在 Excel 软件中用于存储和处理数据的主要文档，也称为电子表格。工作表由排列成行或列的单元格组成，工作表的默认模板名为Sheet.xlt。

（1）工作簿

创建新工作簿，可以打开一个空白工作簿，也可以基于现有工作簿、默认工作簿模板（默认工作簿模板是指用户创建的 Book.xlt 模板，可更改新建工作簿的默认格式，在启动Excel或者没有指定模板而新建工作簿时，Excel用该模板创建一个空白工作簿）或任何其他模板创建新工作簿，如图 1-12所示。

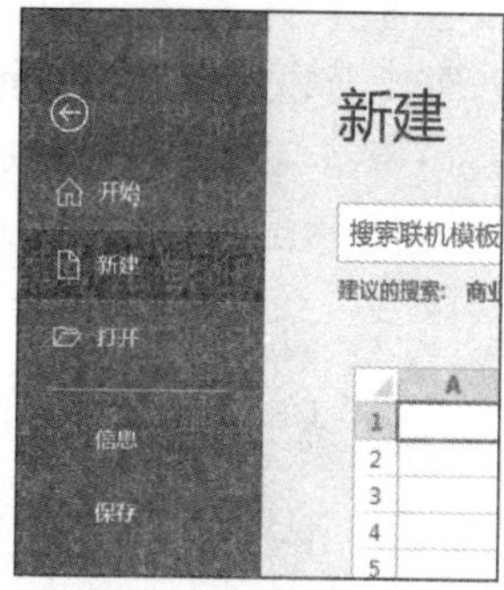


图 1-12 创建新工作簿

（2）工作表

工作表是 Excel 软件的数据操作主体，主要包括名称框、编辑栏、列标、行标、单元格、工作表标签、工作表标签滚动按钮、滚动条和状态栏等内容，如图 1-13 所示。

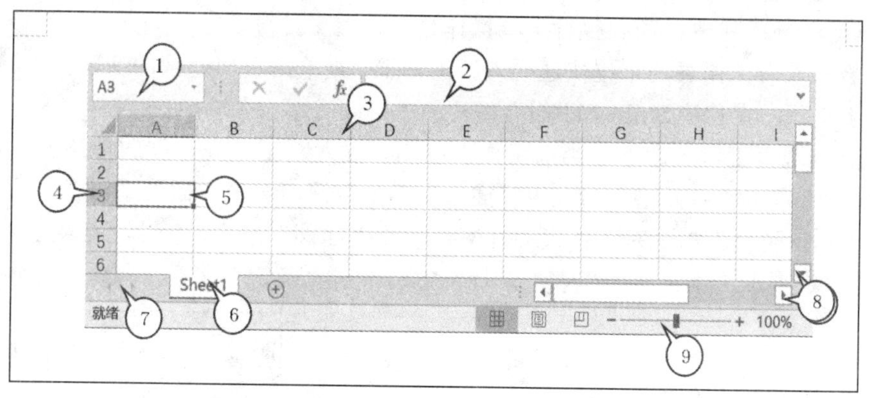


图 1-13 工作表

工作表各部分的功能如下。

① 名称框：显示当前的引用区域，即当前活动单元格的地址或单元格区域名称。

② 编辑栏：对在工作表中选定的单元格或单元格区域输入或修改数据。

③ 列标：说明工作表中各列的具体位置，用英文字母 A、B、C、D、…来表示。

④ 行标：说明工作表中各行的具体位置，用阿拉伯数字 1、2、3、4、…来表示。

⑤ 单元格：工作表的基本单位，其中可以存放数字、字符串、公式等。单元格的名称由列标和行标组成，如 A2，B3；单元格区域的名称由选定单元格区域的左上角的

单元格名称和右下角的单元格名称组成，如 A2:B3、C1:F4、…。目前正在使用的单元格称为活动单元格。

⑥ 工作表标签：标识一个工作簿中各张工作表的名称。默认情况下，一个工作簿有一个工作表，标签名称为 Sheet1。目前正在使用的工作表称为活动工作表，可以单击工作表标签进行工作表的切换。

⑦ 工作表标签滚动按钮：在 Excel 2016 中有两个工作表标签滚动按钮，当目标工作表未显示在工作表标签行时，可以通过单击左箭头或右箭头按钮切换至目标工作表。此外，还可通过以下两种操作方法显示目标工作表。a.在工作表标签滚动按钮上右击可以查看所有工作表。b.按 Ctrl+鼠标左键，可以查看第一个或最后一个工作表（该操作仅在工作表标签行不能完全显示所有工作表标签时方可进行）。

⑧ 滚动条：可以显示工作区域看不到的单元格区域，分为横向滑动条和纵向滑动条。

⑨ 状态栏：显示当前所处状态相关信息，状态栏有缩放比例及页面显示工具。

## 第二节　Excel 2016 软件的基本操作

### 一、工作表的操作

#### 1. 插入工作表

（1）一次插入一个工作表

插入一个新工作表，需要执行下列操作之一：

① 若在现有工作表的末尾快速插入新工作表，则单击窗口底部的新工作表⊕按钮，如图 1-14 所示，或者按 Shift+F11 组合键。

② 若在现有工作表之前（当前工作表左侧）插入新工作表，则选择该工作表，单击“开始”选项卡“单元格”选项组“插入”下拉按钮，选择“插入工作表”选项，如图 1-15 所示。也可右击现有工作表的标签，选择“插入”选项，弹出“插入”对话框，在“常用”选项卡中单击“工作表”图标，然后单击“确定”按钮。

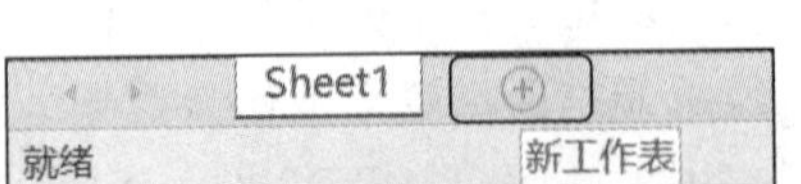


图 1-14　在现有工作表末尾插入新工作表

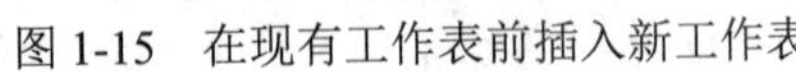


图 1-15　在现有工作表前插入新工作表

（2）一次插入多个工作表

一次插入多个工作表的操作方法如下。

① 按住 Shift 键的同时，选中多个工作表标签，单击“开始”选项卡“单元格”选项组“插入”下拉按钮，选择“插入工作表”选项，即可插入多个工作表。

② 在选中多个工作表标签之后，右击所选的工作表标签，在弹出的快捷菜单中选择“插入”选项，弹出“插入”对话框，在“常用”选项卡中单击“工作表”图标，然后单击“确定”按钮。

③ 如果要求一次插入的工作表数量庞大，则可分批次进行插入。

### 2. 重命名工作表

在“工作表标签”栏中，右击要重命名的工作表标签，在弹出的快捷菜单中选择“重命名”选项，选择当前的名称，然后输入新名称，如图 1-16 所示。也可双击需要重命名的工作表标签，然后输入新名称。

### 3. 删除工作表

单击“开始”选项卡“单元格”选项组“删除”右侧的下拉按钮，然后选择“删除工作表”选项，如图 1-17 所示。也可右击要删除工作表的标签，在弹出的快捷菜单中选择“删除”选项，如图 1-18 所示。

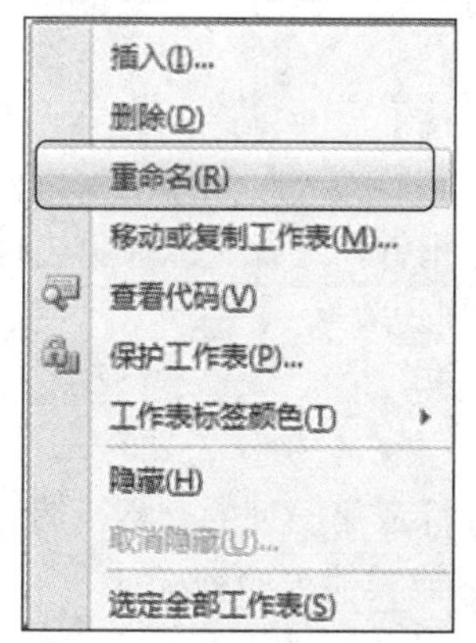


图 1-16 重命名工作表

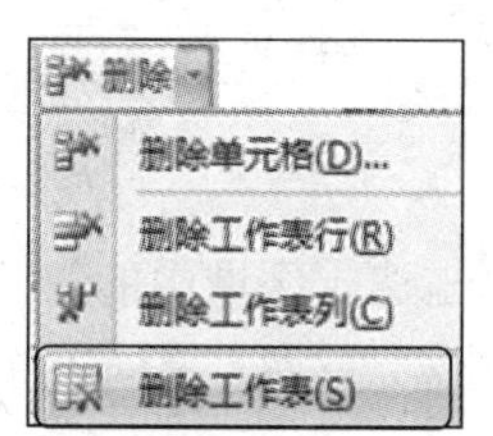


图 1-17 “开始”选项卡中删除工作表

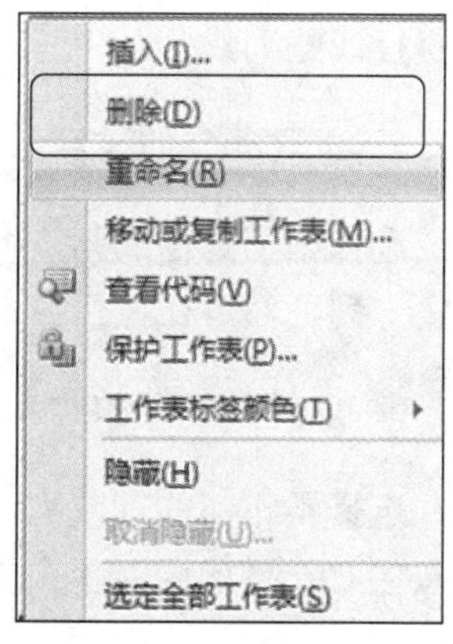


图 1-18 右击删除工作表

## 二、行、列及单元格操作

### 1. 选择一个单元格

选择一个单元格，可以单击该单元格，或按键盘上的方向键并移至该单元格。

### 2. 选择连续单元格区域

选择连续的单元格区域，可以单击该区域中的第一个单元格，然后按住鼠标左键，将鼠标指针拖至最后一个单元格，或者在按住 Shift 键的同时按键盘方向键以扩展选定区域。也可以选择该区域中的第一个单元格，然后按 F8 键，使用键盘方向键来扩展选定区域。若停止扩展选定区域，则再次按 F8 键。

选择连续的较大的单元格区域，可以单击该区域中的第一个单元格，然后在按住 Shift 键的同时单击该区域中的最后一个单元格，可以使用滚动功能显示最后一个单元格。

3. 选择不相邻的单元格或单元格区域

选择不相邻的单元格或单元格区域，可以先选择第一个单元格或单元格区域，然后在按住 Ctrl 键的同时选择其他单元格或单元格区域。也可以先选择第一个单元格或单元格区域，然后按 Shift+F8 组合键，将另一个不相邻的单元格或单元格区域添加到选定区域中。若停止向选定区域中添加单元格或单元格区域，则再次按 Shift+F8 组合键。

4. 选择整行或整列

选择整行或整列，可以单击行标或列标。也可以先选择行或列中的单元格，方法是选择第一个单元格，然后按 Ctrl+Shift+键盘方向键（对于行，使用向右键或向左键；对于列，使用向上键或向下键）。如果行或列包含数据，那么按 Ctrl+Shift+键盘方向键可以选择到行或列中最后一个已使用单元格之前的部分。按 Ctrl+Shift+键盘方向键可以选择整行或整列。

5. 选择相邻的行或列

选择相邻的行或列，可以在行标题间或列标题间拖动鼠标指针，或者先选择第一行或第一列，然后在按住 Shift 键的同时选择最后一行或最后一列。

6. 选择不相邻的行或列

选择不相邻的行或列，可以单击选定区域中的第一行的行标或第一列的列标，然后在按住 Ctrl 键的同时单击要添加到选定区域中的其他行的行标或其他列的列标。

7. 选择行、列或工作表中的第一个或最后一个单元格

选择行或列中的第一个或最后一个单元格，可以先选择行或列中的一个单元格，然后按 Ctrl+键盘方向键（对于行，使用向右键或向左键；对于列，使用向上键或向下键）。

选择工作表中的第一个或最后一个单元格，可以按 Ctrl+Home 组合键选择工作表或 Excel 列表中的第一个单元格，然后按 Ctrl+End 组合键选择工作表或 Excel 列表中的最后一个包含数据或格式设置的单元格。

选择工作表中最后一个使用的单元格（右下角）之前的单元格区域，可以先选择第一个单元格，然后按 Ctrl+Shift+End 组合键将选定单元格区域扩展到工作表中最后一个使用的单元格（右下角）。

选择工作表起始处的单元格区域，可以先选择第一个单元格，然后按 Ctrl+Shift+Home 组合键将单元格选定区域扩展到工作表的起始处。

### 8. 增加或减少活动选定区域中的单元格

增加或减少活动选定区域中的单元格，可以在按住 Shift 键的同时单击要包含在新选定区域中的最后一个单元格。活动单元格（活动单元格就是选定单元格，可以向其中输入数据。一次只能有一个活动单元格，活动单元格四周的边框加粗显示）和单击的单元格之间的矩形区域将成为新的选定区域。

### 9. 全选

选择工作表中的所有单元格可以单击“全选”按钮，如图 1-19 所示。

若选择整个工作表，则可按 Ctrl+A 组合键。若工作表包含数据，则按 Ctrl+A 组合键可以选择当前区域。按 Ctrl+A 组合键即可选择整个工作表。若取消选择的单元格区域，则单击工作表中的任意单元格即可实现。

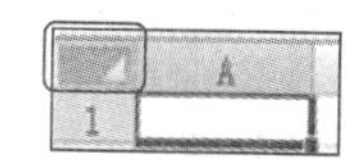

图 1-19 “全选”按钮

### 10. 在工作表中插入空白单元格

在工作表中插入空白单元格的操作步骤如下。

1）选取要插入新空白单元格的单元格或单元格区域。选取的单元格数量应当与要插入的单元格数量相同。例如，要插入六个空白单元格，则需要选取六个单元格。

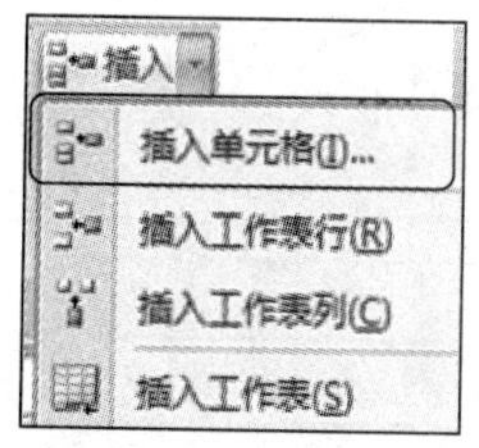

图 1-20 插入单元格

2）单击“开始”选项卡“单元格”选项组“插入”右侧的下拉按钮，选择“插入单元格”选项，如图 1-20 所示。还可以右击所选的单元格，在弹出的快捷菜单中选择“插入”选项，打开“插入”对话框。

3）在“插入”对话框中单击要移动周围单元格的方向。

当在工作表中插入单元格时，受插入影响的所有引用都会相应地做出调整，不管它们是相对引用还是绝对引用。这同样适用于删除单元格，但删除的单元格由公式直接引用时除外。若需要引用自动调整，则建议在公式中尽可能使用区域引用，而不是指定单个单元格。

可以插入包含数据和公式的单元格，方法是复制或剪切这些单元格，右击要粘贴的位置，然后选择快捷菜单上的“插入复制单元格”或“插入剪切单元格”选项。

若快速重复插入单元格的操作，则单击要插入单元格的位置，然后按 Ctrl+Y 组合键。如果设置格式，则可使用“插入选项”，利用格式刷 来选择和设置插入单元格的格式。

### 11. 在工作表中插入行

在工作表中插入行的操作步骤如下。

1）选择要插入的行。若插入单一行，则选择在其上方插入新行的行或该行中的一个单元格。例如，在第五行上方插入一个新行，单击第五行中的一个单元格。

若插入多行，则选择在其上方插入新行的那些行，所选的行数应当与要插入的行数相同。例如，插入三个新行，需要选择三行。

若插入不相邻的行，则在按住 Ctrl 键的同时选择不相邻的行。

2）单击“开始”选项卡“单元格”选项组“插入”右侧的下拉按钮，然后选择“插入工作表行”选项，如图 1-21 所示。还可以右击所选行，然后在弹出的快捷菜单中选择“插入”选项。

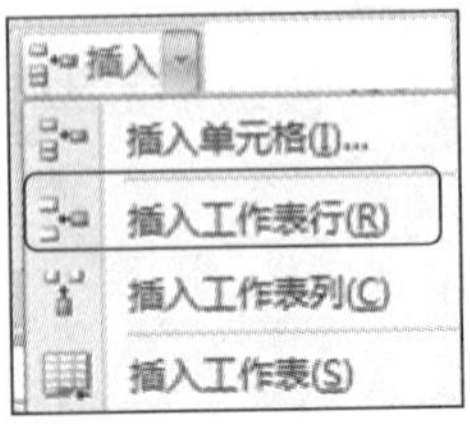

图 1-21　插入工作表行

当在工作表中插入行时，受插入影响的所有引用都会相应地做出调整，不管它们是相对引用还是绝对引用。这同样适用于删除行，但当删除的单元格由公式直接引用时除外。若需要引用自动调整，则建议在公式中尽可能使用区域引用，而不是指定单个单元格。

### 12. 在工作表中插入列

在工作表中插入列的操作步骤如下。

1）选择要插入的列。若插入单一列，则选择紧靠其右侧插入新列的列或该列中的一个单元格。例如，在 B 列左侧插入一个新列，则单击 B 列中的一个单元格。

若插入多列，则选择紧靠其右侧插入新列的那些列，所选的列数应当与要插入的列数相同。例如，插入三个新列，需要选择三列。

若插入不相邻的列，则在按住 Ctrl 键的同时选择不相邻的列。

2）单击“开始”选项卡“单元格”选项组“插入”右侧的下拉按钮，然后选择“插入工作表列”选项，如图 1-22 所示。还可以右击所选的单元格，然后在弹出的快捷菜单中选择“插入”选项。

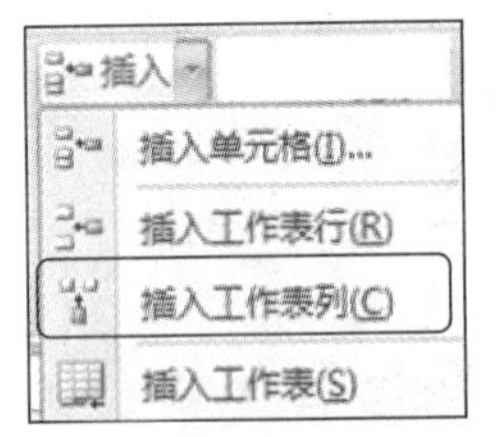

图 1-22　插入工作表列

当在工作表中插入列时，受插入影响的所有引用都会相应地做出调整，不管它们是相对引用还是绝对引用。这同样适用于删除列，但删除的单元格由公式直接引用时除外。若需要引用自动调整，则建议在公式中尽可能使用区域引用，而不是指定单个单元格。

### 13. 删除单元格、行或列

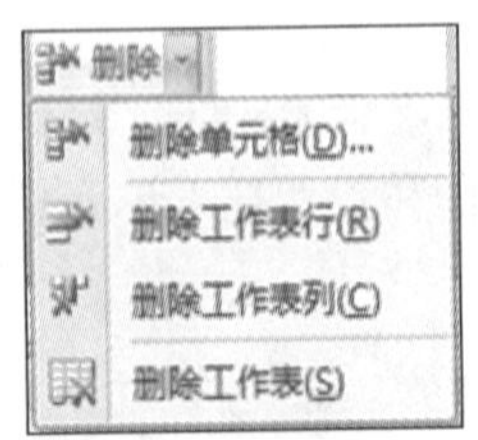

图 1-23　删除单元格、行或列

若在工作表中删除单元格、行或列，则可以在“开始”选项卡“单元格”选项组中执行下列操作之一，如图 1-23 所示。

1）若删除所选的单元格，则单击“删除”右侧的下拉按钮，然后选择“删除单元格”选项。

2）若删除所选的行，则单击“删除”右侧的下拉按钮，然后选择“删除工作表行”选项。

3）若删除所选的列，则单击“删除”右侧的下拉按钮，然后选择“删除工作表列”选项。

还可以右击所选的单元格、行或列，在弹出的快捷菜单中选择“删除”选项，然后在打开的“删除”对话框中选择所需的选项。

若删除单元格或单元格区域，则在“删除”对话框中选中“右侧单元格左移”“下方单元格上移”“整行”“整列”单选按钮，如图 1-24 所示。

按 Delete 键只删除所选单元格的内容而不会删除单元格本身。Excel 通过调整移动单元格的引用，反映它们的新位置，使公式保持更新。但是，如果公式中引用的单元格已被删除，那么将显示错误值 #REF!。

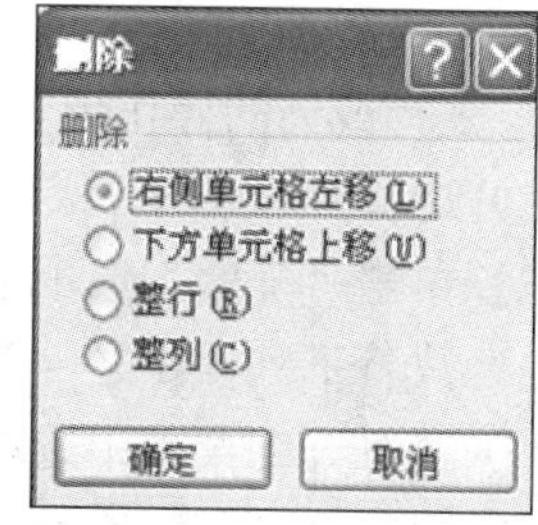


图 1-24 删除单元格或单元格区域

### 14. 冻结窗格

冻结窗格的操作步骤如下。

1）选择要冻结的行或列。在工作表中执行下列操作之一：

① 若锁定行，则选择其下方要出现拆分的行。

② 若锁定列，则选择其右侧要出现拆分的列。

③ 若同时锁定行和列，则单击其下方和右侧要出现拆分的单元格。

2）单击“视图”选项卡“窗口”选项组“冻结窗格”右侧的下拉按钮，然后选择所需的选项，如图 1-25 所示。

图 1-25 冻结窗格

当冻结窗格时，若将“冻结窗格”选项更改为“取消冻结窗格”，再次选择该选项可取消对行或列的锁定。

### 15. 拆分窗格

拆分窗格的操作步骤如下。

1）在选中要拆分的目标单元格后，单击“视图”选项卡“窗口”选项组“拆分”按钮，如图 1-26 所示。

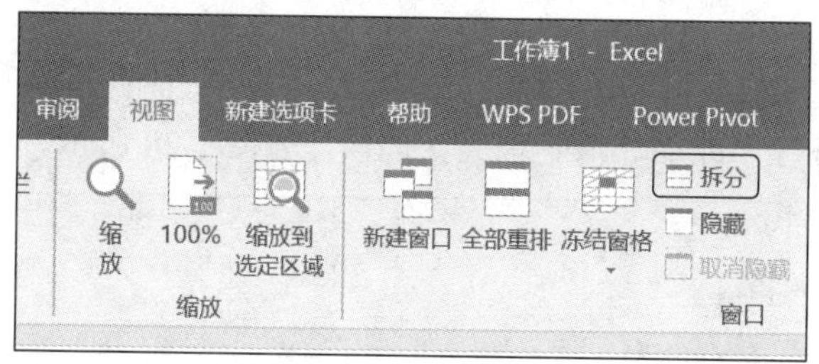


图 1-26 拆分窗格

2）当指针变为拆分指针或时，按住鼠标左键拖动拆分条至所需的位置。若取消拆分，则双击拆分窗格的拆分条的任意部分。

### 16. 隐藏行或列

隐藏行或列的操作步骤如下。

1）选择要隐藏的行或列。若取消选择的单元格区域，则单击工作表中的任意单元格。

2）单击“开始”选项卡“单元格”选项组“格式”右侧的下拉按钮。

3）执行下列操作之一：

① 在打开的菜单中选择“可见性”中的“隐藏和取消隐藏”中的“隐藏行”或“隐藏列”选项，如图1-27所示。

② 选择“单元格大小”中的“行高”或“列宽”选项，然后在打开的“行高”或“列宽”对话框中输入“0”。

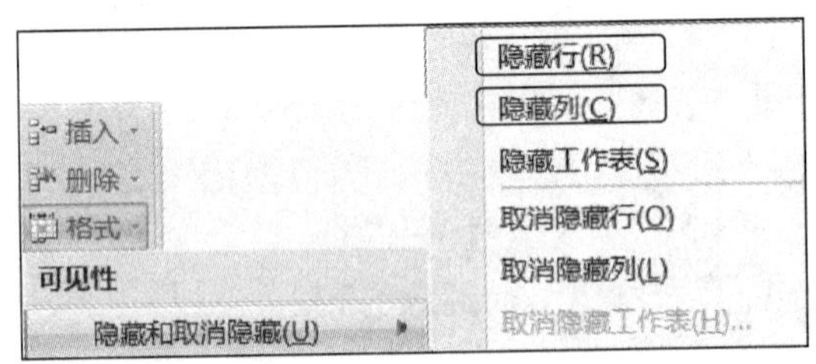


图1-27 隐藏行或列

③ 也可右击一行或一列，或者选择多行或多列，然后选择“隐藏”选项。

### 17. 取消隐藏行或列

取消隐藏行或列的操作步骤如下。

1）在工作表中执行下列操作之一：

① 若显示隐藏的行，则选择要显示行的上一行和下一行。

② 若显示隐藏的列，则选择要显示列两边的相邻列。

③ 若显示工作表中一个隐藏的行或列，则在名称框中输入隐藏行或列的单元格。也可使用“定位”对话框来选择。单击“开始”选项卡“编辑”选项组“查找和选择”下拉按钮，然后选择“转到”选项，在“引用位置”文本框中输入隐藏行、列的单元格，单击“确定”按钮。

2）单击“开始”选项卡“单元格”选项组中“格式”下拉按钮，在打开的下拉菜单中选择“取消隐藏行”或“取消隐藏列”选项，如图1-28所示。

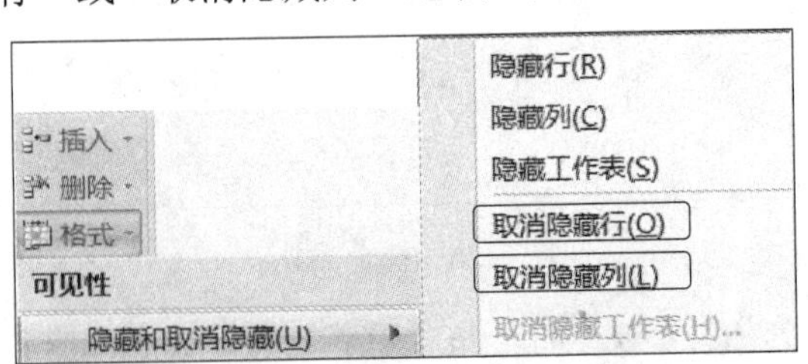


图1-28 取消隐藏行或列

## 三、设置行高、列宽

在工作表中可以将列宽指定为 0～255，此值表示可以在用标准字体（默认文本字体）进行格式设置的单元格中显示的字符数。默认列宽为 8.43 个字符。如果列宽设置为 0，则隐藏该列。可以将行高指定为 0～409，此值以点数（1 点约等于 1/72in，1in=2.54cm）表示高度测量值。默认行高为 12.75 点。如果行高设置为 0，则隐藏该行。

### 1. 将列设置为特定宽度

将列设置为特定宽度的操作步骤如下。

1）选择要更改的列。

2）单击“开始”选项卡“单元格”选项组“格式”下拉按钮。

3）在打开的下拉菜单中选择“单元格大小”中的“列宽”选项。

4）在“列宽”文本框中输入设置的值，如图 1-29 所示。

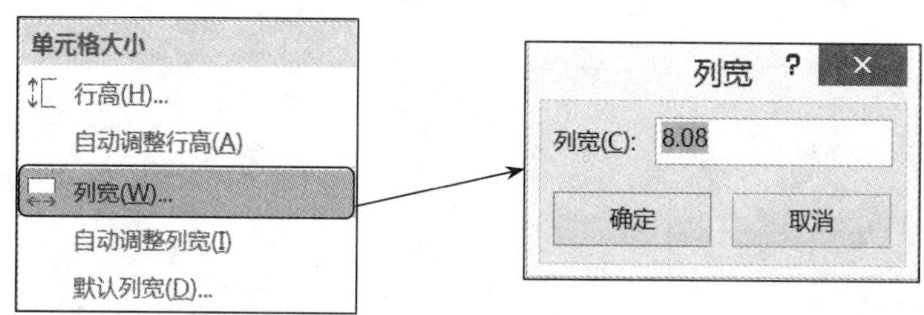


图 1-29 设置列宽

### 2. 更改列宽以适合内容

更改列宽以适合内容的操作步骤如下。

1）选择要更改的列。

2）单击“开始”选项卡“单元格”选项组“格式”下拉按钮。

3）在打开的下拉菜单中选择“单元格大小”中的“自动调整列宽”选项，如图 1-30 所示。

若快速自动调整工作表中的所有列，则单击“全选” 按钮，然后双击两个列标题之间的任意边界，如图 1-31 所示。

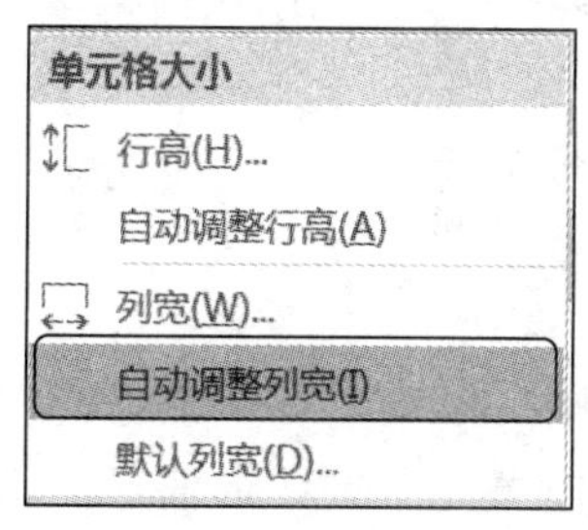


图 1-30 自动调整列宽

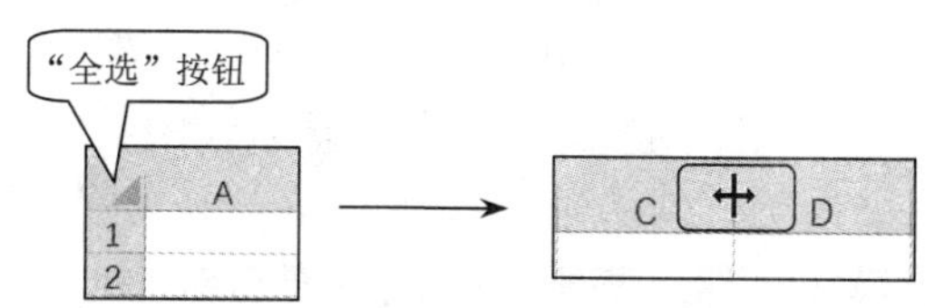


图 1-31 快速自动调整列宽

### 3. 将列宽与另一列匹配

将列宽与另一列匹配的操作步骤如下。

1）在该列中选择一个单元格。

2）选择“开始”选项卡“剪贴板”选项组“复制”选项，然后选择目标列。

3）单击“开始”选项卡“剪贴板”选项组“粘贴”下方的下拉按钮，然后选择“选择性粘贴”选项。

4）在打开的“选择性粘贴”对话框中的“粘贴”选项组中选中“列宽”单选按钮，如图 1-32 所示。

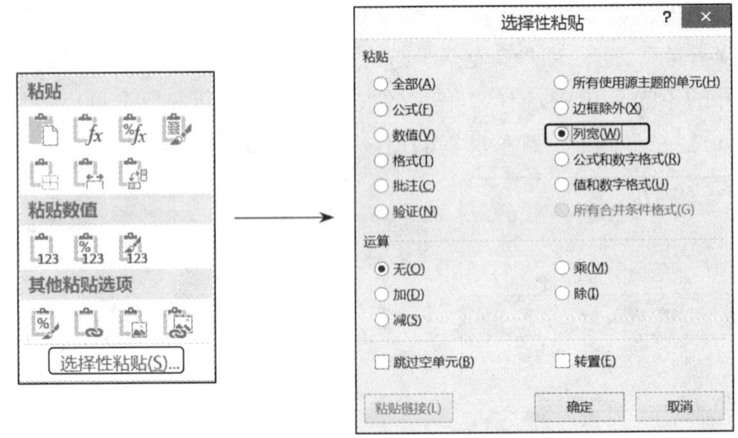


图 1-32　列宽与另一列匹配

### 4. 更改工作表或工作簿中所有列的默认宽度

默认列宽的值只是适合单元格的标准字体的平均字符数。可以为工作表或工作簿的默认列宽指定其他数字。更改工作表或工作簿中所有列的默认宽度的操作步骤如下。

1）执行下列操作之一：

① 若更改工作表的默认列宽，则单击其工作表标签。

② 若更改多个工作表的默认列宽，则在按 Ctrl 键的同时单击多个目标对象的工作表标签。

③ 若更改整个工作簿的默认列宽，则右击工作表标签，在弹出的快捷菜单中选择“选定全部工作表”选项，如图 1-33 所示。

2）单击“开始”选项卡“单元格”选项组“格式”下拉按钮。

3）在打开的菜单中选择“单元格大小”中的“默认列宽”选项。

4）在“默认列宽”文本框中输入新的数值，如图 1-34 所示。

如果为所有新的工作簿和工作表定义默认列宽，则可以创建一个工作簿模板或工作表模板，然后基于这些模板创建新的工作簿或工作表。有关详细信息，请参阅创建模板。

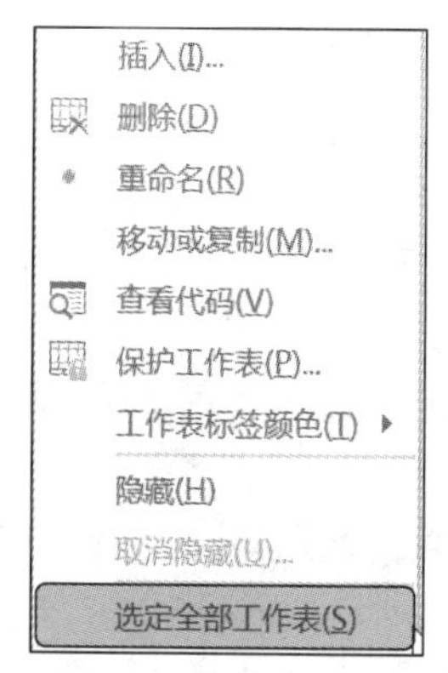


图 1-33　选定全部工作表

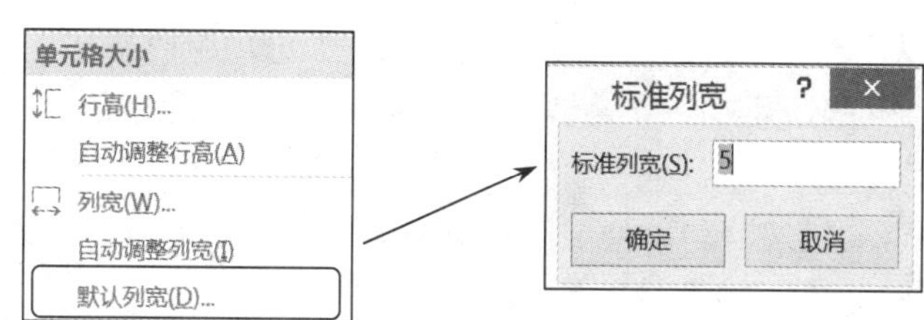


图 1-34　更改默认列宽

5. 使用鼠标指针更改列宽

若更改某一列的宽度，则可用鼠标指针拖动列标题的右侧边界，直到达到所需列宽，如图 1-35 所示。

若更改多列的宽度，则选择要更改的列，然后拖动所选列标题的右侧边界。

若更改列宽以适合内容，则选择要更改的列，然后双击所选列标题的右侧边界。

若更改工作表中所有列的宽度，则单击“全选”按钮，然后拖动任意列标题的边界，如图 1-36 所示。

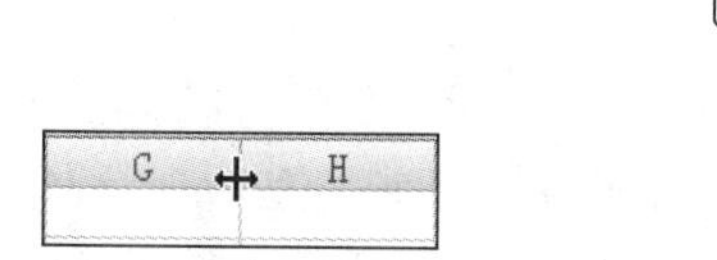


图 1-35　拖动鼠标指针更改列宽

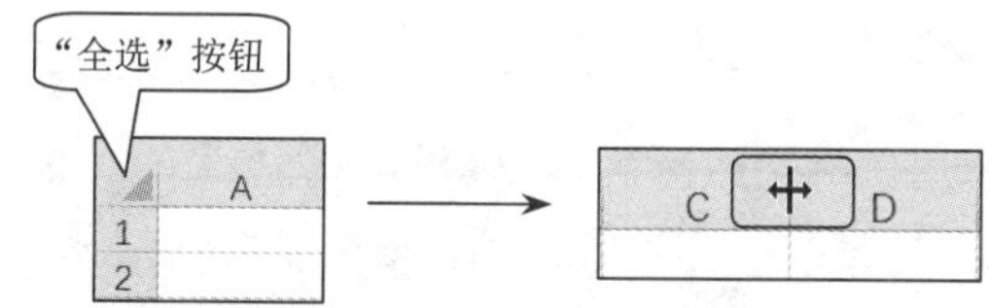


图 1-36　更改所有列的宽度

6. 将行设置为指定高度

将行设置为指定高度的操作步骤如下。

1）选择要更改的行。

2）单击“开始”选项卡“单元格”选项组“格式”下拉按钮。

3）在打开的下拉菜单中选择“单元格大小”中的“行高”选项。

4）在“行高”文本框中输入设置的值，如图 1-37 所示。

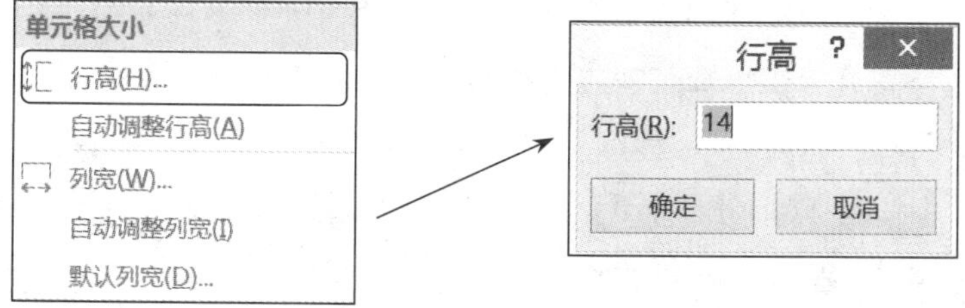


图 1-37　设置行高

### 7. 更改行高以适合内容

更改行高以适合内容的操作步骤如下。

1）选择要更改的行。

2）单击“开始”选项卡“单元格”选项组“格式”下拉按钮。

3）在打开的下拉菜单中选择“单元格大小”中的“自动调整行高”选项，如图 1-38 所示。

若要快速自动调整工作表中的所有行，则单击“全选”按钮，然后双击任意行标题下面的边界，如图 1-39 所示。

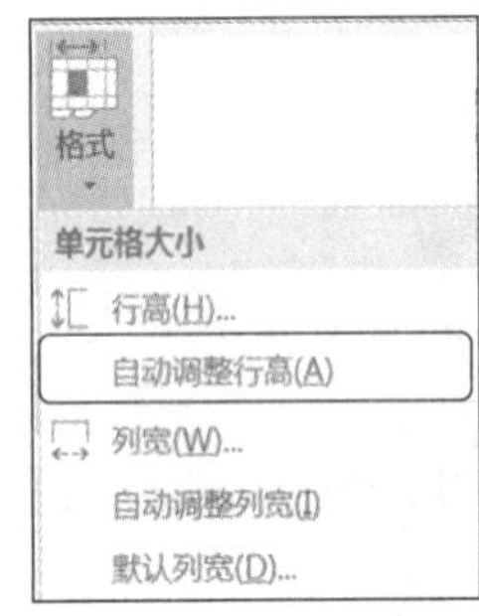


图 1-38 自动调整行高

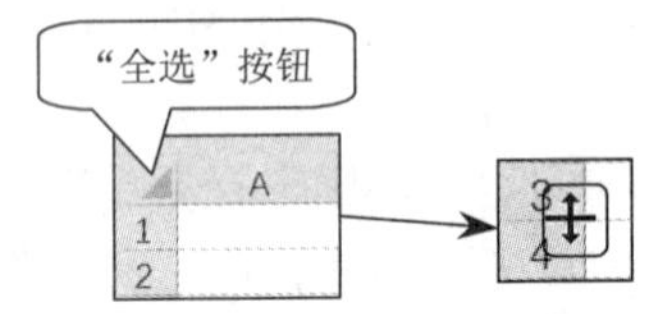


图 1-39 快速自动调整行高

### 8. 使用鼠标更改行高

使用鼠标更改行高可以执行下列操作之一：

1）若更改某一行的行高，则拖动行标题下面的边界，直到达到所需行高，如图 1-40 所示。

2）若更改多行的行高，则选择要更改的行，然后拖动所选行标题中某个行标题下面的边界。

3）若更改工作表中所有行的行高，则单击“全选”按钮，然后拖动任意行标题下面的边界，如图 1-41 所示。

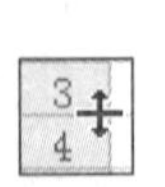


图 1-40 更改某一行的行高

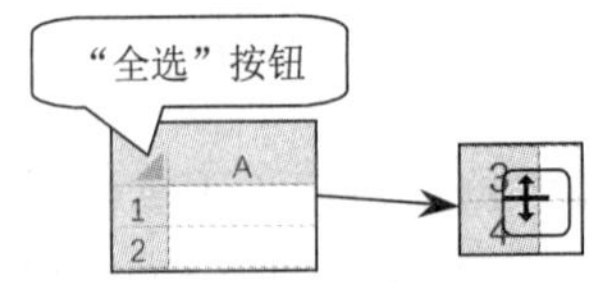


图 1-41 更改所有行的行高

4）若更改行高以适合内容，则双击行标题下面的边界。

## 四、合并、拆分单元格

### 1. 合并相邻单元格

1）选择两个或更多要合并的相邻单元格。在合并单元格中显示的数据必须位于所选区域的左上角单元格中。只有左上角单元格中的数据才能被保留在合并的单元格中，而所选区域中所有其他单元格中的数据都将被删除。

2）单击“开始”选项卡“对齐方式”选项组“合并后居中”下拉按钮，打开下拉菜单，如图 1-42 所示。

这些单元格将在一个行或列中合并，单元格内容将居中显示。若仅合并单元格而不居中显示内容，则可选择“跨越合并”或“合并单元格”。

若“合并后居中”选项不可用，则所选单元格可能在编辑模式下。若取消编辑模式，则按 Enter 键。

3）若更改合并单元格中的文本对齐方式，则可先选择该单元格，然后在“开始”选项卡“对齐方式”选项组中单击任意一个对齐方式按钮。

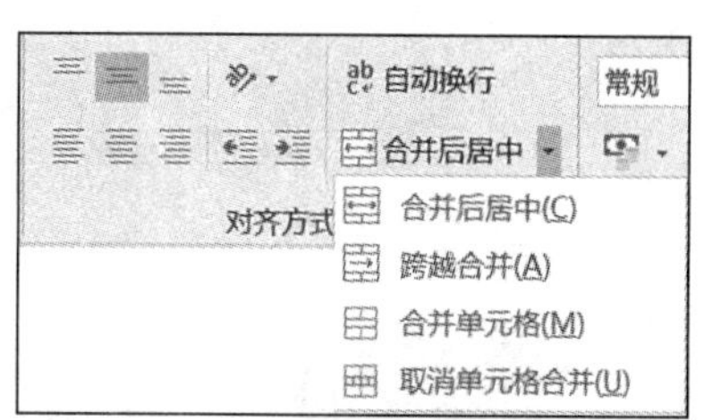


图 1-42　合并相邻单元格

### 2. 拆分合并的单元格

拆分合并的单元格的操作步骤如下。

1）选择合并的单元格。当选择合并的单元格时，“合并后居中”选项在“开始”选项卡“对齐方式”选项组中也显示为选中状态，如图 1-43 所示。

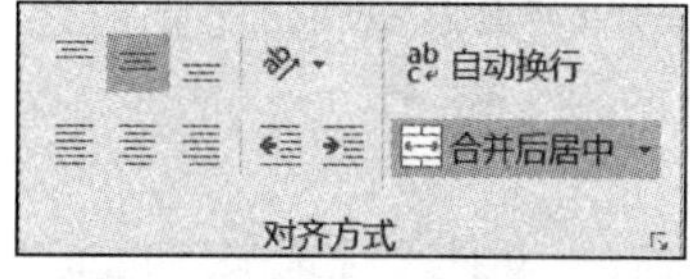


图 1-43　拆分合并的单元格

2）拆分合并的单元格。选择“合并后居中”选项，合并单元格的内容将出现在拆分单元格区域左上角的单元格中。

## 五、数据、文本的输入

### 1. 输入数字或文本

（1）改变 Enter 键的移动方向

在工作表中单击一个单元格，输入所需的数字或文本，然后按 Enter 键或 Tab 键。

若在同一个单元格中另起一行输入数据，则按 Alt+Enter 组合键输入一个换行符，强制换行。在默认情况下，按 Enter 键会将所选内容向下移动一个单元格，按 Tab 键会将所选内容向右移动一个单元格。

在 Excel 中不能更改 Tab 键的移动方向，但却可以为 Enter 键指定不同的方向。

选择“文件”选项卡“选项”选项，打开“Excel 选项”对话框，选择“高级”选项，然后在“编辑选项”下选中“按 Enter 键后移动所选内容”复选框，然后单击“方向”文本框下拉按钮，选择所需的方向，如图 1-44 所示。

（2）单元格内自动换行

当单元格包含的数据的数字格式比其列宽更宽时，该单元格可能显示“#####”。要查看所有文本，必须增加列宽或者换行显示。

单击要自动换行的单元格，选择“开始”选项卡“对齐方式”选项组“自动换行”

选项，如图 1-45 所示。

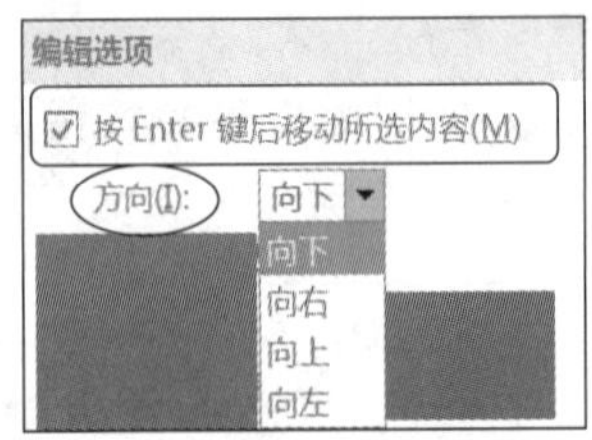


图 1-44　改变 Enter 键的移动方向

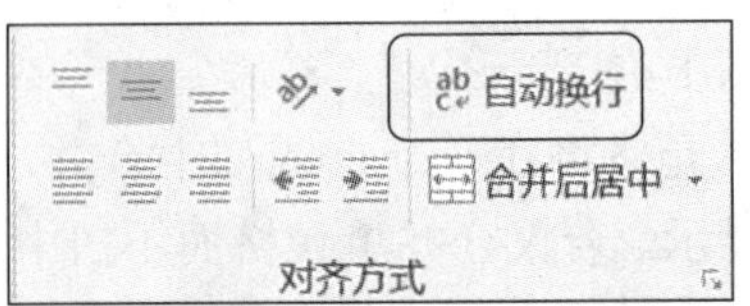


图 1-45　自动换行

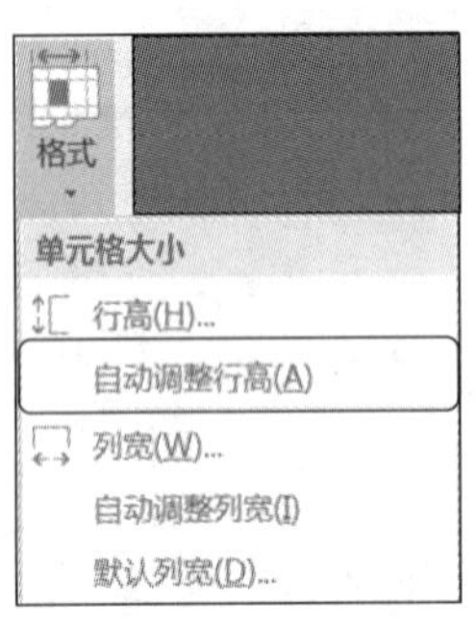


图 1-46　自动调整行高

若文本是一个长单词，则这些字符不会换行。此时可以加大列宽或缩小字号来显示所有文本。若在自动换行后并未显示所有文本，则可能需要调整行高。单击“开始”选项卡“单元格”选项组“格式”下拉按钮，在打开的下拉菜单中选择“单元格大小”下的“自动调整行高”选项，如图 1-46 所示。

在 Excel 中，单元格中显示的数字与该单元格中存储的数字是分离的。当输入的数字四舍五入时，大多数情况下只显示用户设置的四舍五入要求。计算时使用单元格中实际存储的数字（没有四舍五入的数字），而非显示的四舍五入后的数字。

2. 输入自动设置小数点的数字

在工作表中单击一个单元格，然后输入所需的数字。选择“文件”选项卡“选项”选项，打开“Excel 选项”对话框，选择“高级”选项，然后在“编辑选项”下选中“自动插入小数点”复选框，如图 1-47 所示。

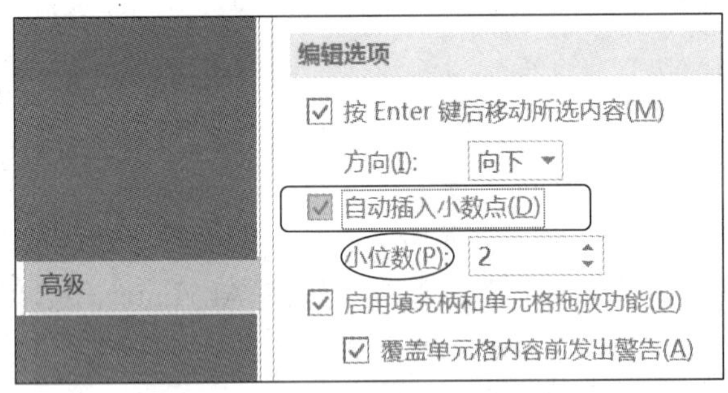


图 1-47　自动插入小数点

在“小位数”文本框中输入一个正数表示小数点右边的位数，输入一个负数表示小数点左边的位数。例如，如果在“小位数”文本框中输入“2”，然后在单元格中输入“1234”，则显示值为 12.34；如果在“小位数”框中输入“−2”，然后在单元格中输入“1234”，则显示值为 123400。

在选中“自动插入小数点”复选框之前输入的数据不受影响，可以在输入数字时直接输入小数点。

3. 输入日期或时间

在单元格中输入日期的操作为：使用斜线“/”或连字符“-”分隔年、月、日三部分。例如，输入 2019/10/31 或 2019-10-31 后，按 Enter 键以默认日期格式显示，即“2019/10/31”。

**提示：**若输入当前系统日期，则按 Ctrl+; 组合键即可，但该日期是静态的。若输入随系统日期变化的动态日期，则需要使用 TODAY 函数。

在单元格中输入时间的操作为：按照 24 小时制以时间格式直接输入，如“18:30:00”。若将其按照 12 小时制显示，则可选中单元格，右击，在弹出的快捷菜单中选择“设置单元格格式”选项，然后在时间类型中对其进行修改。

**提示：**若输入当前时间，则按 Ctrl+Shift+:组合键即可，但该时间是静态的。若输入随系统时间变化的动态时间，则需要使用 NOW 函数。

4. 编辑单元格内容

在 Excel 中可以直接在单元格中编辑单元格内容：双击包含要编辑数据的单元格，也可以在编辑栏中编辑单元格内容，如图 1-48 所示。

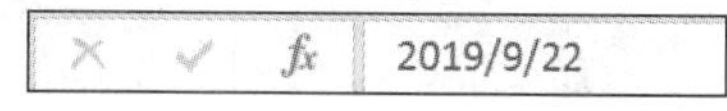

图 1-48 编辑单元格内容

单击要编辑数据所在的单元格，然后单击编辑栏中的任何位置。若要删除所选单元格的字符，则在编辑栏中单击要删除字符的位置，然后按 Backspace 键将字符逐个删除；或者先在编辑栏中选中想要删除的字符，然后按 Delete 键删除选中的所有字符。

若插入字符，则单击要插入字符的位置，然后输入新字符。

若替换特定字符，则先选择它们，然后输入新字符。

若在单元格中特定的位置开始新的文本行，则在希望断行的位置单击，并按 Alt+Enter 组合键（强制换行）。

若确认更改，则按 Enter 键。在按 Enter 键之前，可以按 Esc 键取消所做的任何更改；在按 Enter 键之后，可以单击快速访问工具栏的“撤消”按钮取消所做的任何更改。

5. 自动填充数据

（1）使用句柄（填充柄）填充数据

句柄（填充柄）位于选定区域右下角的小绿方块处。选中单元格后，将鼠标指针指向所选单元格的句柄（填充柄），此时鼠标指针变为黑十字，如图 1-49 所示。

图 1-49 黑十字指针

句柄（填充柄）的功能强大，不仅可以使用“填充”命令将数据填充到工作表单元格中，还可以让 Excel 根据已建立的模式自动填入数字、数字和文本的组合、日期或时间段序列。若快速填充几种类型的数据序列，则可选中单元格并拖动句柄（填充柄），如图 1-50 所示。

拖动句柄（填充柄）之后会出现“自动填充选项”按钮，单击其右侧的下拉按钮选择如何填充所选内容，如图 1-51 所示。

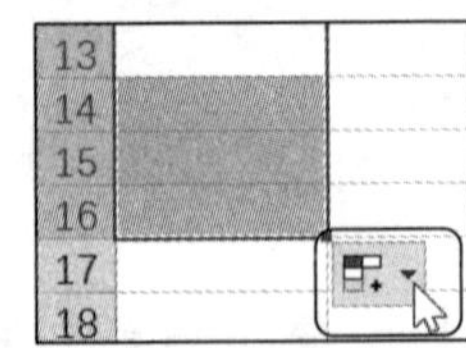

图 1-50 快速填充数据序列的方法

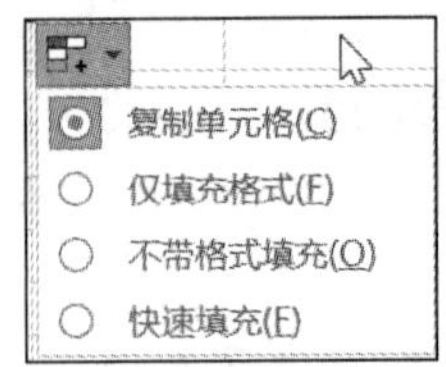


图 1-51 自动填充选项

例如，可以选择“仅填充格式”复选按钮，只填充单元格格式；也可以选择“不带格式填充”复选按钮，只填充单元格的内容。

若不希望每次拖动句柄（填充柄）时都显示“自动填充选项”按钮，则可将其关闭。选择“文件”选项卡“选项”选项，在打开的“Excel 选项”对话框中选择“高级”选项，然后在“剪切、复制和粘贴”下取消选中“粘贴内容时显示粘贴选项按钮”复选框，如图 1-52 所示。

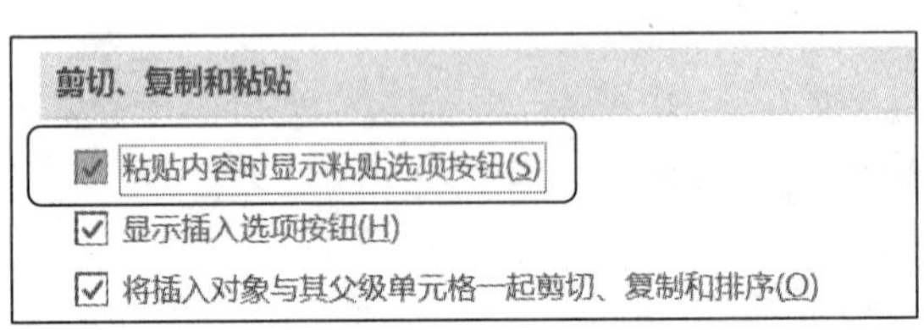


图 1-52 取消选中“粘贴内容时显示粘贴选项按钮”复选框

（2）为相邻的单元格填充数据

可以使用“填充”命令以相邻单元格或单元格区域的内容填充活动单元格或选定区域，也可以拖动句柄（填充柄）快速填充相邻的单元格。

1）不使用句柄（填充柄）填充。选中包含要填充数据的单元格上方、下方、左侧或右侧的一个空白单元格，如图 1-53 所示。

单击“开始”选项卡“编辑”选项组“填充”下拉按钮，在打开的下拉菜单中选择“向下”“向右”“向上”“向左”选项完成填充，如图 1-54 所示。若使当前单元格上方或左侧的单元格中的内容快速填充当前单元格，则可按 Ctrl+D 组合键或 Ctrl+R 组合键。

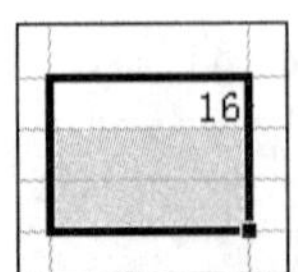

图 1-53 选择空白单元格

图 1-54 “填充”命令

2）使用句柄（填充柄）填充。选择包含要填充到相邻单元格中的数据的单元格，将句柄（填充柄）拖过要填充的单元格，单击“自动填充选项”按钮，选择填充所选内容的方式，选择所需的选项，如图 1-55 所示。

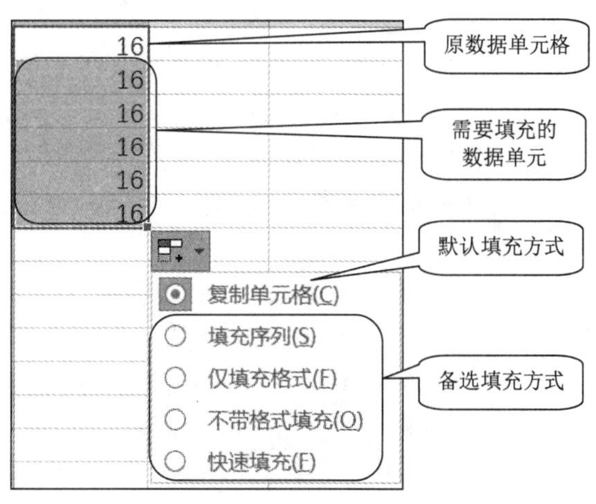


图 1-55　使用填充柄填充

（3）将公式填充到相邻的单元格中

选择包含要填充到相邻单元格中的公式的单元格，将句柄（填充柄）拖过要填充的单元格，如图 1-56 所示。

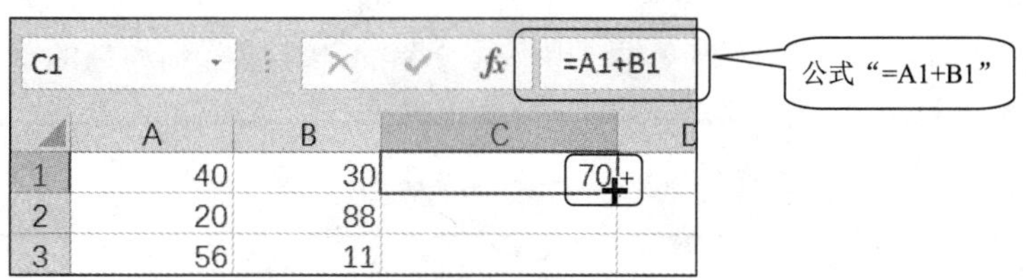


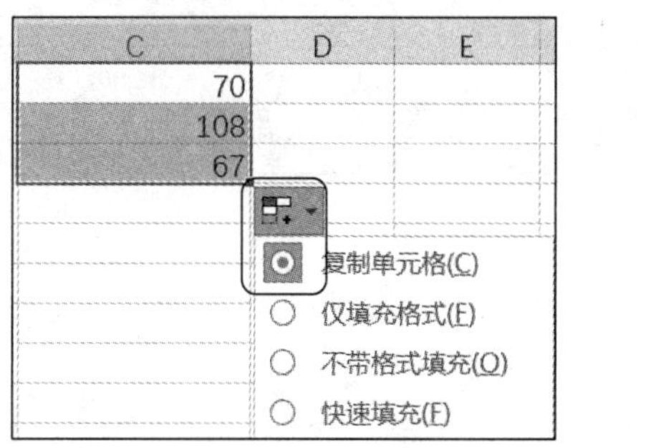


图 1-56　填充柄拖过要填充的单元格

还可以使用“开始”选项卡“编辑”选项组中的“填充”命令，用相邻单元格的公式填充活动单元格，或者按 Ctrl+D 组合键或 Ctrl+R 组合键填充包含公式的单元格下方或右侧的单元格。

对于应用某公式的所有相邻单元格，可以自动向下填充该公式，方法是双击包含公式的第一个单元格的句柄（填充柄）。例如，在单元格 A1:A10 和 B1:B10 中含有数字，在单元格C1中输入公式“=A1+B1”，若将该公式复制到单元格C2:C10中，则选中单元格C1并双击句柄（填充柄）。

**注意：**使用此方法时要求相邻两列行数相同。若行数不同，Excel则采用就低原则，适应相邻两列最少行数，如上例变为A1:A10和B1:B5相邻，在单元格C1中输入公式“=A1+B1”，选中单元格C1并双击句柄（填充柄），C1:C5将自动填充公式，C6:C10不做操作。

（4）填充数字、日期序列或其他内置序列项目

使用句柄（填充柄）可以快速用数字或日期序列，或者日、工作日、月或年的内置序列填充某区域中的单元格，如图1-57所示。

图1-57　填充数字、日期序列

1）选择需要填充区域的第一个单元格。

2）输入序列的起始值。

3）在下一个单元格中输入值以创建模式。

例如，若使用序列1、2、3、4、5、…，则在前两个单元格中输入1和2；若使用序列2、4、6、8、…，则输入2和4；若使用序列2、2、2、2…，则可保留第二个单元格为空。

4）选定包含初始值的单元格。

5）将句柄（填充柄）拖过要填充的区域。

按照升序填充，从上到下或从左到右拖动；按照降序填充，从下到上或从右到左拖动。

Excel还内置了相当多的序列变化（用逗号分隔的各项放置到相邻的单元格中），如表1-1所示。

表1-1　Excel中的序列

| 初始选择 | 扩展序列 |
|---|---|
| 1，2，3 | 4，5，6，… |
| 9:30 | 10:30，11:30，12:30，… |
| 周一 | 周二，周三，周四，… |
| 星期一 | 星期二，星期三，星期四，… |
| 一月 | 二月，三月，四月，… |
| 一月，三月 | 五月，七月，九月，… |
| 2019年1月，2019年4月 | 2019年7月，2019年10月，2020年1月，… |
| 1月1日，4月1日 | 7月1日，10月1日，… |
| 1999，2000 | 2001，2002，2003，… |
| 1月1日，3月1日 | 5月1日，7月1日，9月1日，… |
| 文本1，文本A | 文本1，文本A，文本3，文本A，… |
| 第1章 | 第2章，第3章，… |
| 产品1 | 产品2，产品3，… |

也可以指定序列类型，方法是先按住鼠标右键，再拖动句柄（填充柄）至要填充区域之上，此时选择快捷菜单中的适当选项。例如，若初始值为 2019/1/1，则选择“以月填充”选项将生成序列 2019/2/1、2019/3/1 等；选择“以年填充”选项将生成序列 2020/1/1、2021/1/1 等，如图 1-58 所示。

图 1-58 指定序列类型

若选定区域包含数字，则可以控制要创建的序列的类型。

单击“开始”选项卡“编辑”选项组“填充”下拉按钮，在打开的下拉菜单中选择“序列”选项，打开“序列”对话框，如图 1-59 所示。

在“类型”选项区域下，选择下列选项之一：

① 选择“等差序列”单选按钮，获得对每个单元格值依次添加“步长值”文本框中的值而计算出的序列。

② 选择“等比序列”单选按钮，获得将“步长值”文本框中的值依次与每个单元格值相乘而计算出的序列。

③ 选择“日期”单选按钮，获得按照“步长值”文本框中的值以递增方式填充数据值的序列，该序列采用在“日期单位”下指定的单位。

④ 选择“自动填充”单选按钮，获得在拖动句柄（填充柄）时产生相同结果的序列。

可以复制自动填充，方法是按住 Ctrl 键的同时拖动选定两个或更多单元格的句柄（填充柄），这样，选定的值就复制到了相邻的单元格中，并且 Excel 不扩展序列。

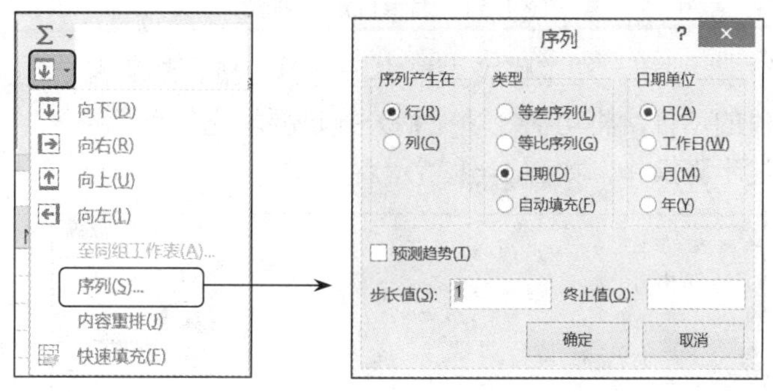


图 1-59 “序列”对话框

（5）自定义填充序列填充

为了更轻松、快速地输入特定的数据序列（如名称或销售区域的列表），可以创建自定义填充序列。自定义填充序列既可以基于工作表中已有项目的列表，也可以从头开始输入列表。虽然不能编辑或删除内置填充序列（如月、日和星期的填充序列），但是可以编辑或删除自定义填充序列。

自定义列表只可包含文字或混合数字的文本。对于只包含数字的自定义列表，如 0～100 的列表，必须将这些数字设为文本格式。

1）选择“文件”选项卡“选项”选项，打开“Excel 选项”对话框。

2）选择“高级”选项，然后在“常规”下单击“编辑自定义列表”按钮。确认所选项目列表的单元格引用显示在“从单元格中导入序列”框中，然后单击“导入”按钮。所选的列表中的项目将添加到“自定义序列”列表框中，如图 1-60 所示。

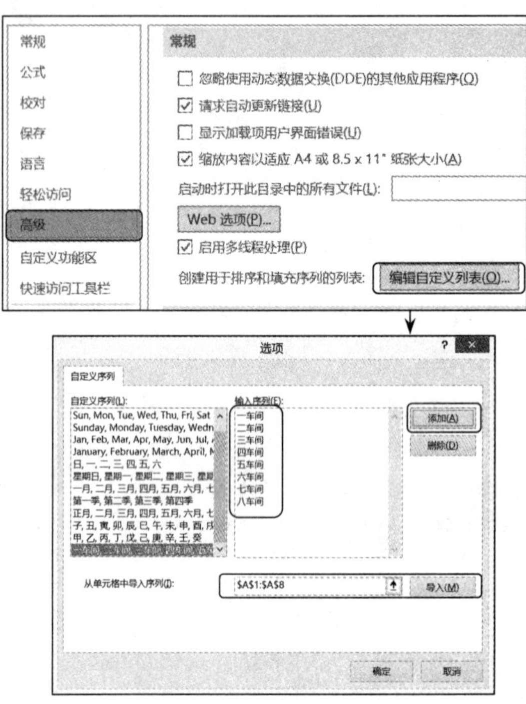


图 1-60　编辑自定义列表

3）单击“确定”按钮。在工作表中单击一个单元格，然后在自定义填充序列中输入用作列表初始值的项目，将句柄（填充柄）拖过要填充的单元格。

也可按照下述步骤操作，如图 1-61 所示。

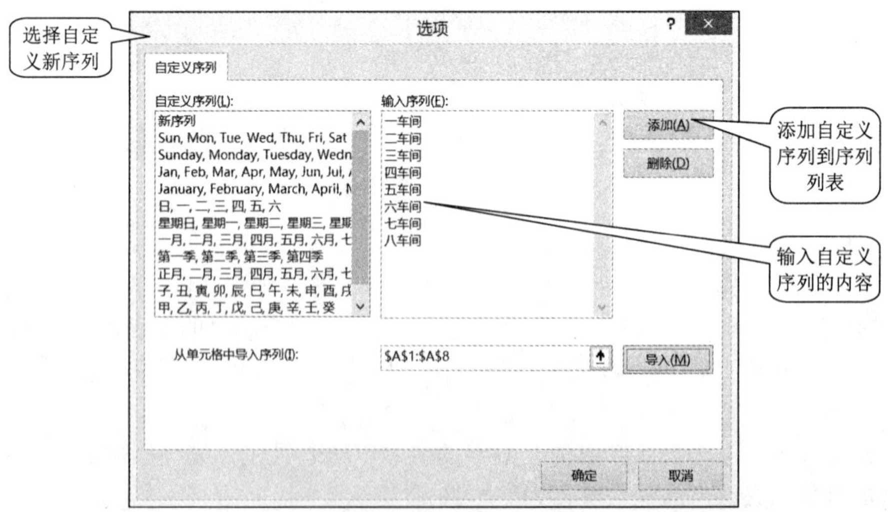


图 1-61　自定义序列

单击“自定义序列”列表框中的“新序列”，然后在“输入序列”列表框中输入各个项，从第一项开始。在输入每项后，按 Enter 键。

当列表完成后，单击“添加”按钮，然后单击“确定”按钮。

若删除或修改自定义序列，则可在“自定义序列”列表框中先选择要修改或删除的列表，然后执行下列操作之一：

① 若修改填充序列，则在“输入序列”列表框中进行所需的更改，然后单击“添加”按钮。

② 若删除填充序列，则单击“删除”按钮。

（6）隐藏或显示句柄（填充柄）

1）选择“文件”选项卡“选项”选项。

2）在打开的“Excel 选项”对话框中选择“高级”选项，然后在“编辑选项”下取消或选择“启用填充柄和单元格拖放功能”复选框以隐藏或显示句柄（填充柄）。

3）为了避免在拖动句柄（填充柄）时替换现有数据，选择“覆盖单元格内容前发出警告”复选框，如图 1-62 所示。

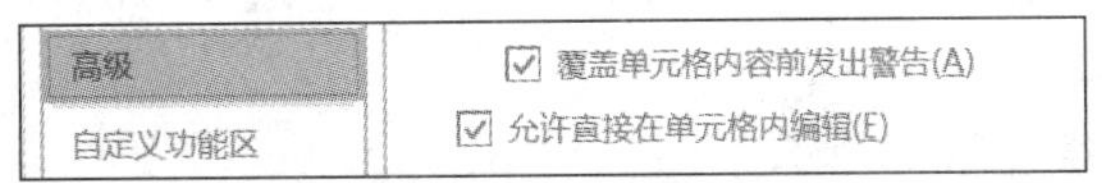


图 1-62 隐藏或显示句柄（填充柄）

## 六、设置数据格式

### 1. 使用任务功能区常用的工具

（1）Excel 中文字对齐的操作

1）左对齐：选择要设置格式的文字，在“开始”选项卡“段落”选项组中单击“文本左对齐 ”按钮。

2）右对齐：选择要设置格式的文字，在“开始”选项卡“段落”选项组中单击“文本右对齐 ”按钮。

3）水平居中：选择要设置格式的文字，在“开始”选项卡“对齐方式”选项组中单击“居中 ”按钮。

4）顶端对齐：选择要设置格式的文字，在“开始”选项卡“段落”选项组中单击“顶端对齐 ”按钮。

5）底端对齐：选择要设置格式的文字，在“开始”选项卡“段落”选项组中单击“底端对齐 ”按钮。

6）垂直居中：选择要设置格式的文字，在“开始”选项卡“段落”选项组中单击“垂直居中 ”按钮。

（2）更改文字颜色

选择用不同文字颜色来设置格式的单元格、单元格区域、文本或字符（若取消选择的单元格区域，则单击工作表中的任意单元格），如图 1-63 所示。在“开始”选项卡“字体”选项组中执行下列操作之一：

1）若更改文本颜色，则单击“字体颜色” 下拉按钮，然后在“主题颜色”或“标准色”中单击要使用的颜色，如图 1-64 所示。

图 1-63 “字体颜色”按钮

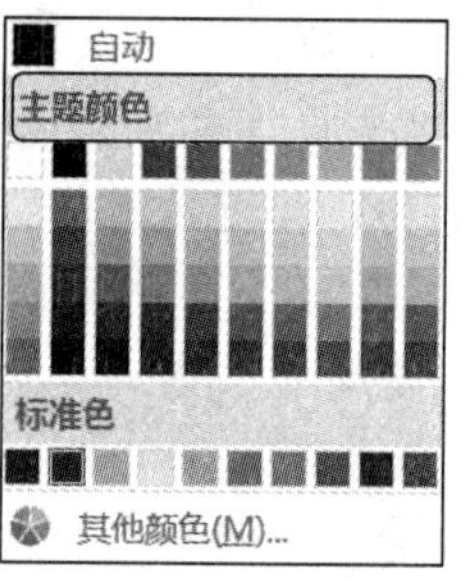


图 1-64 字体颜色设置

若应用最近选择的文本颜色，则直接单击“字体颜色” 按钮。

2）若应用 Excel 提供的主题颜色和标准色以外的颜色，则选择“其他颜色”选项，然后在“颜色”对话框的“标准”选项卡或“自定义”选项卡的列表框中指定要使用的颜色，如图 1-65 所示。

（3）更改文字的背景色

选择要用不同背景色来设置格式的单元格、单元格区域、文本或字符（若取消选择的单元格区域，则单击工作表中的任意单元格），如图 1-66 所示。在“开始”选项卡“字体”选项组中执行下列操作之一：

1）若更改背景色，则单击“填充颜色” 右侧的下拉按钮，然后在“主题颜色”或“标准色”中单击要使用的背景色。

2）若应用最近选择的背景色，则直接单击“填充颜色” 按钮。

3）若应用 Excel 提供的主题颜色和标准色以外的颜色，则选择“其他颜色”选项，然后在“颜色”对话框的“标准”选项卡或“自定义”选项卡的列表框中指定要使用的颜色。

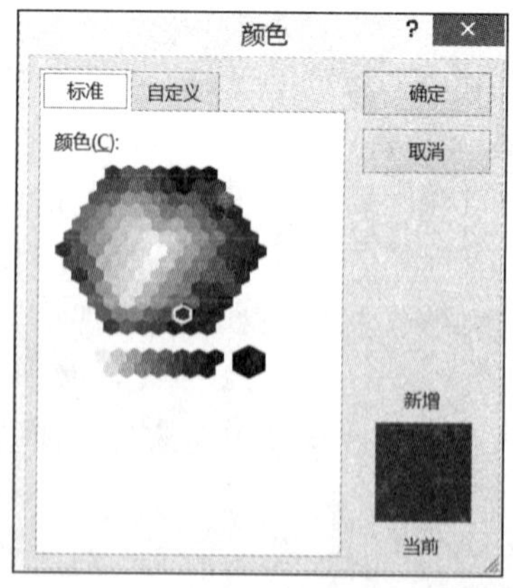


图 1-65 其他颜色

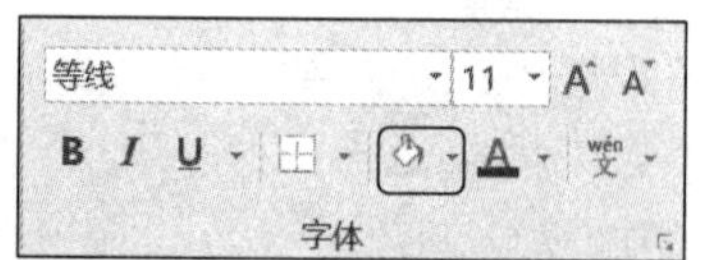


图 1-66 “填充颜色”按钮

(4) 设置文字格式为加粗、倾斜或带下划线

选择要设置格式的单元格、单元格区域、文本或字符(若取消选择的单元格区域，则单击工作表中的任意单元格)，如图 1-67 所示。在“开始”选项卡的“字体”组中执行下列操作之一：

1) 若使文本加粗，则单击“加粗”**B**按钮，也可按 Ctrl+B 组合键或 Ctrl+2 组合键。

2) 若使文本倾斜，则单击“倾斜”*I*按钮，也可按 Ctrl+I 组合键或 Ctrl+3 组合键。

3) 若使文本带下划线，则单击“下划线”U按钮，也可按 Ctrl+U 组合键或 Ctrl+4 组合键。

若要应用其他类型的下划线，则在“开始”选项卡“字体”选项组中单击“字体”右侧的“设置单元格格式：字体”对话框启动器，或者按 Ctrl+Shift+F 组合键或 Ctrl+1 组合键，打开“设置单元格格式”对话框，然后在“下划线”列表框中选择所需的样式，如图 1-68 所示。

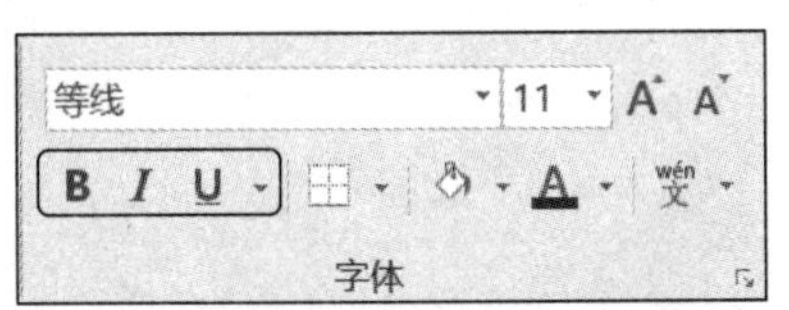


图 1-67 “加粗”“倾斜”“下划线”按钮

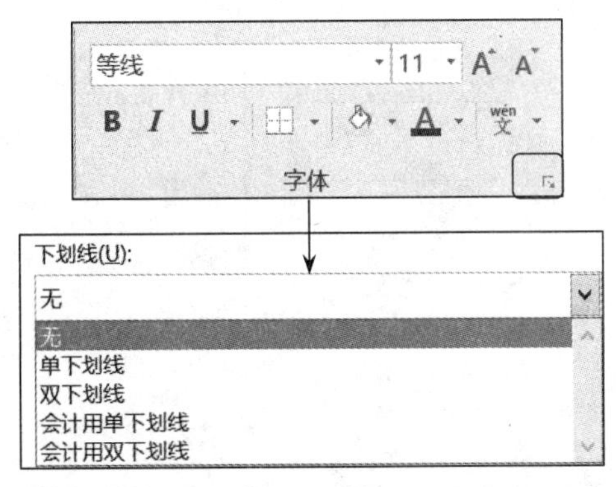


图 1-68 选择其他类型的下划线

(5) 设置文字为带删除线格式

选择要设置格式的单元格、单元格区域、文本或字符(若取消选择的单元格区域，则单击工作表中的任意单元格)。

在“开始”选项卡“字体”选项组中单击“字体”右侧的“设置单元格格式：字体”对话框启动器，也可使用 Ctrl+Shift+F 组合键或 Ctrl+1 组合键快速显示“设置单元格格式”对话框的“字体”选项卡。

在“特殊效果”列表框中选择“删除线”复选框，如图 1-69 所示。

若在不使用对话框的情况下快速应用或取消删除线格式设置，则按 Ctrl+5 组合键。

(6) 设置文字为上标格式或下标格式

选择要设置格式的单元格、单元格区域、文本或字符(若取消选择的单元格区域，则单击工作表中的任意单元格)。

在“开始”选项卡“字体”选项组中单击“字体”右侧的“设置单元格格式：字体”对话框启动器，也可以按 Ctrl+Shift+F 组合键或 Ctrl+1 组合键快速显示“设置单元格格式”对话框的“字体”选项卡。

在“特殊效果”列表框中选择“上标”复选框或“下标”复选框，如图 1-70 所示。

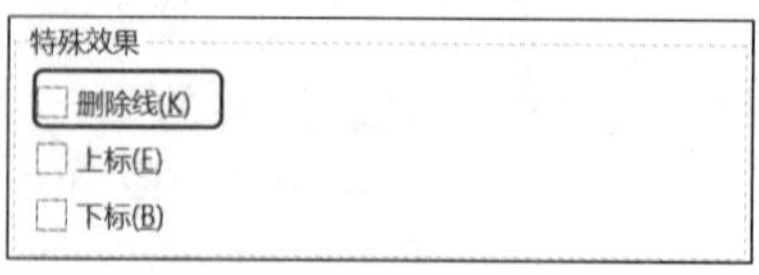

图 1-69　“删除线”复选框

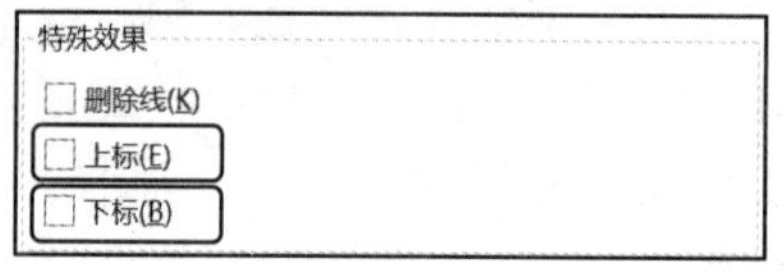


图 1-70　“上标”复选框或“下标”复选框

2. 使用“设置单元格格式”窗口设置格式

（1）可用的数字格式

应用不同的数据格式，虽然可以更改数据的外观，但不会更改数字。因此，数据格式并不影响 Excel 计算实际单元格值。

“开始”选项卡“数字”选项组中可用的数字格式如图 1-71 所示。

若查看所有可用的数字格式，则单击“数字”右侧的“设置单元格格式：数字”对话框启动器，如图 1-72 所示，打开“设置单元格格式”对话框，如图 1-73 所示。

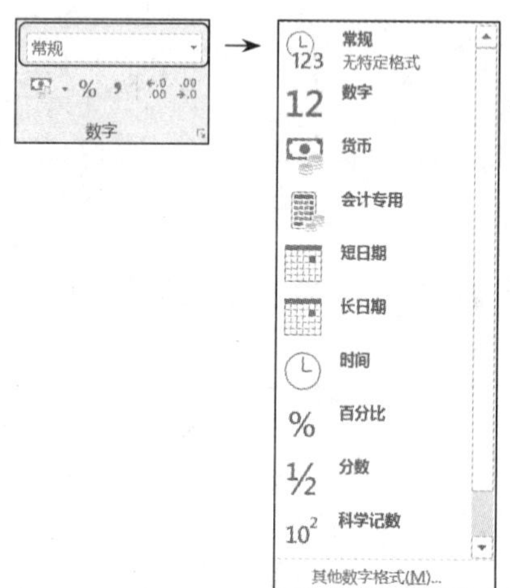


图 1-71　“数字”组中可用的数字格式

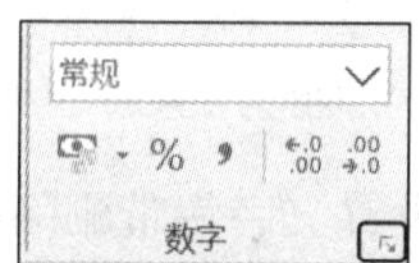


图 1-72　数字对话框启动器

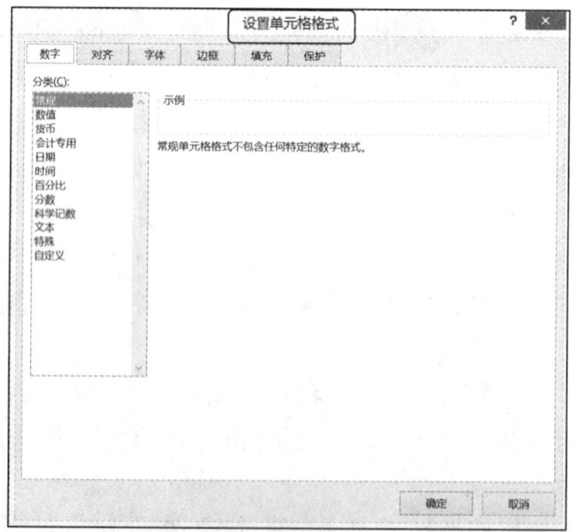


图 1-73　设置单元格格式对话框

单元格分类格式的含义如表 1-2 所示。

表1-2 单元格分类格式的含义

| 格式 | 含义 |
|---|---|
| 常规 | 这是输入数字时 Excel 应用的默认数字格式。大多数情况下，“常规”格式的数字以输入的方式显示。如果单元格的宽度不够显示整个数字，那么“常规”格式会用小数点对数字进行四舍五入。“常规”格式还对较大的数字（12 位或更多位）使用科学记数法（指数）表示 |
| 数值 | 这种格式用于数字的一般表示，可以指定要使用的小数位数、是否使用千位分隔符及如何显示负数 |
| 货币 | 这种格式用于一般货币值并显示带有数字的默认货币符号，可以指定要使用的小数位数、是否使用千位分隔符及如何显示负数 |
| 会计专用 | 这种格式也用于货币值，但它会在一列中对齐货币符号和数字的小数点 |
| 日期 | 这种格式会根据指定的类型和区域设置（国家/地区）将日期和时间系列数显示为日期值。以星号（*）开头的日期格式响应在“控制面板”中指定的区域日期和时间设置的更改，不带星号的格式不受“控制面板”设置的影响 |
| 时间 | 这种格式会根据指定的类型和区域设置（国家/地区）将日期和时间系列数显示为时间值。以星号开头的时间格式响应在“控制面板”中指定的区域日期和时间设置的更改，不带星号的格式不受“控制面板”设置的影响 |
| 百分比 | 这种格式以百分数形式显示单元格的值，可以指定要使用的小数位数 |
| 分数 | 这种格式会根据指定的分数类型以分数形式显示数字 |
| 科学记数 | 这种格式以指数表示法显示数字，用 E+*n* 替代数字的一部分，其中用 10 的 *n* 次幂乘以 E（代表指数）前面的数字。例如，两位小数的“科学记数”格式将“12 345 678 901”显示为“1.23E+10”，即用 1.23 乘 10 的 10 次幂，其可以指定要使用的小数位数 |
| 文本 | 这种格式将单元格的内容视为文本，并在输入时准确显示内容，即使是输入数字 |
| 特殊 | 这种格式将数字显示为邮政编码、电话号码或社会保险号码 |
| 自定义 | 这种格式允许修改现有数字格式代码的副本，这样会创建一个自定义数字格式并将其添加到数字格式代码的列表中。“自定义”格式可以添加 200～250 个自定义数字格式 |

（2）百分比形式显示数字

1）选择要设置格式的单元格（若取消选择的单元格区域，则单击工作表中的任意单元格）。

2）在“开始”选项卡“数字”选项组中，单击“数字”右侧的“设置单元格格式：数字”对话框启动器，打开“设置单元格格式”对话框。

3）在“数字”选项卡中选择“分类”列表框中的“百分比”选项，如图 1-74 所示。

在“小数位数”文本框中输入要显示的小数位数，工作表中选择的活动单元格中的数字就会出现在“示例”框中，这样可以预览选择的数字格式选项。

若快速地以百分比形式显示数字，则在设置数字格式文本框中单击“百分比”图标，或单击“开始”选项卡“数字”选项组中的“百分比样式” % 按钮，如图 1-75 所示。

在应用“百分比”格式之前将单元格中的数字乘以 100 转换为百分比形式，而在应用“百分比”格式之后单元格中输入的数字将直接转换为百分比形式。例如，先在单元格中输入 5，再对其应用百分比格式，结果为 500%；先对空白单元格应用百分比格式，再输入 5，结果为 5%。

若重新设置所选单元格的数字格式，则在“数字”选项卡中选择“分类”列表框中的“常规”选项。用“常规”格式设置的单元格没有特定的数字格式。

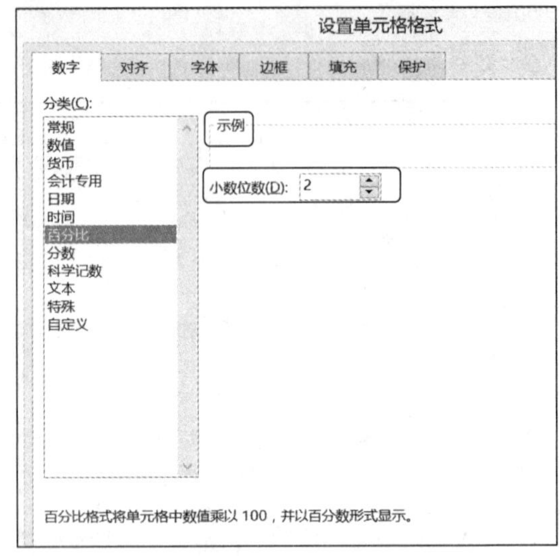


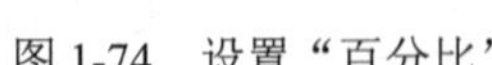
图 1-74　设置“百分比”

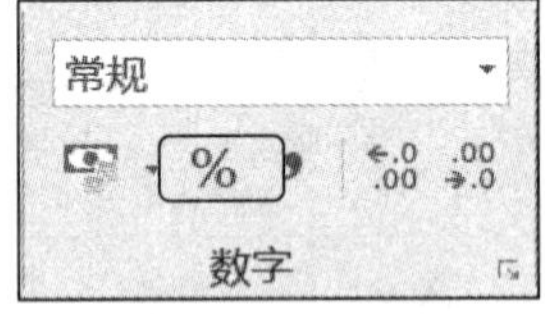


图 1-75　百分比样式

（3）以分数形式显示数字

1）使用“分数”格式将以实际分数而不是小数的形式显示或输入数字。

2）在工作表中输入数字 123.456，选择该单元格（若取消选择的单元格区域，则单击工作表中的任意单元格）。

3）在“开始”选项卡“数字”选项组中单击“数字”右侧的“设置单元格格式：数字”对话框启动器，打开“设置单元格格式”对话框。

4）在“数字”选项卡的“分类”列表框中选择“分数”选项，在“类型”列表框中选择要使用的分数格式类型，如图 1-76 所示。

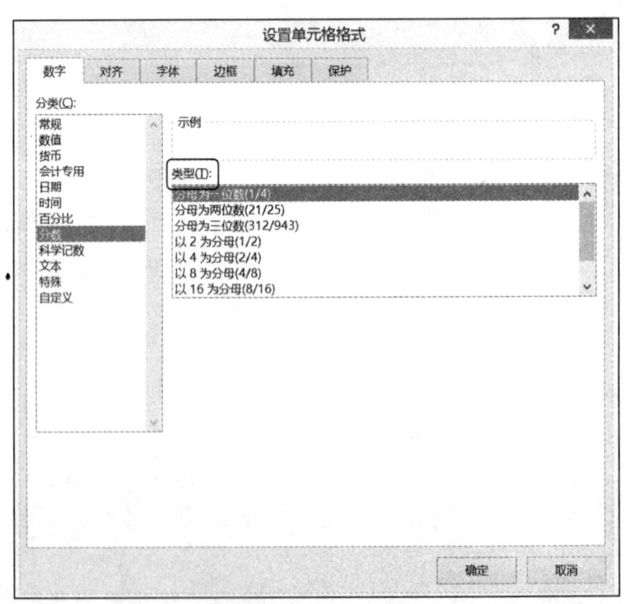


图 1-76　选择分数格式类型

“分类”列表框中“分数”格式的含义如表 1-3 所示。

表1-3 “分数”格式的含义

| 分数格式 | 单元格内“123.456”的显示 |
|---|---|
| 一位数分数 | 123 4/9，四舍五入为最接近的一位数分数值 |
| 两位数分数 | 123 31/68，四舍五入为最接近的两位数分数值 |
| 三位数分数 | 123 57/125，四舍五入为最接近的三位数分数值 |
| 以 2 为分母的分数 | 123 1/2 |
| 以 4 为分母的分数 | 123 2/4 |
| 以 8 为分母的分数 | 123 4/8 |
| 以 16 为分母的分数 | 123 7/16 |
| 以 10 为分母的分数 | 123 5/10 |
| 以 100 为分母的分数 | 123 46/100 |

工作表中选定区域内活动单元格中的数字显示在“示例”列表框中，这样可以预览选定的数字格式选项。

将分数格式应用于一个单元格后，在该单元格中输入的小数和实际分数将显示为分数。例如，当使用“分母为一位数”分数类型对单元格进行了格式设置后，输入 0.5 或 1/2 的结果是 1/2。

如果没有对单元格应用“分数”格式并且输入分数（如 1/2），那么它将采用日期格式显示。若将它显示为分数，则应用“分数”格式，然后重新输入分数。

若不需要对分数执行运算，则可以在单元格中输入分数之前，选择“分类”列表中的“文本”选项，将单元格设置为文本格式。这样，输入的分数就不会减小或转换为小数。但是，不能对以文本格式显示的分数执行算术运算。

若重新设置数字格式，则选择“常规”选项。用“常规”格式设置的单元格没有特定的数字格式。

（4）显示数字为货币

1）选择包含要用货币符号显示的数字的单元格（若取消选择的单元格区域，则单击工作表中的任意单元格）。

2）在“开始”选项卡“数字”选项组中单击“数字”右侧的“设置单元格格式：数字”对话框启动器 ，打开“设置单元格格式”对话框。

3）在“数字”选项卡的“分类”列表框中选择“货币”或“会计专用”选项，在“货币符号”下拉列表框中单击所需的货币符号，如图 1-77 所示。

若显示没有货币符号的货币值，则可以单击“无”。

在“小数位数”文本框中输入要显示的小数位数。在“负数”列表框中选择负数的显示样式，“负数”列表框对“会计专用”数字格式不可用。

工作表上选择的活动单元格中的数字出现在“示例”列表框中，这样可以预览选择的数字格式选项。

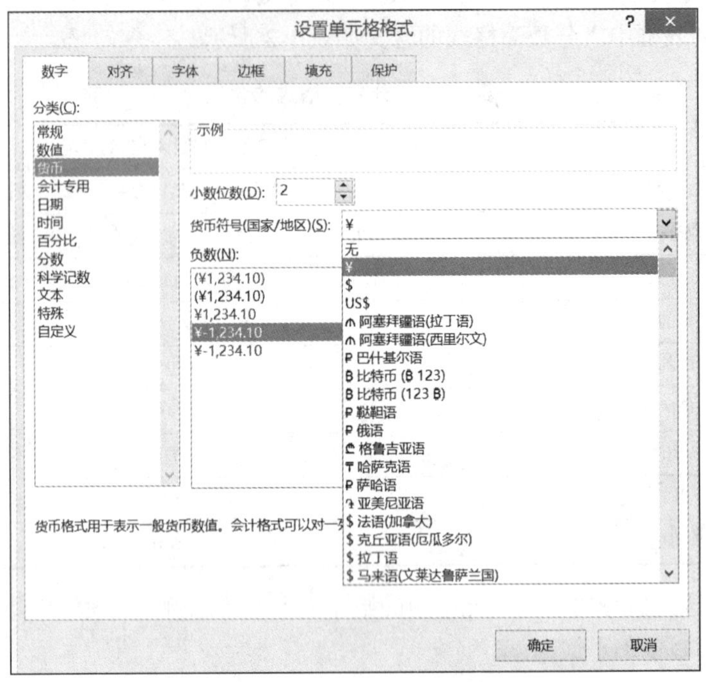

图 1-77　货币符号的选择

若快速显示带有默认货币符号的数字，则先选择单元格或单元格区域，然后单击“开始”选项卡“数字”选项组中的“会计数字格式”按钮。若使用另一种货币，则单击“会计数字格式”下拉按钮，然后单击所需的货币，如图 1-78 所示。

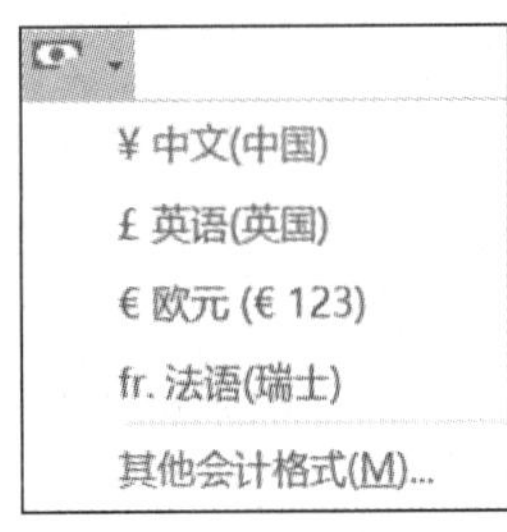


图 1-78　选择其他货币符号

若更改 Excel 和其他 Office 程序的默认货币符号，则可在控制面板中更改默认的区域货币设置。注意，尽管“会计数字格式”按钮图标没有改变，但在单击按钮时会应用所选的货币符号。

若重新设置数字格式，则选择“常规”选项。用“常规”格式设置的单元格没有特定的数字格式。

（5）将数字显示为日期或时间

当在单元格中输入日期或时间时，会以默认的日期和时间格式显示。默认的日期和时间基于在控制面板中指定的区域日期和时间设置，并会随着这些设置的更改而更改。可以用几种其他日期和时间格式（其中大多数不受控制面板设置的影响）来显示数字。

1）选择要设置格式的单元格（若取消选择的单元格区域，则单击工作表中的任意单元格）。

2）在“开始”选项卡“数字”选项组中单击“数字”右侧的“设置单元格格式：数字”对话框启动器，打开“设置单元格格式”对话框。

3）在“数字”选项卡“分类”列表框中选择“日期”或“时间”选项，如图 1-79 所示。

在“类型”列表框中单击要使用的日期或时间格式。以星号 (*) 开始的日期和时间格式响应控制面板指定的区域日期和时间设置的更改，不带星号的格式不受“控制面板”设置的影响。

若以其他语言格式显示日期和时间，则在“区域设置(国家/地区)”列表框中单击所需的语言设置。

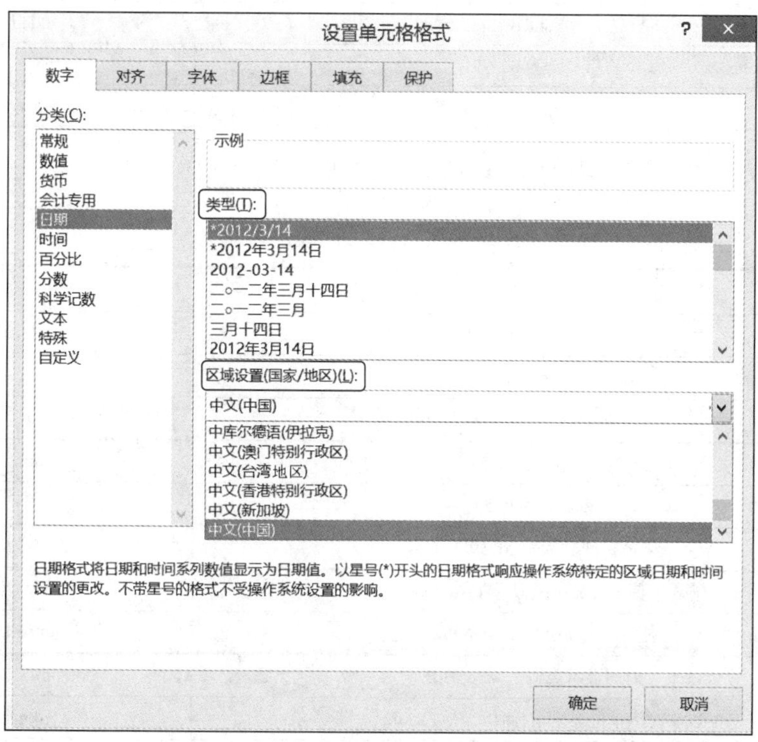


图 1-79 “日期”格式的设置

工作表中选定区域内活动单元格中的数字显示在“示例”框中，这样可以预览选择的数字格式选项。

若在“类型”列表框中找不到所需的格式，则可创建自定义数字格式，方法是先单击“分类”列表框中的“自定义”，然后对日期和时间使用格式代码。

月、日、年日期的格式如表 1-4 所示。

表1-4 月、日、年日期的格式

| 显示日期 | 使用的代码 |
|---|---|
| 将月显示为 1–12 | m |
| 将月显示为 01–12 | mm |
| 将月显示为 Jan–Dec | mmm |
| 将月显示为 January–December | mmmm |
| 将月显示为该月份的第一个字母 | mmmmm |

续表

| 显示日期 | 使用的代码 |
| --- | --- |
| 将日显示为 1–31 | d |
| 将日显示为 01–31 | dd |
| 将日显示为 Sun–Sat | ddd |
| 将日显示为 Sunday–Saturday | dddd |
| 将年显示为 00–99 | yy |
| 将年显示为 1900–9999 | yyyy |

时、分、秒时间的格式如表 1-5 所示。

**表1-5　时、分、秒时间的格式**

| 显示时间 | 使用的代码 |
| --- | --- |
| 将小时显示为 0–23 | H |
| 将小时显示为 00–23 | hh |
| 将分显示为 0–59 | m |
| 将分显示为 00–59 | mm |
| 将秒显示为 0–59 | S |
| 将秒显示为 00–59 | SS |
| 使小时显示类似于 4 AM | h AM/PM |
| 使时间显示类似于 4:36 PM | h:mm AM/PM |
| 使时间显示类似于 4:36:03 P | h:mm:SS A/P |
| 以小时为单位显示运行时间，如 25.02 | [h]:mm |
| 以分为单位显示运行时间，如 63:46 | [mm]:ss |
| 以秒为单位显示运行时间 | [ss] |
| 秒的分数 | h:mm:ss.00 |

若 AM 和 PM 格式包含 AM 或 PM，则按 12 小时制显示小时，其中“AM”或“A”表示从午夜 12:00 到中午 12:00 之间的时间，“PM”或“P”表示从中午 12:00 到午夜 12:00 之间的时间；否则，按 24 小时制显示小时。“m”或“mm”代码必须紧跟在“h”或“hh”代码之后，或者后面紧接“ss”代码；否则，Excel 将显示月而不是分。

若使用默认的日期或时间格式，则单击包含日期或时间的单元格，然后按 Ctrl+Shift+#组合键或 Ctrl+Shift+@组合键。

当选择“分类”列表框中的“常规”选项撤消日期或时间格式时，Excel 将显示一个数字代码。当再次输入日期或时间时，Excel 会显示默认的日期或时间格式。若输入特定日期或时间格式，如“2019 年 1 月”，则可选择“分类”列表框中的“文本”选项，将其设置为文本格式。

（6）设置千位分隔符

1）选择要设置格式的单元格（若取消选择的单元格区域，则单击工作表中的任意单元格)。

2）在“开始”选项卡“数字”选项组中单击“数字”右侧的“设置单元格格式：数字”对话框启动器，打开“设置单元格格式”对话框。

3）在“数字”选项卡中选择“分类”列表框中的“数值”选项。

若显示或隐藏千位分隔符，则选择或取消选择“使用千位分隔符(,)”复选框，如图 1-80 所示。

若要快速显示千位分隔符，则可单击“开始”选项卡“数字”选项组中的“千位分隔样式”按钮，如图 1-81 所示。

☑使用千位分隔符(,)(U)

图 1-80 “使用千位分隔符”复选框

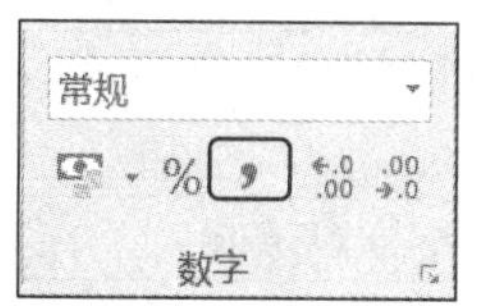


图 1-81 千位分隔样式

在默认情况下，Excel 显示系统千位分隔符。此外，还可以通过更改“控制面板”中的区域设置来指定不同的系统分隔符。

## 七、设置公式函数

### 1. 认识公式

公式是对工作表中的数值执行计算的等式。

公式以等号“=”开头，可以包括函数、变量、常量和运算符，如图 1-82 所示。

函数：预先编写的程序、公式，可以对一个或多个值执行运算，并返回一个或多个值。函数可以简化和缩短工作表中的公式，尤其在使用公式执行很长或复杂的计算时。

常量：不进行计算的值，因此也不会发生变化。例如，数字 1000 及文本“销售量”都是常量。表达式及表达式产生的值都不是常量。

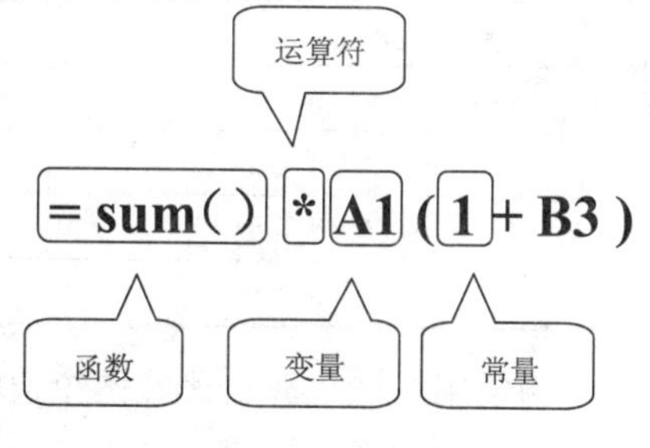


图 1-82 公式包含的元素

运算符：一个标记或符号，指定表达式内执行的计算的类型。有数学、比较、逻辑和引用运算符等。

（1）常量

常量是不用计算的值。例如，日期 2019-10-9、数字 1000 及文本“销售量”都是常量。表达式或由表达式得出的结果不是常量。如果在公式中使用常量而不是对单元格的引用（如 50+70+120），则只有在更改公式时其结果才会更改。

（2）运算符

运算符用于指定对公式中的元素执行的计算类型。计算时有一个默认的次序，但可使用括号更改计算次序。

计算运算符分为四种不同类型，即算术运算符、比较运算符、文本连接运算符和引用运算符。

1）算术运算符。若完成基本的数学运算（加、减、乘、除等）、合并数字及生成数值结果，则使用表 1-6 所示的算术运算符。

**表1-6　算术运算符及其含义**

| 算术运算符 | 含义 | 示例 |
| --- | --- | --- |
| +（加号） | 加法 | 6+3 |
| -（减号） | 减法 | 6-1 |
| | 负数 | -1 |
| *（星号） | 乘法 | 6 *3 |
| /（正斜杠） | 除法 | 6/3 |
| | 日期 | 6 月 3 日 |
| %（百分号） | 百分比 | 60% |
| ^（脱字号 Shift+6） | 乘方 | 6^2 |

2）比较运算符。可以使用表 1-7 所示的运算符比较两个值。

**表1-7　比较运算符及其含义**

| 比较运算符 | 含义 | 示例 |
| --- | --- | --- |
| =（等于号） | 等于 | A1=B1 |
| >（大于号） | 大于 | A1>B1 |
| <（小于号） | 小于 | A1<B1 |
| >=（大于等于号） | 大于或等于 | A1>=B1 |
| <=（小于等于号） | 小于或等于 | A1<=B1 |
| <>（不等号） | 不等于 | A1<>B1 |

当使用这些运算符比较两个值时，其结果为逻辑值：TRUE 或 FALSE。

3）文本连接运算符。可以使用与号“&”连接一个或多个文本字符串以生成一段文本，如表 1-8 所示。

**表1-8　文本运算符及其含义**

| 文本运算符 | 含义 | 示例 |
| --- | --- | --- |
| &（与号） | 将两个值连接或串起来产生一个连续的文本值 | “张”&“三” |

4）引用运算符。可以使用表 1-9 所示的运算符对单元格区域进行合并计算。

**表1-9　引用运算符及其含义**

| 引用运算符 | 含义 | 示例 |
| --- | --- | --- |
| :（冒号） | 区域运算符，生成对两个引用之间所有单元格的引用（包括这两个引用） | B5:B15 |

续表

| 引用运算符 | 含义 | 示例 |
|---|---|---|
| ,（逗号） | 联合运算符，将多个引用合并为一个引用 | SUM（B5:B15,D5:D15） |
| （空格） | 交集运算符，生成对两个引用中共有的单元格的引用 | A1:D2 B2:C8 |

（3）Excel 执行公式运算的次序

公式按照特定次序计算值。Excel 中的公式始终以等号“=”开头，这个等号告知Excel 随后的字符组成一个公式。等号后面是要计算的元素（操作数），各元素（操作数）之间由运算符分隔。Excel 按照公式中每个运算符的特定次序从左到右计算公式。

（4）运算符优先级

若一个公式中有若干个运算符，则 Excel 将按照表 1-10 中的次序进行计算。若一个公式中的若干个运算符具有相同的优先顺序（若一个公式中既有乘号又有除号），则 Excel 将从左到右进行计算。

**表1-10　运算符及其说明**

| 运算符 | 说明 |
|---|---|
| :（冒号） | 引用运算符 |
| （单个空格） | |
| ,（逗号） | |
| - | 负数（如-1） |
| % | 百分比 |
| ^ | 乘方 |
| * 和 / | 乘和除 |
| + 和- | 加和减 |
| & | 连接两个文本字符串（串连） |
| = | 比较运算符 |
| <> | |
| <= | |
| >= | |
| < > | |

（5）使用括号

若更改求值的顺序，则将公式中先计算的部分用括号括起来。例如，下面公式的结果是 26，因为 Excel 先进行乘法运算后进行加法运算，所以先将 2 与 10 相乘，然后再加上 6，即得到结果。

=6+2*10

但是，若用括号对该语法进行更改，则 Excel 将先求出 6 加 2 之和，再用该结果乘以 10 得 80。

=(6+2) *10

在以下示例中，公式第一部分的括号强制 Excel 先计算 B4+1，然后再除以单元格 D5、E5 和 F5 中值的和。

=(B4+1)/SUM(D5:F5)

2. 在公式中使用函数和嵌套函数

函数是预定义的程序或公式，通过使用一些称为参数的特定数值按照特定的顺序或结构执行计算。函数可用于执行简单或复杂的计算。

（1）认识函数

下面的 SUM 函数示例说明了函数的语法，求单元格 A1、B2 的和。

=SUM(A1,B2)

1）函数的结构。函数的结构以等号“=”开始，后面紧跟函数名称和左括号，然后以逗号分隔输入该函数的参数，最后是右括号。

2）函数名称。若查看可用函数的列表，则单击一个单元格并按 Shift+F3 组合键。

参数是函数中用来执行操作或计算的值。参数的类型与函数有关。函数中常用的参数类型包括数字、文本、单元格引用和名称。指定的参数都必须为有效参数值。参数也可以是常量、公式或其他函数。

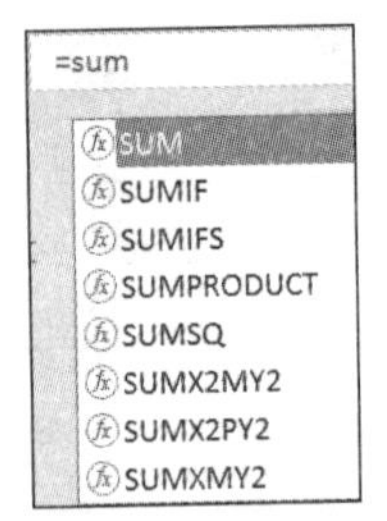

图 1-83　参数工具提示

参数工具提示：在输入函数时会出现一个带有语法和参数的工具提示。例如，输入“=sum”时，工具提示就会出现。参数工具提示只在使用内置函数时出现，如图 1-83 所示。

（2）输入函数

若创建带函数的公式，则“插入函数”对话框将有助于输入工作表函数。在公式中输入函数时，“插入函数”对话框将显示函数的名称及其各个参数的说明、函数的当前结果，以及整个公式的当前结果。插入函数的操作步骤如图 1-84 所示。

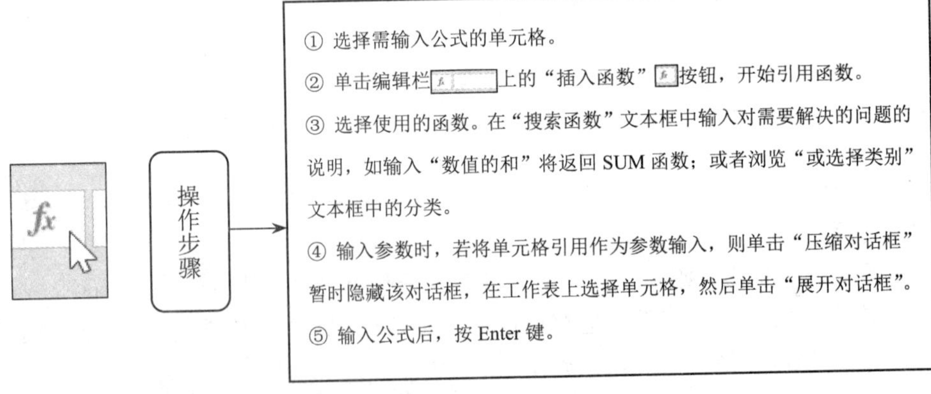

图 1-84　插入函数的操作步骤

为了便于创建和编辑公式，同时尽可能地减少输入和语法错误，可以使用公式记忆式输入。当输入“=”（等号）和开头的几个字母或显示触发字符之后，Excel 会在单元格的下方显示一个动态下拉列表，该列表中包含与这几个字母或该触发字符相匹配的有效函数、参数和名称。然后将该下拉列表中的一项插入公式。

（3）嵌套函数

在某些情况下，可能需要将某个函数作为另一个函数的参数使用。例如，下面的公式使用嵌套的 AVERAGE 函数并将结果与数值 100 进行比较。

=IF(AVERAGE(C1:D2)<100,SUM(F4:G5),5)

AVERAGE 函数和 SUM 函数嵌套在 IF 函数中。

1）有效的返回值。当嵌套函数作为参数使用时，它返回的数值类型必须与参数使用的数值类型相同。例如，如果参数返回一个 TRUE 值或 FALSE 值，那么嵌套函数也必须返回一个 TRUE 值或 FALSE 值；否则，Excel 将显示#VALUE! 错误值。

2）嵌套级别限制，公式可以包含多达七级的嵌套函数。当函数 B 在函数 A 中用作参数时，函数 B 则为第二级函数。例如，AVERAGE 函数和 SUM 函数都是第二级函数，因为它们都是 IF 函数的参数，而在 AVERAGE 函数中嵌套的函数则为第三级函数，以此类推。

（4）使用“引用”

引用的作用在于标识工作表中的单元格或单元格区域，并告知 Excel 在何处查找公式中所使用的数值或数据。通过引用，可以在一个公式中使用工作表不同部分中包含的数据，或者在多个公式中使用同一个单元格的数值。此外，还可以引用同一个工作簿中其他工作表上的单元格和其他工作簿中的数据。

1）外部引用。即链接，是指对其他 Excel 工作簿中的工作表单元格或单元格区域的引用，或者对其他工作簿中的定义名称的引用。

默认引用样式。在默认情况下，Excel 使用 A1 引用样式，此样式引用列标（A～XFD，共 16 384 列）及数字标识行（1～1 048 576）。若引用某个单元格，则输入后跟行号的列标。例如，B6 引用列 B 和行 6 交叉处的单元格。单元格示例如表 1-11 所示。

表1-11 单元格示例

| 要求 | 输入 |
|---|---|
| 列 A 和行 12 交叉处的单元格 | A12 |
| 在列 A 和行 12～行 20 之间的单元格区域 | A12:A20 |
| 在行 15 和列 D～列 E 之间的单元格区域 | D15:E15 |

引用其他工作表中的单元格。在以下示例中，SUM 函数将计算同一个工作簿中名为“人员”的工作表的 A1:B10 区域内的平均值。

=SUM(人员!A1:B10)

2）相对引用。公式中的相对单元格引用（如 A1）是基于包含公式和单元格引用的单元格的相对位置。若公式所在单元格的位置改变，则引用也随之改变。若多行或多列地复制或填充公式，则引用会自动调整。在默认情况下，新公式使用相对引用。例如，若将单元格 B2 中的相对引用复制或填充到单元格 B3 中，则该引用将自动从=A1 调整到=A2，如图 1-85 所示。

3）绝对引用。公式中的绝对单元格引用（如$A$1）总是在特定位置引用单元格。若公式所在单元格的位置改变，则绝对引用将保持不变。若多行或多列地复制或填充公式，则绝对引用将不做调整。在默认情况下，新公式使用相对引用，需要将它们转换为绝对引用。例如，若将单元格 B2 中的绝对引用复制或填充到单元格 B3 中，则该引用在这两个单元格中都是=$A$1，如图 1-86 所示。

4）混合引用。具有绝对列和相对行，或者具有绝对行和相对列。绝对引用列采用$A1、$B1 等形式，绝对引用行采用 A$1、B$1 等形式。若公式所在单元格的位置改变，则相对引用将改变，而绝对引用将不变。若多行或多列地复制或填充公式，则相对引用将自动调整，而绝对引用将不做调整。例如，若将一个混合引用从 B2 复制到 C3，则它将从=A$1 调整到=B$1，如图 1-87 所示。

|   | A | B |
|---|---|---|
| 1 |   |   |
| 2 |   | =A1 |
| 3 |   | =A2 |

图 1-85　相对引用示例

|   | A | B |
|---|---|---|
| 1 |   |   |
| 2 |   | =$A$1 |
| 3 |   | =$A$1 |

图 1-86　绝时引用示例

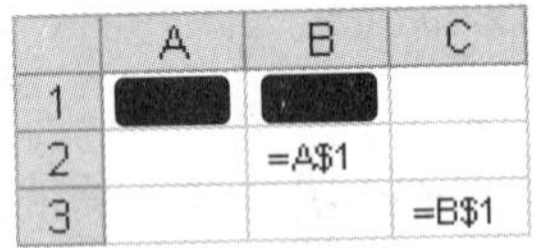


图 1-87　混合引用

5）三维引用样式。若分析同一工作簿中多个工作表上相同单元格或单元格区域中的数据，则使用三维引用。三维引用包含单元格或单元格区域引用，前面加上工作表名称的范围。Excel 使用存储在引用开始名和结束名之间的任何工作表。例如，当使用公式=SUM (Sheet2:Sheet13!E5)计算 E5 单元格内包含的所有值的和时，单元格取值范围是从工作表 2 到工作表 13。

使用三维引用，不仅可以引用其他工作表中的单元格、定义名称，还可以通过使用下列函数来创建公式：SUM、AVERAGE、AVERAGEA、COUNT、COUNTA、MAX、MAXA、MIN、MINA、PRODUCT、STDEV、STDEVA、STDEVP、STDEVPA、VAR、VARA、VARP 和 VARPA 等。

三维引用不能用于数组公式中，也不能与交叉引用运算符（空格）一起使用，还不能用在使用了绝对交集的公式中。

以下示例演示在移动、复制、插入或删除三维引用中包括的工作表时出现的情况。该示例使用公式=SUM(Sheet2:Sheet6!A1:A3) 对从 Sheet2 到 Sheet6 的每个工作表中的 A1～A3 单元格求和。

1）插入或复制。若在 Sheet2 和 Sheet6 之间插入或复制工作表，则 Excel 将在计算中包含所添加的工作表中从单元格 A1～A3 的所有数值。

2）删除。若删除了 Sheet2 和 Sheet6 之间的工作表，则 Excel 将删除计算中相应的值。

3）移动。若将 Sheet2 和 Sheet6 之间的工作表移动到引用工作表区域之外的位置，则 Excel 将删除计算中相应的值。

4）移动工作表。若将 Sheet2 或 Sheet6 移到同一工作簿中的其他位置，则 Excel 将对计算进行调整以包含它们之间的新工作表区域。

5）删除工作表。若删除了 Sheet2 或 Sheet6，则 Excel 将对计算进行调整以包含它们之间的工作表区域。

### 3. 在公式中使用名称

1）名称是指代表单元格、单元格区域、公式或常量值的单词或字符串。名称更易于理解。例如，可将单元格区域 A1:B2 定义为“产品”名称。

可以创建已定义名称来代表单元格、单元格区域、公式、常量值或 Excel 表。名称是一种有意义的简写形式，它更便于用户了解单元格引用、常量 、公式或表的用途。

2）创建和输入名称。使用编辑栏的“名称”文本框为选定区域创建工作簿级别名称。从选定区域创建名称，可以使用工作表中选择的单元格根据现有的行标签和列标签方便地创建名称。也可以使用“新建名称”对话框创建名称，当希望更灵活地创建名称（如指定本地工作表级别名称的适用范围或创建名称批注）时，此方法最适用，如图 1-88 所示。

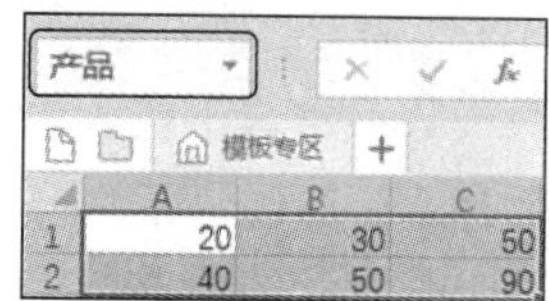

图 1-88 创建名称

也可以通过执行下列操作来输入名称：选择需要设置名称的单元格区域，在编辑栏内输入该区域的名称，按 Enter 键结束输入。

### 4. 使用数组公式和数组常量

数组公式对一组或多组值执行多重计算，并返回一个或多个结果。数组公式括于大括号“{}”中。按 Ctrl+Shift+Enter 组合键可以输入数组公式。

数组公式可以执行多项计算并返回一个或多个结果。数组公式对两组或多组名为数组参数的值执行运算。每个数组参数都必须拥有相同数量的行和列。除了用 Ctrl+Shift+Enter 组合键输入公式外，创建数组公式的方法与创建其他公式的方法相同。某些内置函数是数组公式，并且必须作为数组输入才能获得正确的结果。

若不想在工作表的单个单元格中输入每个常量值，则可用数组常量来代替引用。

（1）使用数组公式

在输入数组公式时，Excel 自动在大括号“{ }”之间插入公式。

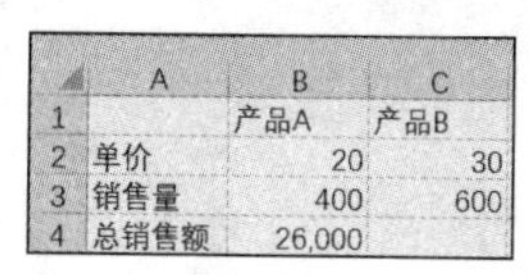

| | A | B | C |
|---|---|---|---|
| 1 | | 产品A | 产品B |
| 2 | 单价 | 20 | 30 |
| 3 | 销售量 | 400 | 600 |
| 4 | 总销售额 | 26,000 | |

图 1-89 数组公式示例一

1）计算单个结果。此类数组公式通过使用一个数组公式代替多个公式的方式来简化工作表模式。例如，求某公司当月总销售额，如图 1-89 所示。当将公式“{=SUM(B2:C2*B3:C3)}”作为数组公式输入时，该公式将每个产品的“单价”和“销售量”相乘后再将这些计算结果相加。

2）计算多个结果。一些工作表函数返回多组数值，或者需要将一组值作为一个参数。若使数组公式能够计算出多个结果，则必须将数组输入到与数组参数具有相同的列数和行数的单元格区域中。例如，求某公司各产品销售额，如图 1-90 所示。

ASC =B2:C2*B3:C3

| | A | B | C | D |
|---|---|---|---|---|
| 1 | | 产品A | 产品B | |
| 2 | 单价 | 20 | 30 | |
| 3 | 销售量 | 400 | 600 | |
| 4 | 当月销售额 | =B2:C2*B3:C3 | | |

图 1-90 数组公式示例二

数组公式输入完成后切记按 Ctrl+Shift+Enter 组合键确认数组公式。若需修改数组公式，则在修改完成后再次按 Ctrl+Shift+Enter 组合键确认数组公式。

（2）使用数组常量

在普通公式中可以输入包含数值的单元格引用或数值本身，其中该数值与单元格引用被称为常量。同样，在数组公式中也可输入数组引用或包含在单元格中的数值数组，其中该数值数组和数组引用被称为数组常量。数组公式可以按照与非数组公式相同的方式使用常量，但是必须按照特定格式输入数组常量。

数组常量可以包含数字、文本、逻辑值（如 TRUE、FALSE 或错误值 #N/A）。数组常量中也可包含不同类型的数值。例如，{1,3,4;TRUE,FALSE,TRUE}。数组常量中的数字可以使用整数、小数或科学记数格式。文本必须包含在半角的双引号内，如“产品”。

数组常量不包含单元格引用、长度不等的行或列、公式或特殊字符 $（美元符号）、括号或%（百分号）。

在设置数组常量的格式时，应当确保用大括号“{ }”将其括起；不同列的数值用逗号“,”分开。例如，若表示数值 10、20、30 和 40，则必须输入{10,20,30,40}。这个数组常量是一个 1 行 4 列数组，相当于一个 1 行 4 列的引用。不同行的数值用分号“;”隔开。例如，若在第一行中输入 10、20、30、40，在第二行中输入 50、60、70、80，则需要输入一个 2 行 4 列的数组常量：{10,20,30,40;50,60,70,80}。

#### 5. Excel 执行公式运算的次序

在某些情况下，执行计算的次序会影响公式的返回值。因此，了解如何确定计算次序及如何更改次序以获得所需结果非常重要。

公式按照特定次序进行值的计算。Excel 中的公式始终以等号“=”开头，该等号告知 Excel 随后的字符组成一个公式，等号后面是要计算的元素（操作数），各元素（操作数）之间由运算符分隔。Excel 按照公式中每个运算符的特定次序从左到右计算公式。

#### 6. 复制和移动公式

（1）复制公式

1）选择包含需要复制的公式的单元格。

2）在“开始”选项卡“剪贴板”选项组中单击“复制”按钮。

3）执行下列操作之一：

① 若粘贴公式和所有格式，则在“开始”选项卡“剪贴板”选项组中单击“粘贴”按钮。

② 若只粘贴公式，则在“开始”选项卡“剪贴板”选项组中单击“粘贴”下方的下拉按钮，再选择“选择性粘贴”选项，然后选择“公式”单选按钮。也可以只粘贴公式结果，在“开始”选项卡的“剪贴板”选项组中单击“粘贴”下方的下拉按钮，再选择“选择性粘贴”选项，然后选择“数值”单选按钮，最后单击“确定”按钮。

表 1-12 概述了当将包含引用的单元格向下和向右各复制两个单元格时，引用类型更新的方式。

表1-12　引用类型更新方式（对正复制的公式）

| “引用”要求 | 输入 |
|---|---|
| $A$1（绝对列和绝对行） | $A$1 |
| A$1（相对列和绝对行） | C$1 |
| $A1（绝对列和相对行） | $A3 |
| A1（相对列和相对行） | C3 |

（2）移动公式

1）选择包含要移动的公式的单元格。

2）在“开始”选项卡“剪贴板”选项组中单击“剪切”按钮。

3）也可将所选单元格的边框拖动到粘贴区域左上角的单元格中来移动公式。这将替换现有的任何数据。

① 若粘贴公式和任何格式，则在“开始”选项卡“剪贴板”选项组中单击“粘贴”按钮。

② 若仅粘贴公式，则在“开始”选项卡“剪贴板”选项组中单击“粘贴”下方的下拉按钮，再选择“选择性粘贴”选项，然后选择“公式”单选按钮，最后单击“确定”按钮。

7. 禁止公式在编辑栏中显示

1）选定要隐藏的公式所在的单元格区域，还可以根据需要选定非相邻区域（该选定区域包含彼此互不相邻的两个或多个单元格或单元格区域。在图表中绘制非相邻区域时，确保组合的选定区域的形状为矩形）或整个工作表。

2）在“开始”选项卡“单元格”选项组中选择“格式”选项中的“设置单元格格式”选项，打开“设置单元格格式”对话框，选择“保护”选项卡，如图1-91所示。

3）选择“保护”选项卡中的“隐藏”复选框，再单击“确定”按钮。

4）在“开始”选项卡“单元格”选项组中选择“格式”选项中的“保护工作表”选项。在“保护工作表”对话框中必须选择“保护工作表及锁定的单元格内容”复选框，如图1-92所示。

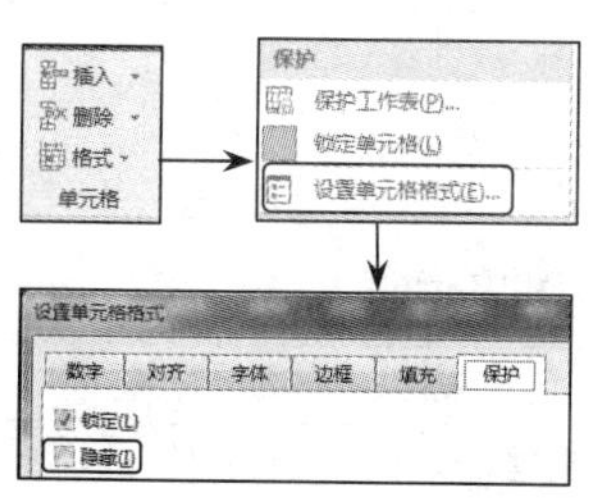


图1-91　“保护”选项卡

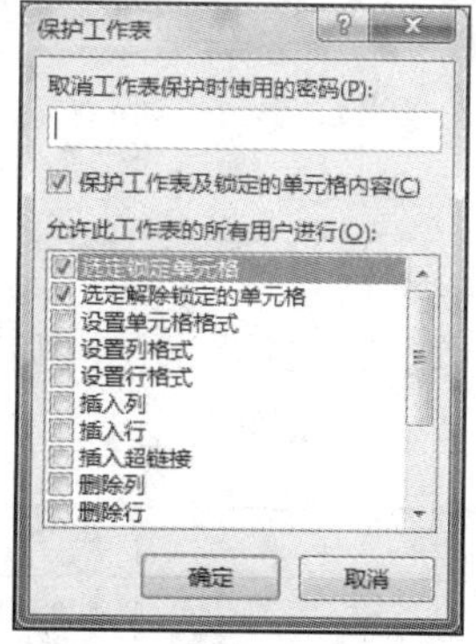


图1-92　保护工作表

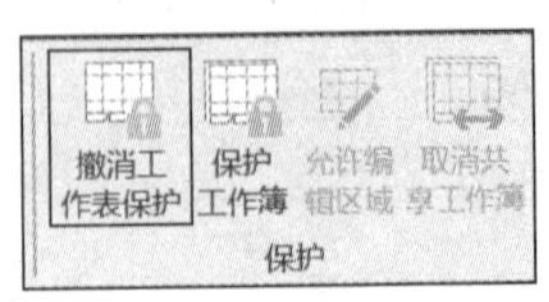


图 1-93 撤消工作表保护

### 8. 通过取消保护显示隐藏的公式

1）在“审阅”选项卡的“保护”选项组中选择“撤消工作表保护”选项，如图 1-93 所示。

2）选取要取消隐藏其公式的单元格区域，还可以根据需要选定非相邻区域。

### 9. 公式常用技巧

1）快速复制公式。可以在一系列单元格中快速输入同一个公式。先选择要计算的区域，再输入公式，然后按 Ctrl+Enter 组合键。例如，若在区域 C1:C8 中输入公式“=SUM(A1:B1)”，然后按 Ctrl+Enter 组合键，则 Excel 将在该区域内的每个单元格中输入该公式，并将 A1 用作相对引用，如图 1-94 所示。

SUM =SUM(A1:B1)

| | A | B | C | D | E |
|---|---|---|---|---|---|
| 1 | 10 | 30 | =SUM(A1:B1) | | |
| 2 | 11 | 31 | SUM(number1, [number2], ...) | | |
| 3 | 12 | 32 | 44 | | |
| 4 | 13 | 33 | 46 | | |
| 5 | 14 | 34 | 48 | | |
| 6 | 15 | 35 | 50 | | |
| 7 | 16 | 36 | 52 | | |
| 8 | 17 | 37 | 54 | | |

图 1-94 快速复制公式

2）使用公式记忆式输入。为了便于创建和编辑公式，同时尽可能地减少输入和语法错误，可以使用公式记忆式输入。当输入“=”（等号）和开头的几个字母或显示触发字符之后，Excel 会在单元格的下方显示一个动态下拉列表，该列表中包含与这几个字母或该触发字符相匹配的有效函数、参数和名称，然后将该下拉列表中的一项插入公式中，如图 1-95 所示。

3）使用函数工具提示。若熟悉函数的参数，则可以使用在输入函数名称和左括号后出现的函数工具提示。单击函数名称可以查看该函数的帮助主题，单击参数名称可以在公式中选择相应的参数，如图 1-96 所示。

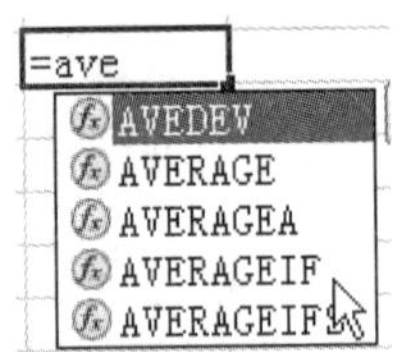


图 1-95 使用公式记忆式输入

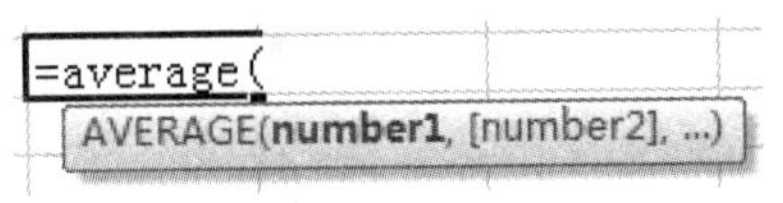


图 1-96 使用函数工具提示

### 10. 输入公式时的要求

输入公式时常见的要求及说明见表 1-13。

**表 1-13 输入公式时常见的要求及说明**

| 要求 | 说明 |
|---|---|
| 所有左括号和右括号匹配 | 确保所有括号都成对出现。创建公式时，Excel 在输入括号时将括号显示为彩色，一组括号一种颜色 |
| 用冒号表示区域 | 引用单元格区域时，使用冒号“:”分隔对单元格区域中第一个单元格的引用和对最后一个单元格的引用 |

续表

| 要求 | 说明 |
| --- | --- |
| 输入所有必需参数 | 有些函数包含必需的参数 |
| 函数的嵌套不超过七层 | 可以在函数中输入或嵌套七层以下的函数 |
| 将其他工作表名称包含在单引号中 | 如果公式中引用了其他工作表或工作簿中的值或单元格，并且这些工作簿或工作表的名称中包含非字母字符，那么必须用单引号“'”将其名称括起来 |
| 包含外部工作簿的路径 | 确保每个外部引用都包含工作簿的名称和路径 |
| 输入无格式的数字 | 在公式中输入数字时，不需为数字设置格式。例如，即使输入的值是 ¥1，000，也应在公式中输入 1000 |

## 八、Excel 2016 软件相对前期版本增加的内容

### 1. 更加丰富的 Office 主题颜色

Excel 2016 不仅拥有 Excel 2013 版本中经典的灰白色主题，而且新增了彩色和深灰色两种 Office 主题颜色。Excel 2016 默认的主题颜色为彩色，用户可以执行下列操作之一修改主题颜色。

1）选择“文件”选项卡“选项”选项，在打开的“Excel 选项”对话框中选择“常规”选项，最后在“对 Microsoft Office 进行个性化设置”下单击“Office 主题”右侧的下拉按钮，在打开的下拉列表框中选择目标主题颜色，如图 1-97 所示。

2）选择“文件”选项卡“账户”选项，单击“Office 主题”右侧的下拉按钮，在打开的下拉列表框中选择目标主题颜色，如图 1-98 所示。

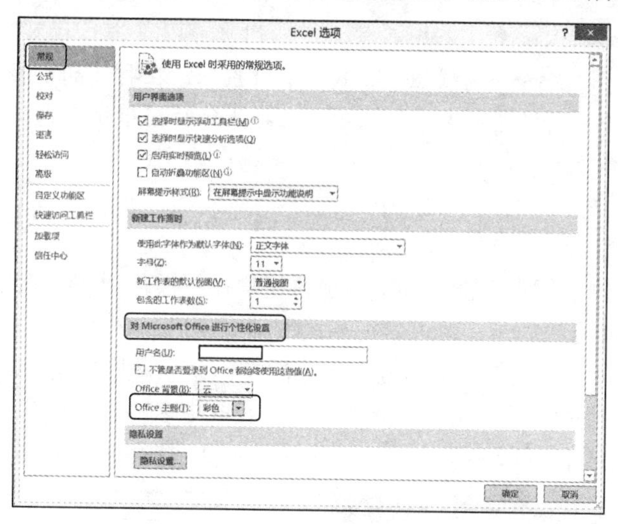

图 1-97　修改 Office 主题方法一

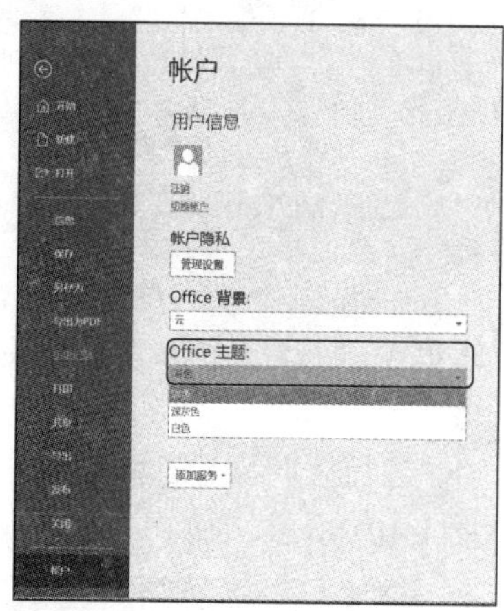


图 1-98　修改 Office 主题方法二

### 2. 优化命令间距

Excel 2016 对便携式计算机、手机的触摸操作进行了优化。与前期版本相比，Excel 2016 在触摸模式下的命令间距更大，更利于手指操作。Excel 2016 的单元格操作、图表

操作都可以通过触摸完成，用户在便携式计算机和手机等移动设备上也能获得和台式计算机一样的使用体验。Excel 2016 的触摸模式与鼠标模式的切换方法如下。

1）将“触摸/鼠标模式”命令添加至快速访问工具栏。单击快速访问工具栏中的下拉按钮，选择“触摸/鼠标模式”选项，快速访问工具栏中将出现“触摸/鼠标模式”命令，如图 1-99 所示。

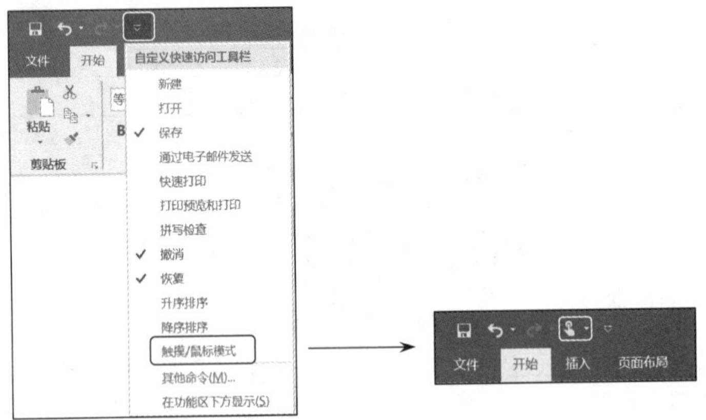


图 1-99　添加“触摸/鼠标模式”命令至快速访问工具栏

2）选择操作模式。单击“触摸/鼠标模式”下拉按钮，选择触摸模式或鼠标模式，如图 1-100 所示。

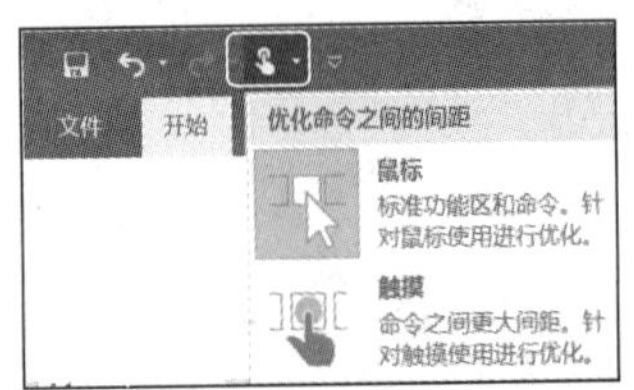


图 1-100　选择触摸或鼠标模式

**提示：**在触摸模式下，用户可以使用 Excel 2016 新增的“墨迹公式”功能。墨迹公式使用户可以通过手写的方式快速输入公式。在触摸模式下，用户可以单击“插入”选项卡“符号”选项组“公式”下拉按钮，在打开的下拉列表中选择“墨迹公式”选项，在打开的对话框中手写输入数学表达式。

3. 贴心的 Tell Me

Tell Me 是全新的 Office 助手，位于任务功能选项卡右侧，用户在“操作说明搜索”文本框中输入与操作和功能相关的单词和短语，即可获得相关的即时帮助。例如，输入关键字“文本框”，“Tell Me”下方立即出现与“文本框”相关的操作命令及操作说明。此外，还可获取与“文本框”相关的帮助，或者通过智能查找功能获取更多的相关信息，如图 1-101 所示。Tell Me 使 Excel 初学者可以快速找到需要的操作命令，提高工作效率。

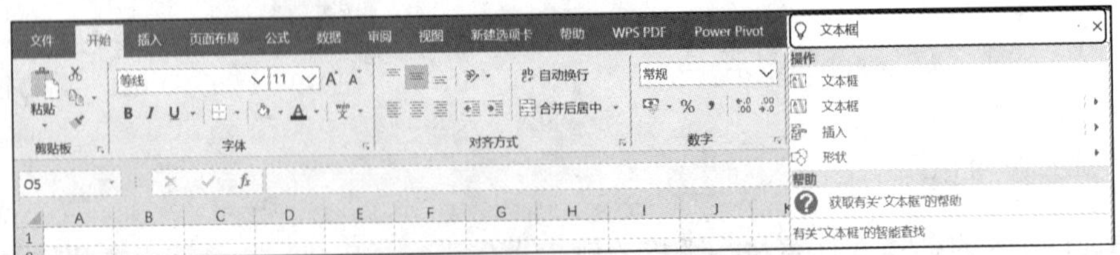


图 1-101　“Tell Me”输入框

### 4. 新增六种图表类型

可视化对于进行有效的数据分析至关重要。Excel 2016 新增六种图表的名称及其功能如下。

1）树状图。树状图适用于比较层次结构内的比例。树状图按照颜色和接近度显示类别，可以轻松显示大量数据，而其他图表类型则难以做到。

2）旭日图。旭日图适用于显示分层数据，层次结构的每个级别均通过一个环或圆形表示，最内层的圆表示层次结构的顶级。旭日图在显示一个环如何被划分为作用片段时最有效。

3）直方图。直方图适用于表现数据的分布频率。例如，判断生产过程是否稳定，预测生产过程质量等。

4）箱形图。箱形图又称为盒须图、盒式图或箱线图，适用于显示一组数据的分散情况。

5）瀑布图。瀑布图适用于表现一系列正值和负值对初始值的影响。瀑布图的列采用彩色编码，有利于用户快速地区分正数与负数。

6）漏斗图。漏斗图适用于显示流程中多个阶段的值。在通常情况下，值逐渐减小，从而使条形图呈现出漏斗形状。

### 5. 新增 Power Map 插件

Excel 2016 集成了三维地理可视化加载项 Power Map。用户可以将地理数据和临时数据绘制在一个三维地球仪或自定义地图上，随着时间的推移进行显示，并创建可以与其他人共享的可视教程。3D 地图能将 Excel 表格或 Excel 中的数据模型以 3D 格式在 Microsoft 必应地图上直观地表现出来，可表现超过一百万行的数据。

### 6. 内置 Power Query 插件

Excel 2010 和 Excel 2013 都需要单独安装 Power Query 插件，而 Excel 2016 则将此功能内置。通过使用 Power Query 工具，用户可以跨多种源查找和连接数据，从多个日志文件导入数据等。

### 7. 新增预测功能

“数据”选项卡中新增“预测工作表”选项。“预测工作表”可以从历史数据中分析事物未来发展的趋势，并以图表的形式展现出来。用户可以通过创建新的工作表来预测数据趋势，而在生成可视化工作表之前，用户可以先预览不同的预测选项。

## 习 题 一

1. Excel 2016 与低版本 Excel 的区别有哪些？
2. 简述 Excel 2016 的文件、工作簿、工作表和单元格之间的关系。

3. Excel 2016 输入的数据类型有哪几种？

4. 怎样才能显示所有的工作表标签？

5. Excel 2016 对单元格的引用有哪几种公式?

6. 描述公式“=Sheet3!C2+Sheet4!C8+成绩单!A4”的含义。

7. 如何选择不连续的表格区域？

8. 单元格的清除与单元格的删除有什么不同？

9. 如果一个工作表大于一页，要求在打印输出时要将该工作表放在一页中，应该怎样操作？

10. 制作一份学生个人各门课程（至少 5 门课程）的学习成绩总评报告，求学生成绩的总分及平均分。

## 术 语 积 累

| | | | | |
|---|---|---|---|---|
| Excel 软件 | 标题栏 | 任务功能区 | 工具栏 | 选项卡 |
| 工作簿 | 工作表 | 单元格 | 编辑栏 | 填充柄 |
| 数据格式 | 公式 | 距数 | 数组 | |

# 第二章

# Excel 在财务管理核心概念中的应用

## 第一节　财务管理核心概念及 Excel 软件要点

### 一、财务管理核心概念要点

资金时间价值和风险价值是财务管理的两个核心概念，两者的准确计量是财务管理中十分重要的问题。然而，两者的计量如果用手工完成是很烦琐的，而借助 Excel 软件则可大大简化相关计算，提高计算的准确性和速度。

1. 资金时间价值的概念及其计算

（1）资金时间价值的概念

资金时间价值是财务管理的核心概念之一，是指资金在使用过程中随时间的推移而发生的价值增值。资金的时间价值是企业在生产经营过程中产生的，其表现为一定量的资金在不同时间点上的价值量的差额。其中，把现在一定量的资金在未来某一时间点上的价值称为资金的终值，又称将来值，俗称本利和；而把未来某一时间点上一定量的资金折合为现在的价值称为资金的现值，又称本金。

（2）资金时间价值的计算

1）一次性收付款项现值与终值的计算。一次性收付款项资金的时间价值可以用单利法和复利法两种方法计算。在计算中，经常使用以下符号：

$P$—— present value，现值或本金；

$F$—— future value，将来值、终值或本利和；

$I$—— interest，利息；

$i$—— interest rate，利率；

$n$—— 计算利息的期数。

① 单利终值和现值的计算。单利是指仅计算本金在使用年限中取得的利息的计息方式。按照这种计息方式计算资金的时间价值，不论时间长短均按本金计算时间价值，以往各期产生的利息不计算时间价值。

单利终值的计算公式（已知现值 $P$，求终值 $F$）为

$$F=P\cdot(1+i\cdot n)$$

单利现值的计算公式（已知终值 $F$，求现值 $P$）为

$$P=F\div(1+i\cdot n)$$

② 复利终值与现值的计算。复利是指不仅计算本金在使用年限中取得的利息，而且计算以往年度本金产生的利息继续按照利率生息取得的利息。按照这种计息方式计算资金的时间价值，不仅按照本金计算时间价值，以往各期产生的利息也计算时间价值。

复利终值的计算公式（已知现值 $P$，求终值 $F$）为

$$F=P\cdot(1+i)^{n}$$

复利现值的计算公式（已知终值 $F$，求现值 $P$）为

$$P=F\cdot(1+i)^{-n}$$

2）年金终值与现值的计算。年金是指在一定时期内每次等额收付的系列款项。利息、租金、保险费、等额分期收款、等额分期付款及零存整取或整存零取等都为年金的表现形式。按其收付发生的时间点不同，年金可分为普通年金、先付年金、递延年金和永续年金四种类型。不同类型年金的终值与现值用以下不同的方法计算（年金一般用字母 $A$ 表示）：

① 普通年金的计算。普通年金是指从第一期起，在一定时期内发生在每期期末的等额收付的系列款项，又称后付年金，如图 2-1 所示。

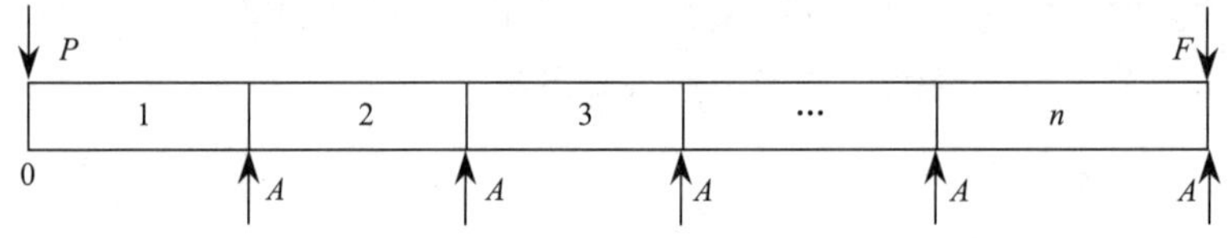


图 2-1 普通年金

a. 普通年金终值的计算（已知年金 $A$，求年金终值 $F$）。普通年金终值是一定时期内每期期末收付款项的复利终值之和，计算公式为

$$F=A\cdot\frac{(1+i)^{n}-1}{i}$$

b. 普通年金现值的计算（已知年金 $A$，求年金现值 $P$）。普通年金现值是指一定时期内每期期末收付款项的复利现值之和，计算公式为

$$P=A\cdot\frac{1-(1+i)^{-n}}{i}$$

② 先付年金的计算。先付年金是指从第一期起，在一定时期内发生在每期期初的等额收付的系列款项，又称即付年金或预付年金，如图 2-2 所示。

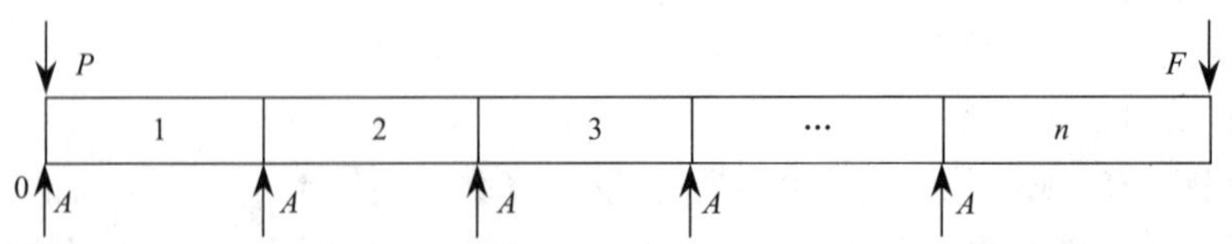


图 2-2 先付年金

a. 先付年金终值的计算。先付年金终值是指一定时期内每期期初等额收付款项的复利终值之和，计算公式为

$$F = A \cdot \left[ \frac{(1+i)^{n+1} - 1}{i} \right]$$

b. 先付年金现值的计算。先付年金现值是指一定时期内每期期初等额收付款项的复利现值之和，计算公式为

$$P = \left[ \frac{1-(1+i)^{-(n-1)}}{i} + 1 \right] \cdot A$$

③ 递延年金的计算。递延年金是指第一次收付款发生时间与第一期无关，而是隔若干期（假设为 $m$ 期，$m \geqslant 1$）后才开始发生的系列等额收付款项。递延年金是普通年金的特殊形式，凡不是从第一期开始的普通年金就是递延年金，如图 2-3 所示。

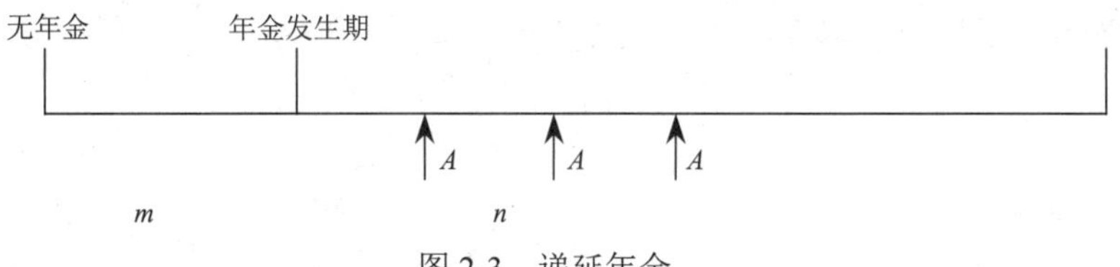


图 2-3　递延年金

a. 递延年金终值的计算。递延年金终值的计算方法与普通年金终值的计算方法类似，前面没有发生收付款的时期不计算，后面发生收付款的时期按照期数和折现率计算终值。

b. 递延年金现值的计算。递延年金现值的计算方法有两种：一是将递延年金看成 $n$ 期普通年金，先求出第（$m$+1）期期初时的 $n$ 期普通年金的现值，然后再折算到第一期期初，即得到 $n$ 期递延年金的现值；二是将递延年金看成（$m$+$n$）期普通年金，先求出第（$m$+$n$）期普通年金的现值，然后再减去 $m$ 期普通年金的现值，即得到 $n$ 期递延年金的现值。

④ 永续年金的计算。永续年金是指无限期等额收付的年金，可视为普通年金的特殊形式。例如，无限期债券的利息和优先股的股利都是永续年金，如图 2-4 所示。

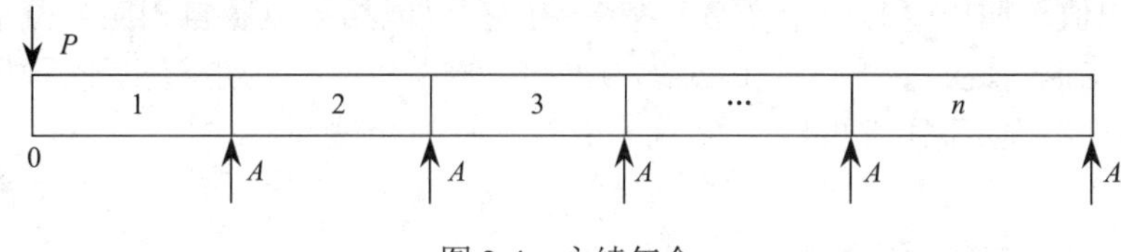


图 2-4　永续年金

a. 永续年金终值的计算。由于永续年金持续期无限，没有终止时间，因此没有终值。

b. 永续年金现值的计算。永续年金现值计算公式为

$$P = \frac{A}{i}$$

3）资金时间价值计算的特殊问题。

① 年偿债基金的计算（已知年金终值 $F$，求年金 $A$）。偿债基金是指为了在约定的未来某一时间点清偿某笔债务或者积蓄一定数额的资金而必须分次等额提取的存款准备金。由于每次提取的等额准备金类似于年金，同样可以获得按照复利计算的利息，因此债务实际上等同于年金终值，计算公式为

$$A = F \cdot \frac{i}{(1+i)^n - 1}$$

② 年资本回收额的计算（已知年金现值 $P$，求年金 $A$）。资本回收额是指在给定的年限内等额回收或清偿所欠债务（或初始投入资本）的金额。年资本回收额的计算是年金现值的逆运算，计算公式为

$$A = P \cdot \frac{i}{1-(1+i)^{-n}}$$

③ 名义利率与实际利率。以上计算均假定利率为年利率，每年复利一次。但实际上，复利的计息期间不一定是一年，有可能是季度、月或日。例如，某些债券每半年计息一次；有的抵押贷款每月计息一次；银行之间拆借资金均为每天计息一次。当每年复利计息次数超过一次时给出的年利率称为名义利率，而每年只复利一次的年利率称为实际利率。

把名义利率调整为实际利率的计算公式为

$$i=\left(1+\frac{r}{m}\right)^{m}-1$$

式中，$i$——实际利率；

$r$——名义利率；

$m$——每年复利次数。

2. 风险的概念及计量

（1）风险的概念

风险一般是指某一行动的结果具有变动性。从财务管理的角度看，风险是指企业在各项生产经营活动过程中，由于各种难以预料或无法控制的因素作用，使企业的实际收益与预期收益发生背离，从而蒙受经济损失的可能性。

（2）风险的计量

1）期望值。期望值是一个概率分布中的所有可能结果以各自相应的概率为权数计算的加权平均值，是加权平均的中心值，通常用符号 $E$ 表示。期望值反映预期收益的平均化，在各种不确定因素影响下，它代表着投资者的合理预期。

$$E=\sum x_i \cdot p_i$$

式中，$x_i$——各种可能结果的值；

$p_i$——各种可能结果出现的概率。

2）标准离差。标准离差表示未来收益偏离期望值的范围大小，通常用符号 $\delta$ 表示。标准离差以绝对数来衡量决策方案的风险，在期望值相同的情况下，标准离差越大，风险越大；反之，标准离差越小，风险越小。

$$\delta=\sqrt{\sum (x_i - E)^2 p_i}$$

3）标准离差率。标准离差率是标准离差与期望值之比，通常用符号 $q$ 表示。标准离差率是一个相对数指标，它以相对数来衡量决策方案的风险，标准离差率越大表示风险越大，标准离差率越小表示风险越小。标准离差只适用于期望值相同的决策方案的风险比较，而对于期望值不同的决策方案，评价和比较其各自的风险程度只能借助于标准离差率这一相对指标。

$$q=\frac{\delta}{E}\times 100\%$$

## 二、Excel 软件要点

### 1. 终值函数 FV

终值函数 FV(rate,nper,pmt,pv,type)可以在各期利率、收付款期总数及收付款时间、一次性收付款或年金的现值已知的情况下，求出一次性收付款或年金的终值。终值函数中各参数的含义如下。

1）rate：各期利率（$i$）。

2）nper：总投资（或贷款）期（$n$），即该项投资（或贷款）的收付款总期数。

3）pmt：各期所应支付的金额，其数值在整个年金期间保持不变，即年金 $A$。通常 pmt 包括本金和利息，但不包括其他费用及税款。若忽略 pmt，则必须包括 pv 参数。

4）pv：现值，即从该项投资开始计算时已经入账的款项，或一系列未来付款的当前值的累积和，也称本金（$P$）。若省略 pv，则假设其值为零，并且必须包括 pmt 参数。

5）type：数字“0”或“1”，用以指定各期的付款时间是在期初还是期末。“0”表示期末，“1”表示期初。若省略 type，则假设其值为零。

终值函数输入的一般步骤如下。

第一步，打开 Excel 制表系统。

第二步，在 Excel 工作表中选择要输入函数的单元格。

第三步，选择“公式”选项卡“函数库”选项组“插入函数”选项，或者直接选择“财务”函数选项，如图 2-5 所示。

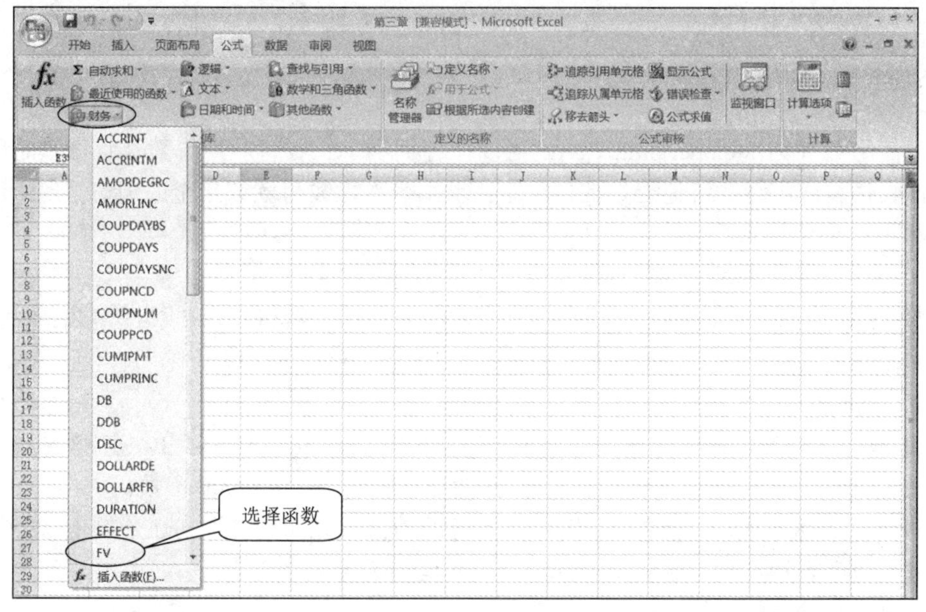


图 2-5　选择终值函数“FV”

第四步，“财务”函数下拉列表中显示该大类包括的所有函数，从中选择当前需要输入的终值函数“FV”选项，如图 2-5 所示。

第五步，单击所选的终值函数，打开“函数参数”对话框，在该对话框中输入所选函数的参数，如图 2-6 所示。

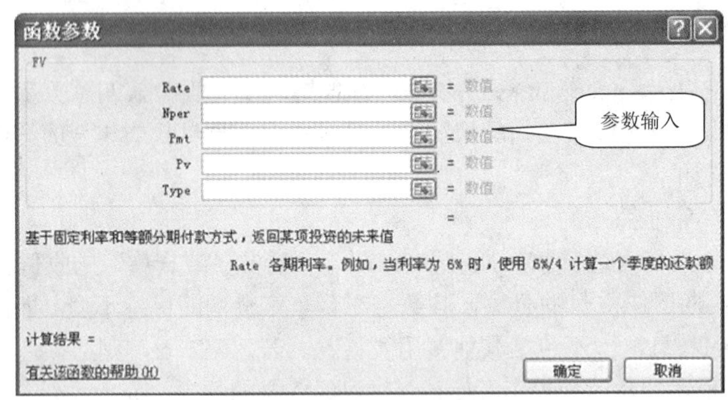


图 2-6　终值函数参数的输入

第六步，单击“确定”按钮完成函数输入。

**注意：**

① 在所有参数中，支出的款项表示为负数，如银行存款；收入的款项表示为正数，如股息收入。例如，对于储户来说，500 元银行存款可表示为参数−500，而对于银行而言该参数为 500。

② 应当确认所指定的 rate 和 nper 单位的一致性。例如，同样是五年期年利率为 10%的贷款，若按年支付，则 rate 应为 10%，nper 应为 5；若按月支付，则 rate 应为 10%/12（将年利率转换为月利率），nper 应为 5*12（将以年为期转换为以月为期）。

2. 现值函数 PV

现值函数 PV(rate,nper,pmt,fv,type)可以在各期利率、收付款期总数及收付款时间、一次性收付款或年金的终值已知的情况下，求出一次性收付款或年金的现值。现值函数中各参数的含义如下。

1）rate：各期利率（$i$）。

2）nper：总投资（或贷款）期（$n$），即该项投资（或贷款）的收付款总期数。

3）pmt：各期所应支付的金额，其数值在整个年金期间保持不变，即年金 $A$。若忽略 pmt，则必须包含 fv 参数。

4）fv：终值或在最后一次支付后希望得到的现金余额。若省略 fv，则假设其值为零（一笔投资或贷款的未来值为零）。若忽略 fv，则必须包含 pmt 参数。

5）type：数字“0”或“1”，用以指定各期的付款时间是在期初还是期末。“0”表示期末，“1”表示期初。若省略 type，则假设其值为零。

现值函数输入的一般步骤如下。

第一步，打开 Excel 制表系统。

第二步，在 Excel 工作表中选择要输入函数的单元格。

第三步，选择“公式”选项卡“函数库”选项组“财务”函数选项。

第四步，从“财务”函数下拉列表中选择现值函数“PV”选项，如图 2-7 所示。

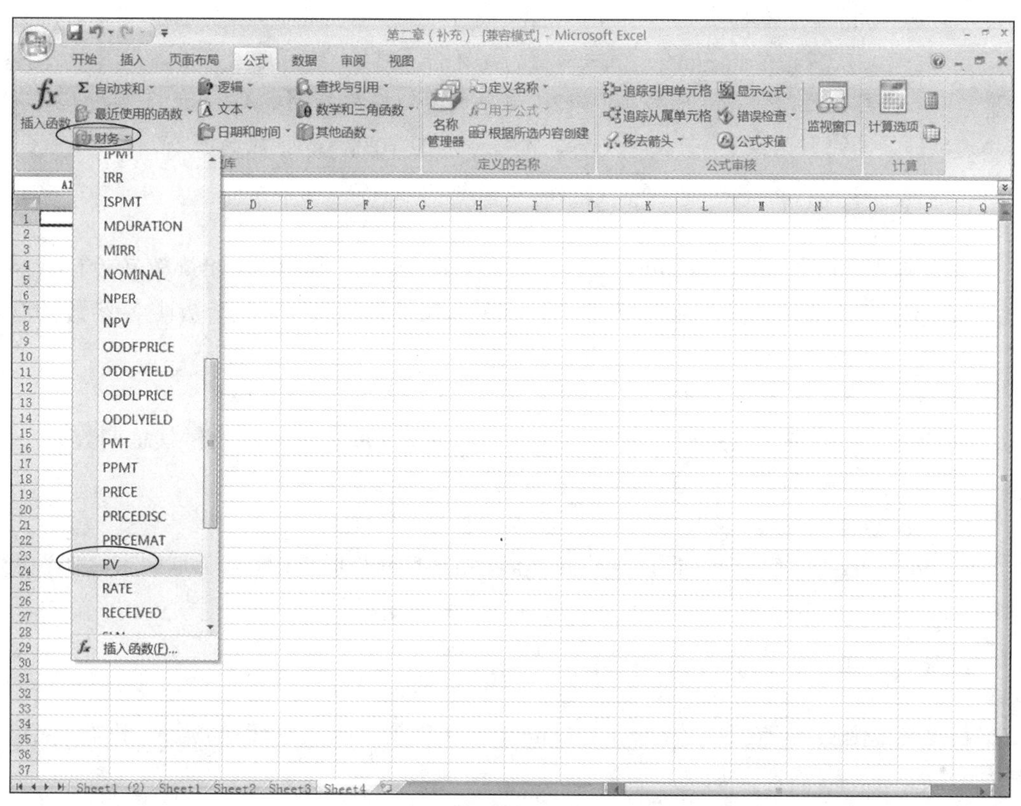


图 2-7 选择现值函数“PV”

第五步，在打开的“函数参数”对话框中输入所选函数的参数，如图 2-8 所示。

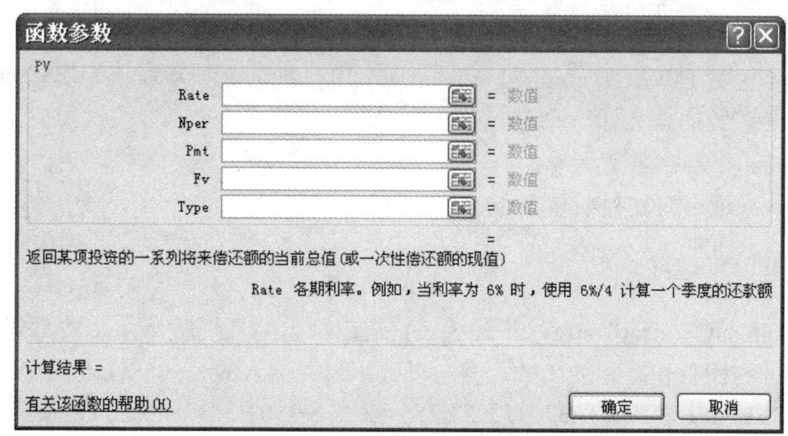


图 2-8 现值函数参数的输入

第六步，单击“确定”按钮完成函数输入。

**注意：**

① 在所有参数中，支出的款项表示为负数，如银行存款；收入的款项表示为正数，如股息收入。例如，对于储户来说，500 元银行存款可表示为参数–500，而对于银行而言该参数为 500。

② 应当确认所指定的 rate 和 nper 单位的一致性。例如，同样是五年期年利率为 10% 的贷款，若按月支付，则 rate 应为 10%/12（将年利率转换为月利率），nper 应为 5*12（将以年为期转换为以月为期）；若按年支付，则 rate 应为 10%，nper 应为 5。

### 3. 年金函数 PMT

年金函数 PMT(rate,nper,pv,fv,type) 可以在各期利率、收付款期总数及收付款时间、年金的终值或者现值已知的情况下，求出年金的数额。年金函数中各参数的含义如下。

1）rate：各期利率（$i$）。

2）nper：总投资（或贷款）期（$n$），即该项投资（或贷款）的收付款总期数。

3）pv：年金的现值。若省略 pv，则必须包含 fv 参数。

4）fv：年金的终值。若省略 fv，则必须包含 pv 参数。

5）type：数字“0”或“1”，用以指定各期的付款时间是在期初还是期末。“0”表示期末，“1”表示期初。若省略 type，则假设其值为零。

### 4. 名义利率函数 NOMINAL

名义利率函数 NOMINAL(effect_rate,npery) 可以把实际利率转换为名义利率。名义利率函数中各参数的含义如下。

1）effect_rate：实际利率。

2）npery：每年的复利期数。

### 5. 实际利率函数 EFFECT

实际利率函数 EFFECT(nominal_rate,npery) 可以把名义利率转换为实际利率。实际利率函数中各参数的含义如下。

1）nominal_rate：名义利率。

2）npery：每年的复利期数。

### 6. SUMPRODUCT 函数

SUMPRODUCT(array1,array2,array3,…) 是在给定的几组数组中，将数组间对应的元素相乘，并返回乘积之和的函数，其与以数组形式输入的公式 SUM() 的计算结果相同。例如，“SUMPRODUCT(B3:B7,E3:E7)”与“{SUM(B3:B7*E3:E7)}”的运算结果相同。array1，array2，array3，…为 1～30 个数组。

**注意：**数组参数必须具有相同的维数，否则函数 SUMPRODUCT() 将返回错误值 #VALUE!。函数 SUMPRODUCT() 将非数值型的数组元素作为 0 处理。

7. SQRT 函数

SQRT（number）函数的功能是计算数值的平方根，其参数 number 表示开方的数值。在本章中，SQAT 函数主要用于计算标准差。

## 第二节　财务管理核心概念中 Excel 的应用

### 一、单利终值和现值的计算

1. 单利终值的计算

**【例 2-1】** 某人把 1 000 元存入银行，年利率为 3%，按照单利法计算这笔资金在第一年年末、第二年年末、第三年年末的终值分别是多少？

**思路：** 该问题为单利终值的计算问题，可以通过单利终值的计算公式求解。

**步骤：**

第一步，创建名称为“时间价值计算”的工作簿，并在“时间价值计算”工作簿中创建名称为“单利终值的计算”的 Excel 工作表。

第二步，在 Excel 工作表中输入题目的基本信息，如图 2-9 所示。

该图中现值、利率、年限等的值可以使用填充柄输入。

第三步，在单元格 B4、C4、D4 中分别输入单利终值计算公式，如图 2-10 所示。

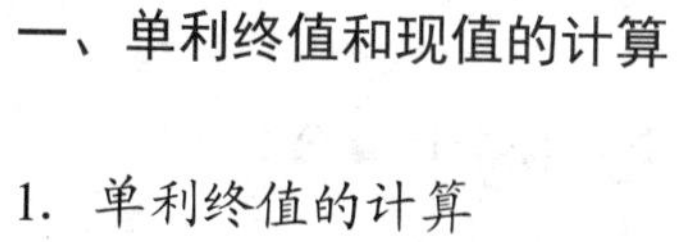

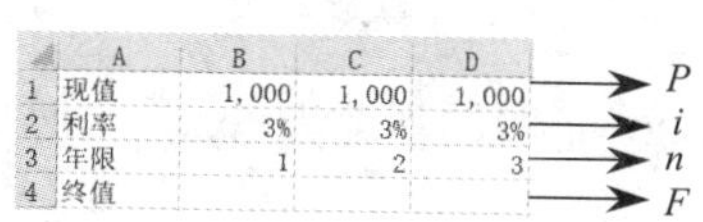

图 2-9　例 2-1 的基本信息

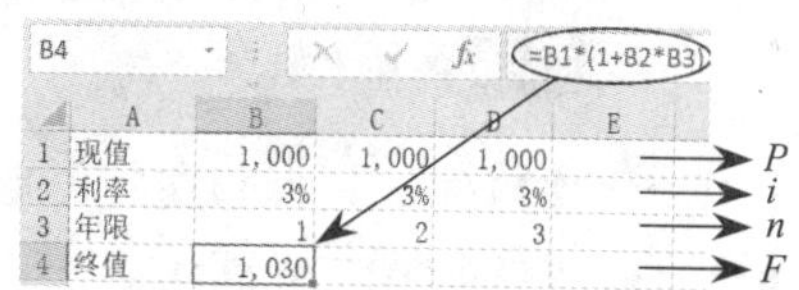

图 2-10　单利终值的计算结果

第三步可以采用以下两种简便方法来实现：

1）在单元格 B4 中输入单利终值公式“=B1*(1+B2*B3)”，求出第一年的单利终值，然后使用填充柄把单元格 B4 复制到单元格 C4、D4，求出第二年、第三年的单利终值，如图 2-11 所示。

2）按 Ctrl+Shift+Enter 组合键输入数组来实现。首先选择单元格区域 B4:D4，然后按“=”键输入数组“{B1:D1*(1+B2:D2*B3:D3)}”，再按 Ctrl+Shift+Enter 组合键确定数组输入，如图 2-12 所示。

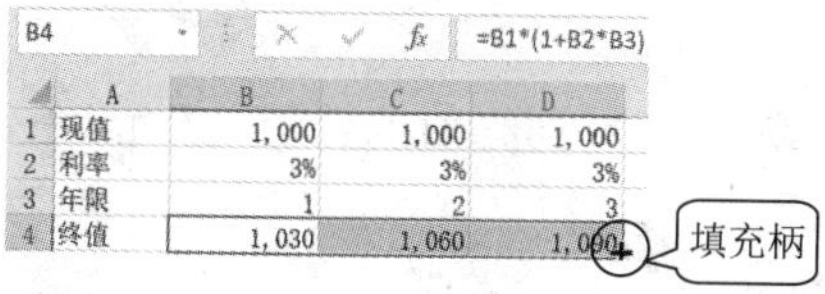

B4　=B1*(1+B2*B3)

| | A | B | C | D |
|---|---|---|---|---|
| 1 | 现值 | 1,000 | 1,000 | 1,000 |
| 2 | 利率 | 3% | 3% | 3% |
| 3 | 年限 | 1 | 2 | 3 |
| 4 | 终值 | 1,030 | 1,060 | 1,090 |

填充柄

图 2-11　第二年、第三年的单利终值计算结果

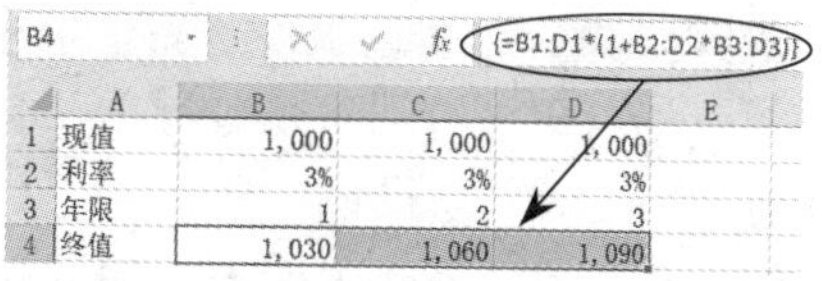

B4　{=B1:D1*(1+B2:D2*B3:D3)}

| | A | B | C | D | E |
|---|---|---|---|---|---|
| 1 | 现值 | 1,000 | 1,000 | 1,000 | |
| 2 | 利率 | 3% | 3% | 3% | |
| 3 | 年限 | 1 | 2 | 3 | |
| 4 | 终值 | 1,030 | 1,060 | 1,090 | |

图 2-12　使用组合键输入数组计算单利终值

单元格 B4、C4、D4 中输入的数组均为{=B1:D1*(1+B2:D2*B3:D3)}。

由以上操作可知，某人把 1 000 元存入银行，在年利率为 3%的情况下，按照单利法计算，其在第一年年末可取得终值为 1 030 元，在第二年年末可取得终值为 1 060 元，在第三年年末可取得终值为 1 090 元。

### 2. 单利现值的计算

**【例 2-2】**某人想在三年后从银行取出 1 000 元，年利率为 3%，按照单利法计算现在应当存入银行多少钱？

**思路：**该问题为单利现值的计算问题，可以通过单利现值的计算公式求解。

**步骤：**

第一步，在“时间价值计算”工作簿中创建名称为“单利现值的计算”的 Excel 工作表。

第二步，在 Excel 工作表中输入题目的基本信息，如图 2-13 所示。

第三步，将单利现值计算公式输入单元格 B4 中，系统自动计算出现值的金额，如图 2-14 所示。

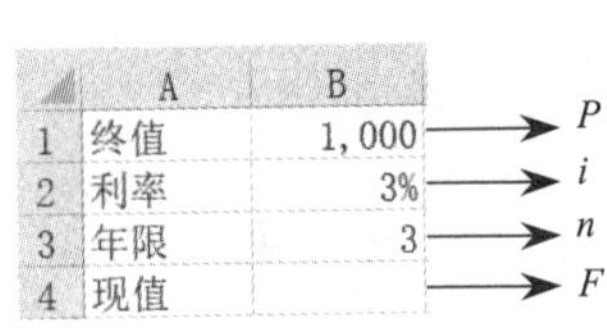


图 2-13　例 2-2 的基本信息

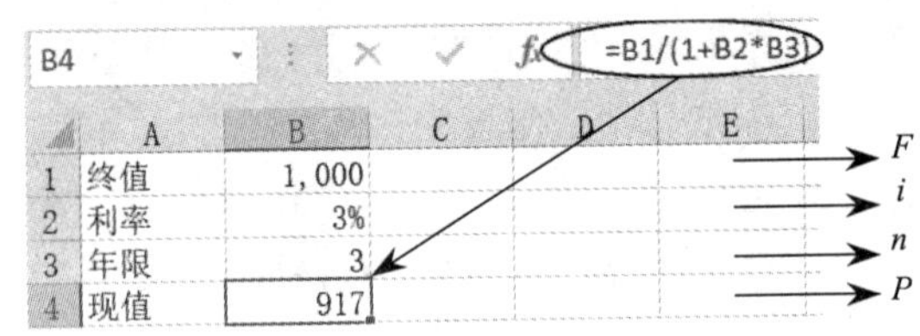


图 2-14　单利现值的计算结果

由以上操作可知，某人想在三年后从银行取出 1 000 元，年利率为 3%，按照单利法计算现在存入银行 917 元即可。

## 二、复利终值和现值的计算

### 1. 复利终值的计算

**【例 2-3】**某人把 1 000 元存入银行，年利率为 3%，按照复利法计算这笔资金在第一年年末、第二年年末、第三年年末的终值分别是多少？

**思路：**该问题为复利终值的计算问题，可以使用以下两种方法解决：①通过输入复利终值的计算公式 $F=P\cdot(1+i)^n$ 求解；②利用终值函数求解。

① 通过输入复利终值的计算公式 $F=P\cdot(1+i)^n$ 求解。

**步骤：**

第一步，在“时间价值计算”工作簿中创建名称为“复利终值的计算 1”的 Excel 工作表。

第二步，在 Excel 工作表中输入题目的基本信息，如图 2-15 所示。

其中，现值、利率、年限等的值可以使用填充柄输入。

第三步，将复利终值计算公式输入工作表中，分别计算出第一年、第二年、第三年的复利终值，如图 2-16 所示。可以采用以下两种简便方法来实现。

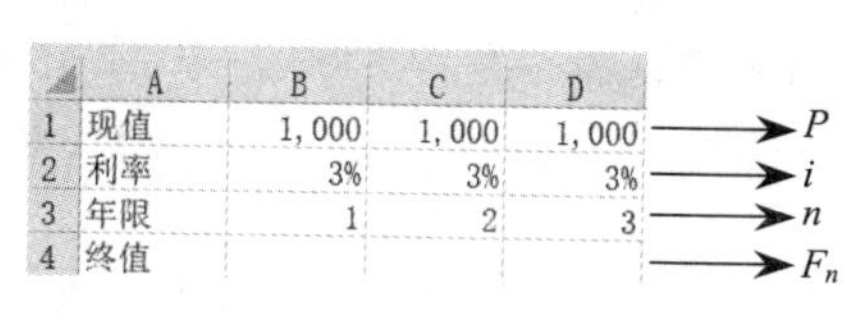

| | A | B | C | D | |
|---|---|---|---|---|---|
| 1 | 现值 | 1,000 | 1,000 | 1,000 | → $P$ |
| 2 | 利率 | 3% | 3% | 3% | → $i$ |
| 3 | 年限 | 1 | 2 | 3 | → $n$ |
| 4 | 终值 | | | | → $F_n$ |

图 2-15 例 2-3 的基本信息

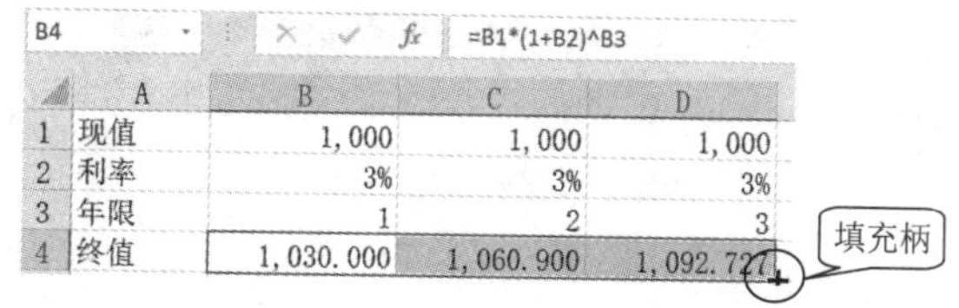

B4 =B1*(1+B2)^B3

| | A | B | C | D |
|---|---|---|---|---|
| 1 | 现值 | 1,000 | 1,000 | 1,000 |
| 2 | 利率 | 3% | 3% | 3% |
| 3 | 年限 | 1 | 2 | 3 |
| 4 | 终值 | 1,030.000 | 1,060.900 | 1,092.727 |



图 2-16 输入终值计算公式计算复利终值

方法一：在单元格 B4 中输入复利终值公式“=B1*(1+B2)^B3”，求出第一年的复利终值（“^”键表示乘方），然后使用填充柄复制单元格，求出第二年、第三年的复利终值。

方法二：也可以按 Ctrl+Shift+Enter 组合键输入数组来实现。首先选择单元格区域 B4:D4，然后按“=”键输入数组“{B1:D1*(1+B2:D2)^B3:D3}”，再按 Ctrl+Shift+Enter 组合键确定数组输入。单元格 B4、C4、D4 中输入的数组均为{=B1:D1*(1+B2:D2)^B3:D3}，如图 2-17 所示。

由以上操作可知，某人把 1 000 元存入银行，年利率为 3%，按照复利法计算，其在第一年年末可取得终值为 1 030 元，在第二年年末可取得终值为 1 060.9 元，在第三年年末可取得终值为 1 092.727 元。

② 利用终值函数求解。

**步骤：**

第一步，在“时间价值计算”工作簿中创建名称为“复利终值的计算 2”的 Excel 工作表。

第二步，在 Excel 工作表中选择要输入函数的单元格，如图 2-18 所示。

B4 {=B1:D1*(1+B2:D2)^B3:D3}

| | A | B | C | D |
|---|---|---|---|---|
| 1 | 现值 | 1,000 | 1,000 | 1,000 |
| 2 | 利率 | 3% | 3% | 3% |
| 3 | 年限 | 1 | 2 | 3 |
| 4 | 终值 | 1,030.000 | 1,060.900 | 1,092.727 |

图 2-17 使用组合键输入数组计算复利终值

A1

| | A | B | C | D |
|---|---|---|---|---|
| 1 | | | | |
| 2 | | | | |

图 2-18 选择输入函数的单元格

第三步，选择“公式”选项卡“函数库”选项组“财务”函数选项，打开“财务”函数下拉列表，选择终值函数“FV”选项，如图 2-19 所示。

第四步，根据终值函数形式分析例题中终值函数的相关参数，并将参数的值填入该函数参数相应的文本框内，pmt 为年金 $A$ 且在本例中未涉及，因而可以不填，如图 2-20 所示。

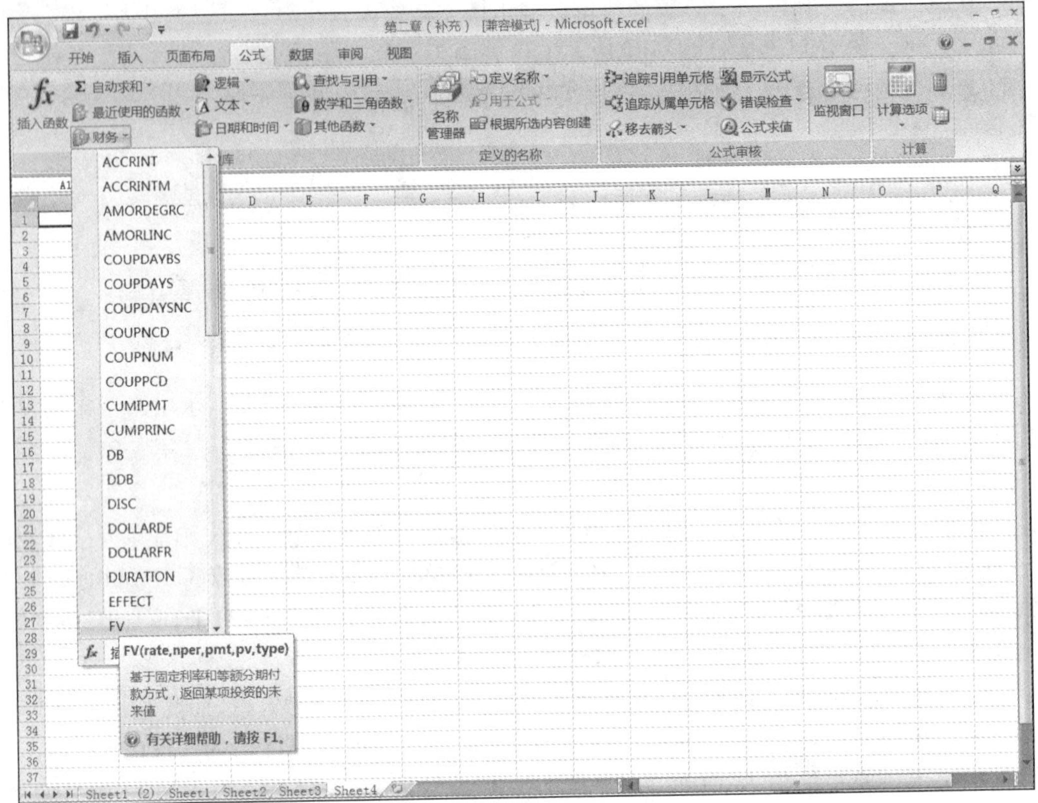


图 2-19　选择终值函数“FV”

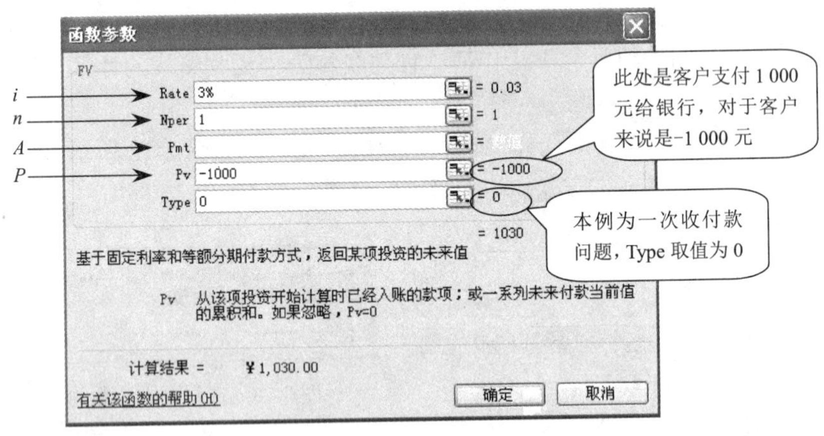


图 2-20　输入终值函数相关的参数

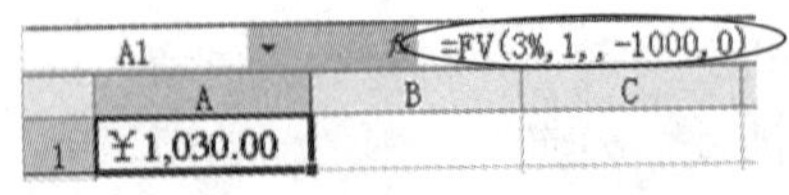


图 2-21　第一年年末的终值

第五步，单击“确定”按钮完成函数输入，如图 2-21 所示。求得第一年年末的终值为 1 030 元，计算第一年年末的终值函数为“=FV(3%,1,,−1 000,0)”。

第二年年末与第三年年末的终值可用相同方法求得，分别为 FV(3%,2,, −1 000,0)=1 060.9 和 FV(3%,3,, −1 000,0)=1 092.727。

由以上操作可知，某人把 1 000 元存入银行，年利率为 3%，按照复利法计算这笔资金在第一年年末的终值为1 030元，第二年年末的终值为1 060.9元，第三年年末的终值为1 092.727元。

本例中第一年年末、第二年年末、第三年年末的终值可以按Ctrl+Shift+Enter组合键输入数组公式来快速实现，操作步骤如下。

第一步，打开Excel制表系统。

第二步，将例2-3的信息输入Excel工作表中，如图2-22所示。

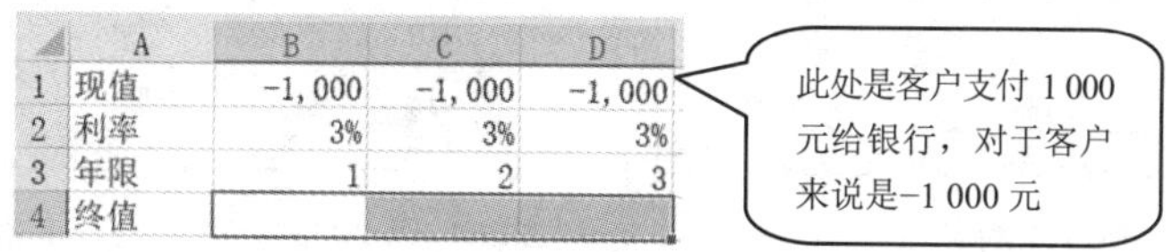

| | A | B | C | D |
|---|---|---|---|---|
| 1 | 现值 | -1,000 | -1,000 | -1,000 |
| 2 | 利率 | 3% | 3% | 3% |
| 3 | 年限 | 1 | 2 | 3 |
| 4 | 终值 | | | |



图2-22 输入基本信息

第三步，选择要插入函数的单元格区域B4:D4，然后插入终值函数并添加相应的参数，注意参数由单期计算终值的“数值参数”变成了“数组参数”，如图2-23所示。

第四步，数组参数输入完毕后，按Ctrl+Shift+Enter组合键确定数组输入，数组终值函数输入完毕，计算结果与前述方法相同，如图2-24所示。

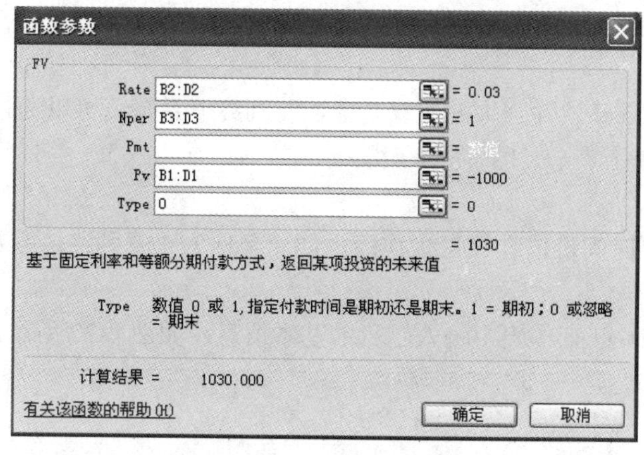


图2-23 添加数组参数

B4 {=FV(B2:D2,B3:D3,,B1:D1,0)}

| | A | B | C | D | E |
|---|---|---|---|---|---|
| 1 | 现值 | -1,000.000 | -1,000.000 | -1,000.000 | |
| 2 | 利率 | 3% | 3% | 3% | |
| 3 | 年限 | 1 | 2 | 3 | |
| 4 | 终值 | 1,030.000 | 1,060.900 | 1,092.727 | |

数组公式

图2-24 数组公式计算结果

**【例2-4】**东方公司计划于2020年初对A项目投资100万元，该项目于2021年初完工，2021～2023年各年末预期收益分别为30万元、50万元及70万元，年利率为4%，以2023年末为基准点评价该项目的可行性。

**思路：**为评价该项目的可行性，可以利用Excel软件对处于不同时间点的投资额及收益额分别计算2023年末的终值，再对两者进行比较。

**步骤：**

第一步，在“时间价值计算”工作簿中创建名称为“东方公司 1”的 Excel 工作表。

第二步，在 Excel 工作表中输入题目的基本信息，如图 2-25 所示。

第三步，将需要的参数变量信息及公式输入 Excel 工作表中求值，如图 2-26 所示。

| | A | B | C | D | E | F |
|---|---|---|---|---|---|---|
| 1 | | 东方公司1 | | | 单位：万元 | |
| 2 | 项目 | 2020年初 | 2021年末 | 2022年末 | 2023年末 | 合计 |
| 3 | 现值 | 100 | -30 | -50 | -70 | — |
| 4 | 年限 | 4 | 2 | 1 | 0 | — |
| 5 | 利率 | 4% | 4% | 4% | 4% | — |
| 6 | 终值 | | | | | |

图 2-25　例 2-4 的基本信息

| | A | B | C | D | E | F |
|---|---|---|---|---|---|---|
| 1 | | 东方公司1 | | | 单位：万元 | |
| 2 | 项目 | 2020年初 | 2021年末 | 2022年末 | 2023年末 | 合计 |
| 3 | 现值 | 100 | -30 | -50 | -70 | — |
| 4 | 年限 | 4 | 2 | 1 | 0 | — |
| 5 | 利率 | 4% | 4% | 4% | 4% | — |
| 6 | 终值 | -116.99 | 32.45 | 52.00 | 70.00 | 37.46 |

图 2-26　以 2023 年年末为基准点评价项目的结果

① 在单元格 B6 中插入终值函数并添加相应的参数。

② 把单元格 B6 复制到单元格区域 C6:E6 中。

③ 在单元格 F6 中输入公式“=SUM(B6:E6)”。

由以上操作可知，以 2023 年末为基准点，该项目投资额及收益额的终值之和大于零，因此该项目可行。

**【例 2-5】**利用 Excel 制作年利率为 1%～10%，计息期数为 1～15 年的复利终值系数表。

**思路：**借助 Excel 软件强大的运算功能，复利终值系数表可以通过输入复利终值的计算公式 $F=P\cdot(1+i)^n$（$P$=1）轻松获得。

**步骤：**

第一步，在“时间价值计算”工作簿中创建名称为“复利终值系数表”的 Excel 工作表。

第二步，在 Excel 工作表中输入题目的基本信息，如图 2-27 所示。

| | A | B | C | D | E | F | G | H | I | J | K |
|---|---|---|---|---|---|---|---|---|---|---|---|
| 1 | | 复利终值系数 | | | | | | | | | |
| 2 | 年利率（%）<br>年限n | 1% | 2% | 3% | 4% | 5% | 6% | 7% | 8% | 9% | 10% |
| 3 | 1 | | | | | | | | | | |
| 4 | 2 | | | | | | | | | | |
| 5 | 3 | | | | | | | | | | |
| 6 | 4 | | | | | | | | | | |
| 7 | 5 | | | | | | | | | | |
| 8 | 6 | | | | | | | | | | |
| 9 | 7 | | | | | | | | | | |
| 10 | 8 | | | | | | | | | | |
| 11 | 9 | | | | | | | | | | |
| 12 | 10 | | | | | | | | | | |
| 13 | 11 | | | | | | | | | | |
| 14 | 12 | | | | | | | | | | |
| 15 | 13 | | | | | | | | | | |
| 16 | 14 | | | | | | | | | | |
| 17 | 15 | | | | | | | | | | |

图 2-27　例 2-5 的基本信息

该图中年利率、年限的值可以使用填充柄输入，在使用填充柄添加年利率时需将1%～10%的单元格设为“百分比”格式，然后用填充柄添加序列，序列的步长值设为 0.01（可以试验使用默认步长后的效果），如图 2-28 所示。

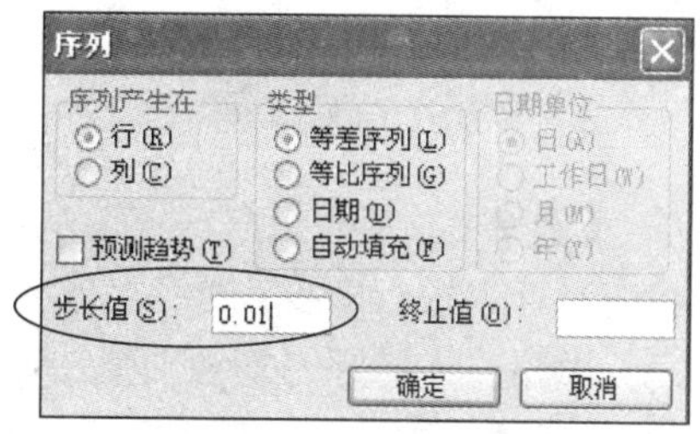


图 2-28　步长值为 0.01

第三步，将需要的参数变量信息及公式输入 Excel 工作表中求值。

首先，选择要求计算复利终值系数的区域，将该区域内的所有单元格格式设为“数值”并保留 4 位小数，如图 2-29 所示。

|  | A | B | C | D | E | F | G | H | I | J | K |
|---|---|---|---|---|---|---|---|---|---|---|---|
| 1 | 复利终值系数 |  |  |  |  |  |  |  |  |  |  |
| 2 | 年利率（%）<br>年限n | 1% | 2% | 3% | 4% | 5% | 6% | 7% | 8% | 9% | 10% |
| 3 | 1 |  |  |  |  |  |  |  |  |  |  |
| 4 | 2 |  |  |  |  |  |  |  |  |  |  |
| 5 | 3 |  |  |  |  |  |  |  |  |  |  |
| 6 | 4 |  |  |  |  |  |  |  |  |  |  |
| 7 | 5 |  |  |  |  |  |  |  |  |  |  |
| 8 | 6 |  |  |  |  |  |  |  |  |  |  |
| 9 | 7 |  |  |  |  |  |  |  |  |  |  |
| 10 | 8 |  |  |  |  |  |  |  |  |  |  |
| 11 | 9 |  |  |  |  |  |  |  |  |  |  |
| 12 | 10 |  |  |  |  |  |  |  |  |  |  |
| 13 | 11 |  |  |  |  |  |  |  |  |  |  |
| 14 | 12 |  |  |  |  |  |  |  |  |  |  |
| 15 | 13 |  |  |  |  |  |  |  |  |  |  |
| 16 | 14 |  |  |  |  |  |  |  |  |  |  |
| 17 | 15 |  |  |  |  |  |  |  |  |  |  |

图 2-29　选择的区域

然后，在编辑栏中输入复利终值系数计算公式“=(1+B2:K2)^A3:A17”，按 Ctrl+Shift+Enter 组合键形成数组公式，如图 2-30 所示。

B3　{=(1+B2:K2)^A3:A17}　数组公式

|  | A | B | C | D | E | F | G | H | I | J | K |
|---|---|---|---|---|---|---|---|---|---|---|---|
| 1 | 复利终值系数 |  |  |  |  |  |  |  |  |  |  |
| 2 | 年利率（%）<br>年限n | 1% | 2% | 3% | 4% | 5% | 6% | 7% | 8% | 9% | 10% |
| 3 | 1 | 1.0100 | 1.0200 | 1.0300 | 1.0400 | 1.0500 | 1.0600 | 1.0700 | 1.0800 | 1.0900 | 1.1000 |
| 4 | 2 | 1.0201 | 1.0404 | 1.0609 | 1.0816 | 1.1025 | 1.1236 | 1.1449 | 1.1664 | 1.1881 | 1.2100 |
| 5 | 3 | 1.0303 | 1.0612 | 1.0927 | 1.1249 | 1.1576 | 1.1910 | 1.2250 | 1.2597 | 1.2950 | 1.3310 |
| 6 | 4 | 1.0406 | 1.0824 | 1.1255 | 1.1699 | 1.2155 | 1.2625 | 1.3108 | 1.3605 | 1.4116 | 1.4641 |
| 7 | 5 | 1.0510 | 1.1041 | 1.1593 | 1.2167 | 1.2763 | 1.3382 | 1.4026 | 1.4693 | 1.5386 | 1.6105 |
| 8 | 6 | 1.0615 | 1.1262 | 1.1941 | 1.2653 | 1.3401 | 1.4185 | 1.5007 | 1.5869 | 1.6771 | 1.7716 |
| 9 | 7 | 1.0721 | 1.1487 | 1.2299 | 1.3159 | 1.4071 | 1.5036 | 1.6058 | 1.7138 | 1.8280 | 1.9487 |
| 10 | 8 | 1.0829 | 1.1717 | 1.2668 | 1.3686 | 1.4775 | 1.5938 | 1.7182 | 1.8509 | 1.9926 | 2.1436 |
| 11 | 9 | 1.0937 | 1.1951 | 1.3048 | 1.4233 | 1.5513 | 1.6895 | 1.8385 | 1.9990 | 2.1719 | 2.3579 |
| 12 | 10 | 1.1046 | 1.2190 | 1.3439 | 1.4802 | 1.6289 | 1.7908 | 1.9672 | 2.1589 | 2.3674 | 2.5937 |
| 13 | 11 | 1.1157 | 1.2434 | 1.3842 | 1.5395 | 1.7103 | 1.8983 | 2.1049 | 2.3316 | 2.5804 | 2.8531 |
| 14 | 12 | 1.1268 | 1.2682 | 1.4258 | 1.6010 | 1.7959 | 2.0122 | 2.2522 | 2.5182 | 2.8127 | 3.1384 |
| 15 | 13 | 1.1381 | 1.2936 | 1.4685 | 1.6651 | 1.8856 | 2.1329 | 2.4098 | 2.7196 | 3.0658 | 3.4523 |
| 16 | 14 | 1.1495 | 1.3195 | 1.5126 | 1.7317 | 1.9799 | 2.2609 | 2.5785 | 2.9372 | 3.3417 | 3.7975 |
| 17 | 15 | 1.1610 | 1.3459 | 1.5580 | 1.8009 | 2.0789 | 2.3966 | 2.7590 | 3.1722 | 3.6425 | 4.1772 |

图 2-30　复利终值系数表

通过以上操作，年利率为 1%～10%，计息期数为 1～15 年的复利终值系数表显示在 Excel 工作表中。

2. 复利现值的计算

**【例 2-6】**某人想在三年后从银行取出 1 000 元，年利率为 3%，按照复利法计算现在应当存入银行多少钱？

**思路：**该问题为复利现值的计算问题，可以使用以下两种方法解决：①通过输入复利现值的计算公式 $P=F/(1+i)^n$ 求解；②利用现值函数求解。

① 通过输入复利现值的计算公式 $P=F/(1+i)^n$ 求解。

**步骤：**

第一步，在“时间价值计算”工作簿中创建名称为“复利现值的计算”的 Excel 工作表。

第二步，在 Excel 工作表中输入题目的基本信息，如图 2-31 所示。

第三步，将复利现值计算公式输入单元格 B4 中，系统自动计算出现值的金额，如图 2-32 所示。

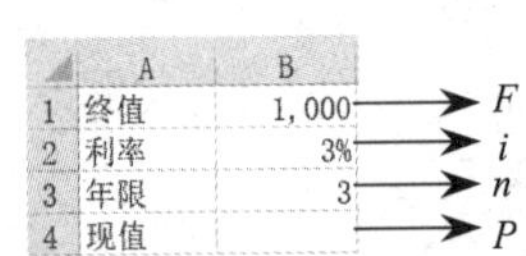


图 2-31　例 2-6 的基本信息

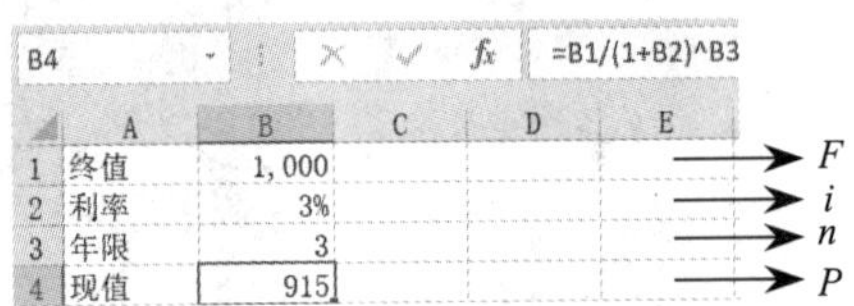


图 2-32　复利现值的计算结果

由以上操作可知，某人三年后从银行取出 1 000 元，在年利率为 3%的情况下，按照复利法计算现在存入银行 915 元即可。

② 利用现值函数求解。

分析例题的信息并罗列出来，参考复利终值函数的步骤完成计算，如图 2-33 所示。

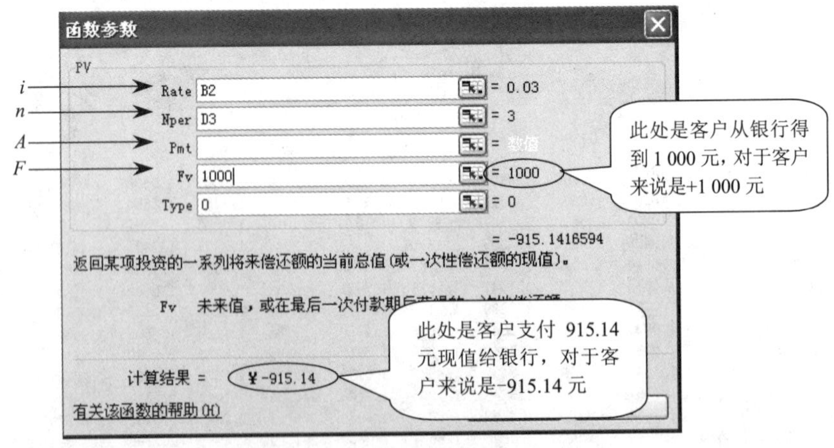


图 2-33　复利现值函数求解结果

函数所需参数值分别为：

$i$=3%；

$n$=3；

$F$=1 000；

$A$ 年金在本例中不涉及，因此可以不填。

由以上操作可知，某人想在三年后从银行取出 1 000 元，在年利率为 3%的情况下，按照复利法计算现在应当存入银行 915.14 元。

**【例 2-7】**资料与例 2-4 相同，以 2020 年初为基准点评价该项目的可行性。

**思路：**为评价该项目的可行性，也可以利用 Excel 软件对处于不同时间点的投资额及收益额分别计算 2020 年初的现值，再对两者进行比较。

**步骤：**

第一步，在“时间价值计算”工作簿中创建名称为“东方公司 2”的 Excel 工作表。

第二步，在 Excel 工作表中输入题目的基本信息，如图 2-34 所示。

第三步，将需要的参数变量信息及公式输入 Excel 工作表中求值，如图 2-35 所示。

| | A | B | C | D | E | F |
|---|---|---|---|---|---|---|
| 1 | | 东方公司2 | | | 单位：万元 | |
| 2 | 项目 | 2020年初 | 2021年末 | 2022年末 | 2023年末 | 合计 |
| 3 | 终值 | 100 | -30 | -50 | -70 | — |
| 4 | 年限 | 0 | 2 | 3 | 4 | — |
| 5 | 利率 | 4% | 4% | 4% | 4% | — |
| 6 | 现值 | | | | | |

图 2-34　例 2-7 的基本信息

| | A | B | C | D | E | F |
|---|---|---|---|---|---|---|
| 1 | | 东方公司2 | | | 单位：万元 | |
| 2 | 项目 | 2020年初 | 2021年末 | 2022年末 | 2023年末 | 合计 |
| 3 | 终值 | 100.00 | -30.00 | -50.00 | -70.00 | — |
| 4 | 年限 | 0 | 2 | 3 | 4 | — |
| 5 | 利率 | 4% | 4% | 4% | 4% | — |
| 6 | 现值 | -100.00 | 27.74 | 44.45 | 59.84 | 32.02 |

图 2-35　以 2020 年年初为基准点评价项目的结果

① 在单元格 B6 中插入现值函数并添加相应的参数。

② 把单元格 B6 复制到单元格区域 C6:E6 中。

③ 在单元格 F6 中输入公式“=SUM(B6:E6)”。

由以上操作可知，以 2020 年初为基准点，该项目投资额及收益额的现值之和为 32.02 万元，因此该项目可行。

**【例 2-8】**利用 Excel 软件制作年利率为 1%～10%，计息期数为 1～15 年的复利现值系数表。

**思路：**借助 Excel 软件强大的运算功能，复利现值系数表可以通过输入复利现值的计算公式 $P=F/(1+i)^n$（$F$=1）轻松获得。

**步骤：**

第一步，在“时间价值计算”工作簿中创建名称为“复利现值系数表”的 Excel 工作表。

第二步，在 Excel 工作表中输入题目的基本信息，如图 2-36 所示。

图 2-36 中年利率、年限的值同样可以使用填充柄输入，在使用填充柄添加年利率 1%～10%时参考复利终值系数表的有关操作。

第三步，将复利现值系数计算公式输入工作表中计算，该操作与复利终值系数计算相同。在编辑栏中输入复利现值系数计算公式“=1/((1+B2:K2)^A3:A17)”，按 Ctrl+Shift+Enter 组合键形成数组公式，如图 2-37 所示。

| | A | B | C | D | E | F | G | H | I | J | K |
|---|---|---|---|---|---|---|---|---|---|---|---|
| 1 | 复利现值系数 | | | | | | | | | | |
| 2 | 年利率（%）<br>年限n | 1% | 2% | 3% | 4% | 5% | 6% | 7% | 8% | 9% | 10% |
| 3 | 1 | | | | | | | | | | |
| 4 | 2 | | | | | | | | | | |
| 5 | 3 | | | | | | | | | | |
| 6 | 4 | | | | | | | | | | |
| 7 | 5 | | | | | | | | | | |
| 8 | 6 | | | | | | | | | | |
| 9 | 7 | | | | | | | | | | |
| 10 | 8 | | | | | | | | | | |
| 11 | 9 | | | | | | | | | | |
| 12 | 10 | | | | | | | | | | |
| 13 | 11 | | | | | | | | | | |
| 14 | 12 | | | | | | | | | | |
| 15 | 13 | | | | | | | | | | |
| 16 | 14 | | | | | | | | | | |
| 17 | 15 | | | | | | | | | | |

图 2-36 例 2-8 的基本信息

B3 {=1/((1+B2:K2)^A3:A17)} 数组公式

| | A | B | C | D | E | F | G | H | I | J | K |
|---|---|---|---|---|---|---|---|---|---|---|---|
| 1 | 复利现值系数 | | | | | | | | | | |
| 2 | 年利率（%）<br>年限n | 1% | 2% | 3% | 4% | 5% | 6% | 7% | 8% | 9% | 10% |
| 3 | 1 | 0.9901 | 0.9804 | 0.9709 | 0.9615 | 0.9524 | 0.9434 | 0.9346 | 0.9259 | 0.9174 | 0.9091 |
| 4 | 2 | 0.9803 | 0.9612 | 0.9426 | 0.9246 | 0.9070 | 0.8900 | 0.8734 | 0.8573 | 0.8417 | 0.8264 |
| 5 | 3 | 0.9706 | 0.9423 | 0.9151 | 0.8890 | 0.8638 | 0.8396 | 0.8163 | 0.7938 | 0.7722 | 0.7513 |
| 6 | 4 | 0.9610 | 0.9238 | 0.8885 | 0.8548 | 0.8227 | 0.7921 | 0.7629 | 0.7350 | 0.7084 | 0.6830 |
| 7 | 5 | 0.9515 | 0.9057 | 0.8626 | 0.8219 | 0.7835 | 0.7473 | 0.7130 | 0.6806 | 0.6499 | 0.6209 |
| 8 | 6 | 0.9420 | 0.8880 | 0.8375 | 0.7903 | 0.7462 | 0.7050 | 0.6663 | 0.6302 | 0.5963 | 0.5645 |
| 9 | 7 | 0.9327 | 0.8706 | 0.8131 | 0.7599 | 0.7107 | 0.6651 | 0.6227 | 0.5835 | 0.5470 | 0.5132 |
| 10 | 8 | 0.9235 | 0.8535 | 0.7894 | 0.7307 | 0.6768 | 0.6274 | 0.5820 | 0.5403 | 0.5019 | 0.4665 |
| 11 | 9 | 0.9143 | 0.8368 | 0.7664 | 0.7026 | 0.6446 | 0.5919 | 0.5439 | 0.5002 | 0.4604 | 0.4241 |
| 12 | 10 | 0.9053 | 0.8203 | 0.7441 | 0.6756 | 0.6139 | 0.5584 | 0.5083 | 0.4632 | 0.4224 | 0.3855 |
| 13 | 11 | 0.8963 | 0.8043 | 0.7224 | 0.6496 | 0.5847 | 0.5268 | 0.4751 | 0.4289 | 0.3875 | 0.3505 |
| 14 | 12 | 0.8874 | 0.7885 | 0.7014 | 0.6246 | 0.5568 | 0.4970 | 0.4440 | 0.3971 | 0.3555 | 0.3186 |
| 15 | 13 | 0.8787 | 0.7730 | 0.6810 | 0.6006 | 0.5303 | 0.4688 | 0.4150 | 0.3677 | 0.3262 | 0.2897 |
| 16 | 14 | 0.8700 | 0.7579 | 0.6611 | 0.5775 | 0.5051 | 0.4423 | 0.3878 | 0.3405 | 0.2992 | 0.2633 |
| 17 | 15 | 0.8613 | 0.7430 | 0.6419 | 0.5553 | 0.4810 | 0.4173 | 0.3624 | 0.3152 | 0.2745 | 0.2394 |

图 2-37 复利现值系数表

通过以上操作，年利率为 1%～10%，计息期数为 1～15 年的复利现值系数表显示在 Excel 工作表中。

## 三、年金终值和现值的计算

### 1. 普通年金终值和现值的计算

（1）普通年金终值的计算

**【例 2-9】**东方公司新增一台设备并立即投入使用，该设备使用年限为 8 年，预计每年年末均可获利 6 万元，年利率为 10%，计算该设备所获利润的终值。

**思路：**该问题为普通年金终值的计算问题，可以使用以下两种方法解决：①通过输入年金终值计算公式求解；②通过终值函数求解。

① 通过输入年金终值计算公式求解。

**步骤：**

第一步，在“时间价值计算”工作簿中创建名称为“普通年金终值的计算”的 Excel

工作表。

第二步，在 Excel 工作表中输入题目的基本信息，如图 2-38 所示。

第三步，将普通年金终值计算公式输入单元格 B4 中，系统自动计算出普通年金终值的金额，如图 2-39 所示。

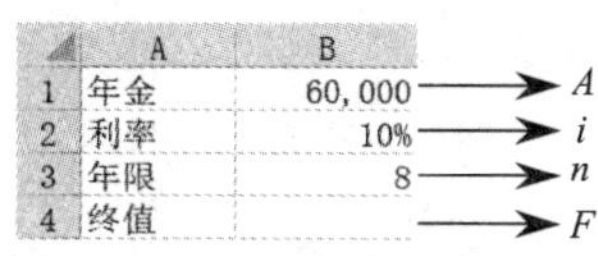


图 2-38　例 2-9 的基本信息

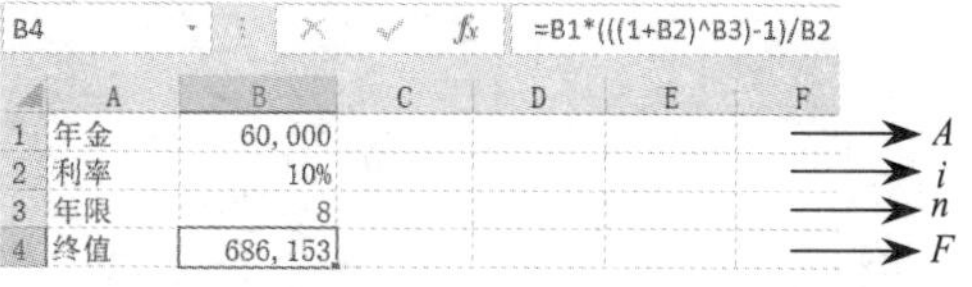


图 2-39　普通年金终值的计算结果

由以上操作可知，该设备所获利润的终值为 686 153 元。

② 通过终值函数求解。

分析例题的信息并罗列出来，参考复利终值函数的步骤完成计算，如图 2-40 所示。

本例计算普通年金的终值，其付款期在每期期末。

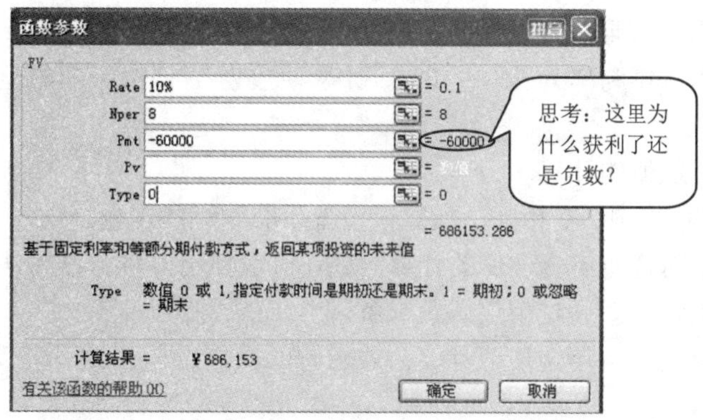


图 2-40　普通年金的终值函数求解结果

东方公司每年年末获利 60 000 元，只有将这 60 000 元存入银行才能享受到 10%的利率。如果计算年金，东方公司这 60 000 元获利就变成了支付给银行的资金，因此以负数形式出现。

由以上操作可知，该设备所获利润的终值为 FV(10%,8,60 000,,0) =686 153 元。

**【例 2-10】** 利用 Excel 制作年利率为 1%～10%，计息期数为 1～15 年的年金终值系数表。

**思路：** 借助 Excel 软件强大的运算功能，年金终值系数表可以通过输入年金终值的计算公式轻松获得。

**步骤：**

第一步，在“时间价值计算”工作簿中创建名称为“年金终值系数表”的 Excel 工作表。

第二步，在 Excel 工作表中输入题目的基本信息。

第三步，将年金终值系数计算公式输入工作表中，如图 2-41 所示。

数组公式

B3 fx {=(((1+B2:K2)^A3:A17)-1)/B2:K2}

| | A | B | C | D | E | F | G | H | I | J | K |
|---|---|---|---|---|---|---|---|---|---|---|---|
| 1 | 年金终值系数 | | | | | | | | | | |
| 2 | 年利率（%）<br>年限n | 1% | 2% | 3% | 4% | 5% | 6% | 7% | 8% | 9% | 10% |
| 3 | 1 | 1.0000 | 1.0000 | 1.0000 | 1.0000 | 1.0000 | 1.0000 | 1.0000 | 1.0000 | 1.0000 | 1.0000 |
| 4 | 2 | 2.0100 | 2.0200 | 2.0300 | 2.0400 | 2.0500 | 2.0600 | 2.0700 | 2.0800 | 2.0900 | 2.1000 |
| 5 | 3 | 3.0301 | 3.0604 | 3.0909 | 3.1216 | 3.1525 | 3.1836 | 3.2149 | 3.2464 | 3.2781 | 3.3100 |
| 6 | 4 | 4.0604 | 4.1216 | 4.1836 | 4.2465 | 4.3101 | 4.3746 | 4.4399 | 4.5061 | 4.5731 | 4.6410 |
| 7 | 5 | 5.1010 | 5.2040 | 5.3091 | 5.4163 | 5.5256 | 5.6371 | 5.7507 | 5.8666 | 5.9847 | 6.1051 |
| 8 | 6 | 6.1520 | 6.3081 | 6.4684 | 6.6330 | 6.8019 | 6.9753 | 7.1533 | 7.3359 | 7.5233 | 7.7156 |
| 9 | 7 | 7.2135 | 7.4343 | 7.6625 | 7.8983 | 8.1420 | 8.3938 | 8.6540 | 8.9228 | 9.2004 | 9.4872 |
| 10 | 8 | 8.2857 | 8.5830 | 8.8923 | 9.2142 | 9.5491 | 9.8975 | 10.2598 | 10.6366 | 11.0285 | 11.4359 |
| 11 | 9 | 9.3685 | 9.7546 | 10.1591 | 10.5828 | 11.0266 | 11.4913 | 11.9780 | 12.4876 | 13.0210 | 13.5795 |
| 12 | 10 | 10.4622 | 10.9497 | 11.4639 | 12.0061 | 12.5779 | 13.1808 | 13.8164 | 14.4866 | 15.1929 | 15.9374 |
| 13 | 11 | 11.5668 | 12.1687 | 12.8078 | 13.4864 | 14.2068 | 14.9716 | 15.7836 | 16.6455 | 17.5603 | 18.5312 |
| 14 | 12 | 12.6825 | 13.4121 | 14.1920 | 15.0258 | 15.9171 | 16.8699 | 17.8885 | 18.9771 | 20.1407 | 21.3843 |
| 15 | 13 | 13.8093 | 14.6803 | 15.6178 | 16.6268 | 17.7130 | 18.8821 | 20.1406 | 21.4953 | 22.9534 | 24.5227 |
| 16 | 14 | 14.9474 | 15.9739 | 17.0863 | 18.2919 | 19.5986 | 21.0151 | 22.5505 | 24.2149 | 26.0192 | 27.9750 |
| 17 | 15 | 16.0969 | 17.2934 | 18.5989 | 20.0236 | 21.5786 | 23.2760 | 25.1290 | 27.1521 | 29.3609 | 31.7725 |

图 2-41　年金终值系数表

在编辑栏中输入年金终值系数计算公式“=(((1+B2:K2)^A3:A17)−1)/B2:K2”，按 Ctrl+Shift+Enter 组合键形成数组公式。

通过以上操作，年利率为 1%～10%，计息期数为 1～15 年的年金终值系数表显示在 Excel 工作表中。

（2）普通年金现值的计算

**【例 2-11】** 资料与例 2-9 相同，计算该设备所获利润的现值。

**思路：** 该问题为普通年金现值的计算问题，可以使用两种方法解决：①通过输入年金现值计算公式求解；②通过现值函数求解。

下面只介绍通过输入年金现值计算公式求解的操作过程。

**步骤：**

第一步，在“时间价值计算”工作簿中创建名称为“普通年金现值的计算”的 Excel 工作表。

第二步，在 Excel 工作表中输入题目的基本信息，如图 2-42 所示。

第三步，将普通年金现值计算公式输入单元格 B4 中，系统自动计算出普通年金现值的金额，如图 2-43 所示。

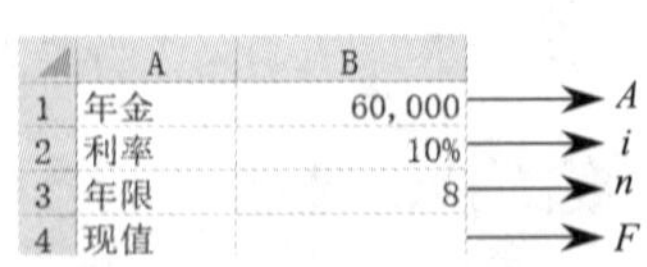

| | A | B | |
|---|---|---|---|
| 1 | 年金 | 60,000 | → *A* |
| 2 | 利率 | 10% | → *i* |
| 3 | 年限 | 8 | → *n* |
| 4 | 现值 | | → *F* |

图 2-42　例 2-11 的基本信息

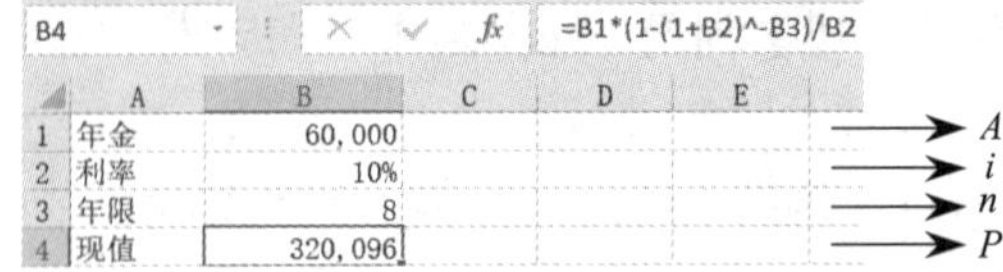

B4 fx =B1*(1-(1+B2)^-B3)/B2

| | A | B | C | D | E | |
|---|---|---|---|---|---|---|
| 1 | 年金 | 60,000 | | | | → *A* |
| 2 | 利率 | 10% | | | | → *i* |
| 3 | 年限 | 8 | | | | → *n* |
| 4 | 现值 | 320,096 | | | | → *P* |

图 2-43　普通年金现值的计算结果

由以上操作可知，该设备所获利润的现值为 320 096 万元。

**【例 2-12】** 利用 Excel 制作年利率为 1%～10%，计息期数为 1～15 年的年金现值系数表。

**思路：** 借助 Excel 软件强大的运算功能，年金现值系数表可以通过输入年金现值的计算公式轻松获得。

**步骤：**

第一步，在“时间价值计算”工作簿中创建名称为“年金现值系数表”的 Excel 工作表。

第二步，在 Excel 工作表中输入题目的基本信息。

第三步，在编辑栏中输入年金现值系数计算公式“=(1−(1+B2:K2)^−A3:A17)/ B2:K2)”，按 Ctrl+Shift+Enter 组合键形成数组公式，如图 2-44 所示。

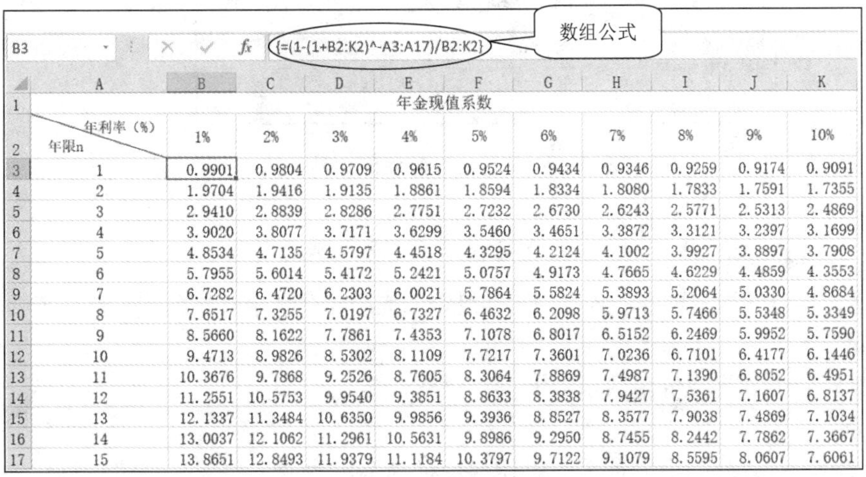

B3 | fx | {=(1-(1+B2:K2)^-A3:A17)/B2:K2)}

数组公式

| | A | B | C | D | E | F | G | H | I | J | K |
|---|---|---|---|---|---|---|---|---|---|---|---|
| 1 | 年金现值系数 | | | | | | | | | | |
| 2 | 年利率（%）/年限n | 1% | 2% | 3% | 4% | 5% | 6% | 7% | 8% | 9% | 10% |
| 3 | 1 | 0.9901 | 0.9804 | 0.9709 | 0.9615 | 0.9524 | 0.9434 | 0.9346 | 0.9259 | 0.9174 | 0.9091 |
| 4 | 2 | 1.9704 | 1.9416 | 1.9135 | 1.8861 | 1.8594 | 1.8334 | 1.8080 | 1.7833 | 1.7591 | 1.7355 |
| 5 | 3 | 2.9410 | 2.8839 | 2.8286 | 2.7751 | 2.7232 | 2.6730 | 2.6243 | 2.5771 | 2.5313 | 2.4869 |
| 6 | 4 | 3.9020 | 3.8077 | 3.7171 | 3.6299 | 3.5460 | 3.4651 | 3.3872 | 3.3121 | 3.2397 | 3.1699 |
| 7 | 5 | 4.8534 | 4.7135 | 4.5797 | 4.4518 | 4.3295 | 4.2124 | 4.1002 | 3.9927 | 3.8897 | 3.7908 |
| 8 | 6 | 5.7955 | 5.6014 | 5.4172 | 5.2421 | 5.0757 | 4.9173 | 4.7665 | 4.6229 | 4.4859 | 4.3553 |
| 9 | 7 | 6.7282 | 6.4720 | 6.2303 | 6.0021 | 5.7864 | 5.5824 | 5.3893 | 5.2064 | 5.0330 | 4.8684 |
| 10 | 8 | 7.6517 | 7.3255 | 7.0197 | 6.7327 | 6.4632 | 6.2098 | 5.9713 | 5.7466 | 5.5348 | 5.3349 |
| 11 | 9 | 8.5660 | 8.1622 | 7.7861 | 7.4353 | 7.1078 | 6.8017 | 6.5152 | 6.2469 | 5.9952 | 5.7590 |
| 12 | 10 | 9.4713 | 8.9826 | 8.5302 | 8.1109 | 7.7217 | 7.3601 | 7.0236 | 6.7101 | 6.4177 | 6.1446 |
| 13 | 11 | 10.3676 | 9.7868 | 9.2526 | 8.7605 | 8.3064 | 7.8869 | 7.4987 | 7.1390 | 6.8052 | 6.4951 |
| 14 | 12 | 11.2551 | 10.5753 | 9.9540 | 9.3851 | 8.8633 | 8.3838 | 7.9427 | 7.5361 | 7.1607 | 6.8137 |
| 15 | 13 | 12.1337 | 11.3484 | 10.6350 | 9.9856 | 9.3936 | 8.8527 | 8.3577 | 7.9038 | 7.4869 | 7.1034 |
| 16 | 14 | 13.0037 | 12.1062 | 11.2961 | 10.5631 | 9.8986 | 9.2950 | 8.7455 | 8.2442 | 7.7862 | 7.3667 |
| 17 | 15 | 13.8651 | 12.8493 | 11.9379 | 11.1184 | 10.3797 | 9.7122 | 9.1079 | 8.5595 | 8.0607 | 7.6061 |

图 2-44 年金现值系数表

通过以上操作，年利率为 1%～10%，计息期数为 1～15 年的年金现值系数表显示在 Excel 工作表中。

### 2. 先付年金终值和现值的计算

#### （1）先付年金终值的计算

**【例 2-13】**东方公司拟购置一处房产，从现在起每年年初支付 10 万元，连续支付 10 年，年利率为 10%，计算该房产的终值。

**思路：**该问题为先付年金终值的计算问题，可以使用两种方法解决：①通过输入先付年金终值计算公式求解。②利用终值函数求解。

下面只介绍利用终值函数求解的操作过程。

**步骤：**

第一步，在“时间价值计算”工作簿中创建名称为“先付年金终值计算”的 Excel 工作表。

第二步，在 Excel 工作表中输入题目的基本信息。

第三步，参考复利终值函数的步骤完成计算，如图 2-45 所示。

本例计算先付年金的终值，其付款期在每期期初，即 type=1。

由以上操作可知，该房产的终值为 FV(10%,10,−10,,1)=175.31 万元。

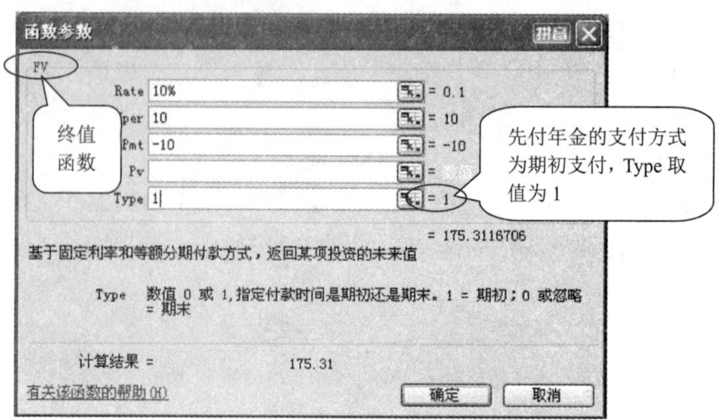


图 2-45 先付年金终值的计算结果

（2）先付年金现值的计算

【例 2-14】资料与例 2-13 相同，计算该房产的现值。

**思路**：可以使用两种方法解决：①通过输入先付年金现值计算公式求解；②利用现值函数求解。

下面只介绍利用现值函数求解的操作过程。

**步骤**：

第一步，在“时间价值计算”工作簿中创建名称为“先付年金现值计算”的 Excel 工作表。

第二步，在 Excel 工作表中输入题目的基本信息。

第三步，参考复利现值函数的步骤完成计算，如图 2-46 所示。

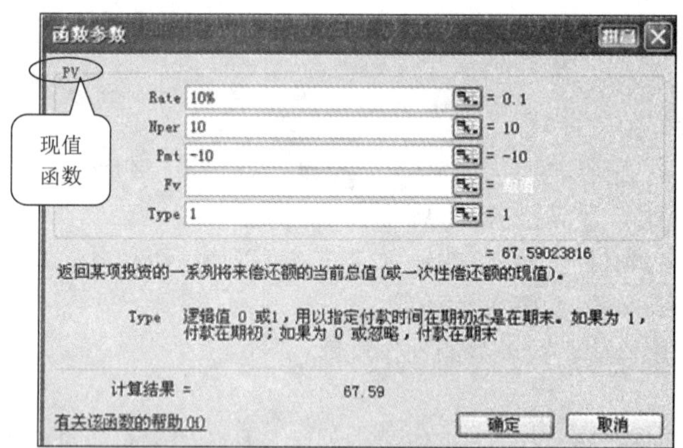


图 2-46 先付年金现值的计算结果

本例计算先付年金的现值，其付款期在每期期初，即 type=1。

由以上操作可知，该房产的现值 PV(10%,10,−10,,1)= 67.59 万元。.

3. 递延年金现值的计算

【例 2-15】东方公司购置的房产，还可以从第五年起，每年年初支付 15 万元，连续支付 10 次，年利率为 10%，试比较本例与例 2-14 哪个付款方案更好。

**思路：** 该问题为递延年金现值的计算问题，可以通过两种方法解决。第一种方法：将递延年金看成 $n$ 期普通年金，先求出第（$m$+1）期期初时的 $n$ 期普通年金的现值，然后再折算到第一期期初，即得到 $n$ 期递延年金的现值；第二种方法：将递延年金看成（$m$+$n$）期普通年金，先求出第（$m$+$n$）期普通年金的现值，然后再减去 $m$ 期普通年金的现值，即得到 $n$ 期递延年金的现值。

下面只介绍第一种方法的操作过程。

**步骤：**

第一步，在“时间价值计算”工作簿中创建名称为“递延年金现值的计算 1”的 Excel 工作表。

第二步，在 Excel 工作表中输入题目的基本信息。

第三步，参考复利现值函数的步骤完成计算，求出第（$m$+1）期期初时的 $n$ 期普通年金的现值，如图 2-47 所示。

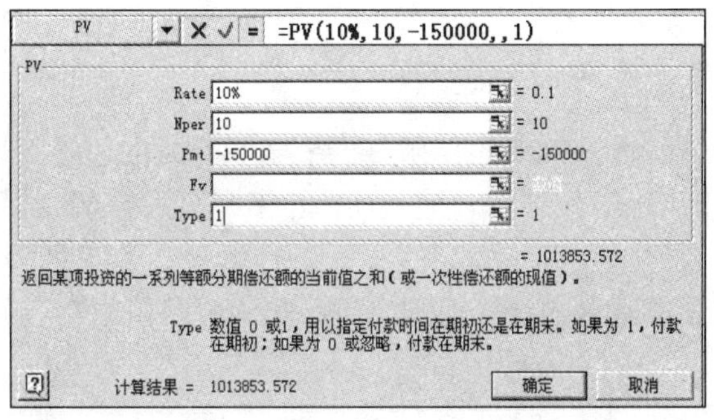


图 2-47　第（$m$+1）期期初时的 $n$ 期普通年金现值

$m$=4；$n$=10；$i$=10%；$A_n$=150 000；type=1。本例计算递延年金的现值，其付款期在每期期初。

第四步，参考复利现值函数的步骤完成计算，求出第一期期初时的 $n$ 期递延年金的现值，如图 2-48 所示。

由以上操作可知，例 2-14 的付款方案只需要投入 67.59 万元即可达到要求，而本例的付款方案则需要投入 69.25 万元才能达到要求，因此例 2-14 的方案更优。

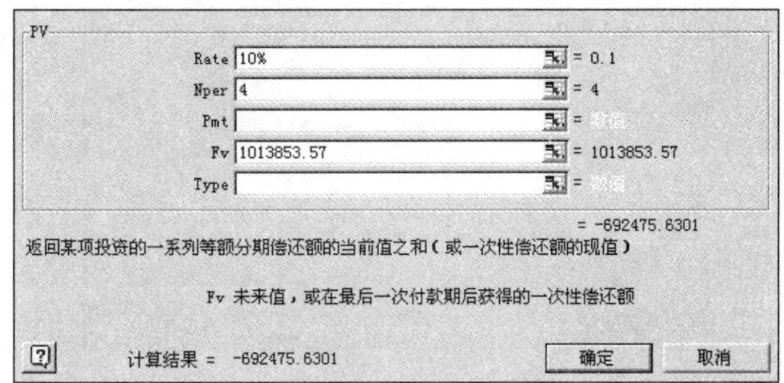


图 2-48　第一期期初时的 $n$ 期递延年金现值

### 4. 永续年金现值的计算

**【例 2-16】**某大学拟建立一项永久性奖学金，每年计划发放 10 万元，若年利率为 4%，则现在应当存入多少钱？

**思路：**该问题为已知永续年金求其现值，利用永续年金现值的计算公式 $P=A/i$ 即可求出。

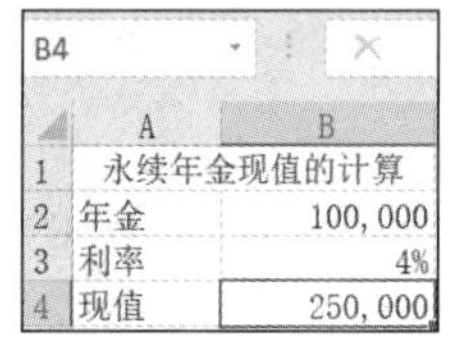

| | A | B |
|---|---|---|
| 1 | 永续年金现值的计算 | |
| 2 | 年金 | 100,000 |
| 3 | 利率 | 4% |
| 4 | 现值 | 250,000 |

图 2-49　永续年金现值的计算结果

**步骤：**

第一步，在“时间价值计算”工作簿中创建名称为“永续年金现值的计算”的 Excel 工作表。

第二步，在单元格 B4 中输入公式“=B2/B3”，求得永续年金现值为 250 000 元，如图 2-49 所示。

## 四、资金时间价值计算的特殊问题

### 1. 偿债基金

**【例 2-17】**东方公司预计 2029 年年末有一笔 300 万元的债务到期需要偿还，该公司计划从 2020 年起每年年末等额存入一笔款项，若年利率为 8%，则每年存款额应为多少才能满足上述偿债需要？

**思路：**该问题为偿债基金的计算问题，即已知年金终值求年金问题，可以使用年金函数求解。

**步骤：**

第一步，在“时间价值计算”工作簿中创建名称为“偿债基金的计算”的 Excel 工作表。

第二步，在 Excel 工作表中输入题目的基本信息。

第三步，利用年金函数完成计算，如图 2-50 所示。

$i$=8%，$n$=10，fv=−300，type=0，其付款期在每期期末。

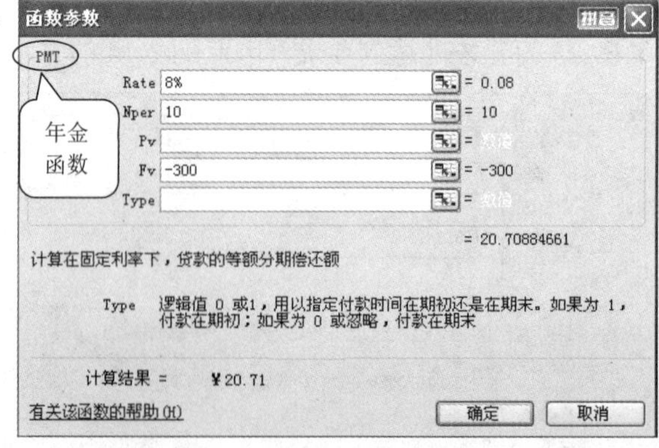


图 2-50　偿债基金的计算结果

由以上操作可知，PMT(8%,10,,−300)=20.71 万元，即每年年末应等额存入 20.71 万元才能满足上述偿债需要。

2. 资本回收额

【例 2-18】东方公司计划于本年年初投资 50 万元购买一台设备，该设备在购买后立即投入使用，预计使用期为 8 年。若年利率为 10%，则该设备平均每年需要获利多少元该项投资才是可行的？

**思路：**该问题为资本回收额的计算问题，即已知年金现值求年金问题，可以使用年金函数 PMT 求解。

**步骤：**

第一步，打开 Excel 软件。

第二步，在 Excel 工作表中输入题目的基本信息。

第三步，利用年金函数完成计算，如图 2-51 所示。

$i$=10%，$n$=8，fv=−50，type=0，其付款期在每期期末。

由以上操作可知，PMT（10%,8,−50）=9.37 万元，即此设备平均每年需要获利 9.37 万元，该项投资才是可行的。

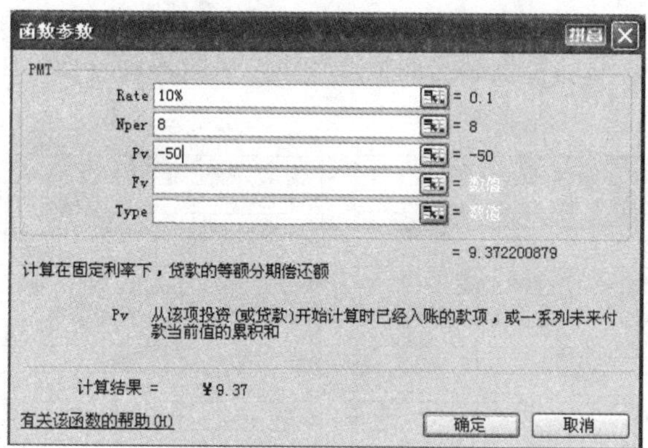


图 2-51　资本回收额的计算结果

## 五、风险的计量

【例 2-19】东方公司有 A、B 两个投资项目，计划投资额相同，收益（净现值）及其概率如表 2-1 所示。

表 2-1　东方公司 A、B 两个项目的净现值及其概率　　单位：万元

| 市场状况 | 概率 | A 项目净现值 | B 项目净现值 |
|---|---|---|---|
| 好 | 0.3 | 1 000 | 2 000 |
| 一般 | 0.4 | 500 | 1 000 |
| 差 | 0.3 | 100 | -500 |

**要求：**

1）分别计算 A、B 两个项目净现值的期望值。

2）分别计算 A、B 两个项目期望值的标准离差。

3）分别计算 A、B 两个项目期望值的标准离差率。

**思路：** 该问题为风险的计量问题，可以使用公式或 SUMPRODUCT 函数、SQAT 函数等求解。

**步骤：**

第一步，创建名称为“风险的计量”的 Excel 工作表。

第二步，在 Excel 工作表中输入题目的基本信息，如图 2-52 所示。

第三步，将需要的参数变量信息及公式输入 Excel 工作表中求值，如图 2-53 所示。

① 在单元格 B8 中输入公式“=SUMPRODUCT($B$3: $B$5,C3:C5)”，然后把单元格 B8 复制到单元格 C8，求出 A、B 两个项目净现值的期望值。

② 在单元格 B9 中输入公式“=SUMPRODUCT($B$3:$B$5,(C3:C5−B8)^2)”，然后把单元格 B9 复制到单元格 C9，求出 A、B 两个项目净现值的方差。

③ 在单元格 B10 中输入公式“=SQRT(B9)”，然后把单元格 B10 复制到单元格 C10，求出 A、B 两个项目净现值的标准离差。

④ 在单元格 B11 中输入公式“=B10/B8”，然后把单元格 B11 复制到单元格 C11，求出 A、B 两个项目净现值的标准离差率（注意：把单元格区域 B11:C11 设置为百分比格式）。

由以上操作可知，A 项目收益的期望值较小，风险程度较低；B 项目收益的期望值较大，风险程度较高。

| | A | B | C | D |
|---|---|---|---|---|
| 1 | 风险的计量 | | | |
| 2 | 市场状况 | 概率 | A项目净现值 | B项目净现值 |
| 3 | 好 | 0.30 | 1000.00 | 2000.00 |
| 4 | 一般 | 0.40 | 500.00 | 1000.00 |
| 5 | 差 | 0.30 | 100.00 | -500.00 |
| 6 | | | | |
| 7 | 指标 | A项目 | B项目 | |
| 8 | 期望值 | | | |
| 9 | 方差 | | | |
| 10 | 标准离差 | | | |
| 11 | 标准离差率 | | | |

图 2-52　例 2-19 的基本信息

| | A | B | C | D |
|---|---|---|---|---|
| 1 | 风险的计量 | | | |
| 2 | 市场状况 | 概率 | A项目净现值 | B项目净现值 |
| 3 | 好 | 0.30 | 1000.00 | 2000.00 |
| 4 | 一般 | 0.40 | 500.00 | 1000.00 |
| 5 | 差 | 0.30 | 100.00 | -500.00 |
| 6 | | | | |
| 7 | 指标 | A项目 | B项目 | |
| 8 | 期望值 | 530.00 | 850.00 | |
| 9 | 方差 | 122,100.00 | 952,500.00 | |
| 10 | 标准离差 | 349.4281 | 975.9610648 | |
| 11 | 标准离差率 | 65.93% | 114.82% | |

图 2-53　风险的计量结果

## 习　题　二

1．利用 Excel 软件制作年利率为 1%～20%，计息期数为 1～60 年的复利终值系数表。

2．利用 Excel 软件制作年利率为 1%～20%，计息期数为 1～60 年的复利现值系数表。

3．利用 Excel 软件计算复利现值，在年利率为 10%时，按照复利法计算五年后的 10 000 元的现值是多少？

4．资料与例 2-4 相同，分别以 2020 年年末、2021 年年末、2022 年年末为基准点，利用 Excel 软件评价该项目的可行性。

5．某投资项目于 2020 年年初动工，设当年投产，从投产之日起每年可以获得收益 40 000 元，若按照年利率 6%计算，则利用 Excel 软件计算预期 10 年收益的现值是多少？

6．某人在六年内分期付款购房，每年年初付款 80 000 元，银行利率为 10%，利用 Excel 软件计算该项分期付款的现值是否相当于现在一次性现金支付的现值。

7．假设某公司准备在今后五年内，每年年末从利润留成中提取 60 000 元存入银行，在五年后将这笔存款用于建造某一福利设施，若以年利率 4%计算，则利用 Excel 软件计算五年后一共可以积累多少资金？

8．甲公司 2020 年年初对 A 设备投资 10 万元，该项目将于 2022 年年初完工投产，2022～2024 年各年末预期收益分别为 2 万元、3 万元、5 万元，同期银行存款利率为 10%。

要求：利用 Excel 软件计算。

1）按照复利法，计算 2022 年年初投资额的终值。

2）计算各年预期收益折成 2022 年年初时的现值之和。

3）评价该投资项目的可行性。

9．A 公司采用融资租赁方式于 2020 年年初租入一台设备，价款为 1 000 000 元，租期为四年，年利率为 8%。

要求：利用 Excel 软件计算。

1）计算每年年末应支付的租金。

2）计算每年年初应支付的租金。

3）分析二者的关系。

10．某项贷款的年利率为 8%，每半年复利一次，利用 Excel 软件计算该笔贷款的实际利率。

11．某企业有 A、B 两个投资项目，计划投资额均为 1 000 万元，收益（净现值）及其概率如表 2-2 所示。

表2-2　某企业A、B两个投资项目的净现值及其概率　　单位：万元

| 市场状况 | 概率 | A 项目净现值 | B 项目净现值 |
|---|---|---|---|
| 好 | 0.2 | 200 | 300 |
| 一般 | 0.6 | 100 | 100 |
| 差 | 0.2 | 50 | -50 |

要求：利用 Excel 软件计算。

1）计算 A、B 两个项目净现值的期望值。

2）计算 A、B 两个项目期望值的标准离差。

3）计算 A、B 两个项目期望值的标准离差率。

## 术 语 积 累

| | | | | |
|---|---|---|---|---|
| 单利 | 复利 | 终值 | 现值 | 年金 |
| 普通年金 | 先付年金 | 递延年金 | 永续年金 | 实际利率 |
| 名义利率 | 资本回收额 | 偿债基金 | 风险 | 期望值 |
| 标准离差 | 标准离差率 | 数组输入 | 终值函数 | 现值函数 |
| 年金函数 | 实际利率函数 | 名义利率函数 | SUMPRODUCT 函数 | SQRT 函数 |

# 第三章

# Excel 在筹资管理中的应用

## 第一节 筹资管理及 Excel 软件要点

### 一、筹资管理要点

筹集资金是企业根据其生产经营、对外投资和调整资本结构等活动的需要，通过一定的渠道、采取适当的方式以获取所需资金的一种行为。筹资管理是财务管理的重要内容之一。

#### 1. 确定筹资规模

确定筹资规模是对企业未来某一时期内的资金需要量进行科学的预计和判断。筹资规模的确定可以采用销售百分比法和资金习性预测法等方法。

（1）销售百分比法

销售百分比法是在企业未来销售预测已经完成且未来时期相关项目与销售收入之间的比率关系不变的前提下，以企业基期的资产负债表和有关销售资料为基础，利用资金与销售收入之间的比率关系来预测企业在未来时期销售变动情况下的筹资量的方法。其步骤如下。

1）收集整理企业基期期末资产负债表及销售情况等有关资料，并预测该企业未来的销售变动情况。

2）将该企业基期资产负债表中预计随销售收入同比例变动的相关项目分离出来。

3）分别计算基期相关项目与基期销售收入的百分比，即相关资产占基期销售收入的百分比、相关负债占基期销售收入的百分比。

4）确定该企业未来时期每百元销售收入需要多少资金。

资金需要量与销售收入的百分比=相关资产占销售收入百分比
-相关负债占销售收入百分比

5）确定该企业未来时期的筹资总额。

未来时期的筹资总额=销售增加额×未来时期资金需要量的百分比

6）确定该企业未来时期的外部筹资额。

外部筹资额=未来时期的筹资总额-企业内部资金来源数额

（2）资金习性预测法

资金习性预测法是在企业未来销售预测已经完成且可以将资金占用量按照其习性划分为不变资金和变动资金的前提条件下，根据历史各期的销售资料和占用资金量资料，利用“总资金=不变资金+单位变动资金×业务量”模型来预测未来销量下的资金需要量的方法。其步骤如下。

1）收集整理企业历史各期的销售资料和占用资金量资料。

2）根据历史资料，使用高低点法或回归直线法分解该企业的资金占用量，求出不变资金和单位变动资金。

3）利用“总资金=不变资金+单位变动资金×业务量”模型预测未来销量下的资金需要量。

## 2. 权益资金的筹集

企业权益资金的筹集可以采用吸收直接投资、发行股票（普通股、优先股）、利用留存收益等方式。对于筹资企业而言，筹集权益资金的优点是有利于增强企业实力、降低财务风险等；缺点是资金成本较高，容易分散企业控制权等。各类权益资金成本的计算公式如下。

$$\text{优先股资金成本}=\frac{\text{优先股年股利额}}{\text{优先股筹资总额}\times(1-\text{筹资费率})}\times 100\%$$

$$\text{普通股资金成本}=\frac{\text{预期年股利额}}{\text{普通股筹资额}\times(1-\text{筹资费率})}+\text{普通股股利年增长率}$$

$$\begin{aligned}\text{留存收益资金成本}&=\frac{\text{预期年股利额}}{\text{留存收益额}}+\text{普通股股利年增长率}\\&=\text{普通股第一年股利率}+\text{普通股股利年增长率}\end{aligned}$$

## 3. 负债资金的筹集

企业负债资金的筹集可以采用银行借款、发行公司债券、融资租赁等方式。对于筹资企业而言，筹集负债资金的优点是资金成本较低，不分散企业控制权等；缺点是风险较大，限制条件多等。

（1）银行借款

1）长期借款的还本付息。长期借款的金额大、期限长，一般使用等额偿还法对其还款做出预先安排。

2）银行借款的资金成本。

$$\text{长期借款成本}=\frac{\text{年利息}\times(1-\text{所得税税率})}{\text{借款金额}\times(1-\text{筹资费率})}\times 100\%$$

（2）发行债券

1）债券发行价格的确定。债券的发行价格是投资者购买债券之后所获得的全部现金流量以期望报酬率作为贴现率计算的总现值。债券发行时的市场利率、债券的还本付息方式等因素均影响债券的发行价格。

2）债券的资金成本。

$$债券资金成本=\frac{年利息\times(1-所得税税率)}{发行额\times(1-筹资费率)}\times 100\%$$

（3）融资租赁

融资租赁是区别于经营租赁的一种长期租赁形式，由于它可以满足企业对资产的长期需求，有时也称为资本租赁。在我国的融资租赁业务中，一般采用等额年金法计算租金。

等额年金法是运用时间价值原理，以设备价款为现值，以利率、手续费率的合计为贴现率，求租金。

4. 综合资金成本

企业筹集的各类资金的综合资金成本可以采用加权平均法来计算。

$$综合资金成本=\sum(个别筹资方式资金成本\times 该方式筹集的资金占企业总资金的比例)$$

5. 杠杆效应分析

财务管理中的杠杆效应有经营杠杆、财务杠杆和复合杠杆三种形式。其中，经营杠杆是指由于经营性固定成本的存在而导致的息税前利润（EBIT）变动幅度大于产销业务量变动幅度的杠杆效应；财务杠杆是指由于财务性固定成本（利息和优先股股利等）的存在而导致的净利润（每股税后利润）变动幅度大于息税前利润变动幅度的杠杆效应；复合杠杆又称总杠杆，是指由于经营性固定成本和财务性固定成本的共同存在而导致的每股税后利润变动幅度大于产销业务量变动幅度的杠杆效应。经营杠杆效应、财务杠杆效应和复合杠杆效应分别用经营杠杆系数、财务杠杆系数和复合杠杆系数来衡量。

$$经营杠杆系数=\frac{息税前利润变动率}{产销量变动率}=\frac{基期边际贡献}{基期息税前利润}$$

$$财务杠杆系数=\frac{普通股每股税后利润变动率}{息税前利润变动率}=\frac{息税前利润}{息税前利润-利息}$$

$$复合杠杆系数=经营杠杆系数\times 财务杠杆系数$$

6. 资金结构

资金结构是指企业各种资金来源的构成及其比例关系，即债务和所有者权益之间的比例关系。资金结构问题是企业筹资决策的核心问题。最优资金结构决策可以采用比较资金成本法和比较每股利润法等方法。其中，比较资金成本法是指分别计算不同资金结构下的加权平均资金成本，选择其中最低者作为最优资金结构；比较每股利润法即息税前利润——每股利润分析法（EPS），它是指在息税前利润一定的前提下，分别计算不同资金结构下每股利润的大小，其中每股利润最大者为最优资金结构。

## 二、Excel 软件要点

### 1. MAX 函数

MAX(number1,number2,…) 函数的功能是返回一组数值中的最大值，忽略逻辑值及文本。例如，MAX(1,5,13,25)=25。MAX 函数在本章中主要用于高低点法中“高点”的确定。

### 2. MIN 函数

MIN(number1,number2,…) 函数的功能是返回一组数值中的最小值，忽略逻辑值及文本。例如，MIN(1,5,13,25)=1。MIN 函数在本章中主要用于高低点法中“低点”的确定。

### 3. INDEX 函数

INDEX 函数是引用函数，其返回表格或区域中的数值或对数值的引用。INDEX 函数有多种格式，在本章中使用的格式如下：

INDEX(array,row_num,column_num)

INDEX 函数中各参数的含义如下。

1）array：指定的单元格区域或数组常量。

2）row_num：数组或引用中要返回的行序号，若忽略，则必须有 column_num 参数。

3）column_num：数组或引用中要返回的列序号，若忽略，则必须有 row_num 参数。

在本章中，INDEX 函数与 MATCH 函数配合使用，主要用于高低点法。

### 4. MATCH 函数

MATCH 函数是查找函数，其返回在指定方式下与指定数值匹配的数组中元素的相应位置。MATCH 函数的格式如下：

MATCH(lookup_value,lookup_array,match_type)

MATCH 函数中各参数的含义如下。

1）lookup_value：在数组中所要查找的匹配的值。

2）lookup_array：所要查找的连续的单元格区域。

3）match_type：与 lookup_value 和 lookup_array 中数值进行匹配的方式。

在本章中，MATCH 函数与 INDEX 函数配合使用，主要用于高低点法。

### 5. SLOPE 函数

SLOPE 函数的功能是计算经过给定数据点的线性回归拟合方程的斜率。SLOPE 函数的格式如下：

SLOPE(known_y’s,known_x’s)

SLOPE 函数中各参数的含义如下。

1）known_y’s：因变量数组或数值区域。

2）known_x's：自变量数组或数值区域。

在本章中，SLOPE 函数主要用于回归直线法。

### 6. INTERCEPT 函数

INTERCEPT 函数的功能是计算线性回归拟合方程的截距。INTERCEPT 函数的格式如下：

INTERCEPT(known_y's,known_x's)

INTERCEPT 函数中各参数的含义如下。

1）known_y's：因变量数据点。

2）known_x's：自变量数据点。

在本章中，INTERCEPT 函数主要用于回归直线法。

### 7. PMT 函数

PMT 函数的功能是计算在固定利率条件下，投资或贷款的等额分期偿还额。PMT 函数的格式如下：

PMT(rate,nper,pv,fv,type)

PMT 函数中各参数的含义如下。

1）rate：各期利率。

2）nper：总投资期或贷款期，即该项投资或贷款的收付款期总数。

3）pv：现值，即从该项投资开始计算时已经入账的款项，或一系列未来付款的当前值的累积和，也称为本金。

4）fv：终值或在最后一次付款后希望得到的现金余额。若省略 fv，则假设其值为零，也就是一笔贷款的未来值为零。

5）type：数字 0 或 1，用以指定各期的付款时间是在期初还是期末。若为 1，则付款在期初；若为 0 或忽略，则付款在期末。

在本章中，PMT 函数主要用于长期借款的还款计划。

### 8. IPMT 函数

IPMT 函数的功能是计算给定期次内某项投资回报（或贷款偿还）的利息部分。IPMT 函数的格式如下：

IPMT(rate,per,nper,pv,fv,type)

IPMT 函数中各参数的含义如下。

1）rate：各期利率。

2）per：用于计算其利息数额的期数，必须介于 1 和 nper 之间。

3）nper：总投资期或贷款期，即该项投资或贷款的付款期总数。

4）pv：现值，即从该项投资开始计算时已经入账的款项，或一系列未来付款的当前值的累积和，也称为本金。

5）fv：终值或在最后一次付款后希望得到的现金余额。若省略 fv，则假设其值为零。

6）type：数字 0 或 1，用以指定各期的付款时间是在期初还是期末。若省略 type，则假设其值为零。

在本章中，IPMT 函数主要用于长期借款的还款计划。

9. PPMT 函数

PPMT 函数的功能是计算给定期次内某项投资回报（或贷款偿还）的本金部分。PPMT 函数的格式如下：

PPMT(rate,per,nper,pv,fv,type)

PPMT 函数中各参数的含义如下。

1）rate：各期利率。

2）per：用于计算其本金数额的期数，必须介于 1 和 nper 之间。

3）nper：总投资期或贷款期，即该项投资或贷款的付款期总数。

4）pv：现值，即从该项投资开始计算时已经入账的款项，或一系列未来付款的当前值的累积和，也称本金。

5）fv：终值或在最后一次付款后希望得到的现金余额。若省略 fv，则假设其值为零，也就是一笔贷款的未来值为零。

6）type：数字 0 或 1，用以指定各期的付款时间是在期初还是期末。

在本章中，PPMT 函数主要用于长期借款的还款计划。

## 第二节　筹资管理中 Excel 的应用

### 一、确定筹资规模

1. 销售百分比法

**【例 3-1】**东方公司 2019 年的销售额为 200 000 元，此时该公司的生产能力还有剩余，销售净利率为 10%，股利支付率为 40%。预计 2020 年的销售额为 240 000 元，销售净利率和股利支付率保持不变。该公司 2019 年 12 月 31 日的资产负债表如表 3-1 所示。

**表3-1　东方公司资产负债表**（2019年12月31日）　　单位：万元

| 资产 | | 负债及所有者权益 | |
|---|---|---|---|
| 货币资金 | 10 000 | 应付票据 | 10 000 |
| 应收账款 | 30 000 | 应付账款 | 30 000 |
| 存货 | 60 000 | 长期借款 | 60 000 |
| 固定资产（净值） | 70 000 | 实收资本 | 60 000 |
| 无形资产 | 10 000 | 留存收益 | 20 000 |
| 总计 | 180 000 | 总计 | 180 000 |

**要求：**利用 Excel 软件预测该公司 2020 年的外部筹资需求量。

**思路**：该问题为根据企业的历史资料，利用销售百分比法确定筹资规模的问题，可以通过在 Excel 工作表中输入销售百分比法的相关公式解决。

**步骤**：

第一步，创建名称为“筹资管理”的工作簿，并在“筹资管理”工作簿中创建名称为“销售百分比法”的 Excel 工作表。

第二步，在 Excel 工作表中输入题目的基本信息，如图 3-1 所示。

第三步，将销售百分比法需要的参数变量信息及公式输入 Excel 工作表求值，如图 3-2 所示。

① 在单元格 C15 中输入公式“=C4/$C$22”，然后将单元格 C15 分别复制到单元格区域 C16:C17 和 E15:E16，求得相关项目与基期销售额之间的百分比。

② 在单元格 C20 中输入公式“=SUM(C15:C17)”，然后在单元格 E20 中输入公式“=SUM(E15:E16)”，求得相关项目与基期销售额之间的百分比的合计数。

③ 在单元格 C24 中输入公式“=C23–C22”，求得销售增加额。

④ 在单元格 C27 中输入公式“=C24*(C20–E20)”，求得预测期筹资总额。

⑤ 在单元格 C28 中输入公式“=C22*C25*C26”，求得内部资金来源数额。

⑥ 在单元格 C29 中输入公式“=C27–C28”，求得预测期外部筹资额。

由以上操作可知，东方公司 2020 年的外部筹资需求量为 4 000 元。

| | A | B | C | D | E | F |
|---|---|---|---|---|---|---|
| 1 | | | 销售百分比法 | | | |
| 2 | | | 2019年12月31日 | | | 单位：元 |
| 3 | 资　　产 | | | 负债及所有者权益 | | |
| 4 | 货币资金 | | 10,000 | 应付票据 | | 10,000 |
| 5 | 应收账款 | | 30,000 | 应付账款 | | 30,000 |
| 6 | 存货 | | 60,000 | 长期借款 | | 60,000 |
| 7 | 固定资产（净值） | | 70,000 | 实收资本 | | 60,000 |
| 8 | 无形资产 | | 10,000 | 留存收益 | | 20,000 |
| 9 | 总计 | | 180,000 | 总计 | | 180,000 |
| 10 | | | | | | |
| 14 | 资　　产 | | | 负债及所有者权益 | | |
| 15 | 货币资金 | | | 应付票据 | | |
| 16 | 应收账款 | | | 应付账款 | | |
| 17 | 存货 | | | 长期借款 | | 不变动 |
| 18 | 固定资产（净值） | | 不变动 | 实收资本 | | 不变动 |
| 19 | 无形资产 | | 不变动 | 留存收益 | | 不变动 |
| 20 | 总计 | | | 总计 | | |
| 21 | | | | | | |
| 22 | 基期销售额 | | 200,000 | | | |
| 23 | 预测期销售额 | | 240,000 | | | |
| 24 | 销售增加额 | | | | | |
| 25 | 销售净利率 | | 10% | | | |
| 26 | 利润留用比率 | | 40% | | | |
| 27 | 预测期筹资总额 | | | | | |
| 28 | 内部资金来源 | | | | | |
| 29 | 预测期外部筹资额 | | | | | |

图 3-1　例 3-1 的基本信息

| | A | B | C | D | E | F |
|---|---|---|---|---|---|---|
| 1 | 表3-1 | | 销售百分比法 | | | |
| 2 | | | 2019年12月31日 | | | 单位：元 |
| 3 | 资　　产 | | | 负债及所有者权益 | | |
| 4 | 货币资金 | | 10,000 | 应付票据 | | 10,000 |
| 5 | 应收账款 | | 30,000 | 应付账款 | | 30,000 |
| 6 | 存货 | | 60,000 | 长期借款 | | 60,000 |
| 7 | 固定资产（净值） | | 70,000 | 实收资本 | | 60,000 |
| 8 | 无形资产 | | 10,000 | 留存收益 | | 20,000 |
| 9 | 总计 | | 180,000 | 总计 | | 180,000 |
| 10 | | | | | | |
| 14 | 资　　产 | | | 负债及所有者权益 | | |
| 15 | 货币资金 | | 5% | 应付票据 | | 5% |
| 16 | 应收账款 | | 15% | 应付账款 | | 15% |
| 17 | 存货 | | 30% | 长期借款 | | 不变动 |
| 18 | 固定资产（净值） | | 不变动 | 实收资本 | | 不变动 |
| 19 | 无形资产 | | 不变动 | 留存收益 | | 不变动 |
| 20 | 总计 | | 50% | 总计 | | 20% |
| 21 | | | | | | |
| 22 | 基期销售额 | | 200,000 | | | |
| 23 | 预测期销售额 | | 240,000 | | | |
| 24 | 销售增加额 | | 40,000 | | | |
| 25 | 销售净利率 | | 10% | | | |
| 26 | 利润留用比率 | | 40% | | | |
| 27 | 预测期筹资总额 | | 12,000 | | | |
| 28 | 内部资金来源 | | 8,000 | | | |
| 29 | 预测期外部筹资额 | | 4,000 | | | |

图 3-2　销售百分比的计算结果

## 2. 资金习性预测法

（1）高低点法

**【例 3-2】**东方公司连续四年产销量和资金占用量的变化情况如表 3-2 所示。2020 年预计产销量为 150 万件，利用 Excel 软件预测该公司 2020 年的资金需要量。

**表3-2　产销量和资金占用量的变化情况**

| 年度 | 产销量 *x*/万件 | 资金占用量 *y*/万元 | 年度 | 产销量 *x*/万件 | 资金占用量 *y*/万元 |
|---|---|---|---|---|---|
| 2016 | 100 | 90 | 2018 | 130 | 105 |
| 2017 | 120 | 100 | 2019 | 140 | 110 |

**思路**：该问题为根据企业的历史资料，利用高低点法确定筹资规模的问题，可以使用 MAX(number1,number2,⋯)、MIN(number1,number2,⋯) 和 INDEX(⋯) 等函数求解。

**步骤**：

第一步，在“筹资管理”工作簿中创建名称为“高低点法”的 Excel 工作表。

第二步，在 Excel 工作表中输入题目的基本信息，如图 3-3 所示。

| | A | B | C |
|---|---|---|---|
| 1 | 年度 | 产销量x（万件） | 资金y（万元） |
| 2 | 2016 | 100 | 90 |
| 3 | 2017 | 120 | 100 |
| 4 | 2018 | 130 | 105 |
| 5 | 2019 | 140 | 110 |
| 6 | | | |
| 7 | 最高产销量 | | |
| 8 | 最低产销量 | | |
| 9 | △y | | |
| 10 | △x | | |
| 11 | 变量b | | |
| 12 | 变量a | | |
| 13 | 2020年的预测值 | | |

图 3-3　例 3-2 的基本信息

第三步，将高低点法需要的参数变量信息及公式输入 Excel 工作表求值。

① 最高产销量及最低产销量的公式输入，如图 3-4 所示。

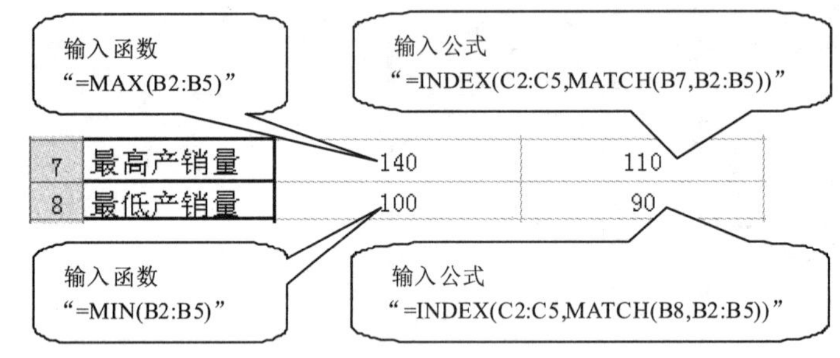


图 3-4　最高及最低产销量的计算结果

② 求出 $\Delta y$ 和 $\Delta x$ 的值，如图 3-5 所示。

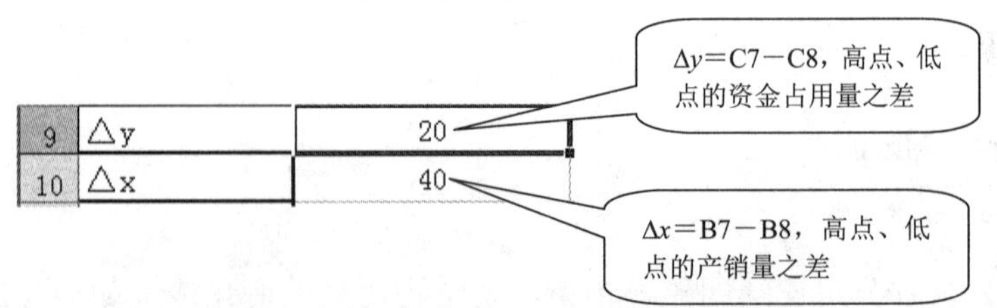


图 3-5　高点、低点的资金占用量之差及产销量之差

③ 求出常量 $a$、$b$ 的值，如图 3-6 所示。

$$常量\ a=y_{高}-bx_{高} \quad 或 \quad 常量\ a=y_{低}-bx_{低}$$

$$常量 b=\frac{\Delta y}{\Delta x}$$

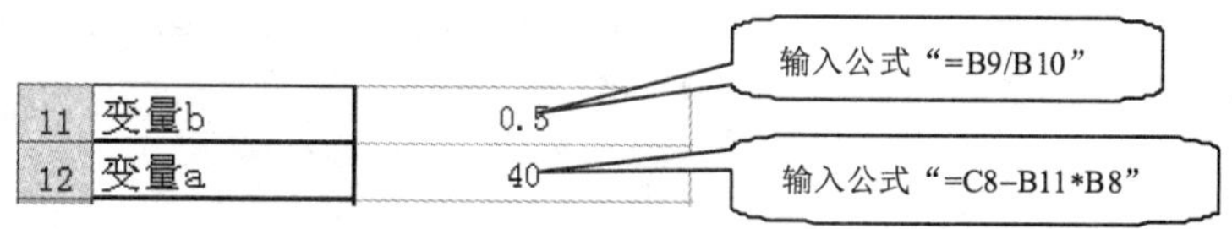


图 3-6 高低点法求出常量 $a$、$b$ 的值

④ 2020 年预计产销量为 150 万件，2020 年的资金需要量的计算公式为 $y=a+bx$，在单元格 B13 中输入公式 "=B12+B11*150"，得到结果为 115，如图 3-7 所示。

| | A | B | C |
|---|---|---|---|
| 1 | 年度 | 产销量x（万件） | 资金y（万元） |
| 2 | 2016 | 100 | 90 |
| 3 | 2017 | 120 | 100 |
| 4 | 2018 | 130 | 105 |
| 5 | 2019 | 140 | 110 |
| 6 | | | |
| 7 | 最高产销量 | 140 | 110 |
| 8 | 最低产销量 | 100 | 90 |
| 9 | △y | 20 | |
| 10 | △x | 40 | |
| 11 | 变量b | 0.5 | |
| 12 | 变量a | 40 | |
| 13 | 2020年的预测值 | 115 | |

图 3-7 高低点法求解资金需要的预测值

由以上操作可知，该公司 2020 年在预计产销量为 150 万件的情况下需要资金 115 万元。

（2）回归直线法

**【例 3-3】**资料与例 3-2 相同，利用 Excel 软件计算 2020 年的资金需要量。

**思路：**该问题为根据企业的历史资料，利用回归直线法确定筹资规模的问题，可以使用 SLOPE（known_y's，known_x's）函数和 INTERCEPT（known_y's，known_x's）函数求解。

**步骤：**

第一步，在"筹资管理"工作簿中创建名称为"回归直线法"的 Excel 工作表。

第二步，在 Excel 工作表中输入题目的基本信息，如图 3-8 所示。

第三步，将回归直线法需要的参数变量信息及公式输入 Excel 工作表求值。

① 求出常量 $a$、$b$ 的值，如图 3-9 所示。

② 在单元格 B9 中输入公式 "=B8+B7*150"，

| | A | B | C |
|---|---|---|---|
| 1 | 年度 | 产销量x（万件） | 资金y（万元） |
| 2 | 2016 | 100 | 90 |
| 3 | 2017 | 120 | 100 |
| 4 | 2018 | 130 | 105 |
| 5 | 2019 | 140 | 110 |
| 6 | | | |
| 7 | b | | |
| 8 | a | | |
| 9 | 2020年的预测值 | | |

图 3-8 例 3-3 的基本信息

得到结果为 115，如图 3-10 所示。

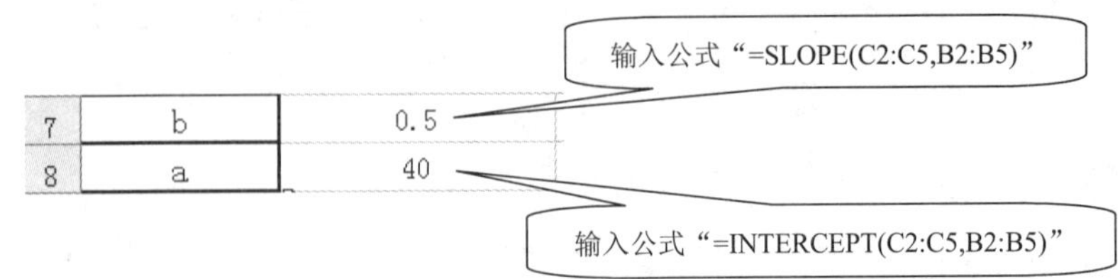


图 3-9　回归直线法求出 $a$、$b$ 的值

| | A | B | C |
|---|---|---|---|
| 1 | 年度 | 产销量x（万件） | 资金y（万元） |
| 2 | 2016 | 100 | 90 |
| 3 | 2017 | 120 | 100 |
| 4 | 2018 | 130 | 105 |
| 5 | 2019 | 140 | 110 |
| 6 | | | |
| 7 | b | 0.5 | |
| 8 | a | 40 | |
| 9 | 2020年的预测值 | 115 | |

图 3-10　回归直线法求解资金需要的预测值

由以上操作可知，该公司 2020 年在预计产销量为 150 万件的情况下需要资金 115 万元。

## 二、权益资金的筹集

### 1. 普通股的资金成本

【例 3-4】东方公司发行面值为 4 元的普通股 100 万股，筹资总额为 400 万元，筹资费率为 5%，第一年每股股利为 0.4 元，以后每年按照 3%的比率增长。利用 Excel 软件计算该普通股的资金成本。

**思路**：该问题为普通股资金成本的计算问题，可以通过普通股资金成本公式求解。

**步骤**：

第一步，在“筹资管理”工作簿中创建名称为“普通股资金成本计算”的 Excel 工作表。

第二步，在 Excel 工作表中输入题目的基本信息，如图 3-11 所示。

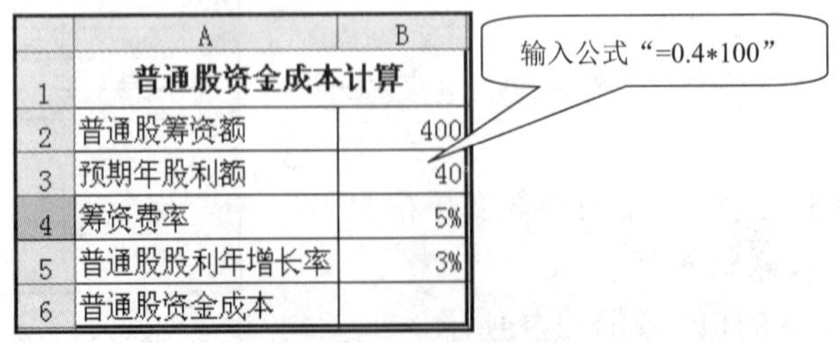

| | A | B |
|---|---|---|
| 1 | 普通股资金成本计算 | |
| 2 | 普通股筹资额 | 400 |
| 3 | 预期年股利额 | 40 |
| 4 | 筹资费率 | 5% |
| 5 | 普通股股利年增长率 | 3% |
| 6 | 普通股资金成本 | |



图 3-11　例 3-4 的基本信息

第三步，将需要的参数变量信息及公式输入 Excel 工作表求值，如图 3-12 所示。在单元格 B6 中输入普通股资金成本公式“=(B3/(B2*(1−B4)))+B5”进行求值。

B6 =(B3/(B2*(1-B4)))+B5

| | A | B |
|---|---|---|
| 1 | 普通股资金成本计算 | |
| 2 | 普通股筹资额 | 400 |
| 3 | 预期年股利额 | 40 |
| 4 | 筹资费率 | 5% |
| 5 | 普通股股利年增长率 | 3% |
| 6 | 普通股资金成本 | 13.53% |

输入公式“=(B3/(B2*(1−B4)))+B5”

图 3-12　普通股资金成本的计算结果

由以上操作可知，该普通股资金成本是 13.53%。

2. 优先股的资金成本

**【例 3-5】**东方公司发行面值总额为 200 万元的优先股，每年支付 10%的股利，筹资费率为 4%。试利用 Excel 软件计算该优先股的资金成本。

**思路：**该问题为优先股资金成本的计算问题，可以通过优先股资金成本公式求解。

**步骤：**

第一步，在“筹资管理”工作簿中创建名称为“优先股资金成本计算”的 Excel 工作表。

第二步，在 Excel 工作表中输入题目的基本信息，如图 3-13 所示。

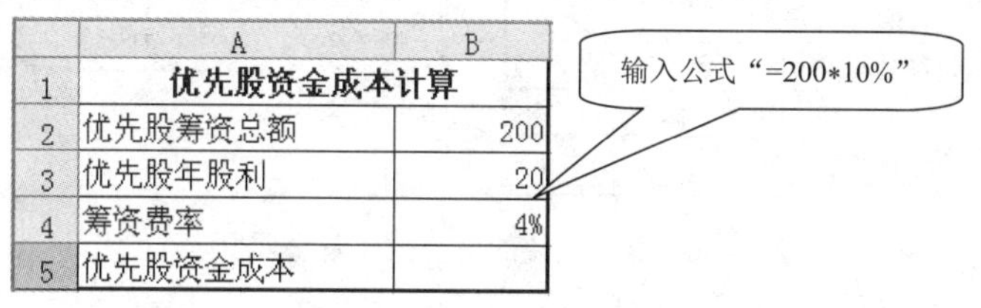

| | A | B |
|---|---|---|
| 1 | 优先股资金成本计算 | |
| 2 | 优先股筹资总额 | 200 |
| 3 | 优先股年股利 | 20 |
| 4 | 筹资费率 | 4% |
| 5 | 优先股资金成本 | |



图 3-13　例 3-5 的基本信息

第三步，将需要的参数变量信息及公式输入 Excel 工作表求值，如图 3-14 所示。在 B5 中输入优先股资金成本公式“=(B3/(B2*(1−B4)))*100%”进行求值。

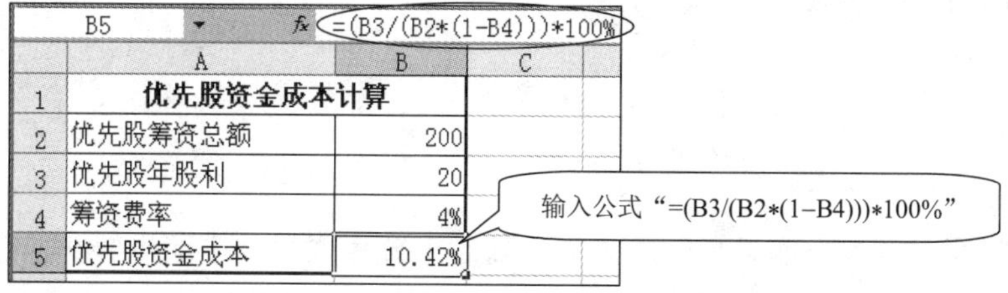

B5 =(B3/(B2*(1-B4)))*100%

| | A | B |
|---|---|---|
| 1 | 优先股资金成本计算 | |
| 2 | 优先股筹资总额 | 200 |
| 3 | 优先股年股利 | 20 |
| 4 | 筹资费率 | 4% |
| 5 | 优先股资金成本 | 10.42% |



图 3-14　优先股资金成本的计算结果

由以上操作可知，该优先股资金成本是 10.42%。

### 3. 留存收益的资金成本

**【例 3-6】**东方公司留存收益 200 万元，普通股第一年股利率为 11%，预计以后每年按照 3%的比率增长。试利用 Excel 软件计算该留存收益的资金成本。

**思路：**该问题为留存收益资金成本的计算问题，可以通过留存收益资金成本公式求解。

**步骤：**

第一步，在“筹资管理”工作簿中创建名称为“留存收益的资金成本”的 Excel 工作表。

第二步，在 Excel 工作表中输入题目的基本信息，如图 3-15 所示。

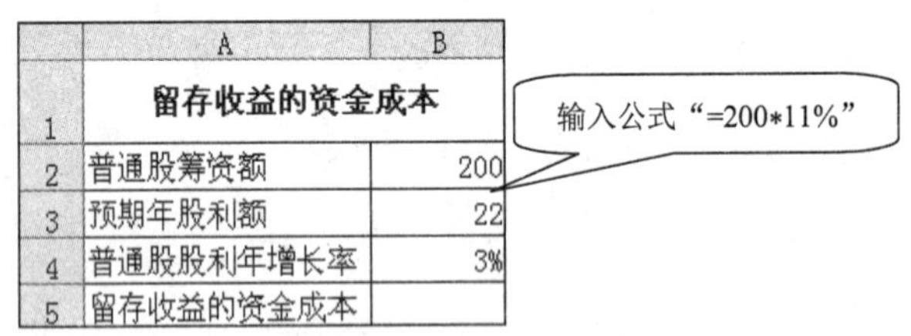

| | A | B |
|---|---|---|
| 1 | 留存收益的资金成本 | |
| 2 | 普通股筹资额 | 200 |
| 3 | 预期年股利额 | 22 |
| 4 | 普通股股利年增长率 | 3% |
| 5 | 留存收益的资金成本 | |



图 3-15　例 3-6 的基本信息

第三步，在单元格 B5 中输入留存收益资金成本公式“=(B3/B2)+B4”进行求值，如图 3-16 所示。

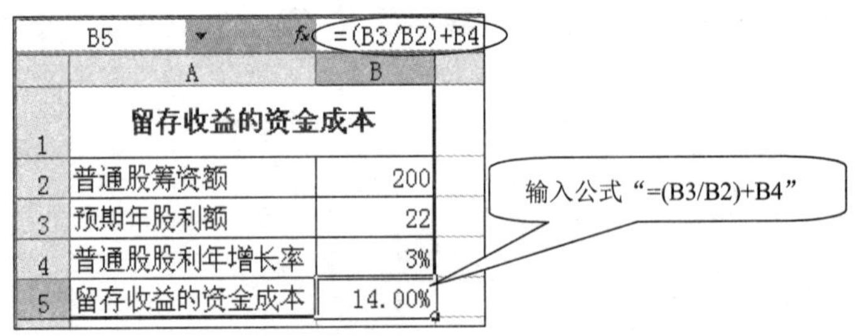

B5　=(B3/B2)+B4

| | A | B |
|---|---|---|
| 1 | 留存收益的资金成本 | |
| 2 | 普通股筹资额 | 200 |
| 3 | 预期年股利额 | 22 |
| 4 | 普通股股利年增长率 | 3% |
| 5 | 留存收益的资金成本 | 14.00% |



图 3-16　留存收益的资金成本计算结果

由以上操作可知，该留存收益的资金成本是 14%。

使用“留存收益的资金成本=普通股第一年股利率+普通股股利年增长率”也会得出相同的值。上机实践时操作此公式，观察结果是否相同。

## 三、负债资金的筹集

### 1. 银行借款

（1）长期借款的还本付息

长期借款的金额大、期限长，应对其还款做出预先安排。下面以等额偿还法为例说明如何安排长期借款的还本付息。

**【例 3-7】**东方公司向银行借入了一笔为期 10 年、金额为 300 万元的贷款，年利率为 8%，与银行约定以等额偿付方式偿还贷款。试计算该贷款的每年偿还额、每年的本金及利息。

**思路：**该问题为长期借款的还本付息问题，在等额偿还法操作步骤中，首先使用年金函数 PMT（该函数的具体使用方法参照第二章）计算出各期的等额偿还额，其次用 IPMT 函数计算出各期的付息额，最后用 PPMT 函数计算出各期的还本额。

**步骤：**

第一步，在“筹资管理”工作簿中创建名称为“长期借款还本付息”的 Excel 工作表。

第二步，在 Excel 工作表中输入题目的基本信息，如图 3-17 所示。

| | A | B | C | D | E |
|---|---|---|---|---|---|
| 1 | 长期借款还本付息 | | | | |
| 2 | 借款金额（万元） | 300 | | | |
| 3 | 借款期限 | 10 | | | |
| 4 | 年利率 | 8% | | | |
| 5 | | | | | |
| 6 | 各年还本付息（万元） | | | | |
| 7 | 借款期限 | 年偿还额 | 利息 | 偿还本金 | 剩余本金 |
| 8 | 0 | | | | |
| 9 | 1 | | | | |
| 10 | 2 | | | | |
| 11 | 3 | | | | |
| 12 | 4 | | | | |
| 13 | 5 | | | | |
| 14 | 6 | | | | |
| 15 | 7 | | | | |
| 16 | 8 | | | | |
| 17 | 9 | | | | |
| 18 | 10 | | | | |

图 3-17 例 3-7 的基本信息

第三步，把长期借款的还本付息等额偿还法需要的参数变量信息及公式输入 Excel 工作表中求值，如图 3-18 所示。

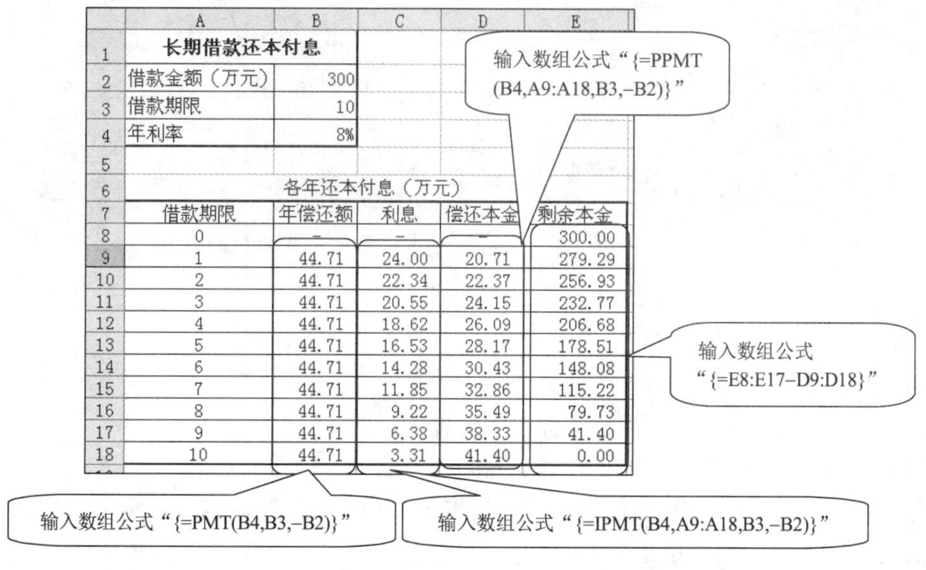

| | A | B | C | D | E |
|---|---|---|---|---|---|
| 1 | 长期借款还本付息 | | | | |
| 2 | 借款金额（万元） | 300 | | | |
| 3 | 借款期限 | 10 | | | |
| 4 | 年利率 | 8% | | | |
| 5 | | | | | |
| 6 | 各年还本付息（万元） | | | | |
| 7 | 借款期限 | 年偿还额 | 利息 | 偿还本金 | 剩余本金 |
| 8 | 0 | – | – | – | 300.00 |
| 9 | 1 | 44.71 | 24.00 | 20.71 | 279.29 |
| 10 | 2 | 44.71 | 22.34 | 22.37 | 256.93 |
| 11 | 3 | 44.71 | 20.55 | 24.15 | 232.77 |
| 12 | 4 | 44.71 | 18.62 | 26.09 | 206.68 |
| 13 | 5 | 44.71 | 16.53 | 28.17 | 178.51 |
| 14 | 6 | 44.71 | 14.28 | 30.43 | 148.08 |
| 15 | 7 | 44.71 | 11.85 | 32.86 | 115.22 |
| 16 | 8 | 44.71 | 9.22 | 35.49 | 79.73 |
| 17 | 9 | 44.71 | 6.38 | 38.33 | 41.40 |
| 18 | 10 | 44.71 | 3.31 | 41.40 | 0.00 |



图 3-18 长期借款的还本付息计算结果

① 在单元格区域 B9:B18 中输入年金函数公式“=PMT(B4,B3,–B2)”，求得第 1～10

年每年的偿还额。

② 在单元格区域 C9:C18 中输入 IPMT 函数公式“=IPMT(B4,A9:A18,B3,–B2)”，求得第 1～10 年每年支付的利息额。

③ 在单元格区域 D9:D18 中输入 PPMT 函数公式“=PPMT(B4,A9:A18,B3,–B2)”，求得第 1～10 年每年偿还的本金额。

④ 在单元格区域 E9:E18 中输入数组公式“={E8:E7–D9:D18}”，求得第 1～10 年每年的剩余本金额。

（2）长期借款的资金成本

**【例 3-8】**东方公司向银行借入了一笔 4 年期、金额为 300 万元的贷款，年利率为 8%，每年付息一次，到期还本，筹资费率为 0.6%，所得税税率为 25%。试计算该借款成本。

**思路：**该问题为长期借款资金成本的计算问题，可以通过长期借款资金成本公式求解。

**步骤：**

第一步，在“筹资管理”工作簿中创建名称为“长期借款的资金成本”的 Excel 工作表。

第二步，在 Excel 工作表中输入题目的基本信息，如图 3-19 所示。

第三步，在单元格 B7 中输入长期借款资金成本公式“=(((B2*B4)*(1–B6))/(B2*(1–B5)))*100%”进行求值，如图 3-20 所示。

使用“$\text{长期借款成本}=\dfrac{\text{年利息}\times(1-\text{所得税税率})}{\text{借款金额}\times(1-\text{筹资费率})}\times 100\%$”也会得出相同的值。上机实践时操作此公式，观察结果是否相同。

| | A | B |
|---|---|---|
| 1 | 长期借款的资金成本 | |
| 2 | 借款金额（万元） | 300 |
| 3 | 借款期限 | 4 |
| 4 | 年利率 | 8% |
| 5 | 筹资费率 | 0.6% |
| 6 | 所得税率 | 25% |
| 7 | 长期借款的资金成本 | |

图 3-19　例 3-8 的基本信息

| | A | B |
|---|---|---|
| 1 | 长期借款的资金成本 | |
| 2 | 借款金额（万元） | 300 |
| 3 | 借款期限 | 4 |
| 4 | 年利率 | 8% |
| 5 | 筹资费率 | 0.6% |
| 6 | 所得税率 | 25% |
| 7 | 长期借款的资金成本 | 6.04% |

图 3-20　长期借款的资金成本计算结果

2. 发行债券

（1）债券发行价格的确定

1）债券发行时的市场利率对债券发行价格的影响。

**【例 3-9】**东方公司发行面值为 100 元的公司债券，该债券的利率为 5%，期限为 8 年，每年年末付息，到期一次还本。试利用 Excel 工作软件计算当市场利率分别为 3%、5%和 8%时该债券的发行价格。

**思路：**该问题为债券发行价格的计算问题，可以使用现值函数 PV 求解。

**步骤：**

第一步，在“筹资管理”工作簿中创建名称为“债券发行价格 1”的 Excel 工作表。

第二步，在 Excel 工作表中输入题目的基本信息，如图 3-21 所示。

第三步，将债券票面价格计算需要的参数变量信息及公式输入 Excel 工作表求值。

在单元格区域 B6:D6 中输入数组公式“=PV(B5:D5,B4, –B2*B3, –B2)”，并按 Ctrl+Shift+Enter 组合键结束数组输入，如图 3-22 所示。

| | A | B | C | D |
|---|---|---|---|---|
| 1 | 债券发行价格 | | | |
| 2 | 债券的面值（元） | 100 | | |
| 3 | 票面利率 | 5% | | |
| 4 | 期限（年） | 8 | | |
| 5 | 市场利率 | 3% | 5% | 8% |
| 6 | 债券票面价格（元） | | | |

图 3-21　例 3-9 的基本信息

| | A | B | C | D |
|---|---|---|---|---|
| 1 | 债券发行价格 | | | |
| 2 | 债券的面值（元） | 100 | | |
| 3 | 票面利率 | 5% | | |
| 4 | 期限（年） | 8 | | |
| 5 | 市场利率 | 3% | 5% | 8% |
| 6 | 债券票面价格（元） | 114.04 | 100.00 | 82.76 |

输入数组公式“{=PV(B5:D5,B4,–B2*B3,–B2)}”

图 3-22　债券发行价格的计算结果

由以上操作可知，东方公司发行面值为 100 元的公司债券，当市场利率为 3%时债券的发行价格为 114.04 元；当市场利率为 5%时债券的发行价格为 100 元；当市场利率为 8%时债券的发行价格为 82.76 元。

2）债券的还本付息方式对债券发行价格的影响。

**【例 3-10】**资料与例 3-9 相同，试计算当该债券半年付息一次时的发行价格。

**思路：**该问题为付息期发生改变后债券发行价格的计算问题，仍可以通过现值函数 PV 求解。

**步骤：**

第一步，在“筹资管理”工作簿中创建名称为“债券发行价格 2”的 Excel 工作表。

第二步，在 Excel 工作表中输入题目的基本信息。

第三步，将债券票面价格计算需要的参数变量信息及公式输入 Excel 工作表求值。

在单元格区域 B6:D6 中输入数组公式“=PV(B5:D5/2,B4*2,–B2*B3/2,–B2)”，并按 Ctrl+Shift+Enter 组合键结束数组输入，如图 3-23 所示。

B6　fx {=PV(B5:D5/2, B4*2, -B2*B3/2, -B2)}

| | A | B | C | D |
|---|---|---|---|---|
| 1 | 债券发行价格 | | | |
| 2 | 债券的面值（元） | 100 | | |
| 3 | 票面利率 | 5% | | |
| 4 | 期限（年） | 8 | | |
| 5 | 市场利率 | 3% | 5% | 8% |
| 6 | 债券票面价格（元） | 114.13 | 100.00 | 82.52 |

输入数组公式“{=PV(B5:D5/2,B4*2,–B2*B3/2,–B2)}”

图 3-23　付息期发生改变后债券发行价格的计算

由以上操作可知，东方公司发行面值为 100 元且半年付息一次的债券，当市场利率为 3%时债券的发行价格为 114.13 元；当市场利率为 5%时债券的发行价格为 100 元；当市场利率为 8%时债券的发行价格为 82.52 元。

（2）债券的资金成本

1）面值发行时债券资金成本的计算。

**【例 3-11】** 东方公司按照面值发行公司债券 1 000 万元，该债券的票面利率为 9%，期限为 6 年，每年年末付息，到期一次还本，筹资费率为 3%，所得税率为 25%。试计算该债券成本。

**思路**：该问题为债券资金成本的计算问题，可以通过债券资金成本公式求解。

**步骤**：

第一步，在“筹资管理”工作簿中创建名称为“面值发行的债券资金成本”的 Excel 工作表。

第二步，在 Excel 工作表中输入题目的基本信息，如图 3-24 所示。

第三步，将面值发行时，债券资金成本计算需要的参数变量信息及公式输入 Excel 工作表求值，如图 3-25 所示。

| | A | B |
|---|---|---|
| 1 | 债券资金成本 | |
| 2 | 筹资总额（万元） | 1,000 |
| 3 | 筹资的期限 | 6 |
| 4 | 票面利率 | 9% |
| 5 | 筹资费用率 | 3% |
| 6 | 所得税率 | 25% |
| 7 | 债券资金成本 | |

图 3-24　例 3-11 的基本信息

B7　=(((B2*B4)*(1-B6))/(B2*(1-B5)))*100%

| | A | B | C | D | E |
|---|---|---|---|---|---|
| 1 | 债券资金成本 | | | | |
| 2 | 筹资总额（万元） | 1,000 | | | |
| 3 | 筹资的期限 | 6 | | | |
| 4 | 票面利率 | 9% | | | |
| 5 | 筹资费用率 | 3% | | | |
| 6 | 所得税率 | 25% | | | |
| 7 | 债券资金成本 | 6.96% | | | |

图 3-25　面值发行时债券资金成本的计算结果

由以上操作可知，东方公司按照面值发行 1 000 万元公司债券的资金成本为 6.96%。

2）非面值发行时债券资金成本的计算。

**【例 3-12】** 东方公司按照非面值发行筹资总额为 1 000 万元的公司债券，该债券的票面利率为 9%，期限为 6 年，每年年末付息，到期一次还本。债券实际发行总额为 1 100 万元，筹资费率为 3%，所得税率为 25%，试计算该债券成本。

**思路**：该问题为非面值发行的债券资金成本的计算问题，仍可以通过债券资金成本公式求解。

**步骤**：

第一步，在“筹资管理”工作簿中创建名称为“非面值发行的债券资金成本”的 Excel 工作表。

第二步，在 Excel 工作表中输入题目的基本信息，如图 3-26 所示。

第三步，将非面值发行时，债券资金成本计算需要的参数变量信息及公式输入 Excel 工作表求值，如图 3-27 所示。

由以上操作可知，东方公司溢价发行债券的资金成本为 6.33%。

| | A | B |
|---|---|---|
| 1 | 债券资金成本 | |
| 2 | 筹资总额（万元） | 1,000 |
| 3 | 实际发行总额（万元） | 1,100 |
| 4 | 筹资的期限 | 6 |
| 5 | 票面利率 | 9% |
| 6 | 筹资费用率 | 3% |
| 7 | 所得税率 | 25% |
| 8 | 债券资金成本 | |

图 3-26 例 3-12 的基本信息

B8 =(((B2*B5)*(1-B7))/(B3*(1-B6)))*100%

| | A | B | C | D | E |
|---|---|---|---|---|---|
| 1 | 债券资金成本 | | | | |
| 2 | 筹资总额（万元） | 1,000 | | | |
| 3 | 实际发行总额（万元） | 1,100 | | | |
| 4 | 筹资的期限 | 6 | | | |
| 5 | 票面利率 | 9% | | | |
| 6 | 筹资费用率 | 3% | | | |
| 7 | 所得税率 | 25% | | | |
| 8 | 债券资金成本 | 6.33% | | | |

图 3-27 非面值发行时债券资金成本的计算结果

3. 融资租赁

（1）期末支付的租金计算

**【例 3-13】**东方公司于 2020 年 1 月 1 日向租赁公司租入一台设备，该设备价值 100 万元，租期为 6 年，利率与手续费率等综合费率为 12%。试分别计算该公司于每年末、每季末、每月末应支付的租金额。

**思路：**该问题为融资租赁租金支付的计算问题，可以利用年金函数 PMT 求解。

**步骤：**

第一步，在“筹资管理”工作簿中创建名称为“融资租赁租金的计算”的 Excel 工作表。

第二步，在 Excel 工作表中输入题目的基本信息，如图 3-28 所示。

| | A | B | C | D |
|---|---|---|---|---|
| 1 | 融资租赁租金的计算 | | | |
| 2 | 租金支付方式 | 每年末 | 每季末 | 每月末 |
| 3 | 设备购置成本（万元） | 100 | 100 | 100 |
| 4 | 租期（年） | 6 | 6 | 6 |
| 5 | 综合费率 | 12% | 12% | 12% |
| 6 | 每年支付的次数 | 1 | 4 | 12 |
| 7 | 每期应付租金（万元） | | | |

图 3-28 例 3-13 的基本信息

第三步，将计算需要的参数变量信息及公式输入 Excel 工作表求值，如图 3-29 所示。

B7 = {=PMT(B5:D5/B6:D6,B4:D4*B6:D6,-B3:D3,,0)}

| | A | B | C | D | E | F |
|---|---|---|---|---|---|---|
| 1 | 融资租赁租金的计算 | | | | | |
| 2 | 租金支付方式 | 每年末 | 每季末 | 每月末 | | |
| 3 | 设备购置成本（万元） | 100 | 100 | 100 | | |
| 4 | 租期（年） | 6 | 6 | 6 | | |
| 5 | 综合费率 | 12% | 12% | 12% | | |
| 6 | 每年支付的次数 | 1 | 4 | 12 | | |
| 7 | 每期应付租金（万元） | 24.32 | 5.90 | 1.96 | | |

输入数组公式“{=PMT(B5:D5/B6:D6,B4:D4*B6:D6,–B3:D3,,0)}”

图 3-29 融资租赁租金的计算结果一

在单元格区域 B7:D7 中输入数组公式“=PMT(B5:D5/B6:D6,B4:D4*B6:D6,–B3:D3,,0)”，按 Ctrl+Shift+Enter 组合键结束数组输入。

由以上操作可知，东方公司融资租入的这台设备，若每年末支付租金，则租金为 24.32 万元；若每季末支付租金，则租金为 5.9 万元；若每月末支付租金，则租金为 1.96 万元。

（2）期初支付的租金计算

**【例 3-14】**资料与例 3-13 相同，试分别计算该公司于每年初、每季初、每月初应支付的租金额。

**思路：**该问题为融资租赁租金期初支付的计算问题，仍可以利用年金函数 PMT 求解。

**步骤：**

第一步，在“筹资管理”工作簿中创建名称为“融资租赁租金的计算”的 Excel 工作表。

第二步，在 Excel 工作表中输入题目的基本信息，如图 3-30 所示。

第三步，将计算需要的参数变量信息及公式输入 Excel 工作表求值，如图 3-31 所示。

在单元格区域 B7:D7 中输入数组公式“=PMT (B5:D5/B6:D6,B4:D4*B6:D6,–B3:D3,,1)”，按 Ctrl+Shift+Enter 组合键结束数组输入。文字对齐方式由分散对齐改为左对齐。

| | A | B | C | D |
|---|---|---|---|---|
| 1 | 融资租赁租金的计算 | | | |
| 2 | 租金支付方式 | 每年初 | 每季初 | 每月初 |
| 3 | 设备购置成本（万元） | 100 | 100 | 100 |
| 4 | 租期（年） | 6 | 6 | 6 |
| 5 | 综合费率 | 12% | 12% | 12% |
| 6 | 每年支付的次数 | 1 | 4 | 12 |
| 7 | 每期应付租金（万元） | | | |

图 3-30　例 3-14 的基本信息

B7　= {=PMT(B5:D5/B6:D6, B4:D4*B6:D6, -B3:D3,, 1)}

| | A | B | C | D | E | F |
|---|---|---|---|---|---|---|
| 1 | 融资租赁租金的计算 | | | | | |
| 2 | 租金支付方式 | 每年初 | 每季初 | 每月初 | | |
| 3 | 设备购置成本（万元） | 100 | 100 | 100 | | |
| 4 | 租期（年） | 6 | 6 | 6 | | |
| 5 | 综合费率 | 12% | 12% | 12% | | |
| 6 | 每年支付的次数 | 1 | 4 | 12 | | |
| 7 | 每期应付租金（万元） | 21.72 | 5.73 | 1.94 | | |

输入数组公式“{=PMT(B5:D5/B6:D6,B4:D4*B6:D6,–B3:D3,,1)}”

图 3-31　融资租赁租金的计算结果二

**注意：**因为付款时间改为期初，所以本例与例 3-16 的区别在于 type 的值取 1。

由以上操作可知，东方公司融资租入的这台设备，若每年初支付租金，则租金为 21.72 万元；若每季初支付租金，则租金为 5.73 万元；若每月初支付租金，则租金为 1.94 万元。

## 四、杠杆效应分析

### 1. 经营杠杆的计量

【例 3-15】东方公司项目有关资料如表 3-3 所示，试利用 Excel 软件计算该公司的经营杠杆系数。

表3-3　东方公司项目资料

| 项目 | 2018 年 | 2019 年 | 变动率/% |
|---|---|---|---|
| 销售单价 | 45 | 45 | 0 |
| 销售量 | 10 000 | 14 000 | 40 |
| 销售额 | 450 000 | 630 000 | 40 |
| 单位变动成本 | 20 | 20 | 0 |
| 变动成本 | 200 000 | 280 000 | 40 |
| 固定成本 | 100 000 | 100 000 | 0 |
| 息税前利润 | 150 000 | 250 000 | 67 |
| 利息 | 50 000 | 50 000 | 0 |
| 税前利润 | 100 000 | 200 000 | 100 |
| 所得税 | 25 000 | 50 000 | 100 |
| 净利润 | 75 000 | 150 000 | 100 |
| 普通股股数 | 10 000 | 10 000 | 0 |
| 每股利润 | 7.5 | 15 | 100 |

**思路**：该问题为经营杠杆系数的计算问题，可以通过经营杠杆系数计算公式求解。

**步骤**：

第一步，在“筹资管理”工作簿中创建名称为“经营杠杆系数的计算”的 Excel 工作表。

第二步，在 Excel 工作表中输入题目的基本信息，如图 3-32 所示。

第三步，将计算需要的参数变量信息及公式输入 Excel 工作表求值，如图 3-33 所示。

| | A | B | C | D |
|---|---|---|---|---|
| 1 | 项目 | 2018年 | 2019年 | 变动率 |
| 2 | 销售单价 | 45.00 | 45 | 0 |
| 3 | 销售量 | 10,000.00 | 14,000.00 | 40% |
| 4 | 销售额 | 450,000.00 | 630,000.00 | 40% |
| 5 | 单位变动成本 | 20.00 | 20.00 | 0% |
| 6 | 变动成本 | 200,000.00 | 280,000.00 | 40% |
| 7 | 固定成本 | 100,000.00 | 100,000.00 | 0 |
| 8 | 息税前利润 | 150,000.00 | 250,000.00 | 67% |
| 9 | 利息 | 50,000.00 | 50,000.00 | 0 |
| 10 | 税前利润 | 100,000.00 | 200,000.00 | 100% |
| 11 | 所得税 | 25,000.00 | 50,000.00 | 100% |
| 12 | 净利润 | 75,000.00 | 150,000.00 | 100% |
| 13 | 普通股股数 | 10,000.00 | 10,000.00 | 0 |
| 14 | 每股利润 | 7.50 | 15.00 | 100% |
| 15 | | | | |
| 16 | 边际贡献 | | | |
| 17 | 经营杠杆系数 | | | |

图 3-32　例 3-15 的基本信息

| | A | B | C | D |
|---|---|---|---|---|
| 1 | 项目 | 2018年 | 2019年 | 变动率 |
| 2 | 销售单价 | 45.00 | 45.00 | 0 |
| 3 | 销售量 | 10,000.00 | 14,000.00 | 40% |
| 4 | 销售额 | 450,000.00 | 630,000.00 | 40% |
| 5 | 单位变动成本 | 20.00 | 20.00 | 0% |
| 6 | 变动成本 | 200,000.00 | 280,000.00 | 40% |
| 7 | 固定成本 | 100,000.00 | 100,000.00 | 0 |
| 8 | 息税前利润 | 150,000.00 | 250,000.00 | 67% |
| 9 | 利息 | 50,000.00 | 50,000.00 | 0 |
| 10 | 税前利润 | 100,000.00 | 200,000.00 | 100% |
| 11 | 所得税 | 25,000.00 | 50,000.00 | 100% |
| 12 | 净利润 | 75,000.00 | 150,000.00 | 100% |
| 13 | 普通股股数 | 10,000.00 | 10,000.00 | 0 |
| 14 | 每股利润 | 7.50 | 15.00 | 100% |
| 15 | | | | |
| 16 | 边际贡献 | 250,000.00 | 350,000.00 | 100,000.00 |
| 17 | 经营杠杆系数 | 1.67 | 1.40 | |

图 3-33　经营杠杆系数计算结果

① 在单元格 B16 和 C16 中分别输入公式“=B4–B6”和“=C4–C6”，求得 2018 年、

2019年的边际贡献额。

② 在单元格D16中输入公式“=C16–B16”，求得2018年、2019年的边际贡献额的变动额。

③ 在单元格B17和C17中分别输入公式“=B16/B8”和“=C16/C8”，求得2018年、2019年的经营杠杆系数。

由以上操作可知，该公司2018年、2019年的经营杠杆系数分别为1.67和1.40。

2. 财务杠杆的计量

**【例3-16】**资料与例3-15相同，试利用Excel软件计算该公司的财务杠杆系数。

**思路：**该问题为财务杠杆系数的计算问题，可以通过财务杠杆系数计算公式求解。

**步骤：**

第一步，在“筹资管理”工作簿中创建名称为“财务杠杆系数的计算”的Excel工作表。

第二步，在Excel工作表中输入题目的基本信息，如图3-34所示。

第三步，将计算需要的参数变量信息及公式输入Excel工作表求值，如图3-35所示。

在单元格B17和C17中分别输入公式“=B8/(B8–B9)”和“=C8/(C8–C9)”，求得2018年、2019年的财务杠杆系数。

| | A | B | C | D |
|---|---|---|---|---|
| 1 | 项目 | 2018年 | 2019年 | 变动率 |
| 2 | 销售单价 | 45.00 | 45.00 | 0 |
| 3 | 销售量 | 10,000.00 | 14,000.00 | 40% |
| 4 | 销售额 | 450,000.00 | 630,000.00 | 40% |
| 5 | 单位变动成本 | 20.00 | 20.00 | 0% |
| 6 | 变动成本 | 200,000.00 | 280,000.00 | 40% |
| 7 | 固定成本 | 100,000.00 | 100,000.00 | 0 |
| 8 | 息税前利润 | 150,000.00 | 250,000.00 | 67% |
| 9 | 利息 | 50,000.00 | 50,000.00 | 0 |
| 10 | 税前利润 | 100,000.00 | 200,000.00 | 100% |
| 11 | 所得税 | 25,000.00 | 50,000.00 | 100% |
| 12 | 净利润 | 75,000.00 | 150,000.00 | 100% |
| 13 | 普通股股数 | 10,000.00 | 10,000.00 | 0 |
| 14 | 每股利润 | 7.50 | 15.00 | 100% |
| 15 | | | | |
| 16 | | | | |
| 17 | 财务杠杆系数 | | | |

图3-34 例3-16的基本信息

| | A | B | C | D |
|---|---|---|---|---|
| 1 | 项目 | 2018年 | 2019年 | 变动率 |
| 2 | 销售单价 | 45.00 | 45.00 | 0 |
| 3 | 销售量 | 10,000.00 | 14,000.00 | 40% |
| 4 | 销售额 | 450,000.00 | 630,000.00 | 40% |
| 5 | 单位变动成本 | 20.00 | 20.00 | 0% |
| 6 | 变动成本 | 200,000.00 | 280,000.00 | 40% |
| 7 | 固定成本 | 100,000.00 | 100,000.00 | 0 |
| 8 | 息税前利润 | 150,000.00 | 250,000.00 | 67% |
| 9 | 利息 | 50,000.00 | 50,000.00 | 0 |
| 10 | 税前利润 | 100,000.00 | 200,000.00 | 100% |
| 11 | 所得税 | 25,000.00 | 50,000.00 | 100% |
| 12 | 净利润 | 75,000.00 | 150,000.00 | 100% |
| 13 | 普通股股数 | 10,000.00 | 10,000.00 | 0 |
| 14 | 每股利润 | 7.50 | 15.00 | 100% |
| 15 | | | | |
| 16 | | | | |
| 17 | 财务杠杆系数 | 1.50 | 1.25 | |

图3-35 财务杠杆系数的计算结果

由以上操作可知，该公司2018年、2019年的财务杠杆系数分别为1.50和1.25。

3. 复合杠杆的计量

**【例3-17】**资料与例3-15相同，试利用Excel软件计算该公司的复合杠杆系数。

**思路：**该问题为复合杠杆系数的计算问题，可以通过复合杠杆系数计算公式求解。

**步骤：**

第一步，在“筹资管理”工作簿中创建名称为“复合杠杆系数的计算”的Excel工作表。

第二步，在 Excel 工作表中输入题目的基本信息，如图 3-36 所示。

第三步，将计算需要的参数变量信息及公式输入 Excel 工作表求值，如图 3-37 所示。

在单元格 B19 和 C19 中分别输入公式“=B16/(B8–B9)”和“=C16/(C8–C9)”，求得 2018 年、2019 年的复合杠杆系数。

由以上操作可知，该公司 2018 年、2019 年的复合杠杆系数分别为 2.50 和 1.75。

| | A | B | C | D |
|---|---|---|---|---|
| 1 | 项目 | 2018年 | 2019年 | 变动率 |
| 2 | 销售单价 | 45.00 | 45.00 | 0 |
| 3 | 销售量 | 10,000.00 | 14,000.00 | 40% |
| 4 | 销售额 | 450,000.00 | 630,000.00 | 40% |
| 5 | 单位变动成本 | 20.00 | 20.00 | 0% |
| 6 | 变动成本 | 200,000.00 | 280,000.00 | 40% |
| 7 | 固定成本 | 100,000.00 | 100,000.00 | 0 |
| 8 | 息税前利润 | 150,000.00 | 250,000.00 | 67% |
| 9 | 利息 | 50,000.00 | 50,000.00 | 0 |
| 10 | 税前利润 | 100,000.00 | 200,000.00 | 100% |
| 11 | 所得税 | 25,000.00 | 50,000.00 | 100% |
| 12 | 净利润 | 75,000.00 | 150,000.00 | 100% |
| 13 | 普通股股数 | 10,000.00 | 10,000.00 | 0 |
| 14 | 每股利润 | 7.50 | 15.00 | 100% |
| 15 | | | | |
| 16 | 边际贡献 | | | |
| 17 | 经营杠杆系数 | | | |
| 18 | 财务杠杆系数 | | | |
| 19 | 复合杠杆系数 | | | |

图 3-36 输入例 3-17 的基本信息

| | A | B | C | D |
|---|---|---|---|---|
| 1 | 项目 | 2018年 | 2019年 | 变动率 |
| 2 | 销售单价 | 45.00 | 45.00 | 0 |
| 3 | 销售量 | 10,000.00 | 14,000.00 | 40% |
| 4 | 销售额 | 450,000.00 | 630,000.00 | 40% |
| 5 | 单位变动成本 | 20.00 | 20.00 | 0% |
| 6 | 变动成本 | 200,000.00 | 280,000.00 | 40% |
| 7 | 固定成本 | 100,000.00 | 100,000.00 | 0 |
| 8 | 息税前利润 | 150,000.00 | 250,000.00 | 67% |
| 9 | 利息 | 50,000.00 | 50,000.00 | 0 |
| 10 | 税前利润 | 100,000.00 | 200,000.00 | 100% |
| 11 | 所得税 | 25,000.00 | 50,000.00 | 100% |
| 12 | 净利润 | 75,000.00 | 150,000.00 | 100% |
| 13 | 普通股股数 | 10,000.00 | 10,000.00 | 0 |
| 14 | 每股利润 | 7.50 | 15.00 | 100% |
| 15 | | | | |
| 16 | 边际贡献 | 250,000.00 | 350,000.00 | |
| 17 | 经营杠杆系数 | 1.67 | 1.40 | |
| 18 | 财务杠杆系数 | 1.50 | 1.25 | |
| 19 | 复合杠杆系数 | 2.50 | 1.75 | |

图 3-37 复合杠杆系数的计算结果

## 五、资本结构的决策方法

### 1. 比较资金成本法

**【例 3-18】**东方公司拟筹集资金 500 万元，现有三种筹资方案可供选择。方案甲为负债筹资 200 万元，发行股票筹资 300 万元；方案乙为负债筹资与发行股票筹资各 250 万元；方案丙为负债筹资 300 万元，发行股票筹资 200 万元。负债资金成本为 8%，发行股票的资金成本为 11%。要求利用 Excel 软件，通过比较资金成本选择该公司的最优资金结构。

**思路：**该问题为运用比较资金成本法选择最优资金结构的问题，可以通过加权计算每一个备选方案的综合资金成本，从中找出综合资金成本最低的方案作为最优资本结构。

**步骤：**

第一步，在“筹资管理”工作簿中创建名称为“比较资金成本法”的 Excel 工作表。

第二步，在 Excel 工作表中输入题目的基本信息，如图 3-38 所示。

| | A | B | C | D | E | F | G |
|---|---|---|---|---|---|---|---|
| 1 | 比较资金成本法 | | | | | | |
| 2 | 筹资方式 | 方案甲 | | 方案乙 | | 方案丙 | |
| 3 | | 资金成本 | 比例 | 资金成本 | 比例 | 资金成本 | 比例 |
| 4 | 负债 | 8% | 40% | 8% | 50% | 8% | 60% |
| 5 | 股票 | 11% | 60% | 11% | 50% | 11% | 40% |
| 6 | 综合资金成本 | | | | | | |

图 3-38 例 3-18 的基本信息

第三步，将计算需要的参数变量信息及公式输入 Excel 工作表求值，如图 3-39 所示。

① 在单元格 B6 中输入公式“=B4*C4+B5*C5”，求得方案甲的综合资金成本。

② 在单元格 D6 中输入公式“=D4*E4+D5*E5”，求得方案乙的综合资金成本。

③ 在单元格 F6 中输入公式“=F4*G4+F5*G5”，求得方案丙的综合资金成本。

| | A | B | C | D | E | F | G |
|---|---|---|---|---|---|---|---|
| 1 | 比较资金成本法 | | | | | | |
| 2 | 筹资方式 | 方案甲 | | 方案乙 | | 方案丙 | |
| 3 | | 资金成本 | 比例 | 资金成本 | 比例 | 资金成本 | 比例 |
| 4 | 负债 | 8% | 40% | 8% | 50% | 8% | 60% |
| 5 | 股票 | 11% | 60% | 11% | 50% | 11% | 40% |
| 6 | 综合资金成本 | 9.80% | | 9.50% | | 9.20% | |

图 3-39　比较资金成本法的计算结果

由以上操作可知，方案丙的综合资金成本最低，即方案丙为最优资本结构。

2. 比较每股利润法

**【例 3-19】**东方公司原有资金 800 万元，其中，债务资金 300 万元，利率为 6%；普通股 25 万股，每股面值 20 元。该公司因业务扩大需要增加资金 200 万元，现有以下两种筹资方案可供选择。

方案 1：发行五年期长期债券，债券利率为 8%。

方案 2：增发 8 万股普通股，每股发行价格为 25 元。

该公司所得税率为 25%，预计增资后息税前利润为 150 万元。要求利用 Excel 软件，通过比较每股利润选择该公司的最优资金结构。

**思路：**该问题为运用比较每股利润法选择最优资本结构的问题，可以通过计算每一个备选方案的每股利润，从中找出每股利润最大的方案作为最优资本结构。

**步骤：**

第一步，在“筹资管理”工作簿中创建名称为“比较每股利润法”的 Excel 工作表。

第二步，在 Excel 工作表中输入题目的基本信息，如图 3-40 所示。

| | A | B | C | D | E | F |
|---|---|---|---|---|---|---|
| 1 | 比较每股利润法 | | | | | |
| 2 | 项目 | | 利率 | 股数（万股） | 发行价格 | 每股利润（元/股） |
| 3 | 原有资金（万元） | 800 | | | | |
| 4 | 债务（万元） | 300 | 6% | | | |
| 5 | 普通股（万元） | 500 | | 25 | 20 | |
| 6 | 所得税率 | 25% | | | | |
| 7 | 追加筹资（万元） | 200 | | | | |
| 8 | 预计息税前利润（万元） | 150 | | | | |

图 3-40　例 3-19 的基本信息

第三步，将计算需要的参数变量信息及公式输入 Excel 工作表求值，如图 3-41 所示。

① 在单元格 F10 中输入公式“=((B8−B4*C4−B10*C10)*(1−B6))/D5”，求得筹资方案 1 的每股利润为 3.48 元/股。

② 在单元格 F11 中输入公式“=((B8–B4*C4)*(1–B6))/(D5+D11)”，求得筹资方案 2 的每股利润为 3 元/股。

| | A | B | C | D | E | F |
|---|---|---|---|---|---|---|
| 1 | 比较每股利润法 | | | | | |
| 2 | 项目 | | 利率 | 股数（万股） | 发行价格 | 每股利润（元/股） |
| 3 | 原有资金（万元） | 800 | | | | |
| 4 | 债务（万元） | 300 | 6% | | | |
| 5 | 普通股（万元） | 500 | | 25 | 20 | |
| 6 | 所得税率 | 25% | | | | |
| 7 | 追加筹资（万元） | 200 | | | | |
| 8 | 预计息税前利润（万元） | 150 | | | | |
| 9 | | | | | | |
| 10 | 方案1（长期债券（万元）） | 200 | 8% | | | 3.48 |
| 11 | 方案2（普通股（万股）） | | | 8 | 25 | 3 |

图 3-41 比较每股利润法的计算结果

由以上操作可知，方案 1 获得的每股利润要多于方案 2 获得的每股利润，故选用方案 1 作为新的筹资方案。

## 习 题 三

1．A 公司 2019 年的销售额为 1 000 000 元，这是该公司的最大生产能力，销售净利率为 4%，股利支付率为 40%。预计 2020 年的销售额为 1 500 000 元，销售净利率和股利支付率保持不变。该公司 2019 年 12 月 31 日的资产负债表如表 3-4 所示。

表3-4 A公司的资产负债表（2019年12月31日） 单位：元

| 资产 | | 负债及所有者权益 | |
|---|---|---|---|
| 货币资金 | 20 000 | 应付账款 | 150 000 |
| 应收账款 | 170 000 | | |
| 存货 | 200 000 | 长期借款 | 230 000 |
| 固定资产（净值） | 300 000 | 实收资本 | 400 000 |
| 无形资产 | 110 000 | 留存收益 | 20 000 |
| 总计 | 800 000 | 总计 | 800 000 |

要求：利用 Excel 软件计算该公司 2020 年的外部筹资需求量。

2．B 公司 2015～2019 年销售量和资金需要量的历史资料如表 3-5 所示。2020 年预计产销量为 160 台。

表3-5 B公司2015～2019年销售量和资金需要量情况

| 年度 | 销售量 $x$/台 | 资金 $y$/万元 | 年度 | 销售量 $x$/台 | 资金 $y$/万元 |
|---|---|---|---|---|---|
| 2015 | 80 | 850 | 2018 | 130 | 1 050 |
| 2016 | 100 | 900 | 2019 | 140 | 1 100 |
| 2017 | 120 | 1 000 | | | |

要求：利用 Excel 软件计算。

1）利用高低点法预测该公司 2020 年的资金需要量。

2）利用回归直线法预测该公司 2020 年的资金需要量。

3．某公司发行普通股股票，筹资总额为 1 000 万元，筹资费率为 6%，第一年年末股利率为 11%，预计股利年增长率为 3%，所得税税率为 25%。要求：利用 Excel 软件计算该普通股的资金成本。

4．某公司平价发行优先股股票，筹资总额为 1 000 万元，筹资费率为 4%，年股利率为 10%，所得税税率为 25%。要求：利用 Excel 软件计算该优先股的资金成本。

5．某公司留存收益 200 万元，上一年年末普通股股利率为 11%，预计股利年增长率为 3%，所得税税率为 25%。要求：利用 Excel 软件计算该留存收益的资金成本。

6．某公司向银行借入一笔长期借款，该借款的年利率为 6%，手续费率为 0.3%，所得税税率为 25%。要求：利用 Excel 软件计算该银行借款成本。

7. 某企业拟平价发行六年期公司债券，债券面值总额为 800 万元，票面利率为 10%，每年年末付息一次，所得税税率为 25%。要求：利用 Excel 软件计算该债券成本。

8．某企业拟发行五年期公司债券，债券面值总额为 600 万元，票面利率为 10%，每半年付息一次。利用 Excel 软件计算债券的发行价格。若此时市场利率为 8%，则该债券的发行价格应为多少？若此时市场利率为 10%，则该债券的发行价格应为多少？

9．某公司采用融资租赁方式租入一套设备，该设备价款为 60 万元，租期为 4 年，租期内年利率为 12%。

要求：利用 Excel 软件计算。

1）计算每年末支付租金方式的应付租金。

2）计算每年初支付租金方式的应付租金。

10．某公司 2019 年实现销售收入 200 万元，变动成本总额为 110 万元，固定成本总额为 50 万元，公司负债为 100 万元，年利率为 8%，所得税税率为 25%。要求：利用 Excel 软件计算该公司的经营杠杆系数、财务杠杆系数及复合杠杆系数。

11．某公司欲筹资 500 万元，并且其半年前拟定的筹资方案的资金成本为 16.20%。该公司通过市场调查提出了一项新的筹资方案，具体资料如表 3-6 所示。

**表3-6 新的筹资方案**

| 筹资方式 | 筹资额/万元 | 利率或股利率/% | 筹资费率/% |
|---|---|---|---|
| 长期借款 | 100 | 8 | 2 |
| 长期债券 | 100 | 12 | 3 |
| 优先股 | 150 | 12.5 | 5 |
| 普通股 | 150 | 13.5 | 8 |

其中，企业所得税税率为 25%，普通股股利的固定增长率为 6%，每股市价为 20 元。

要求：利用 Excel 软件分别计算两个筹资方案的综合资金成本，确定是否放弃原有的筹资方案。

12．某公司目前拥有资金 500 万元，其中，普通股为 25 万股，每股价格为 10 元，每股股利为 2 元；债券 150 万元，年利率为 8%；优先股 100 万元，年股利率为 15%，目前的税后净利润为 67 万元，所得税税率为 25%。该公司准备投资开发一个新项目，该项目所需投资为 500 万元，预计项目投产后可使企业的年息税前利润增加 50 万元。投资所需资金有下列两种筹资方案可供选择：

A 方案：发行债券 500 万元，年利率为 10%。

B 方案：发行普通股筹集资金 500 万元，每股发行价格为 20 元。

要求：利用 Excel 软件计算。

1）计算两种筹资方案的财务杠杆系数与每股利润。

2）若不考虑风险因素，则确定该公司的最佳筹资方案。

## 术 语 积 累

| | | | |
|---|---|---|---|
| 筹资规模 | 销售百分比法 | 资金习性预测法 | 高低点法 |
| 回归直线法 | 资金成本 | 权益资金 | 普通股 |
| 优先股 | 留存收益 | 负债资金 | 银行借款 |
| 债券 | 融资租赁 | 经营杠杆 | 财务杠杆 |
| 复合杠杆 | 资金结构 | 比较资金成本法 | 比较每股利润法 |
| MAX 函数 | MIN 函数 | INDEX 函数 | SLOPE 函数 |
| INTERCEPT 函数 | PMT 函数 | IPMT 函数 | PPMT 函数 |

# 第四章

# Excel 在流动资产管理中的应用

## 第一节　流动资产管理及 Excel 软件要点

### 一、流动资产管理要点

流动资产是指可以在一年内或超过一年的一个营业周期内变现或运用的资产。流动资产拥有投资回收期短、流动性强、占用资金的数量具有波动性等特点，其项目主要包括现金、应收账款和存货等。

1. 现金的管理

现金是指在生产经营过程中暂时停留在货币形态的资金，包括库存现金及各种形式的银行存款、银行本票和银行汇票等。现金是企业所有资产中流动性最强的资产，拥有一定数量的现金能够满足企业正常交易、防范风险及投资动机的需要，但会引起包括现金的机会成本、管理成本、转换成本等在内的现金持有成本的增加。因此，保持适量的现金对企业而言至关重要。企业最佳现金持有量可以通过成本分析模型和存货模型等确定。

（1）成本分析模型

成本分析模型是通过分析与现金持有量相关的机会成本、管理成本、转换成本等现金持有成本，选择现金持有总成本最低时的现金持有量作为企业最佳现金持有量的一种方法。

（2）存货模型

存货模型是将现金看作企业的一种特殊存货，按照存货管理中的经济批量原理确定企业最佳现金持有量的方法。在存货模型中，只考虑持有现金的机会成本及现金与有价证券之间的固定转换成本。其中，持有现金的机会成本随着现金持有量的增加而增加，而转换成本与现金持有量之间则呈相反的变动趋势。因此，能够使持有现金的机会成本及现金与有价证券之间的固定转换成本之和保持最低的现金持有量，即为企业最佳现金持有量。

最佳现金持有量可用公式表示为

$$Q=\sqrt{\frac{2TF}{K}}$$

式中，$T$——企业在一定时期内的现金需求总量；

$F$——每次转换成本；

$K$——有价证券收益率。

### 2. 应收账款的管理

应收账款是指企业因对外赊销产品或提供劳务等业务产生的应向对方单位收回的款项。对于企业而言，应收账款具有扩大销售、加快存货周转的功能，但同时会引起包括应收账款的机会成本、管理成本、坏账损失等在内的应收账款成本。企业对应收账款的管理是通过制定恰当的信用政策来实施的。信用政策包括信用标准、信用条件及收账政策三项内容。

（1）信用标准

信用标准是指客户获得企业商业信用所应具备的最低条件，一般用预计坏账损失率来表示。

（2）信用条件

信用条件是指企业要求客户支付赊销款项的条件，包括信用期限、折扣期限和现金折扣率等。例如，“1/30,N/60”为信用条件的基本表达式，其中，1 表示现金折扣率为 1%，30 表示折扣期限为 30 天，60 表示信用期限为 60 天。一般而言，信用条件越宽松，应收账款的促销作用越明显，但与其相应的应收账款的机会成本、管理成本及坏账损失等成本会增加。

（3）收账政策

收账政策是指当客户违反信用条件、拖欠甚至拒付账款时，企业应当采取的收账策略及措施。收账政策大致可分为积极的收账政策和消极的收账政策两类。积极的收账政策一般会加快应收账款回收速度，从而降低应收账款的机会成本及坏账损失等成本，但收账费用较高；消极的收账政策则反之。

### 3. 存货的管理

存货是指企业在生产经营过程中为生产或销售目的而储备的物资，具有防止停工待料、适应市场变化、降低进货成本、维持均衡生产等功能，但也造成了存货的机会成本、储存成本等成本的增加。财务管理中对存货的管理主要是通过确定存货的经济订货批量和应用存货 ABC 管理法等方法来实施的。

（1）存货经济批量的基本模型

基本模型应用条件如下。

1）企业能够及时补充存货。

2）能够集中到货。

3）不存在缺货现象。

4）企业在一定时期内的存货需求总量可以较为准确地预计。

5）存货单价不变。

经济订货批量（利用求导得出）可用公式表示为

$$Q=\sqrt{\frac{2AB}{C}}$$

年度最佳订货次数为

$$N=\frac{A}{Q}=\sqrt{\frac{AC}{2B}}$$

经济订货批量平均占用资金为

$$W=\frac{QP}{2}=\sqrt{\frac{AB}{2C}}$$

存货相关总成本为

$$TC=\sqrt{2ABC}$$

最佳订货周期为

$$T=\frac{360}{N}$$

式中，$A$——进货总量；

$P$——存货单价；

$Q$——订货批量；

$B$——每次订货成本；

$C$——单位储存成本。

（2）允许缺货情况下的经济批量模型

在允许缺货的情况下，确定存货的最佳经济批量需要考虑的成本有三项：订货成本、储存成本和缺货成本。

允许缺货时的最佳经济批量可用公式表示为

$$Q=\sqrt{\frac{2AB}{C}\times\frac{(C+R)}{R}}$$

平均缺货量可用公式表示为

$$S=Q\times\frac{C}{C+R}$$

式中，$A$——进货总量；

$Q$——允许缺货时的最佳经济批量；

$B$——每次订货成本；

$C$——单位储存成本；

$R$——单位缺货成本；

$S$——平均缺货量。

（3）存货的 ABC 管理法

在企业中，原材料、包装物、产品等存货品种众多，价格悬殊，管理难度较大。存货的 ABC 管理法是依据重要性原则，按照各种存货的资金占用额度把企业的所有存货划分成 A、B、C 三类分别进行管理的存货控制方法。其中，A 类存货的特点是资金占用额度较大，但品种数量较少，应当重点规划和控制；B 类存货的特点是资金占用额度一般，但品种数量相对较多，应当进行次重点管理；C 类存货的特点是资金占用额度较小，但品种数量繁多，只需进行一般性管理即可。运用 ABC 管理法对存货进行分类的主要标准是各种存货的资金占用额度。

## 二、Excel 软件要点

### 1. SQRT 函数

SQRT（number）函数可用于计算某一数值的平方根。参数 number 是要计算的数值。若参数 number 为负值，则 SQRT 函数将返回错误值“#NUM!”。

### 2. “排序”功能

利用“排序”功能可以对某一区域的数据按照某一关键字或多个关键字进行升序或降序排列。“排序”功能在本章主要用于存货的 ABC 管理法，其步骤如下。

1）选择某一单元格区域。

2）选择“数据”选项卡“排序和筛选”选项组中的“排序”选项，打开“排序”对话框，如图 4-1 所示。

3）在“排序”对话框中，利用下拉列表框选择需要的关键字、排序依据和次序以实现升序或降序排列，单击“确定”按钮，指定区域的数据排序完成，如图 4-1 所示。

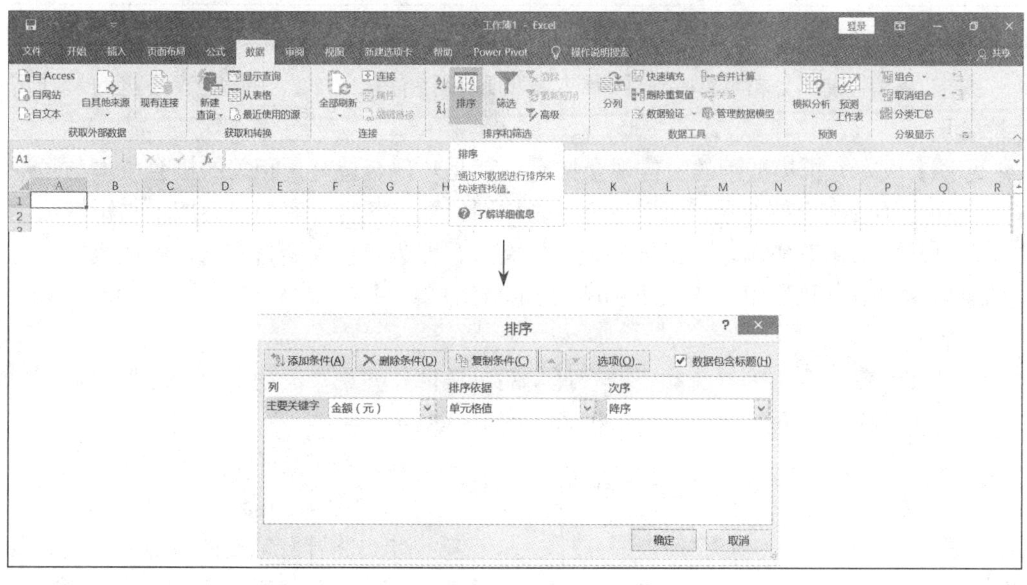


图 4-1　“排序”功能

### 3. IF 函数

IF 函数也称为条件函数，其可以根据参数条件对数值和公式进行条件检测，对真假值进行判断，根据逻辑测试的真假返回不同的结果。IF 函数的格式为

IF(logical_test,value_if_true,value_if_false)

IF 函数中各参数的含义如下。

1）logical_test：条件表达式，表示计算结果是 true 或 false 的任意值，可以使用任何运算符。

2）value_if_true：条件表达式，是 true 时返回的值。

3）value_if_false：条件表达式，是 false 时返回的值。

在本章，IF 函数主要用于存货的 ABC 管理。

## 第二节　流动资产管理中 Excel 的应用

### 一、现金的管理

#### 1. 成本分析模型

**【例 4-1】**东方公司有 A、B、C、D 四种现金持有方案，有关成本资料如表 4-1 所示。

**表4-1　四种现金持有方案**　　单位：元

| 项目 | 方案 A | 方案 B | 方案 C | 方案 D |
|---|---|---|---|---|
| 现金持有量 | 20 000 | 30 000 | 40 000 | 50 000 |
| 机会成本 | 1 600 | 2 400 | 3 200 | 4 000 |
| 短缺成本 | 3 000 | 1 400 | 900 | 0 |

**要求：**运用成本分析模型计算四种方案的现金持有总成本，并确定该公司的最佳现金持有量。

**思路：**成本分析模型下的最佳现金持有量就是与现金持有量相关的机会成本与短缺成本之和最小的现金持有量。该模型应当先分别计算出各种方案的机会成本与短缺成本之和，再从中选出总成本之和最低的现金持有量，即为最佳现金持有量。各现金持有方案的总成本可以使用数组公式或求和函数 SUM()计算。

**步骤：**

第一步，创建名称为“流动资产管理”的工作簿，并在“流动资产管理”工作簿中创建名称为“现金管理——成本分析模型”的 Excel 工作表。

| | A | B | C | D | E |
|---|---|---|---|---|---|
| 1 | 项　目 | A | B | C | D |
| 2 | 现金持有量 | 20,000 | 30,000 | 40,000 | 50,000 |
| 3 | 机会成本 | 1,600 | 2,400 | 3,200 | 4,000 |
| 4 | 短缺成本 | 3,000 | 1,400 | 900 | 0 |

图 4-2　例 4-1 的基本信息

第二步，在 Excel 工作表中输入题目的基本信息，如图 4-2 所示。

第三步，将计算需要的参数变量信息及公式输入 Excel 工作表求值，如图 4-3 所示。

在 B9:E9 单元格区域内输入数组公式“=B7:E7+B8:E8”，按 Ctrl+Shift+Enter 组合键结束数组公式输入。也可以在单元格 B9 中输入求和函数“=SUM（B7:B8）”，然后将单元格 B9 分别复制到单元格 C9、D9、E9 中（可以使用填充柄拖动完成），操作完毕即可得出“总成本”的值。

将以上四种方案的总成本进行比较可知，方案 B 的总成本最低。也就是说，当企业持有 30 000 元现金时，各类现金持有成本的总和最低，故 30 000 元是该公司的最佳现金持有量。

| | A | B | C | D | E |
|---|---|---|---|---|---|
| 1 | 项 目 | A | B | C | D |
| 2 | 现金持有量 | 20,000 | 30,000 | 40,000 | 50,000 |
| 3 | 机会成本 | 1,600 | 2,400 | 3,200 | 4,000 |
| 4 | 短缺成本 | 3,000 | 1,400 | 900 | 0 |
| 5 | | | | | |
| 6 | 项 目 | A | B | C | D |
| 7 | 机会成本 | 1,600 | 2,400 | 3,200 | 4,000 |
| 8 | 短缺成本 | 3,000 | 1,400 | 900 | 0 |
| 9 | 总成本 | 4,600 | 3,800 | 4,100 | 4,000 |

输入数组公式“{=B7:E7+B8:E8}”

图 4-3　成本分析模型的计算结果

2. 存货模型

**【例 4-2】**东方公司现金收支较为稳定，预计全年的现金需要量为 100 万元，现金与有价证券之间的转换成本为每次 300 元，有价证券的收益率为 6%。要求：运用存货模型确定该公司的最佳现金持有量。

**思路：**运用存货模型确定最佳现金持有量时，只需考虑持有现金的机会成本和现金与有价证券之间的固定转换成本。该问题可以根据存货模型确定最佳现金持有量的公式，运用开根号函数 SQRT（number）求解。

**步骤：**

第一步，在“流动资产管理”工作簿中创建名称为“存货模型”的 Excel 工作表。

第二步，在 Excel 工作表中输入题目的基本信息，如图 4-4 所示。

| | A | B |
|---|---|---|
| 1 | 存货模型 | |
| 2 | 全年需要的现金 | 1, 000, 000 |
| 3 | 现金与有价证券的转换成本（元/次） | 300 |
| 4 | 有价证券利率 | 6% |

图 4-4　例 4-2 的基本信息

第三步，将计算需要的参数变量信息及公式输入 Excel 工作表求值，如图 4-5 所示。

根据最佳现金持有量公式 $Q=\sqrt{2TF/K}$，在 Execl 中选用开根号函数“=SQRT (number)”。

① 在单元格 B6 中输入公式“=SQRT((2*B2*B3)/B4)”，求得最佳现金持有量为 100 000 元。

② 在单元格 B7 中输入公式“=SQRT(2*B2*B3*B4)”，求得最低现金管理相关总成本为 6 000 元。

上机实验中要求计算转换成本、持有机会成本、有价证券交易次数、有价证券交易间隔区等四项内容的值（转换成本=3 000 元，持有机会成本=3 000 元，有价证券交易次数=10 次，有价证券交易间隔区=36 天）。

存货模型可以较为精确地测算出最佳现金持有量和有价证券的变现次数，对企业的现金管理和有价证券管理具有一定的促进作用，但运用存货模型的前提条件局限性较大，使得这种模型的运用受到限制。因此，运用存货模型有必要同财务管理人员的经验相结合。

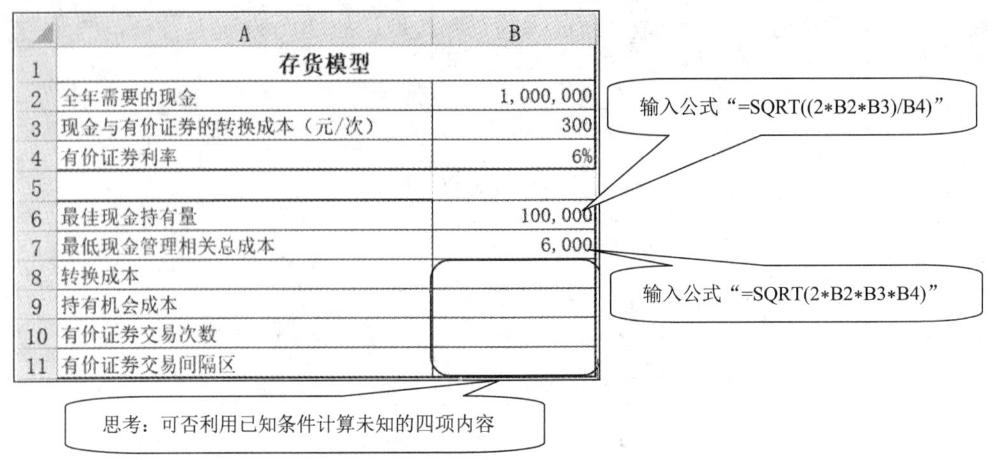


图 4-5 存货模型的计算结果

## 二、应收账款的管理

### 1. 信用标准的制定

**【例 4-3】** 东方公司预计下年度销售额为 150 000 元，变动成本率为 60%，应收账款机会成本为 15%。现行的信用标准为预计坏账损失率在 10%以下，平均坏账损失率为 9%，平均收账期为 45 天。现东方公司拟改变信用标准，新信用标准相关资料如表 4-2 所示，试对以下 A、B 两种方案做出决策。

**表4-2 新信用标准的方案A、B** 单位：元

| 项目 | 方案 A | 方案 B | 项目 | 方案 A | 方案 B |
|---|---|---|---|---|---|
| 改变后信用标准（预计坏账损失率） | 5% | 15% | 平均收账期 | 65 | 80 |
| 年赊销额 | 140 000 | 160 000 | 预计坏账损失率 | 6% | 13% |

**思路**：从表 4-2 中可以看出，较低的信用标准（方案 B）能够增加企业的销售额，但平均收账期较长，预计坏账损失率较高；较高的信用标准（方案 A）则反之。为了对 A、B 两种方案做出决策，需要在 Excel 工作表中计算并比较这两种方案的信用成本后收益，具体过程如下。

信用成本前收益=年赊销额-年赊销额×变动成本率

信用标准变化后的应收账款机会成本=年赊销额×平均收款期÷360×变动成本率×应收账款的机会成本率

信用标准变化后的坏账损失成本=年赊销额×预计坏账损失率

信用成本后收益=信用成本前收益-信用标准变化后的应收账款机会成本-信用标准变化后的坏账损失成本

**步骤：**

第一步，在“流动资产管理”工作簿中创建名称为“信用标准决策”的 Excel 工作表。

第二步，在 Excel 工作表中输入题目的基本信息，如图 4-6 所示。

| | A | B | C |
|---|---|---|---|
| 1 | 信用标准决策 | | |
| 2 | 项目 | | |
| 3 | 销售收入（元） | 150, 000 | |
| 4 | 变动成本率 | 60% | |
| 5 | 信用标准 | 10% | |
| 6 | 平均坏账损失率 | 9% | |
| 7 | 平均收款期（天） | 45 | |
| 8 | 应收账款的机会成本率 | 15% | |
| 9 | | | |
| 10 | 项目 | 方案A | 方案B |
| 11 | 改变后信用标准 | 5% | 15% |
| 12 | 年赊销额 | 140, 000 | 160,000 |
| 13 | 变动成本 | | |
| 14 | 信用成本前收益（元） | | |
| 15 | 平均收账期 | 65 | 80 |
| 16 | 预计坏账损失率 | 6% | 13% |
| 17 | 应收账款的机会成本（元） | | |
| 18 | 坏账损失（元） | | |
| 19 | 信用成本后收益（元） | | |

图 4-6　例 4-3 的基本信息

第三步，将计算需要的参数变量信息及公式输入 Excel 工作表求值，如图 4-7 所示。

① 在单元格 B13 中输入公式“=B12*$B$4”，再将单元格 B13 复制到单元格 C13 中，求得方案 A、方案 B 的变动成本。

② 在单元格 B14 中输入公式“=B12–B13”，再将单元格 B14 复制到单元格 C14 中，求得方案 A、方案 B 的信用成本前收益。

③ 在单元格 B17 中输入公式“=B12*B15/360*$B$4*$B$8”，再将单元格 B17 复制到单元格 C17 中，求得方案 A、方案 B 的应收账款的机会成本。

④ 在单元格 B18 中输入公式“=B12*B16”，再将单元格 B18 复制到单元格 C18 中，求得方案 A、方案 B 的坏账损失。

⑤ 在单元格 B19 中输入公式“=B14–B17–B18”，再将单元格 B19 复制到单元格 C19 中，求得方案 A、方案 B 的信用成本后收益。

| | A | B | C |
|---|---|---|---|
| 1 | 信用标准决策 | | |
| 2 | 项目 | | |
| 3 | 销售收入（元） | 150, 000 | |
| 4 | 变动成本率 | 60% | |
| 5 | 信用标准 | 10% | |
| 6 | 平均坏账损失率 | 9% | |
| 7 | 平均收款期（天） | 45 | |
| 8 | 应收账款的机会成本率 | 15% | |
| 9 | | | |
| 10 | 项目 | 方案A | 方案B |
| 11 | 改变后信用标准 | 5% | 15% |
| 12 | 年赊销额 | 140, 000 | 160,000 |
| 13 | 变动成本 | 84,000 | 96,000 |
| 14 | 信用成本前收益（元） | 56, 000 | 64, 000 |
| 15 | 平均收账期 | 65 | 80 |
| 16 | 预计坏账损失率 | 6% | 13% |
| 17 | 应收账款的机会成本（元） | 2, 275 | 3, 200 |
| 18 | 坏账损失（元） | 8, 400 | 20, 800 |
| 19 | 信用成本后收益（元） | 45, 325 | 40, 000 |

图 4-7　信用标准决策的计算结果

将以上两种方案的信用成本后收益进行比较可知，方案 A 的信用成本后收益较大，应当将其作为该公司新的信用标准。

**注意**：方案 A、方案 B 相关指标的计算公式相同，可以使用复制公式的方法减少输入量。

2. 信用条件的选择

**【例 4-4】**东方公司预计下年度销售额为 150 000 元，变动成本率为 60%，应收账款机会成本为 15%，信用标准为预计坏账损失率在 10%以下，平均坏账损失率为 5%，现行的信用条件为 N/30。现东方公司拟改变信用条件，新信用条件相关资料如表 4-3 所示，试对以下 A、B 两种方案做出决策。

**表4-3　新信用条件的方案A、B**　　单位：元

| 项目 | 方案 A | 方案 B |
|---|---|---|
| 改变后信用条件 | N/40 | 1/30，N/60 |
| 年赊销额 | 170 000 | 200 000 |
| 预计坏账损失率 | 11% | 10% |
| 享受现金折扣的销售额所占比例 | 0 | 50% |
| 现金折扣率 | 0 | 1% |

**思路**：为了对 A、B 两种方案做出决策，需要在 Excel 工作表中计算并比较这两种方案的信用成本后收益，具体过程如下。

信用成本前收益=年赊销额−年赊销额×变动成本率

信用条件变化后的应收账款机会成本=年赊销额×平均收款期÷360×变动成本率×应收账款的机会成本率

信用条件变化后的现金折扣成本=年赊销额×需付现金折扣的销售额占总销售额的百分比×现金折扣率

信用条件变化后的坏账损失成本=年赊销额×预计坏账损失率

信用成本总额=信用条件变化后的应收账款机会成本+信用条件变化后的现金折扣成本+信用条件变化后的坏账损失成本

信用成本后收益=信用成本前收益−信用成本总额

**步骤**：

第一步，在“流动资产管理”工作簿中创建名称为“信用条件决策”的 Excel 工作表。

第二步，在 Excel 工作表中输入题目的基本信息，如图 4-8 所示。

第三步，将计算需要的参数变量信息及公式输入 Excel 工作表求值，如图 4-9 所示。

① 在单元格 B13 中输入公式“=B12*$B$4”，再将单元格 B13 复制到单元格 C13 中，求得方案 A、方案 B 的变动成本。

② 在单元格 B14 中输入公式“=B12−B13”，再将单元格 B14 复制到单元格 C14 中，求得方案 A、方案 B 的信用成本前收益。

③ 在单元格 B18 中输入方案 A 的预计收账期“40”，单元格 C18 中输入公式“=30*(1−C16)+60*C16”，求得方案 B 的预计收账期。

④ 在单元格 B19 中输入公式“=B12*B18/360*$B$4*$B$8”，再将单元格 B19 复制到单元格 C19 中，求得方案 A、方案 B 的应收账款机会成本。

⑤ 在单元格 B20 中输入方案 A 的现金折扣成本“0”，并在单元格 C20 中输入公式“=C12*C16*C17”，求得方案 B 的现金折扣成本。

⑥ 在单元格 B21 中输入公式“=B12*B15”，再将单元格 B21 复制到单元格 C21 中，求得方案 A、方案 B 的坏账损失成本。

⑦ 在单元格 B22 中输入公式“=B19+B20+B21”，再将单元格 B22 复制到单元格 C22 中，求得方案 A、方案 B 的信用成本总额。

⑧ 在单元格 B23 中输入公式“=B14–B22”，再将单元格 B23 复制到单元格 C23 中，求得方案 A、方案 B 的信用成本后收益。

| | A | B | C |
|---|---|---|---|
| 1 | 信用条件决策 | | |
| 2 | 项目 | | |
| 3 | 销售收入（元） | 150, 000 | |
| 4 | 变动成本率 | 60% | |
| 5 | 信用标准 | 10% | |
| 6 | 平均坏账损失率 | 5% | |
| 7 | 信用条件 | 30天付清 | |
| 8 | 应收账款的机会成本率 | 15% | |
| 9 | | | |
| 10 | 项目 | 方案A | 方案B |
| 11 | 改变后信用条件 | N/40 | 1/30,N/60 |
| 12 | 年赊销额 | 170, 000 | 200, 000 |
| 13 | 减：变动成本 | | |
| 14 | 信用成本前收益 | | |
| 15 | 预计坏账损失率 | 11% | 10% |
| 16 | 享受现金折扣的销售额所占比例 | 0% | 50% |
| 17 | 现金折扣率 | 0% | 1% |
| 18 | 预计收账期 | | |
| 19 | 应收账款机会成本（元） | | |
| 20 | 现金折扣成本（元） | | |
| 21 | 坏账损失成本（元） | | |
| 22 | 信用成本总额 | | |
| 23 | 信用成本后收益 | | |

图 4-8 例 4-4 的基本信息

| | A | B | C |
|---|---|---|---|
| 1 | 信用条件决策 | | |
| 2 | 项目 | | |
| 3 | 销售收入（元） | 150, 000 | |
| 4 | 变动成本率 | 60% | |
| 5 | 信用标准 | 10% | |
| 6 | 平均坏账损失率 | 5% | |
| 7 | 信用条件 | 30天付清 | |
| 8 | 应收账款的机会成本率 | 15% | |
| 9 | | | |
| 10 | 项目 | 方案A | 方案B |
| 11 | 改变后信用条件 | N/40 | 1/30,N/60 |
| 12 | 年赊销额 | 170, 000 | 200, 000 |
| 13 | 减：变动成本 | 102, 000 | 120, 000 |
| 14 | 信用成本前收益 | 68, 000 | 80, 000 |
| 15 | 预计坏账损失率 | 11% | 10% |
| 16 | 享受现金折扣的销售额所占比例 | 0% | 50% |
| 17 | 现金折扣率 | 0% | 1% |
| 18 | 预计收账期 | 40 | 45 |
| 19 | 应收账款机会成本（元） | 1, 700 | 2, 250 |
| 20 | 现金折扣成本（元） | 0 | 1, 000 |
| 21 | 坏账损失成本（元） | 18, 700 | 20, 000 |
| 22 | 信用成本总额 | 20, 400 | 23, 250 |
| 23 | 信用成本后收益 | 47, 600 | 56, 750 |

图 4-9 信用条件决策的计算结果

由以上计算可知，信用条件变化后方案 A、方案 B 带来的收益均为正值，方案 A、方案 B 均可行。然而，方案 B 带来的信用成本后收益大于方案 A，方案 B 更优，因此应当选择方案 B 作为该公司新的信用条件。

### 3. 收账政策的确定

**【例 4-5】**东方公司预计下年度赊销额为 150 000 元，变动成本率为 60%，应收账款机会成本为 15%。现东方公司拟变更收账政策，变更收账政策相关资料如表 4-4 所示，试对该公司收账政策做出决策。

**表4-4 变更收账政策前、后的方案** 单位：元

| 项目 | 目前方案（方案 A） | 拟改方案（方案 B） |
|---|---|---|
| 每年的收账费用 | 10 000 | 20 000 |
| 平均收账期 | 60 | 30 |
| 坏账损失率 | 4% | 2% |

**思路：**为了对 A、B 两种方案做出决策，需要在 Excel 工作表中计算并比较这两种方案的以下影响。

应收账款的平均占用额=年赊销额÷360×应收账款平均收账期

坏账损失成本=年赊销额×坏账损失率

收账政策机会成本=应收账款的平均占用额×变动成本率×应收账款的机会成本率

收账政策总成本=收账政策的机会成本+坏账损失成本+收账费用

**步骤：**

第一步，在“流动资产管理”工作簿中创建名称为“收账政策决策”的 Excel 工作表。

第二步，在 Excel 工作表中输入题目的基本信息，如图 4-10 所示。

| | A | B | C |
|---|---|---|---|
| 1 | 收账政策决策 | | |
| 2 | 项目 | | |
| 3 | 销售收入（元） | 150, 000 | |
| 4 | 变动成本率 | 60% | |
| 5 | 应收账款的机会成本率 | 15% | |
| 6 | | | |
| 7 | 项目 | 方案A | 方案B |
| 8 | 每年的收账费用（元） | 10,000 | 20,000 |
| 9 | 平均收账期（天） | 60 | 30 |
| 10 | 坏账损失率 | 4% | 2% |
| 11 | 应收账款的平均占用额(元) | | |
| 12 | 坏账损失(元) | | |
| 13 | 收账政策的机会成本(元) | | |
| 14 | 收账费用(元) | | |
| 15 | 收账政策总成本(元) | | |

图 4-10　例 4-5 的基本信息

第三步，将计算需要的参数变量信息及公式输入 Excel 工作表求值，如图 4-11 所示。

① 在单元格 B11 中输入公式“=$B$3/360*B9”，再将单元格 B11 复制到单元格 C11 中，求得方案 A、方案 B 的应收账款的平均占用额。

② 在单元格 B12 中输入公式“=$B$3*B10”，再将单元格 B12 复制到单元格 C12 中，求得方案 A、方案 B 的坏账损失。

③ 在单元格 B13 中输入公式“=B11*$B$4*$B$5”，再将单元格 B13 复制到单元格 C13 中，求得方案 A、方案 B 的收账政策的机会成本。

④ 在单元格 B14 中输入公式“=B8”，再将单元格 B14 复制到单元格 C14 中，求得方案 A、方案 B 的收账费用。

⑤ 在单元格 B15 中输入公式“=B12+B13+B14”，再将单元格 B15 复制到单元格 C15 中，求得方案 A、方案 B 的收账政策总成本。

由以上计算可知，方案 A 的收账政策总成本较低，方案 A 更优，因此应当选择方案 A 作为该公司新的收账政策。

| | A | B | C |
|---|---|---|---|
| 1 | 收账政策决策 | | |
| 2 | 项目 | | |
| 3 | 销售收入（元） | 150, 000 | |
| 4 | 变动成本率 | 60% | |
| 5 | 应收账款的机会成本率 | 15% | |
| 6 | | | |
| 7 | 项目 | 方案A | 方案B |
| 8 | 每年的收账费用（元） | 10,000 | 20,000 |
| 9 | 平均收账期（天） | 60 | 30 |
| 10 | 坏账损失率 | 4% | 2% |
| 11 | 应收账款的平均占用额(元) | 25,000 | 12,500 |
| 12 | 坏账损失(元) | 6,000 | 3,000 |
| 13 | 收账政策的机会成本(元) | 2, 250 | 1, 125 |
| 14 | 收账费用(元) | 10, 000 | 20, 000 |
| 15 | 收账政策总成本(元) | 18, 250 | 24, 125 |

图 4-11 收账政策决策的计算结果

## 三、存货的管理

### 1. 存货经济批量的基本模型

**【例 4-6】** 东方公司每年需要耗用甲材料 6 000 千克，该材料的单位采购成本为 40 元，年单位存储成本为 6 元，一次订货成本为 80 元。求该材料的经济批量和最佳订货次数。

**思路：** 该问题为运用存货经济批量的基本模型计算材料的经济批量和最佳订货次数，可以根据存货经济批量基本模型的相关公式运用开根号函数 SQRT(number)求解。

**步骤：**

第一步，在“流动资产管理”工作簿中创建名称为“存货经济批量的基本模型”的 Excel 工作表。

第二步，在 Excel 工作表中输入题目的基本信息，如图 4-12 所示。

| | A | B |
|---|---|---|
| 1 | 存货经济批量的基本模型 | |
| 2 | 全年需要量（千克） | 6, 000 |
| 3 | 一次订货成本（元） | 80 |
| 4 | 材料单价（元） | 40 |
| 5 | 年单位存储成本（元） | 6 |

图 4-12 例 4-6 的基本信息

第三步，将计算需要的参数变量信息及公式输入 Excel 工作表求值，如图 4-13 所示。

将经济进货批量、年度最佳进货次数、经济进货批量平均占用资金、存货相关总成本、最佳进货周期的公式分别输入 Execl 工作表中，计算得出各项目的值。

① 在单元格 B7 中输入公式“=SQRT((2*B2*B3)/B5)”，求得经济进货批量。

② 在单元格 B8 中输入公式“=SQRT(2*B2*B3*B5)”，求得存货相关总成本。

③ 在单元格 B9 中输入公式“=B2/B7”，求得年度最佳进货次数。

④ 在单元格 B10 中输入公式“=B4*(B7/2)”，求得经济进货批量平均占用资金。

⑤ 在单元格 B11 中输入公式“=360/B9”，求得最佳进货周期。

计算结果表明，该企业甲材料的最佳批量为每次进货 400 千克，因为此时其相关订货成本与储存成本的年度总额最低，为 2 400 元。经济进货批量平均占用资金 8 000 元，该企业的年最佳订货次数为 15 次，最佳进货周期为 24 天。

| | A | B |
|---|---|---|
| 1 | 存货经济批量的基本模型 | |
| 2 | 全年需要量（千克） | 6,000 |
| 3 | 一次订货成本（元） | 80 |
| 4 | 材料单价（元） | 40 |
| 5 | 年单位存储成本（元） | 6 |
| 6 | | |
| 7 | 经济进货批量（千克） | 400 |
| 8 | 存货相关总成本（元） | 2,400 |
| 9 | 年度最佳进货次数（次） | 15 |
| 10 | 经济进货批量平均占用资金（元） | 8,000 |
| 11 | 最佳进货周期（天） | 24 |



图 4-13　存货经济批量基本模型的计算结果

2. 允许缺货情况下的经济批量模型

【例 4-7】东方公司每年需要耗用乙材料 60 000 千克，年单位存储成本为 6 元，一次订货成本为 80 元，单位缺货成本为 10 元。求该材料在允许缺货的情况下的最佳经济批量及平均缺货量。

**思路：**该问题为运用允许缺货情况下的经济批量模型计算材料的经济批量及平均缺货量。在允许缺货的情况下，确定存货的经济批量需要考虑的成本有三项：订货成本、储存成本和缺货成本。该问题可以根据允许缺货时的经济批量模型的相关公式运用开根号函数 SQRT(number)求解。

**步骤：**

第一步，在“流动资产管理”工作簿中创建名称为“允许缺货时的经济批量模型”的 Excel 工作表。

第二步，在 Excel 工作表中输入题目的基本信息，如图 4-14 所示。

第三步，将计算需要的参数变量信息及公式输入 Excel 工作表求值，如图 4-15 所示。

将允许缺货时存货的最佳经济批量、平均缺货量的计算公式分别输入 Execl 工作表中，计算得出各项目的值。

① 在单元格 B7 中输入公式“=SQRT((2*B2*B3/B5)*((B5+B4)/B4))”，求得允许缺货时的最佳经济批量。

② 在单元格 B8 中输入公式“=B7*(B5/(B5+B4))”，求得允许缺货时的平均缺货量。

| | A | B |
|---|---|---|
| 1 | 允许缺货时的经济批量模型 | |
| 2 | 全年需要量（千克） | 60,000 |
| 3 | 一次订货成本（元） | 80 |
| 4 | 单位缺货成本（元） | 10 |
| 5 | 年单位存储成本（元） | 6 |

图 4-14　例 4-7 的基本信息

| | A | B |
|---|---|---|
| 1 | 允许缺货时的经济批量模型 | |
| 2 | 全年需要量（千克） | 60,000 |
| 3 | 一次订货成本（元） | 80 |
| 4 | 单位缺货成本（元） | 10 |
| 5 | 年单位存储成本（元） | 6 |
| 6 | | |
| 7 | 允许缺货时的经济批量（千克） | 1,600 |
| 8 | 平均缺货量（千克） | 600 |

图 4-15　允许缺货时经济批量模型的计算结果

由以上计算可知，在允许缺货的情况下，该材料的最佳经济批量为 1 600 千克，平均缺货量为 600 千克。

3. 存货的 ABC 管理法

【例 4-8】东方公司生产所需的原材料有 20 种且均需外购，各种原材料的市场价格及全年需用量如表 4-5 所示。要求：对该企业的原材料存货进行 ABC 分类管理。

表4-5 东方公司原材料明细表

| 材料编码 | 单价/（元/千克） | 全年需用量/千克 | 材料编码 | 单价/（元/千克） | 全年需用量/千克 |
|---|---|---|---|---|---|
| C001 | 9 | 300 | C011 | 0.2 | 2 000 |
| C002 | 6 | 6 000 | C012 | 0.6 | 12 000 |
| C003 | 3 | 9 000 | C013 | 15 | 1 100 |
| C004 | 0.8 | 10 000 | C014 | 12.5 | 2 300 |
| C005 | 1.2 | 4 000 | C015 | 2.3 | 2 800 |
| C006 | 25 | 6 000 | C016 | 4.1 | 5 000 |
| C007 | 14 | 4 600 | C017 | 6.6 | 8 000 |
| C008 | 0.5 | 30 000 | C018 | 8.9 | 580 |
| C009 | 3.8 | 1 300 | C019 | 5.8 | 650 |
| C010 | 3.1 | 8 000 | C020 | 6.4 | 1 000 |

**思路：**存货的 ABC 管理法是按照一定标准把企业的所有存货划分成 A、B、C 三类分别进行管理的存货控制方法。其中，A 类存货是重点存货，应当重点规划和控制；B 类存货应当进行次重点管理；C 类存货只需进行一般性管理。运用 ABC 管理法对存货进行分类的主要标准是各种存货的资金占用额度。利用 Excel 软件的排序功能可以轻松地实现存货的 ABC 分类管理。

**步骤：**

第一步，在“流动资产管理”工作簿中创建名称为“原材料的 ABC 分类表”的 Excel 工作表。

第二步，在 Excel 工作表中输入题目的基本信息，如图 4-16 所示。

第三步，将需要的参数变量信息及公式输入 Excel 工作表求值。

① 在单元格 D3 中输入公式“=B3*C3”，再将单元格 D3 复制到单元格区域 D3:D22 中，求得各种原材料一年占用资金的数额。

② 在单元格 D23 中输入公式 “=SUM(D3:D22)”，求得原材料占用资金的总额。

③ 在单元格 E3 中输入公式“=D3/$D$23”，再将单元格 E3 复制到单元格区域 E5:E23 中，求得各种原材料占用资金的数额占原材料资金总额的比例（注意：应当把 E3:F23 区域的单元格设置为百分比形式）。

④ 选择单元格区域 A2:E22，选择“数据”选项卡“排序”选项，打开“排序”对话框。在该对话框中，主要关键字选择“金额（元）”，排序依据选择“数值”，次序选择“降序”，单击“确定”按钮，即可得到各类原材料按照资金占用额从大到小排列的数据。

| | A | B | C | D | E | F | G |
|---|---|---|---|---|---|---|---|
| 1 | 原材料的ABC分类表 | | | | | | |
| 2 | 材料编码 | 单价（元/千克） | 全年需用量（千克） | 金额（元） | 比重 | 累计比重 | 存货类别 |
| 3 | C001 | 9.00 | 300.00 | | | | |
| 4 | C002 | 6.00 | 6,000.00 | | | | |
| 5 | C003 | 3.00 | 9,000.00 | | | | |
| 6 | C004 | 0.80 | 10,000.00 | | | | |
| 7 | C005 | 1.20 | 4,000.00 | | | | |
| 8 | C006 | 25.00 | 6,000.00 | | | | |
| 9 | C007 | 14.00 | 4,600.00 | | | | |
| 10 | C008 | 0.50 | 30,000.00 | | | | |
| 11 | C009 | 3.80 | 1,300.00 | | | | |
| 12 | C010 | 3.10 | 8,000.00 | | | | |
| 13 | C011 | 0.20 | 2,000.00 | | | | |
| 14 | C012 | 0.60 | 12,000.00 | | | | |
| 15 | C013 | 15.00 | 1,100.00 | | | | |
| 16 | C014 | 12.50 | 2,300.00 | | | | |
| 17 | C015 | 2.30 | 2,800.00 | | | | |
| 18 | C016 | 4.10 | 5,000.00 | | | | |
| 19 | C017 | 6.60 | 8,000.00 | | | | |
| 20 | C018 | 8.90 | 580.00 | | | | |
| 21 | C019 | 5.80 | 650.00 | | | | |
| 22 | C020 | 6.40 | 1,000.00 | | | | |
| 23 | 合计 | | | | | | |

图 4-16　例 4-8 的基本信息

⑤ 在单元格 F3 中输入公式“=E3”，在单元格 F4 中输入公式“=F3+E4”，再将单元格 F4 复制到单元格区域 F5:F22 中，求得原材料资金占用的累计比例。

⑥ 在单元格 G3 中输入公式“=IF(F3<=75%,"A",IF(F3<=95%,"B","C"))”，再将单元格 G3 复制到单元格区域 G4:G22 中，这样就把所有原材料分成 A、B、C 三类，如图 4-17 所示。

| | A | B | C | D | E | F | G |
|---|---|---|---|---|---|---|---|
| 1 | 原材料的ABC分类表 | | | | | | |
| 2 | 材料编码 | 单价（元/千克） | 全年需用量（千克） | 金额（元） | 比重 | 累计比重 | 存货类别 |
| 3 | C006 | 25.00 | 6,000.00 | 150, 000. 00 | 30. 89% | 30. 89% | A |
| 4 | C007 | 14.00 | 4,600.00 | 64, 400. 00 | 13. 26% | 44. 16% | A |
| 5 | C017 | 6.60 | 8,000.00 | 52, 800. 00 | 10. 87% | 55. 03% | A |
| 6 | C002 | 6.00 | 6,000.00 | 36, 000. 00 | 7. 41% | 62. 44% | A |
| 7 | C014 | 12.50 | 2,300.00 | 28, 750. 00 | 5. 92% | 68. 36% | A |
| 8 | C003 | 3.00 | 9,000.00 | 27, 000. 00 | 5. 56% | 73. 92% | A |
| 9 | C010 | 3.10 | 8,000.00 | 24, 800. 00 | 5. 11% | 79. 03% | B |
| 10 | C016 | 4.10 | 5,000.00 | 20, 500. 00 | 4. 22% | 83. 25% | B |
| 11 | C013 | 15.00 | 1,100.00 | 16, 500. 00 | 3. 40% | 86. 65% | B |
| 12 | C008 | 0.50 | 30,000.00 | 15, 000. 00 | 3. 09% | 89. 74% | B |
| 13 | C004 | 0.80 | 10,000.00 | 8, 000. 00 | 1. 65% | 91. 39% | B |
| 14 | C012 | 0.60 | 12,000.00 | 7, 200. 00 | 1. 48% | 92. 87% | B |
| 15 | C015 | 2.30 | 2,800.00 | 6, 440. 00 | 1. 33% | 94. 20% | B |
| 16 | C020 | 6.40 | 1,000.00 | 6, 400. 00 | 1. 32% | 95. 52% | C |
| 17 | C018 | 8.90 | 580.00 | 5, 162. 00 | 1. 06% | 96. 58% | C |
| 18 | C009 | 3.80 | 1,300.00 | 4, 940. 00 | 1. 02% | 97. 60% | C |
| 19 | C005 | 1.20 | 4,000.00 | 4, 800. 00 | 0. 99% | 98. 59% | C |
| 20 | C019 | 5.80 | 650.00 | 3, 770. 00 | 0. 78% | 99. 36% | C |
| 21 | C001 | 9.00 | 300.00 | 2, 700. 00 | 0. 56% | 99. 92% | C |
| 22 | C011 | 0.20 | 2,000.00 | 400. 00 | 0. 08% | 100. 00% | C |
| 23 | 合计 | | | 485, 562. 00 | 100. 00% | | |

图 4-17　原材料的 A、B、C 分类结果

由以上计算分析可知，C006、C007、C017、C002、C014、C003 等材料是该公司的

A 类存货，应当重点管理；C010、C016、C013、C008、C004、C012、C015 等材料是该公司的 B 类存货，应当进行次重点管理；其余材料是 C 类存货，只需进行一般性管理即可。

## 习 题 四

1．某企业有四种现金持有方案，如表 4-6 所示。

表4-6 某企业的四种现金持有方案 单位：万元

| 项目 | 甲 | 乙 | 丙 | 丁 |
|---|---|---|---|---|
| 现金持有量 | 15 000 | 20 000 | 25 000 | 30 000 |
| 管理成本 | 2 000 | 2 000 | 2 000 | 2 000 |
| 机会成本率 | 10% | 10% | 10% | 10% |
| 短缺成本 | 4 500 | 3 000 | 2 500 | 0 |

要求：利用 Excel 软件确定该企业的最佳现金持有量。

2．A 公司现金收支较为稳定，预计全年的现金需用量为 600 万元，现金与有价证券的转换成本为每次 200 元，有价证券的收益率为 5%。要求：利用 Excel 软件确定该公司的最佳现金持有量。

3．A 公司预计下年度销售额为 2 000 万元，变动成本率为 65%，应收账款机会成本为 11%，现行的信用标准为预计坏账损失率在 10%以下，平均收账期为 45 天。现 A 公司拟改变信用条件，相关资料如表 4-7 所示。试利用 Excel 软件对以下甲、乙两个方案做出决策。

表4-7 改变信用条件的甲、乙方案 单位：万元

| 项目 | 甲方案 | 乙方案 |
|---|---|---|
| 信用条件 | N/40 | 2/10，1/30，N/60 |
| 年赊销额 | 1 900 | 2 200 |
| 预计坏账损失率 | 12% | 7% |
| 享受现金折扣的销售额所占比例 | 0 | （50%，30%，20%） |
| 收账费用 | 10 | 6 |

4．B 公司全年需用甲材料 3 000 千克，该材料的单位采购成本为 10 元，预计每次订货的变动性订货成本为 45 元，单位材料年均变动性存储成本为 3 元。假定该材料不存在缺货情况，要求利用 Excel 软件计算以下各项的值。

1）甲材料的经济进货批量。

2）经济进货批量下的总成本。

3）经济进货批量平均占用资金。

4）年度最佳进货次数。

5）最佳进货周期。

5. B 公司全年需用乙材料 50 000 千克，该材料的单位采购成本为 13 元，预计每次订货的变动性订货成本为 60 元，单位材料年均变动性存储成本为 6 元。假定该材料允许存在缺货情况，要求利用 Excel 软件计算以下各项的值。

1）乙材料的最佳经济进货批量。

2）乙材料的平均缺货量。

6. C 公司生产所需的原材料有 30 种且均需外购，各种原材料的市场价格及全年需用量如表 4-8 所示。

要求：利用 Excel 软件对该企业的原材料存货进行 ABC 分类管理。

表4-8　C公司原材料明细表

| 材料编码 | 单价/（元/千克） | 全年需用量/千克 | 材料编码 | 单价/（元/千克） | 全年需用量/千克 |
|---|---|---|---|---|---|
| C001 | 19 | 1 000 | C016 | 4.1 | 8 000 |
| C002 | 0.66 | 40 000 | C017 | 6.6 | 2 000 |
| C003 | 30 | 8 000 | C018 | 8.9 | 580 |
| C004 | 18 | 1 000 | C019 | 5.8 | 650 |
| C005 | 12 | 5 000 | C020 | 6.4 | 1 000 |
| C006 | 25 | 3 000 | C021 | 0.1 | 2 000 |
| C007 | 14 | 9 600 | C022 | 0.3 | 1 500 |
| C008 | 4.5 | 3 000 | C023 | 0.6 | 800 |
| C009 | 3.8 | 1 300 | C024 | 0.9 | 1 600 |
| C010 | 31 | 5 000 | C025 | 1.2 | 630 |
| C011 | 0.2 | 20 000 | C026 | 2.2 | 450 |
| C012 | 0.6 | 44 000 | C027 | 1.6 | 800 |
| C013 | 15 | 3 100 | C028 | 0.5 | 2 200 |
| C014 | 10.5 | 4 300 | C029 | 0.7 | 4 500 |
| C015 | 5.3 | 4 200 | C030 | 0.9 | 1 500 |

## 术 语 积 累

| | |
|---|---|
| 现金管理 | 现金最佳持有量的成本分析模型 |
| 现金最佳持有量的存货模型 | 应收账款的管理 |
| 信用标准 | 信用条件 |
| 收账政策 | 存货的管理 |
| 存货经济批量的基本模型 | 允许缺货情况下的经济批量模型 |
| 存货的 ABC 管理法 | SQRT(number)函数 |
| 排序功能 | IF 函数 |

# 第五章

# Excel 在投资管理中的应用

## 第一节　投资管理及 Excel 软件要点

### 一、投资管理要点

投资是指为了将来获得更多现金流入而现在付出现金的行为。按照不同的对象，投资可分为项目投资（也称固定资产投资）和证券投资两大类。

（一）项目投资决策

1. 项目投资决策评价指标

项目投资是一种以特定项目为对象，直接与新建项目或更新改造项目有关的长期投资行为。项目投资决策的评价指标分为非折现评价指标和折现评价指标两类。

（1）非折现评价指标

非折现评价指标因其不考虑资金时间价值因素，又称静态指标，具体包括投资报酬率和静态投资回收期两个指标。在进行项目投资决策时，非折现评价指标是决策的辅助指标。

1）投资报酬率。投资报酬率（ROI）是指达产期正常年度利润或年平均利润占投资总额的百分比。

$$投资报酬率=\frac{年平均利润}{投资总额}\times 100\%$$

2）静态投资回收期。静态投资回收期是指以投资项目经营净现金流量（NCF）抵偿原始总投资所需要的全部时间。

若经营期各年的净现金流量相等，并且这些年的净现金流量之和大于或等于原始投资额，则静态投资回收期=原始投资额/每年的现金流量；若各年的净现金流量不相等，则可采用按年累计的方法确定静态投资回收期。

（2）折现评价指标

折现评价指标考虑资金时间价值因素，又称动态指标，具体包括净现值、获利指数和内部报酬率等指标。在进行项目投资决策时，折现评价指标是决策的主要指标。

1）净现值。净现值是指在项目计算期内，按照行业基准收益率或其他设定的折现率计算的各年净现金流量现值的代数和，记作 NPV。

净现值=项目计算期内现金流入量现值之和−项目计算期内现金流出量现值之和

若投资方案的净现值大于或等于零，则该方案为可行方案；反之，则该方案为不可行方案。

2）获利指数。获利指数又称现值指数，是指投产后按照行业基准收益率或设定的折现率折算的各年净现金流量的现值合计与原始投资额的现值合计之比，记作 PI。

$$获利指数=\frac{经营期净现金流量现值}{原始投资额现值}$$

若投资方案的获利指数大于或等于 1，则该方案为可行方案；反之，则该方案为不可行方案。

3）内部报酬率。内部报酬率也称内含报酬率，是指项目投资实际可望达到的报酬率，亦可将其定义为使投资项目的净现值等于零时的折现率，记作 IRR。内部报酬率可以采用逐步测试法求得。

若项目的内部报酬率大于或等于事先给定的标准折现率或资金成本，则表明该项目可行；反之，则该项目不可行。

#### 2. 项目投资决策的风险分析

在实际生活中，由于投资项目涉及的时间都较长，对整个项目计算期内的收益和成本很难准确预测，因此项目投资决策应当进行风险分析。常用的项目投资决策风险分析方法有风险调整贴现率法和肯定当量法两种。

（1）风险调整贴现率法

风险调整贴现率法的基本思想是对于高风险的项目采用较高的贴现率，对于低风险的项目采用较低的贴现率。根据净现值法来评价选择投资方案。

（2）肯定当量法

肯定当量法的基本原理是先用系数把各年的风险净现金流量调整为无风险的净现金流量，然后再用无风险贴现率计算出净现值，用以判断投资项目的可取程度。

### （二）证券投资决策

#### 1. 债券投资决策

债券作为一种投资，现金流出是其购买价格，现金流入是债券持有期间得到的利息和归还的本金或者债券出售时得到的现金之和。债券的价值和债券投资收益率是债券投资决策时使用的主要指标。

（1）债券的价值

债券的价值是以市场利率为贴现率计算的债券面值的现值和各期利息的现值之和。

（2）债券投资收益率

债券投资收益率是根据资金的时间价值原理，依据债券的买价、利息、到期还本额列出求债券现值的等式反求的利率。

2. 股票投资决策

股票作为一种投资，其目的是获利或控股。股票的投资收益率是股票投资决策时使用的主要指标，可以利用资本-资产定价模型，即 CAPM 模型计算得到。

$$K_i=R_F+\beta_i\times(K_M-R_F)$$

式中，$K_i$——第 $i$ 种股票的收益率；

$R_F$——无风险收益率；

$\beta_i$——第 $i$ 种股票的 $\beta$ 系数；

$K_M$——证券市场平均收益率。

3. 证券投资组合的决策

证券投资组合的收益率一般也利用资本-资产定价模型计算得到，即

$$K_i=R_F+\beta_i\times(K_M-R_F)$$

式中，$K_i$——第 $i$ 种证券投资组合的收益率；

$R_F$——无风险收益率；

$\beta_i$——第 $i$ 种证券投资组合的 $\beta$ 系数；

$K_M$——证券市场平均收益率。

## 二、Excel 软件要点

1. 直线法折旧函数 SLN

直线法折旧函数 SLN(cost,salvage,life)可用于求解某项资产在一个期间中的线性折旧值。SLN 函数中各参数的含义如下。

1）cost：资产原值。

2）salvage：资产在折旧期末的价值（也称资产残值）。

3）life：折旧期限（有时也称资产的使用寿命）。

在本章，SLN 函数主要用于项目投资决策。

2. 净现值函数 NPV

净现值函数 NPV(rate,value1,value2,…)通过使用贴现率及一系列未来支出（负值）和收入（正值），可以求解一项投资的净现值。NPV 函数中各参数的含义如下。

1）rate：某一期间的贴现率，是一个固定值。

2）value1，value2，…为 1～29 个参数，代表投资项目净现金流量支出及收入。

value1，value2，…在时间上必须具有相等间隔，并且都发生在期末。

**注意**：NPV 函数使用 value1，value2，…的顺序来解释现金流的顺序，因此必须保证支出和收入的数额按照正确的顺序输入。若参数为数值、空白单元格、逻辑值或数字的文本表达式，则其都会计算在内；若参数是错误值或不能转化为数值的文本，则其被

忽略。若参数是一个数组或引用，则只计算其中的数字，数组或引用中的空白单元格、逻辑值、文字及错误值将被忽略。

NPV 函数假定投资开始于 value1 现金流所在日期的前一期，并且结束于最后一笔现金流的当期。NPV 函数依据未来的现金流进行计算。若第一笔现金流发生在第一个周期的期初，则第一笔现金必须添加到 NPV 函数的结果中，而不应包含在 values 参数中。

NPV 函数与 PV 函数相似。PV 函数与 NPV 函数之间的主要差别在于 PV 函数允许现金流在期初或期末开始。与可变的 NPV 函数的现金流数值不同，PV 函数的每一笔现金流在整个投资期中必须是固定的。

在本章，NPV 函数主要用于项目投资决策。

3. 内部报酬率函数 IRR

内部报酬率函数 IRR(values,guess)可用于求解由数值代表的一组现金流的内部报酬率。这些现金流不一定是均衡的，但它们必须按照固定的间隔产生，如按月或按年。内部报酬率为投资的真实报酬率，其中包含定期支付（负值）和定期收入（正值）。IRR 函数中各参数的含义如下。

1）values：数组或单元格的引用，包含用于计算返回的内部报酬率的数字。values 必须包含至少一个正值和一个负值以计算返回的内部报酬率。

2）guess：对 IRR 函数计算结果的估计值。

**注意：** IRR 函数根据数值的顺序来解释现金流的顺序，故应当确定按照正确的顺序输入了支付和收入的数值。若数组或引用包含文本、逻辑值或空白单元格，则这些数值将被忽略。

Excel 采用迭代法计算 IRR 函数。从指定的 guess 值开始，IRR 函数进行循环计算，直至结果的精度达到 0.000 01%。若 IRR 函数经过 20 次迭代仍未找到结果，则返回错误值“#NUM!”。在大多数情况下，并不需要为 IRR 函数的计算提供 guess 值。若省略 guess 值，则系统默认它为 0.1，即 10%；若 IRR 函数返回错误值“#NUM!”，或者结果没有靠近期望值，则可用另一个 guess 值再试一次。

在本章，IRR 函数主要用于项目投资决策。

4. 乘积之和函数 SUMPRODUCT

乘积之和函数 SUMPRODUCT(array1,array2,array3,…)是在给定的几组数组中，将数组间对应的元素相乘，并返回乘积之和的函数，其与以数组形式输入的公式 SUM()的计算结果相同。例如，“SUMPRODUCT(B3:B7,E3:E7)”与“{SUM(B3:B7*E3: E7)}”的运算结果相同。SUMPRODUCT 函数中参数的含义如下。

array1，array2，array3，…为 1～30 个数组。

**注意：** 数组参数必须具有相同的维数，否则 SUMPRODUCT 函数将返回错误值“#VALUE!”。

SUMPRODUCT 函数将非数值型的数组元素作为 0 处理。

在本章，SUMPRODUCT 函数主要用于项目投资决策。

5. “规划求解”功能

利用 Excel 的“规划求解”功能可以求出最佳组合方案。选择“数据”选项卡“分析”选项组“规划求解”选项，打开“规划求解参数”对话框，在该对话框中输入要求的信息，再单击“求解”按钮，即可以找出最佳组合方案，如图 5-1 所示。

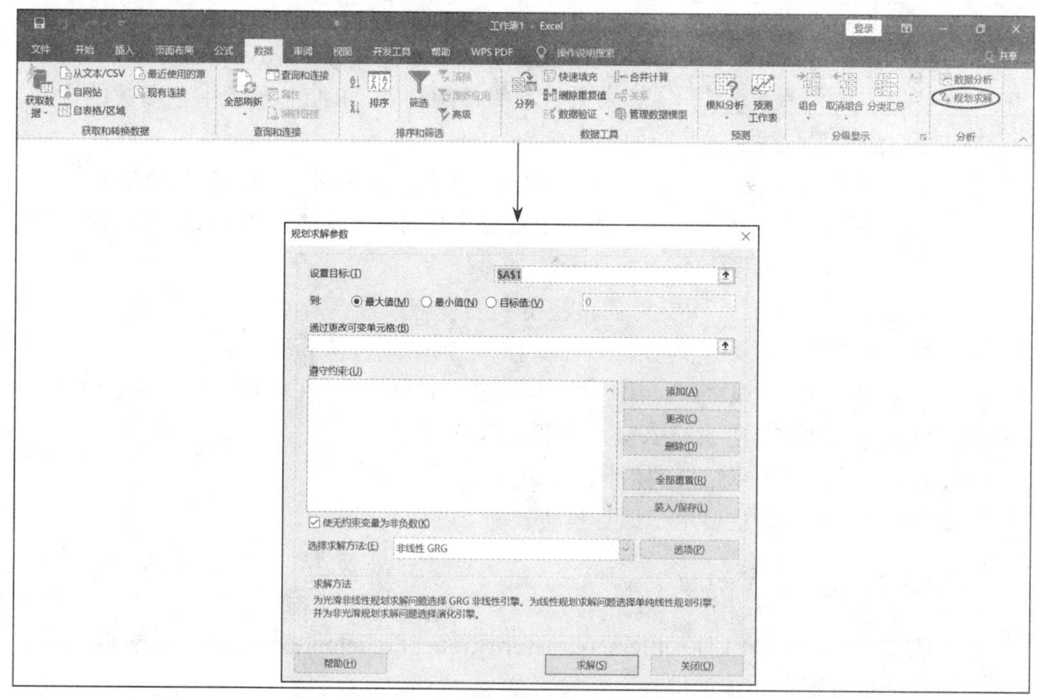


图 5-1 “规划求解”功能

在本章，“规划求解”功能主要用于项目投资决策。

6. 有价证券价格函数 PRICE

有价证券价格函数 PRICE(settlement,maturity,rate,yld,redemption,frequency,basis)可用于求解定期付息的面值 100 元的有价证券的价格。

PRICE 函数中各参数的含义如下。

1）settlement：证券的成交日，即在发行日之后证券卖给购买者的日期，这里可以使用 DATE 函数来输入日期，如 DATE(2019,8,9) 输入 2019 年 8 月 9 日，也可使用文字输入 2019-8-9。

2）maturity：有价证券的到期日。到期日是有价证券有效期截止时的日期，该日期的输入参照 settlement。

3）rate：有价证券的年息票利率。

4）yld：有价证券的年收益率。

5）redemption：面值 100 元的有价证券的清偿价值。

6）frequency：年付息次数。若按年支付，则 frequency=1；若按半年期支付，则 frequency=2；若按季支付，则 frequency=4。

7）basis：日计数基准类型，如表 5-1 所示。

表5-1　日计数基准

| basis | 日计数基准 |
| --- | --- |
| 0 或省略 | US（NASD）30/360 |
| 1 | 实际天数/实际天数 |
| 2 | 实际天数/360 |
| 3 | 实际天数/365 |
| 4 | 欧洲 30/360 |

在本章，PRICE 函数主要用于债券投资决策。

7. 利率函数 RATE

利率函数 RATE(nper,pmt,pv,fv,type,guess) 用于计算未来款项的各期利率。RATE 函数中各参数的含义如下。

1）nper：总投资（或贷款）期（*n*），即该项投资（或贷款）的收付款总期数。

2）pmt：各期所应支付的金额，其数值在整个年金期间保持不变，即年金 *A*。若忽略 pmt，则必须包含 fv 参数。

3）fv：终值或在最后一次支付后希望得到的现金余额。若省略 fv，则假设其值为零（一笔投资或贷款的未来值为零）。若忽略 fv，则必须包含 pmt 参数。

4）type：数字“0”或“1”，用以指定各期的付款时间是在期初还是期末。“0”表示期末，“1”表示期初。若省略 type，则假设其值为零。

5）guess：对函数计算结果的估计值。

在本章，RATE 函数主要用于债券投资决策。

8. 债券收益率函数 YIELD

债券收益率函数 YIELD(settlement,maturity,rate,pr,redemption,frequency,basis) 用于计算定期付息有价证券的收益率。

YIELD 函数中参数 settlement、maturity、rate、redemption、frequency、basis 的含义与 PRICE 函数中参数的含义相同，此处不再重复。只有 pr 参数为 YIELD 函数特有的参数，其含义为面值 100 元的有价证券的价格（实际购买价格）。

在本章，YIELD 函数主要用于债券投资决策。

## 第二节　投资管理中 Excel 的应用

### 一、项目投资的决策

#### 1. 单一投资项目的可行性分析

【例 5-1】东方公司欲投资一项固定资产建设项目，该项目建设期为 1 年，分别于第一年年初、第二年年初各投入 1 000 万元，该固定资产预计可以使用 10 年，报废时无残值，采用直线法计提折旧。该项目于第二年投产后，每年的营业收入为 8 500 万元，付现成本为 7 900 万元，所得税税率为 25%，企业要求的最低投资报酬率为 10%。要求：对该项目做出可行性分析。

**思路**：对项目投资进行可行性分析，主要是通过计算净现值、内含报酬率等折现指标来判断项目的可行性。

**步骤**：

第一步，创建名称为“投资管理”的工作簿，并在“投资管理”工作簿中创建名称为“项目可行性分析”的 Excel 工作表。

第二步，在 Excel 工作表中输入题目的基本信息，如图 5-2 所示。

| | A | B | C | D | E | F | G | H |
|---|---|---|---|---|---|---|---|---|
| 1 | 项目可行性分析 | | | | | | | |
| 2 | 项 目 / 年 | | 现金流入 | 现金流出 | | | | 净现金流量 |
| 3 | | | 销售收入（万元） | 固定资产投资（万元） | 付现固定费用（万元） | 固定资产折旧 | 所得税 | |
| 4 | 建设期 | 0 | 0 | 1,000 | 0 | 0 | 0 | |
| 5 | 经营期 | 1 | 0 | 1,000 | 0 | 0 | 0 | |
| 6 | | 2 | 8,500 | 0 | 7,900 | | | |
| 7 | | 3 | 8,500 | 0 | 7,900 | | | |
| 8 | | 4 | 8,500 | 0 | 7,900 | | | |
| 9 | | 5 | 8,500 | 0 | 7,900 | | | |
| 10 | | 6 | 8,500 | 0 | 7,900 | | | |
| 11 | | 7 | 8,500 | 0 | 7,900 | | | |
| 12 | | 8 | 8,500 | 0 | 7,900 | | | |
| 13 | | 9 | 8,500 | 0 | 7,900 | | | |
| 14 | | 10 | 8,500 | 0 | 7,900 | | | |
| 16 | 所得税税率 | | | 25% | | | | |
| 17 | 基准收益率 | | | 10% | | | | |
| 18 | 净现值NPV | | | | | | | |
| 19 | 内含报酬率IRR | | | | | | | |

图 5-2 例 5-1 的基本信息

第三步，将计算需要的参数变量信息及公式输入 Excel 工作表求值，如图 5-3 所示。

① 在 F6:F14 单元格区域内输入 SLN 函数的数组公式“{=SLN(SUM(D4:D5),0,B14)}”，求得经营期第 2～10 期固定资产折旧金额。

② 在 G6:G14 单元格区域内输入数组公式“{=(C6:C14-E6:E14–F6:F14)*D16}”，求得经营期第 2～10 期所得税税额。

| | A | B | C | D | E | F | G | H |
|---|---|---|---|---|---|---|---|---|
| 1 | 项目可行性分析 | | | | | | | |
| 2 | 项 目 / 年 | | 现金流入 | 现金流出 | | | | 净现金流量 |
| 3 | | | 销售收入（万元） | 固定资产投资（万元） | 付现固定费用（万元） | 固定资产折旧 | 所得税 | |
| 4 | 建设期 | 0 | 0 | 1,000 | 0 | 0 | 0 | -1,000 |
| 5 | 经营期 | 1 | 0 | 1,000 | 0 | 0 | 0 | -1,000 |
| 6 | | 2 | 8,500 | 0 | 7,900 | 200 | 100 | 500 |
| 7 | | 3 | 8,500 | 0 | 7,900 | 200 | 100 | 500 |
| 8 | | 4 | 8,500 | 0 | 7,900 | 200 | 100 | 500 |
| 9 | | 5 | 8,500 | 0 | 7,900 | 200 | 100 | 500 |
| 10 | | 6 | 8,500 | 0 | 7,900 | 200 | 100 | 500 |
| 11 | | 7 | 8,500 | 0 | 7,900 | 200 | 100 | 500 |
| 12 | | 8 | 8,500 | 0 | 7,900 | 200 | 100 | 500 |
| 13 | | 9 | 8,500 | 0 | 7,900 | 200 | 100 | 500 |
| 14 | | 10 | 8,500 | 0 | 7,900 | 200 | 100 | 500 |
| 15 | | | | | | | | |
| 16 | 所得税税率 | | | 25% | | | | |
| 17 | 基准收益率 | | | 10% | | | | |
| 18 | 净现值NPV | | | 708.65 | | | | |
| 19 | 内含报酬率IRR | | | 18% | | | | |

图 5-3 单一投资项目可行性分析结果

③ 在 H4:H14 单元格区域内输入数组公式“{=C4:C14–D4:D14–E4:E14–G4:G14}”，求得经营期第 0～10 期净现金流量。

④ 在单元格 D18 中输入 NPV 函数公式“=NPV(D17,H5:H14)+H4”，求得净现值 NPV。

思考：为什么单元格 D18 的公式不是“=NPV(D17,H4:H14)”？

⑤ 在单元格 D19 中输入 IRR 函数公式“=IRR(H4:H14)”，求得内含报酬率。

思考：为什么单元格 D19 中的公式是“=IRR(H4:H14)”？

由以上操作可知，该投资项目的净现值大于零且内含报酬率大于基准收益率，因此该投资项目可行。

2. 多个互斥投资项目的选择

**【例 5-2】**东方公司现有三个互斥的投资项目，有关资料如表 5-2 所示，企业的期望报酬率为 10%，试做出决策分析。

**表5-2　三个互斥的投资项目**　　单位：万元

| 年份 | A 方案 | B 方案 | C 方案 |
|---|---|---|---|
| | 现金净流量 | 现金净流量 | 现金净流量 |
| 0 | −30 000 | −30 000 | −30 000 |
| 1 | 12 000 | 12 000 | 15 000 |
| 2 | 12 000 | 18 000 | 20 000 |
| 3 | 12 000 | 17 000 | 18 000 |

**思路：**多个互斥方案的比较与优选，需要根据具体情况利用特定指标选择最优项目。

1）若几个项目的投资额相等且计算期相同，则可通过计算各项目的净现值做出最优决策。

2）若几个项目的投资额不相等但计算期相同，则原则上可以通过计算比较内部收益率做出选择。

在本例中，A、B、C 三个投资项目的投资额相等且计算期相同，因此可以通过计算各项目的净现值找出最优决策。

| | A | B | C | D | E |
|---|---|---|---|---|---|
| 1 | 多个互斥方案比较 | | | | |
| 2 | 基准收益率 | | | | 10% |
| 3 | | | | | |
| 4 | 年份 | | A方案 | B方案 | C方案 |
| 5 | | | 现金净流量（万元） | 现金净流量（万元） | 现金净流量（万元） |
| 6 | 0 | | -30,000 | -30,000 | -30,000 |
| 7 | 1 | | 12,000 | 12,000 | 15,000 |
| 8 | 2 | | 12,000 | 18,000 | 20,000 |
| 9 | 3 | | 12,000 | 17,000 | 18,000 |
| 10 | | | | | |
| 11 | 净现值NPV | | | | |
| 12 | 内部报酬率IRR | | | | |

图 5-4　例 5-2 的基本信息

**步骤：**

第一步，在“投资管理”工作簿中创建名称为“多个互斥方案比较”的 Excel 工作表。

第二步，在 Excel 工作表中输入题目的基本信息，如图 5-4 所示。

第三步，将计算需要的参数变量信息及公式输入 Excel 工作表求值，如图 5-5 所示。

在单元格 C11 中输入公式“=NPV(D2, C7:C9)+C6”，在单元格 D11 中输入公式

“=NPV(D2,D7:D9)+D6”，在单元格 E11 中输入公式“=NPV(D2,E7:E9)+E6”，分别求出 A、B、C 三个方案的净现值。

也可在单元格 C11 中输入公式“=NPV($D$2,C7:C9)+C6”，然后将单元格 C11 分别复制到单元格 D11、E11 中，同样求得 A、B、C 三个方案的净现值。

**思考**：如何利用 IRR 函数计算 A、B、C 三个方案的内部报酬率？

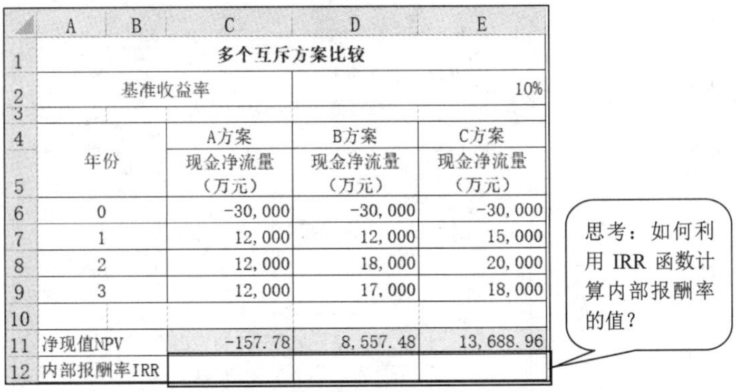

| | A | B | C | D | E |
|---|---|---|---|---|---|
| 1 | 多个互斥方案比较 | | | | |
| 2 | 基准收益率 | | | | 10% |
| 3 | | | | | |
| 4 | 年份 | | A方案 | B方案 | C方案 |
| 5 | | | 现金净流量（万元） | 现金净流量（万元） | 现金净流量（万元） |
| 6 | | 0 | -30, 000 | -30, 000 | -30, 000 |
| 7 | | 1 | 12, 000 | 12, 000 | 15, 000 |
| 8 | | 2 | 12, 000 | 18, 000 | 20, 000 |
| 9 | | 3 | 12, 000 | 17, 000 | 18, 000 |
| 10 | | | | | |
| 11 | 净现值NPV | | -157. 78 | 8, 557. 48 | 13, 688. 96 |
| 12 | 内部报酬率IRR | | | | |

思考：如何利用 IRR 函数计算内部报酬率的值？

图 5-5　多个互斥方案比较结果

由以上操作可知，A 方案的净现值为负数，说明该方案的报酬率达不到 10%，应当予以放弃；B、C 两个方案的净现值均为正数，说明这两个方案的报酬率都超过了 10%，它们是有利的，因而可以接受。同时，将 B 方案和 C 方案进行比较，C 方案的净现值较大，因此 C 方案为最优方案。

### 3. 资金限额条件下的投资项目的组合

**【例 5-3】**东方公司现有五个投资项目待选，有关资料如表 5-3 所示，企业的资金限额为 20 万元，试做出投资项目的组合决策。

**表5-3　五个投资项目的有关资料**

| 投资项目 | 投资额/元 | 净现值/元 | 现值指数 |
|---|---|---|---|
| A 方案 | 50 000 | 15 000 | 1.3 |
| B 方案 | 20 000 | 8 000 | 1.4 |
| C 方案 | 80 000 | 16 000 | 1.2 |
| D 方案 | 150 000 | 75 000 | 1.5 |
| E 方案 | 100 000 | 10 000 | 1.1 |

**思路**：多个投资项目组合决策，可分成以下两种情况进行分析。

1）在资金总量不受限制的情况下，可以按照每一个项目的净现值大小排序，并确定优先考虑的项目顺序。

2）在资金总量受到限制时，需要按照现值指数的大小结合净现值进行各种组合排序，从中选出能使 $\sum NPV$ 最大的最优组合。

在本例中，资金总量受到限制，A、B、C、D、E 五个投资项目需要按照现值指数的大小结合净现值进行各种组合排序，从中选出能使∑NPV最大的最优组合。

**步骤：**

第一步，在“投资管理”工作簿中创建名称为“多投资方案组合”的Excel工作表。

第二步，在Excel工作表中输入题目的基本信息，并将表中的方案按照现值指数由大到小顺序排列，如图5-6所示。

| | A | B | C | D | E |
|---|---|---|---|---|---|
| 1 | 多投资方案组合 | | | | |
| 2 | 投资项目 | 投资额（元） | 净现值（元） | 现值指数（元） | 选择方案 |
| 3 | D方案 | 150,000.00 | 75,000.00 | 1.50 | |
| 4 | B方案 | 20,000.00 | 8,000.00 | 1.40 | |
| 5 | A方案 | 50,000.00 | 15,000.00 | 1.30 | |
| 6 | C方案 | 80,000.00 | 16,000.00 | 1.20 | |
| 7 | E方案 | 100,000.00 | 10,000.00 | 1.10 | |
| 8 | 资金限额（元） | 200,000.00 | | | |
| 9 | | | | | |
| 10 | 使用资金合计（元） | | | | |
| 11 | 净现值（元） | | | | |

在单元格区域E3:E7内做出方案的选择，求解结果为“1”表示选中，为“0”表示未选中

图5-6　例5-3的基本信息

第三步，将计算需要的参数变量信息及公式输入Excel工作表求值。

① 在单元格B10中输入公式“=SUMPRODUCT(B3:B7,E3:E7)”，求得所有中选方案使用资金合计的值。

② 在单元格B11中输入公式“=SUMPRODUCT(C3:C7,E3:E7)”，求得所有中选方案净现值合计的值。

③ 单元格区域E3:E7中内容为空。

④ 用“规划求解”功能求出最佳组合方案，具体步骤如图5-7所示。

选择“数据”选项卡“分析”选项组“规划求解”选项，打开“规划求解参数”对话框，在该对话框中输入要求的信息。

对本例的最佳组合方案的要求就是该组合方案的净现值最大，因此在“规划求解参数”对话框中的“设置目标”中输入“$B$11”，选择“最大值”单选按钮。

在“通过更改可变单元格”中输入“$E$3:$E$7”（此处选择组合方案的单元格，这些单元格就是将要被求出的组合方案，目前不确定，因此是变量）。

在“遵守约束”列表框中输入约束条件“$B$10<=$B$8”，即选择方案使用的资金总额小于或等于资金限额，“$E$3:$E$7<=1”“$E$3:$E$7>=0”“$E$3:$E$7=整数”三个约束条件表示E3:E7单元格区域内的结果只能是1或0，即“选择”或未选择。

此处添加约束条件的步骤是：单击“添加”按钮，打开“添加约束”对话框，将约束条件输入对话框，每输入完成一个约束条件后单击“添加”按钮继续输入下一个约束条件，如图5-8所示。约束条件全部输入完成后单击“确定”按钮，退出“添加约束”对话框，返回到“规划求解参数”对话框。

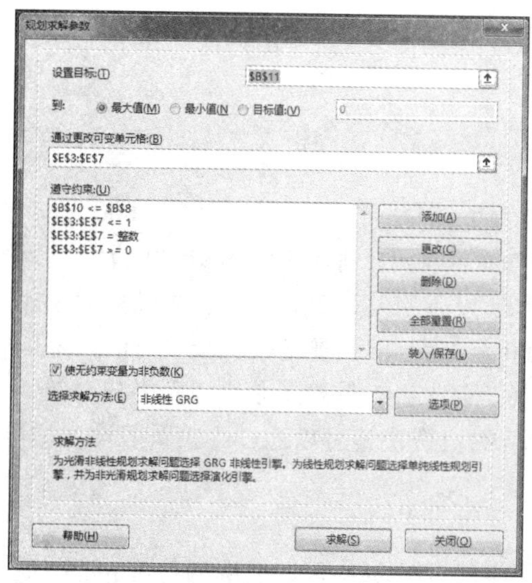


图 5-7 最佳组合方案的具体步骤

若要修改约束条件，则单击“更改”按钮，打开“改变约束”对话框，如图 5-9 所示。修改约束条件完毕后单击“确定”按钮，返回到“规划求解参数”对话框。

图 5-8 添加约束条件

图 5-9 改变约束条件

所有的参数输入完毕后单击“求解”按钮，系统自动计算并打开“规划求解结果”对话框显示计算结果，选择“保存规划求解结果”单选按钮，再单击“确定”按钮完成规划求解输入过程，如图 5-10 所示。规划求解的结果显示在 Excel 工作表中，如图 5-11 所示。

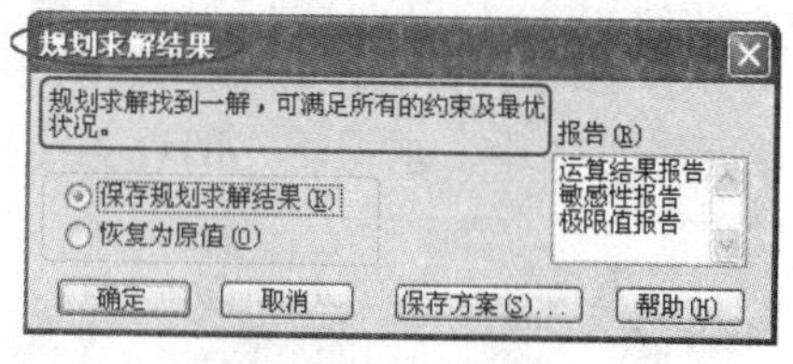


图 5-10 规划求解

| | A | B | C | D | E |
|---|---|---|---|---|---|
| 1 | 多投资方案组合 | | | | |
| 2 | 投资项目 | 投资额（元） | 净现值（元） | 现值指数（元） | 选择方案 |
| 3 | D方案 | 150,000.00 | 75,000.00 | 1.50 | 1 |
| 4 | B方案 | 20,000.00 | 8,000.00 | 1.40 | 0 |
| 5 | A方案 | 50,000.00 | 15,000.00 | 1.30 | 1 |
| 6 | C方案 | 80,000.00 | 16,000.00 | 1.20 | 0 |
| 7 | E方案 | 100,000.00 | 10,000.00 | 1.10 | 0 |
| 8 | 资金限额（元） | 200,000.00 | | | |
| 9 | | | | | |
| 10 | 使用资金合计（元） | 200,000.00 | | | |
| 11 | 净现值（元） | 90,000.00 | | | |

最优组合方案为“DA”

最优投资组合的净现值

图 5-11 多投资方案组合的计算结果

由以上操作可知，在资金总量受到限制的条件下，D 方案和 A 方案的组合可以带给企业最大的净现值。

4. 固定资产更新的投资决策

**【例 5-4】**东方公司现有一台旧设备，原值为 200 000 元，预计可以使用 15 年，现已使用 7 年，最终残值为 1 000 元，变现价值为 90 000 元，年运行成本为 80 000 元。现考虑对该设备进行更新，新设备原值为 280 000 元，预计可以使用 15 年，最终残值为 5 000 元，年运行成本为 60 000 元，新、旧设备均按直线法折旧。该公司适用所得税税率 25%，要求的最低报酬率为 9%。要求：对该设备是否更新做出决策。

**思路：**固定资产更新的投资决策可以通过比较新旧设备的年平均成本，选择其中较低者作为最佳方案。

**步骤：**

第一步，在“投资管理”工作簿中创建名称为“固定资产更新的投资决策”的 Excel 工作表。

第二步，在 Excel 工作表中输入题目的基本信息，如图 5-12 所示。

第三步，将计算需要的参数变量信息及公式输入 Excel 工作表求值，如图 5-13 所示。

① 在单元格 B12 中输入公式“=SLN(B3,B6,B4)”，再将单元格 B12 复制到单元格 C12 中，求得新、旧设备的年折旧额。

② 在单元格 B13 中输入公式“=B7−(B7−(B3−B12*B5))*B10”，再将单元格 B13 复制到单元格 C13 中，求得新、旧设备投资净值。

③ 在单元格 B14 中输入公式“=PV(B9,B4−B5,−B8*(1−B10))”，再将单元格 B14 复制到单元格 C14 中，求得新、旧设备每年的税后付现成本净现值。

④ 在单元格 B15 中输入公式“=PV(B9,B4−B5,B12*B10)”，再将单元格 B15 复制到单元格 C15 中，求得新、旧设备的折旧抵税额现值。

| | A | B | C |
|---|---|---|---|
| 1 | 固定资产更新的投资决策 | | |
| 2 | | 旧设备 | 新设备 |
| 3 | 原值 | 200,000 | 280,000 |
| 4 | 预计使用年限 | 15 | 15 |
| 5 | 已经使用年限 | 7 | 0 |
| 6 | 最终残值 | 1,000 | 5,000 |
| 7 | 变现价值 | 90,000 | 280,000 |
| 8 | 年运行成本 | 80,000 | 60,000 |
| 9 | 最低报酬率 | 9% | 9% |
| 10 | 所得税率 | 25% | 25% |
| 11 | | | |
| 12 | 年折旧额 | | |
| 13 | 设备投资净值 | | |
| 14 | 税后付现成本净现值 | | |
| 15 | 折旧抵税额现值 | | |
| 16 | 最终残值现值 | | |
| 17 | 合　计 | | |
| 18 | 年平均成本 | | |

图 5-12　例 5-4 的基本信息

| | A | B | C |
|---|---|---|---|
| 1 | 固定资产更新的投资决策 | | |
| 2 | | 旧设备 | 新设备 |
| 3 | 原值 | 200,000.00 | 280,000.00 |
| 4 | 预计使用年限 | 15.00 | 15.00 |
| 5 | 已经使用年限 | 7.00 | 0 |
| 6 | 最终残值 | 1,000.00 | 5,000.00 |
| 7 | 变现价值 | 90,000.00 | 280,000.00 |
| 8 | 年运行成本 | 80,000.00 | 60,000.00 |
| 9 | 最低报酬率 | 9% | 9% |
| 10 | 所得税率 | 25% | 25% |
| 11 | | | |
| 12 | 年折旧额 | 13,266.67 | 18,333.33 |
| 13 | 设备投资净值 | 94,283.33 | 280,000.00 |
| 14 | 税后付现成本净现值 | 332,089.15 | 362,730.98 |
| 15 | 折旧抵税额现值 | -18,357.15 | -36,944.82 |
| 16 | 最终残值现值 | -501.87 | -1,372.69 |
| 17 | 合　计 | 407,513.46 | 604,413.47 |
| 18 | 年平均成本 | 73,627.24 | 74,982.86 |

图 5-13　固定资产更新的投资计算结果

⑤ 在单元格 B16 中输入公式“=–B6/(1+B9)^(B4–B5)”，再将单元格 B16 复制到单元格 C16 中，求得新、旧设备的最终残值现值。

⑥ 在单元格 B17 中输入公式“=SUM(B13:B16)”，再将单元格 B17 复制到单元格 C17 中，求得新、旧设备的投资净值、每年的税后付现成本净现值、折旧抵税额现值、最终残值现值的合计数。

⑦ 在单元格 B18 中输入公式“=B17/PV(B9,B4–B5,–1)”，再将单元格 B18 复制到单元格 C18 中，求得新、旧设备的年平均成本。

由以上操作可知，旧设备的年平均成本为 73 627.24 元，新设备的年平均成本为 74 982.86 元，因此应当继续使用旧设备。

## 二、项目投资决策的风险分析

### 1. 风险调整贴现率法

**【例 5-5】**东方公司要求的最低报酬率为 14%，现有甲风险投资项目，预测其风险程度中等，各年的现金流量及概率分布如表 5-4 所示。

无风险的最低报酬率为 8%，假设中等风险程度的项目变化系数为 0.2。要求：运用风险调整贴现率法对甲项目做出可行性分析。

**表5-4　各年的现金流量及概率分布**

| 年份 | 净现金流量 | 概率 |
|---|---|---|
| 0 | −10 000 | 1.00 |
| 1 | 6 000 | 0.25 |
|  | 5 000 | 0.50 |
|  | 4 000 | 0.25 |
| 2 | 8 000 | 0.20 |
|  | 7 000 | 0.60 |
|  | 6 000 | 0.20 |
| 3 | 7 000 | 0.30 |
|  | 5 000 | 0.40 |
|  | 4 000 | 0.30 |

**思路**：风险调整贴现率法的基本思想是对于高风险的项目采用较高的贴现率，而对于低风险的项目采用较低的贴现率，然后根据净现值法来选择投资方案。

**步骤**：

第一步，在“投资管理”工作簿中创建名称为“风险调整贴现率法”的 Excel 工作表。

第二步，在 Excel 工作表中输入题目的基本信息，如图 5-14 所示。

第三步，将计算需要的参数变量信息及公式输入 Excel 工作表求值，如图 5-15 所示。

① 在单元格 D3 中输入公式“=B3*C3”，在单元格 D4 中输入公式“=SUMPRODUCT（B4:B6,C4:C6）”，在单元格 D7 中输入公式“=SUMPRODUCT(B7:B9,C7:C9)”，在单元格 D10 中输入公式“=SUMPRODUCT(B10:B12,C10:C12)”，分别求得第 0、1、2、3 年的现金流量期望值。

② 在单元格 E4 中输入公式“=SQRT((B4–D4)^2*C4+(B5–D4)^2*C5+(B6–D4)^2*C6)”，在单元格 E7 中输入公式“=SQRT((B7–D7)^2*C7+(B8–D7)^2*C8+(B9– D7)^2*C9)”，在单元格 E10 中输入公式“=SQRT((B10–D10)^2*C10+(B11–D10)^2*C11+(B12–D10)^ 2*C12)”，分别求得第 1、2、3 年的标准离差。

③ 在单元格 C17 中输入公式“=NPV(C13,D4,D7,D10)”，求得综合期望值现值；在单

元格 C18 中输入公式"=SQRT((E4^2/(1+C13)^2)+(E7^2/(1+C13)^4)+(E10^2/(1+C13)^6))"，求得综合标准离差。

④ 在单元格 C19 中输入公式 "=C18/C17"，求得综合变化系数。

⑤ 在单元格 C20 中输入公式 "=(C14–C13)/C15"，求得风险斜率。

⑥ 在单元格 C21 中输入公式 "=C13+C19*C20"，求得综合调整贴现率。

⑦ 在单元格 C22 中输入公式 "=NPV(C21,D4:D12)+D3"，求得采用风险调整贴现率计算的净现值。

| | A | B | C | D | E |
|---|---|---|---|---|---|
| 1 | 风险调整贴现率法 | | | | |
| 2 | 年份 | 净现金流量 | 概率 | 现金流量期望值 | 标准离差 |
| 3 | 0 | -10,000.00 | 1.00 | | |
| 4 | 1 | 6,000.00 | 0.25 | | |
| 5 | | 5,000.00 | 0.50 | | |
| 6 | | 4,000.00 | 0.25 | | |
| 7 | 2 | 8,000.00 | 0.20 | | |
| 8 | | 7,000.00 | 0.60 | | |
| 9 | | 6,000.00 | 0.20 | | |
| 10 | 3 | 7,000.00 | 0.30 | | |
| 11 | | 5,000.00 | 0.40 | | |
| 12 | | 4,000.00 | 0.30 | | |
| 13 | 无风险最低报酬率 | | 8% | | |
| 14 | 有风险最低报酬率 | | 14% | | |
| 15 | 项目变化系数 | | 0.20 | | |
| 16 | | | | | |
| 17 | 综合期望值现值 | | | | |
| 18 | 综合标准离差 | | | | |
| 19 | 综合变化系数 | | | | |
| 20 | 风险斜率 | | | | |
| 21 | 综合调整贴现率 | | | | |
| 22 | 风险调整贴现率计算的净现值 | | | | |

图 5-14 例 5-5 的基本信息

| | A | B | C | D | E |
|---|---|---|---|---|---|
| 1 | 风险调整贴现率法 | | | | |
| 2 | 年份 | 净现金流量 | 概率 | 现金流量期望值 | 标准离差 |
| 3 | 0 | -10,000.00 | 1.00 | -10,000.00 | — |
| 4 | 1 | 6,000.00 | 0.25 | 5,000.00 | 707.11 |
| 5 | | 5,000.00 | 0.50 | | |
| 6 | | 4,000.00 | 0.25 | | |
| 7 | 2 | 8,000.00 | 0.20 | 7,000.00 | 632.46 |
| 8 | | 7,000.00 | 0.60 | | |
| 9 | | 6,000.00 | 0.20 | | |
| 10 | 3 | 7,000.00 | 0.30 | 5,300.00 | 1,187.43 |
| 11 | | 5,000.00 | 0.40 | | |
| 12 | | 4,000.00 | 0.30 | | |
| 13 | 无风险最低报酬率 | | 8% | | |
| 14 | 有风险最低报酬率 | | 14% | | |
| 15 | 项目变化系数 | | 0.20 | | |
| 16 | | | | | |
| 17 | 综合期望值现值 | | 14,838.31 | | |
| 18 | 综合标准离差 | | 1,269.34 | | |
| 19 | 综合变化系数 | | 8.6% | | |
| 20 | 风险斜率 | | 0.30 | | |
| 21 | 综合调整贴现率 | | 10.6% | | |
| 22 | 风险调整贴现率计算的净现值 | | 4,169.28 | | |

若风险调整贴现率法计算的净现值大于零，则该项目可行

图 5-15 风险调整贴现率法的计算结果

由以上操作可知，使用风险调整贴现率法计算得到的甲项目的净现值为 4 169.28 元大于零，因此该项目可行。

2. 肯定当量法

**【例 5-6】**资料与例 5-5 相同，假设中等风险程度的项目变化系数为 0.5，通常要求含有风险报酬的最低报酬率为 11%，有风险报酬率和无风险最低报酬率之间的函数关系是已知的。要求：运用肯定当量法对甲项目做出可行性分析。

**思路：**肯定当量法的基本原理是先用一个系数把有风险的净现金流量调整为无风险的净现金流量，然后再用无风险贴现率计算出净现值，以判断投资项目是否可取。

**步骤：**

第一步，在“投资管理”工作簿中创建名称为“肯定当量法”的 Excel 工作表。

第二步，在 Excel 工作表中输入题目的基本信息，如图 5-16 所示。

| | A | B | C | D | E | F | G |
|---|---|---|---|---|---|---|---|
| 1 | | | 肯定当量法 | | | | |
| 2 | 年份 | 净现金流量 | 概率 | 现金流量期望值 | 标准离差 | 肯定当量系数 | 现金流量 |
| 3 | 0 | -10,000.00 | 1.00 | -10,000.00 | – | – | – |
| 4 | 1 | 6,000.00 | 0.25 | 5,000.00 | 707.11 | | |
| 5 | | 5,000.00 | 0.50 | | | | |
| 6 | | 4,000.00 | 0.25 | | | | |
| 7 | 2 | 8,000.00 | 0.20 | 7,000.00 | 632.46 | | |
| 8 | | 7,000.00 | 0.60 | | | | |
| 9 | | 6,000.00 | 0.20 | | | | |
| 10 | 3 | 7,000.00 | 0.30 | 5,300.00 | 1,187.43 | | |
| 11 | | 5,000.00 | 0.40 | | | | |
| 12 | | 4,000.00 | 0.30 | | | | |
| 13 | 无风险最低报酬率 | | 8% | | | | |
| 14 | 有风险最低报酬率 | | 11% | | | | |
| 15 | 项目变化系数 | | 0.50 | | | | |
| 16 | | | | | | | |
| 17 | 综合期望值现值 | | 14,838.31 | | | | |
| 18 | 综合标准离差 | | 1,269.34 | | | | |
| 19 | 综合变化系数 | | 8.6% | | | | |
| 20 | 风险斜率 | | 0.06 | | | | |
| 21 | 综合调整贴现率 | | 8.5% | | | | |
| 22 | 风险调整贴现率计算的净现值 | | 4700.36 | 肯定当量法计算的净现值 | | | |

重新计算风险调整贴现率法的净现值，并将其与肯定当量法计算的净现值对比

图 5-16 例 5-6 的基本信息

利用风险贴现率法的计算表格改变项目变化系数及有风险报酬的最低报酬率的值，并重新计算得到新的条件下运用风险调整贴现率法计算的净现值，再添加肯定当量相关选项即可。

第三步，将计算需要的参数变量信息及公式输入 Excel 工作表求值，如图 5-17 所示。

① 在单元格 F4 中输入公式“=(1+C13)/(1+C21)”，在单元格 F7 中输入公式“=(1+C13)^2/(1+C21)^2”，在单元格 F10 中输入公式“=(1+C13)^3/(1+C21)^3”，分别求得第 1、2、3 年的肯定当量系数（或者在单元格 F4 中输入公式“=(1+$C$13)^A4/ (1+$C$21)^A4”，

然后将单元格 F4 分别复制到单元格 F7、F10 中，同样可以求出第 1、2、3 年的肯定当量系数）。

② 在单元格 G4 中输入公式“=F4*D4”，然后将单元格 G4 分别复制到单元格 G7、G10 中，求得第 1、2、3 年的肯定当量现金流量。

③ 在单元格 G22 中输入公式“=NPV(C13,G4:G12)+D3”，求出采用肯定当量法计算的净现值。

| | A | B | C | D | E | F | G |
|---|---|---|---|---|---|---|---|
| 1 | 肯定当量法 | | | | | | |
| 2 | 年份 | 净现金流量 | 概率 | 现金流量期望值 | 标准离差 | 肯定当量系数 | 肯定当量现金流量 |
| 3 | 0 | -10,000.00 | 1.00 | -10,000.00 | — | — | — |
| 4 | 1 | 6,000.00 | 0.25 | 5,000.00 | 707.11 | 0.995 | 4,976.35 |
| 5 | | 5,000.00 | 0.50 | | | | |
| 6 | | 4,000.00 | 0.25 | | | | |
| 7 | 2 | 8,000.00 | 0.20 | 7,000.00 | 632.46 | 0.991 | 6,933.94 |
| 8 | | 7,000.00 | 0.60 | | | | |
| 9 | | 6,000.00 | 0.20 | | | | |
| 10 | 3 | 7,000.00 | 0.30 | 5,300.00 | 1,187.43 | 0.986 | 5,225.15 |
| 11 | | 5,000.00 | 0.40 | | | | |
| 12 | | 4,000.00 | 0.30 | | | | |
| | | … | | | … | | |
| 22 | 风险调整贴现率计算的净现值 | | 4,700.36 | 肯定当量法计算的净现值 | | | 4,700.36 |

图 5-17　肯定当量法的计算结果

由以上操作可知，肯定当量法计算的净现值与风险调整贴现率法计算的净现值在数额上相等且大于零，因此该项目可行。

## 三、债券投资的决策

### 1. 债券价值的确定

**【例 5-7】**东方公司拟购入于 2020 年 1 月 1 日发行的某公司债券，该债券每张面值 1 000 元，期限为 3 年，票面利率为 8%，每年年末付息一次，购买时的市场利率为 10%。问债券价格为多少时才能进行投资？

**思路：**该债券的价值是以市场利率为贴现率计算的债券面值的现值和各期利息的现值之和，即债券价值=本金现值+利息现值。债券价值可以使用 PV 函数或 PRICE 函数计算。

**步骤：**

第一步，在“投资管理”工作簿中创建名称为“债券价值计算”的 Excel 工作表。

第二步，在 Excel 工作表中输入题目的基本信息，如图 5-18 所示。

第三步，将计算需要的参数变量信息及公式输入 Excel 工作表求值。

第三步的计算有以下两种方法。

1）使用 PV 函数计算债券价值，如图 5-19 所示。

在单元格 F11 中输入公式“=PV(F5,F4,–F2*F3, –F2)”，即可求得债券发行价值的值。

|  | E | F | G |
|---|---|---|---|
| 1 | 债券价值计算 | | |
| 2 | 票面价值 | 1,000 | |
| 3 | 票面年利率 | 8% | |
| 4 | 期限（年） | 3 | |
| 5 | 市场年利率 | 10% | |
| 6 | 付息方式 | 每年末付息一次 | |
| 7 | 日计数基准 | 3 | |
| 8 | 发行日期 | 2020年1月1日 | 假设 |
| 9 | 到期日 | 2023年1月1日 | 假设 |
| 10 | | | |
| 11 | 债券发行价值 | | PV函数计算 |
| 12 | | | PRICE函数计算 |

图 5-18　例 5-7 的基本信息

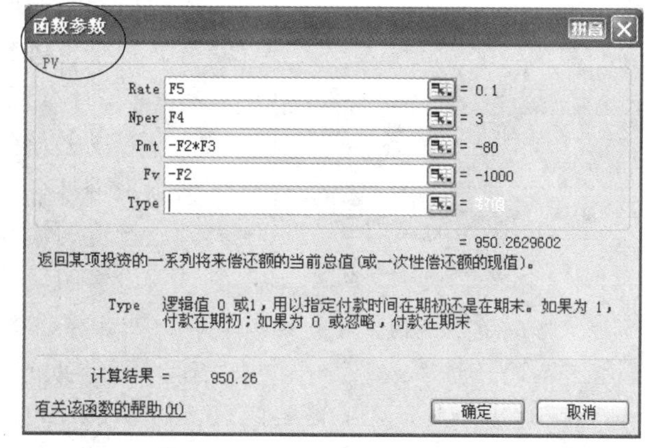


图 5-19　PV 函数计算债券价值

2）使用 PRICE 函数计算债券价值。

① 假设 settlement 和 maturity 这两个参数的值在单元格 F8、F9 中的输入分别为 2020-1-1、2023-1-1，单元格显示格式为年/月/日。

② 在单元格 F12 中输入公式“=PRICE(F8,F9,F3,F5,F2/(F2/100),1,3)*(F2/100)”，即可使用 PRICE 函数求得债券发行价值的值，如图 5-20 所示。

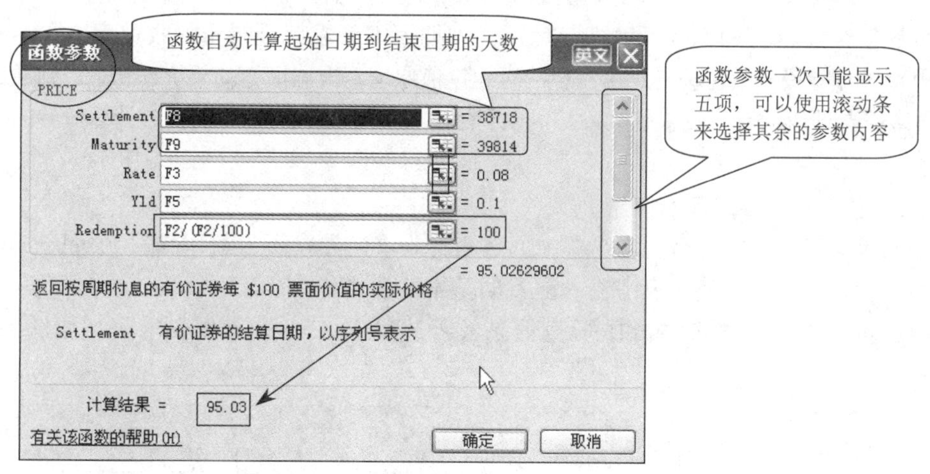


图 5-20　PRICE 函数计算债券价值

两种函数方法求解债券价值的计算结果如图 5-21 所示。

**注意：**使用 PRICE 函数时，函数要求债券的面值以 100 元计算，因此在为 redemption 参数输入值时需要使用公式“F2/100”将实例中的票面价值转换为 100 元，在函数计算完毕后将结果再乘以“F2/100”，这样得出的最后结果才是正确的。

由以上操作可知，PV 函数计算的债券价值与 PRICE 函数计算的债券价值相同，因此债券价格在低于或等于 950.26 元时才能进行投资。

| | E | F | G |
|---|---|---|---|
| 1 | 债券价值计算 | | |
| 2 | 票面价值 | 1,000.00 | |
| 3 | 票面年利率 | 8% | |
| 4 | 期限（年） | 3.00 | |
| 5 | 市场年利率 | 10% | |
| 6 | 付息方式 | 每年末付息一次 | |
| 7 | 日计数基准 | 3.00 | |
| 8 | 发行日期 | 2020年1月1日 | 假设 |
| 9 | 到期日 | 2023年1月1日 | 假设 |
| 10 | | | |
| 11 | 债券发行价值 | 950.26 | PV函数计算 |
| 12 | | 950.26 | PRICE函数计算 |

图 5-21　债券价值的计算结果

PV 函数与 PRICE 函数所计算出的债券价格是一样的。PV 函数不需要输入债券的发行日和到期日，也不需要输入计息基准，因此使用更方便，针对性也更强。但是，PRICE 函数是一个更有用的债券价值计算函数，不仅可以计算债券的初始发行价格，也可以计算市场上正在流通的债券的理论价值，从而判断某债券是否具有投资价值，只有市场价格低于或等于其理论价值的债券才具有投资价值，而市场价格高于其理论价值的债券不具有投资价值。

若没有指定具体日期，则可以假设日期计算，将起始日期设为“00”年，将债券持有期用文本运算符“&&”连接，如本例为三年期的债券：

PRICE(“2000-1-1”, “2003-1-1”,F3,F5,F2/(F2/100),1,3)*(F2/100)

PRICE(“2000-1-1”, “200”&3& “-1-1” ,F3,F5,F2/(F2/100),1,3)*(F2/100)

两个函数的计算结果是相同的。若改为 10 年期债券，则函数可变为

PRICE(“2000-1-1”, “20”&10& “-1-1”,F3,F5,F2/(F2/100),1,3)*(F2/100)

文本运算符“&&”可以引用单元格变量，使整个表格形成动态变化表格。

2. 债券投资收益率的计算

**【例 5-8】**东方公司计划投资购买 A 债券，该债券面额为 1 000 元，票面利率为 6%，期限为 5 年，发行价为 950 元，按年计息，到期还本。求此项投资的收益率。

**思路：**债券投资收益率是利用资金的时间价值原理，根据债券的买价、利息、到期还本额列出求债券现值的等式反求的利率。可以利用 RATE 函数或 YLELD 函数计算债券的投资收益率。

**步骤：**

第一步，在“投资管理”工作簿中创建名称为“债券投资收益率”的 Excel 工作表。

第二步，在 Excel 工作表中输入题目的基本信息，如图 5-22 所示。

第三步，将计算需要的参数变量信息及公式输入 Excel 工作表求值，如图 5-23 所示。

| | A | B | C |
|---|---|---|---|
| 1 | 债券投资收益率 | | |
| 2 | 票面价值 | 1,000 | |
| 3 | 票面年利率 | 6% | |
| 4 | 期限（年） | 5 | |
| 5 | 发行价格 | 950 | |
| 6 | 付息方式 | 每年付息一次 | |
| 7 | 日计数基准 | 3 | |
| 8 | 发行日期 | 2020年1月1日 | 假设 |
| 9 | 到期日 | 2025年1月1日 | 假设 |
| 10 | | | |
| 11 | 投资收益率 | | RATE函数计算 |
| 12 | | | YIELD函数计算 |

图 5-22　例 5-8 的基本信息

| | A | B | C |
|---|---|---|---|
| 1 | 债券投资收益率 | | |
| 2 | 票面价值 | 1,000 | |
| 3 | 票面年利率 | 6% | |
| 4 | 期限（年） | 5 | |
| 5 | 发行价格 | 950 | |
| 6 | 付息方式 | 每年付息一次 | |
| 7 | 日计数基准 | 3 | |
| 8 | 发行日期 | 2020年1月1日 | 假设 |
| 9 | 到期日 | 2025年1月1日 | 假设 |
| 10 | | | |
| 11 | 投资收益率 | 7.23% | RATE函数计算 |
| 12 | | 7.23% | YIELD函数计算 |

图 5-23　债券投资收益率的计算结果

第三步的计算有以下两种方法。

1）利用 RATE(nper,pmt,pv,fv,type,guess)函数计算债券的投资收益率。

在单元格 B11 中输入公式“=RATE(B4, B2*B3,–B5,B2)”，使用 RATE 函数求得投资收益率。

2）利用 YIELD(settlement,maturity,rate,pr,redemption,frequency,basis)函数计算债券的投资收益率。

在单元格 B12 中输入公式“=YIELD(B8,B9,B3,B5/10,B2/10,1,3)”，使用 YIELD 函数求得投资收益率。根据函数要求将发行价转换为 100 元面值“B5/10”，将票面价值转换为 100 元面值“B2/10”，得出结果。

由以上操作可知，该公司此项投资的收益率为 7.23%。

RATE 函数和 YLELD 函数均计算出结果并且得出的值“相同”，但 YIELD 函数的计算结果比 RATE 函数的计算结果更精确。可以将单元格 B11、B12 的数据格式设置成保留 11 位小数，如图 5-24 所示。此时可以发现两个函数的计算结果是有差别的，但这个差别很小，并且在实际操作中没有意义，因此一般情况下这两个函数是可以互用的。

| | A | B | C |
|---|---|---|---|
| 11 | 投资收益率 | 7.22687023155% | RATE函数计算 |
| 12 | | 7.22687023153% | YIELD函数计算 |

图 5-24 计算结果的比较

## 四、股票投资的决策

【例 5-9】东方公司计划投资购买某股票，其 $\beta$ 系数为 1.25，证券市场的平均收益率为 18%，无风险收益率为 6%。要求利用资本-资产定价模型确定该股票的必要收益率。

**思路**：股票投资收益率可以利用资本-资产定价模型即 CAPM 模型计算得到。

**步骤**：

第一步，在“投资管理”工作簿中创建名称为“股票投资决策”的 Excel 工作表。

第二步，在 Excel 工作表中输入题目的基本信息，如图 5-25 所示。

第三步，将计算需要的参数变量信息及公式输入 Excel 工作表求值，如图 5-26 所示。在单元格 C5 中输入公式“=C3+C4*(C2–C3)”，求得该股票的必要收益率。

| | A | B | C |
|---|---|---|---|
| 1 | 股票投资决策 | | |
| 2 | 证券市场平均收益率 | | 18% |
| 3 | 无风险收益率 | | 6% |
| 4 | β 系数 | | 1.25 |

图 5-25 例 5-9 的基本信息

| | A | B |
|---|---|---|
| 1 | 股票投资决策 | |
| 2 | 证券市场平均收益率 | 18% |
| 3 | 无风险收益率 | 6% |
| 4 | β 系数 | 1.25 |
| 5 | 该股票必要收益率 | 0.21 |

图 5-26 股票投资决策的计算结果

由以上操作可知，该股票的必要收益率为 21%。

## 五、证券投资组合的决策

【例 5-10】东方公司计划同时购买甲、乙、丙三种股票构成证券投资组合，已知三种股票的 $\beta$ 系数分别为 1.6、1 和 0.7，在总投资额中所占比例分别为甲 40%、乙 30%、丙 30%，股票市场平均收益率为 12%，无风险收益率为 8%。要求：①求该证券投资

组合的 $\beta$ 系数；②求该证券投资组合的风险收益率；③确定该证券投资组合的必要收益率。

**思路：**证券投资组合的收益率也可以利用资本-资产定价模型即 CAPM 模型计算得到。

**步骤：**

第一步，在“投资管理”工作簿中创建名称为“证券投资组合的决策”的 Excel 工作表。

第二步，在 Excel 工作表中输入题目的基本信息，如图 5-27 所示。

第三步，将计算需要的参数变量信息及公式输入 Excel 工作表求值，如图 5-28 所示。

① 在单元格 B8 中输入公式“=SUMPRODUCT(B3:D3,B4:D4)”，求得该证券组合的 $\beta$ 系数。

② 在单元格 B9 中输入公式“=B8*(B5–B6)”，求得该证券组合的风险收益率。

③ 在单元格 B10 中输入公式“=B9+B6”，求得该证券组合的必要收益率。

| | A | B | C | D |
|---|---|---|---|---|
| 1 | 证券投资组合的决策 | | | |
| 2 | 项目 | 甲股票 | 乙股票 | 丙股票 |
| 3 | β 系数 | 1.6 | 1 | 0.7 |
| 4 | 比重 | 40% | 30% | 30% |
| 5 | 股市平均收益率 | 12% | | |
| 6 | 无风险收益率 | 8% | | |
| 7 | | | | |
| 8 | 证券组合的 β 系数 | | | |
| 9 | 证券组合的风险收益率 | | | |
| 10 | 证券组合的必要收益率 | | | |

图 5-27 例 5-10 的基本信息

| | A | B | C | D |
|---|---|---|---|---|
| 1 | 证券投资组合的决策 | | | |
| 2 | 项目 | 甲股票 | 乙股票 | 丙股票 |
| 3 | β 系数 | 1.6 | 1 | 0.7 |
| 4 | 比重 | 40% | 30% | 30% |
| 5 | 股市平均收益率 | 12% | | |
| 6 | 无风险收益率 | 8% | | |
| 7 | | | | |
| 8 | 证券组合的 β 系数 | 1.15 | | |
| 9 | 证券组合的风险收益率 | 4.60% | | |
| 10 | 证券组合的必要收益率 | 12.60% | | |

图 5-28 证券投资组合的计算结果

由以上操作可知，甲、乙、丙三种股票构成的证券投资组合的 $\beta$ 系数为 1.15，风险收益率为 4.60%，必要收益率为 12.60%。

# 习 题 五

1．某长期投资项目各年的净现金流量如表 5-5 所示。

**表5-5 某长期投资项目各年的净现金流量** 单位：万元

| 年 | 0 | 1 | 2 | 3 | 4 | 5 |
|---|---|---|---|---|---|---|
| 净现金流量 | -600 | 300 | 200 | 200 | 200 | 100 |

要求：利用 Excel 软件计算。

1）按照 10%的年折现率计算该长期投资方案的净现值。

2）按照 10%的年折现率计算该长期投资方案的现值指数。

3）按照 10%的年折现率计算该长期投资方案的内含报酬率。

4）对该项目做出评价。

2．已知某长期投资项目建设期净现金流量：$NCF_0$=−500 万元，$NCF_1$=−500 万元，$NCF_2$=0。第 3～12 年的经营净现金流量 $NCF_{3-12}$=200 万元，第 12 年年末的回收额为 100

万元，行业基准折现率为 10%。要求：利用 Excel 软件计算。

1）按照 10%的年折现率计算该长期投资方案的净现值。

2）按照 10%的年折现率计算该长期投资方案的现值指数。

3）按照 10%的年折现率计算该长期投资方案的内含报酬率。

4）对该项目做出评价。

3．M 公司要求的最低报酬率为 11%，现有一个风险投资项目，其各年的现金流量及概率分布如表 5-6 所示。

表5-6 某风险投资项目各年的现金流量及概率分布

| 年 | 净现金流量/元 | 概率 | 年 | 净现金流量/元 | 概率 |
|---|---|---|---|---|---|
| 0 | −18 000 | 1.00 | 3 | 7 000<br>5 000<br>4 000 | 0.30<br>0.40<br>0.30 |
| 1 | 6 000<br>5 500<br>5 000 | 0.30<br>0.50<br>0.20 | 4 | 6 000<br>5 000<br>3 500 | 0.25<br>0.40<br>0.35 |
| 2 | 8 000<br>7 000<br>6 000 | 0.20<br>0.60<br>0.20 | 5 | 5 000<br>3 000<br>2 500 | 0.30<br>0.50<br>0.20 |

无风险报酬率为 7%，假设中等风险程度的项目变化系数为 0.2。要求：利用 Excel 软件计算。

1）运用风险调整贴现率法对该项目做出可行性分析。

2）运用肯定当量法对该项目做出可行性分析。

4．某企业购入公司债券，该债券每张面值 100 元，期限为 5 年，票面利率为 6%，每半年末付息一次，购买时的市场利率为 5.5%。问债券价格为多少时才能进行投资？

5．某企业购入公司债券，该债券每张面值 2 000 元，期限为 8 年，票面利率为 7%，每年年末付息一次，购买时的市场利率为 6%。问债券价格为多少时才能进行投资？

6．某企业购入公司债券，该债券每张面值 1 000 元，期限为 3 年，票面利率为 5%，发行价为 950 元，按年计息，到期还本。求此项投资的收益率。

7．A 公司拟投资购买某股票，其 $\beta$ 系数为 1.5，证券市场的平均收益率为 16%，无风险收益率为 6%。要求：利用资本-资产定价模型确定该股票的必要收益率。

8．某公司持有 A、B、C 三种股票构成的证券投资组合，其 $\beta$ 系数分别为 3、1.5 和 0.7，在证券投资组合中所占的比例分别为 40%、50%和 10%，证券市场的平均收益率为 16%，无风险收益率为 6%。要求：利用 Excel 软件计算该证券投资组合的预期报酬率。

## 术 语 积 累

| | | |
|---|---|---|
| 项目投资 | 单一投资项目 | 互斥投资项目 |
| 投资项目组合 | 固定资产更新投资 | 项目投资的风险分析 |

| | | |
|---|---|---|
| 风险调整贴现率法 | 肯定当量法 | 债券投资 |
| 债券价值 | 债券投资收益率 | 股票投资 |
| 证券投资组合 | 直线法折旧函数 SLN | 净现值函数 NPV |
| 内部收益率函数 IRR | 乘积之和函数 SUMPRODUCT | “规划求解”功能 |
| 有价证券价格函数 PRICE | 利率函数 RATE | 债券收益率函数 YIELD |

# 第六章

# 成长期企业财务预算案例

## 一、案例目标

通过案例分析，培养学生根据成长期企业的具体情况综合利用 Excel 软件编制其财务预算的能力。

## 二、案例资料

鼎立香精香料有限公司主要从事食品添加剂的生产、批发兼零售等经营业务，其三大产品——牛肉香精、鸡肉香精、猪肉香精主要用于生产火腿肠等肉制品、方便面和膨化食品等。该公司设立销售部、综合管理部、财务部、三个生产车间及辅助车间等。

鼎立公司的各项会计政策、会计估计如表 6-1 所示。

鼎立公司为增值税一般纳税人，适用的各种税率如表 6-2 所示。①

表6-1　公司会计政策、会计估计一览表

| 存货 | |
|---|---|
| 发出存货计价方法 | 先进先出法 |
| 固定资产 | |
| 折旧方法 | 平均年限法 |
| 预计净残值率 | 5% |
| 利润分配 | |
| 法定盈余公积提取比例 | 10% |
| 任意盈余公积提取比例 | 5% |
| 分红时间 | 次年 3 月 31 日 |
| 分红比例 | 25% |

表6-2　公司税率费一览表

| 所得税税率/% | 25 |
|---|---|
| 增值税税率/% | 13 |
| 城市维护建设税税率/% | 5 |
| 教育费附加费率/% | 3 |

鼎立公司的固定资产及其折旧情况如表 6-3 所示。

表6-3　固定资产及其折旧一览表

| 使用部门及固定资产类别 | | 固定资产原值/元 | 折旧计算 | | | | | |
|---|---|---|---|---|---|---|---|---|
| | | | 折旧年限/年 | 年折旧率/% | 月折旧率/% | 已折旧额/元 | 月折旧额/元 | 年折旧额/元 |
| 生产车间 | 房屋 | 750 000.00 | 20 | 4.75 | 0.40 | 106 875.00 | 2 968.75 | 35 625.00 |
| | 机械设备 | 1 000 000.00 | 15 | 6.33 | 0.53 | 190 000.00 | 5 277.78 | 63 333.33 |
| | 小计 | 1 750 000.00 | | | | 296 875.00 | 8 246.53 | 98 958.33 |

① 本书涉及的企业所得税、增值税、个人所得税等税种的涉税处理，以 2019 年年底实施的税收政策为依据。

续表

| 使用部门及固定资产类别 | | 固定资产原值/元 | 折旧计算 | | | | | |
|---|---|---|---|---|---|---|---|---|
| | | | 折旧年限/年 | 年折旧率/% | 月折旧率/% | 已折旧额/元 | 月折旧额/元 | 年折旧额/元 |
| 辅助车间 | 房屋 | 260 000.00 | 20 | 4.75 | 0.40 | 37 050.00 | 1 029.17 | 12 350.00 |
| | 机械设备 | 280 000.00 | 15 | 6.33 | 0.53 | 53 200.00 | 1 477.78 | 17 733.33 |
| | 小计 | 540 000.00 | | | | 90 250.00 | 2 506.94 | 30 083.33 |
| 管理部门 | 房屋 | 350 000.00 | 20 | 4.75 | 0.40 | 49 875.00 | 1 385.42 | 16 625.00 |
| | 办公设备 | 150 000.00 | 8 | 11.88 | 0.99 | 53 437.50 | 1 484.38 | 17 812.50 |
| | 运输设备 | 210 000.00 | 8 | 11.88 | 0.99 | 74 812.50 | 2 078.13 | 24 937.50 |
| | 小计 | 710 000.00 | | | | 178 125.00 | 4 947.92 | 59 375.00 |
| 总计 | | 3 000 000.00 | | | | 565 250.00 | 15 701.39 | 188 416.67 |

除公司三个基本生产车间工人的工资按照生产工时计算外，其余岗位设置及员工预计工资情况如表 6-4 所示。

**表6-4　岗位设置及员工预计工资一览表**

| 职位 | 2020 年 | | | 2021 年 | | | 2022 年 | | |
|---|---|---|---|---|---|---|---|---|---|
| | 月薪/元 | 人数/人 | 年度小计/元 | 月薪/元 | 人数/人 | 年度小计/元 | 月薪/元 | 人数/人 | 年度小计/元 |
| 总经理 | 4 500 | 1 | 54 000 | 5 000 | 1 | 60 000 | 5 800 | 1 | 69 600 |
| 小计 | | 1 | 54 000 | | 1 | 0 | | 1 | 69 600 |
| 销售部 | | | | | | | | | |
| 部门经理 | 3 500 | 1 | 42 000 | 3 800 | 1 | 45 600 | 4 300 | 1 | 51 600 |
| 销售人员 | 3 000 | 2 | 72 000 | 3 400 | 3 | 122 400 | 4 000 | 4 | 192 000 |
| 小计 | | 3 | 114 000 | 7 200 | 4 | 168 000 | 8 300 | 5 | 243 600 |
| 综合管理部 | | | | | | 0 | | | |
| 部门经理 | 3 500 | 1 | 42 000 | 3 800 | 1 | 45 600 | 4 300 | 1 | 51 600 |
| 员工 | 2 500 | 1 | 30 000 | 2 700 | 2 | 64 800 | 3 000 | 3 | 108 000 |
| 小计 | | 2 | 72 000 | 6 500 | 3 | 110 400 | 7 300 | 4 | 159 600 |
| 财务部 | | | | | | | | | |
| 财务主管 | 3 500 | 1 | 42 000 | 3 800 | 1 | 45 600 | 4 300 | 1 | 51 600 |
| 会计 | 2 500 | 1 | 30 000 | 2 800 | 2 | 67 200 | 3 000 | 3 | 108 000 |
| 出纳 | 2 200 | 1 | 26 400 | 2 400 | 1 | 28 800 | 2 700 | 1 | 32 400 |
| 小计 | | 3 | 98 400 | 9 000 | 4 | 141 600 | 10 000 | 5 | 192 000 |
| 生产车间 | | | | | | | | | |
| 一车间（牛肉） | | | | | | | | | |
| 车间主任 | 3 000 | 1 | 36 000 | 3 300 | 1 | 39 600 | 3 800 | 1 | 45 600 |
| 小计 | | 1 | 36 000 | 3 300 | 1 | 39 600 | 3 800 | 1 | 45 600 |
| 二车间（鸡肉） | | | | | | | | | |
| 车间主任 | 3 000 | 1 | 36 000 | 3 500 | 1 | 42 000 | 4 000 | 1 | 48 000 |
| 小计 | | 1 | 36 000 | 3 500 | 1 | 42 000 | 4 000 | 1 | 48 000 |
| 三车间（猪肉） | | | | | | | | | |
| 车间主任 | 3 000 | 1 | 36 000 | 3 300 | 1 | 39 600 | 3 700 | 1 | 44 400 |
| 小计 | | 1 | 36 000 | 3 300 | 1 | 39 600 | 3 700 | 1 | 44 400 |
| 合计 | | 3 | 108 000 | | 3 | 121 200 | | 3 | 138 000 |

续表

| 职位 | 2020 年 | | | 2021 年 | | | 2022 年 | | |
|---|---|---|---|---|---|---|---|---|---|
| | 月薪/元 | 人数/人 | 年度小计/元 | 月薪/元 | 人数/人 | 年度小计/元 | 月薪/元 | 人数/人 | 年度小计/元 |
| 辅助车间 | | | | | | | | | |
| 员工 | 2 400 | 2 | 57 600 | 2 600 | 2 | 62 400 | 3 000 | 3 | 108 000 |
| 小计 | | 2 | 57 600 | 2 600 | 2 | 62 400 | 3 000 | 3 | 108 000 |
| 总计 | | 14 | 504 000 | 35 400 | 17 | 603 600 | 40 100 | 21 | 910 800 |

公司 2019 年 12 月 31 日的资产负债表如表 6-5 所示。

**表6-5 资产负债表**

单位：元

| 资　　产 | | 负债及所有者权益 | |
|---|---|---|---|
| 流动资产： | | 流动负债： | |
| 货币资金 | 352 804.07 | 短期借款 | |
| 应收票据 | | 应付账款 | 38 510.85 |
| 应收账款 | 108 480.00 | 应付票据 | |
| 存货 | 162 476.78 | 应付职工薪酬 | |
| 其中：原材料 | 17 040.20 | 应交税费 | |
| 周转材料 | 53 493.30 | 应付股利 | 80 000.00 |
| 库存商品 | 91 943.28 | 流动负债合计 | 118 510.85 |
| 流动资产合计 | 623 760.85 | 非流动负债： | |
| 非流动资产： | | 长期借款 | |
| 长期股权投资 | | 非流动负债合计 | |
| 投资性房地产 | | 负债合计 | 118 510.85 |
| 固定资产原值 | 3 000 000.00 | 所有者权益： | |
| 减：累计折旧 | 565 250.00 | 实收资本 | 2 700 000.00 |
| 固定资产净值 | 2 434 750.00 | 盈余公积 | 48 000.00 |
| 无形资产 | | 未分配利润 | 192 000.00 |
| 非流动资产合计 | 2 434 750.00 | 所有者权益合计 | 2 940 000.00 |
| 资产总计 | 3 058 510.85 | 负债和所有者权益总计 | 3 058 510.85 |

**要求**：根据鼎立公司的具体情况，利用 Excel 软件为该公司编制 2020～2022 年的财务预算。其中，2020 年的预算分月编制，2021 年和 2022 年的预算分季度编制。

假定该公司每期应交各种税费均于期末缴清（即应交税费期末余额为 0），员工工资于每月末计提并发放（即应付职工薪酬期末余额为 0）。

## 三、Excel 软件要点

财务预算是在销售预算、生产预算、直接材料预算、直接人工预算、制造费用预算、产品成本预算、期间费用预算等日常业务预算和特种决策预算的基础上编制的。利用 Excel 软件编制企业财务预算涉及同一个工作簿中不同工作表间或者不同工作簿的不同工作表间的数据引用，因此引入 Excel 软件的动态链接功能。

其中，在同一个工作簿中不同工作表间建立动态链接的格式为“工作表名!单元格地址”，该格式中的“!”是系统自动加上的。例如，当前的工作表为 Sheet2，若单元格 B3 中的公式需要用到 Sheet1 单元格 C3 的数据，则可以通过输入公式“=Sheet1!C3”来建立两个工作表间数据的动态链接。具体操作步骤为：单击工作表 Sheet2 的单元格 B3，输入“=”，再打开工作表 Sheet1，单击单元格 C3，按 Enter 键确定。

在不同工作簿的不同工作表间建立动态链接的格式为“[工作簿名]工作表名!单元格地址”。例如，当前的工作簿为 Book2，工作表为 Sheet2，若单元格 B3 中的公式需要用到工作簿 Book1 中工作表 Sheet1 单元格 C3 的数据，则可以通过输入公式“=[Book1]Sheet1!C3”来建立两个工作表间数据的动态链接，具体操作步骤同上。

## 四、案例分析

### 1. 编制财务预算的总体思路

财务预算是在日常业务预算和特种决策预算的基础上编制的。一般情况下，企业依据“以销定产”的指导思想，根据销售预测情况编制销售预算，然后编制生产预算并将其分解为直接材料预算、直接人工预算和制造费用预算，形成产品成本预算。在此基础上，结合期间费用预算再编制现金预算，最后编制预计利润表和预计资产负债表。

### 2. 编制财务预算的具体步骤

（1）编制销售预算

销售预算是规划预算期销售活动的业务预算，依据企业销售预测等资料进行编制。在“以销定产”经营思想的指导下，销售预算是财务预算的起点，主要包括两部分内容：各月及全年的销售收入和预计现金收支表，后者为编制现金预算提供依据。

根据鼎立公司产品市场的预测，其三大产品——牛肉香精、鸡肉香精、猪肉香精未来三年的市场价格较为稳定，预计分别为 25 000 元/吨、24 000 元/吨和 23 000 元/吨。其销售量受季节影响，每年第二季度和第三季度为淡季。2020 年产品销售量分月预测如表 6-6 所示，应收账款周转期为 30 天，预计销售收现比率为 60%，余款下月收到。

表6-6　2020年产品销售量分月预测表　　单位：吨

| 产品 | 销售量 | | | | | | | | | | | | |
|---|---|---|---|---|---|---|---|---|---|---|---|---|---|
| | 1月 | 2月 | 3月 | 4月 | 5月 | 6月 | 7月 | 8月 | 9月 | 10月 | 11月 | 12月 | 本年合计 |
| 牛肉香精 | 3.0 | 3.0 | 3.3 | 3.0 | 3.0 | 3.0 | 2.7 | 2.8 | 3.0 | 3.1 | 3.2 | 3.3 | 36.4 |
| 鸡肉香精 | 4.0 | 4.0 | 4.4 | 4.0 | 4.0 | 4.0 | 4.0 | 3.7 | 4.0 | 4.2 | 4.3 | 4.4 | 49.0 |
| 猪肉香精 | 3.0 | 3.0 | 3.2 | 3.0 | 3.0 | 3.0 | 2.8 | 2.6 | 3.0 | 3.0 | 3.2 | 3.2 | 36.0 |

分析上述有关资料，可以编制鼎立公司 2020 年各产品分月的销售预算，如图 6-1 所示。

有关项目的计算公式如下。

$$各月预计销售收入=预计产品销售量\times销售单价$$

2020年销售预算　（金额单位：元）

预计现金收入计算表

| 项目 | 1月 | 2月 | 3月 | 第1季度合计 | 4月 | 5月 | 6月 | 第2季度合计 | 7月 | 8月 | 9月 | 第3季度合计 | 10月 | 11月 | 12月 | 第4季度合计 | 本年合计 |
|---|---|---|---|---|---|---|---|---|---|---|---|---|---|---|---|---|---|
| 预计销售量 | | | | | | | | | | | | | | | | | |
| 牛肉香精（吨） | 3.00 | 3.00 | 3.30 | 9.30 | 3.00 | 3.00 | 3.00 | 9.00 | 2.70 | 2.80 | 3.00 | 8.50 | 3.10 | 3.20 | 3.30 | 9.60 | 36.40 |
| 鸡肉香精（吨） | 4.00 | 4.00 | 4.40 | 12.40 | 4.00 | 4.00 | 4.00 | 12.00 | 4.00 | 3.70 | 4.00 | 11.70 | 4.20 | 4.30 | 4.40 | 12.90 | 49.00 |
| 猪肉香精（吨） | 3.00 | 3.00 | 3.20 | 9.20 | 3.00 | 3.00 | 3.00 | 9.00 | 2.80 | 2.60 | 3.00 | 8.40 | 3.00 | 3.20 | 3.20 | 9.40 | 36.00 |
| 销售单价（元/吨） | | | | | | | | | | | | | | | | | |
| 牛肉香精 | 25,000.00 | 25,000.00 | 25,000.00 | | 25,000.00 | 25,000.00 | 25,000.00 | | 25,000.00 | 25,000.00 | 25,000.00 | | 25,000.00 | 25,000.00 | 25,000.00 | | |
| 鸡肉香精 | 24,000.00 | 24,000.00 | 24,000.00 | | 24,000.00 | 24,000.00 | 24,000.00 | | 24,000.00 | 24,000.00 | 24,000.00 | | 24,000.00 | 24,000.00 | 24,000.00 | | |
| 猪肉香精 | 23,000.00 | 23,000.00 | 23,000.00 | | 23,000.00 | 23,000.00 | 23,000.00 | | 23,000.00 | 23,000.00 | 23,000.00 | | 23,000.00 | 23,000.00 | 23,000.00 | | |
| 销售收入（元） | | | | | | | | | | | | | | | | | |
| 牛肉香精 | 75,000.00 | 75,000.00 | 82,500.00 | 232,500.00 | 75,000.00 | 75,000.00 | 75,000.00 | 225,000.00 | 67,500.00 | 70,000.00 | 75,000.00 | 212,500.00 | 77,500.00 | 80,000.00 | 82,500.00 | 240,000.00 | 910,000.00 |
| 鸡肉香精 | 96,000.00 | 96,000.00 | 105,600.00 | 297,600.00 | 96,000.00 | 96,000.00 | 96,000.00 | 288,000.00 | 96,000.00 | 88,800.00 | 96,000.00 | 280,800.00 | 100,800.00 | 103,200.00 | 105,600.00 | 309,600.00 | 1,176,000.00 |
| 猪肉香精 | 69,000.00 | 69,000.00 | 73,600.00 | 211,600.00 | 69,000.00 | 69,000.00 | 69,000.00 | 207,000.00 | 64,400.00 | 59,800.00 | 69,000.00 | 193,200.00 | 69,000.00 | 73,600.00 | 73,600.00 | 216,200.00 | 828,000.00 |
| 销售收入合计 | 240,000.00 | 240,000.00 | 261,700.00 | 741,700.00 | 240,000.00 | 240,000.00 | 240,000.00 | 720,000.00 | 227,900.00 | 218,600.00 | 240,000.00 | 686,500.00 | 247,300.00 | 256,800.00 | 261,700.00 | 765,800.00 | 2,914,000.00 |
| 增值税销项税额 | 31,200.00 | 31,200.00 | 34,021.00 | 96,421.00 | 31,200.00 | 31,200.00 | 31,200.00 | 93,600.00 | 29,627.00 | 28,418.00 | 31,200.00 | 89,245.00 | 32,149.00 | 33,384.00 | 34,021.00 | 99,554.00 | 378,820.00 |
| 期初应收账款 | 108,480.00 | | | | | | | | | | | | | | | | 108,480.00 |
| 一月销售收入 | 162,720.00 | 108,480.00 | | | | | | | | | | | | | | | 271,200.00 |
| 二月销售收入 | | 162,720.00 | 108,480.00 | | | | | | | | | | | | | | 271,200.00 |
| 三月销售收入 | | | 177,432.60 | | 118,288.40 | | | | | | | | | | | | 295,721.00 |
| 第一季度销售收入 | | | | 828,312.60 | | | | | | | | | | | | | 828,312.60 |
| 四月销售收入 | | | | | 162,720.00 | 108,480.00 | | | | | | | | | | | 271,200.00 |
| 五月销售收入 | | | | | | 162,720.00 | 108,480.00 | | | | | | | | | | 271,200.00 |
| 六月销售收入 | | | | | | | 162,720.00 | | 108,480.00 | | | | | | | | 271,200.00 |
| 第二季度销售收入 | | | | | | | | 823,408.40 | | | | | | | | | 823,408.40 |
| 七月销售收入 | | | | | | | | | 154,516.20 | 103,010.80 | | | | | | | 257,527.00 |
| 八月销售收入 | | | | | | | | | | 148,210.80 | 98,807.20 | | | | | | 247,018.00 |
| 九月销售收入 | | | | | | | | | | | 162,720.00 | | 108,480.00 | | | | 271,200.00 |
| 第三季度销售收入 | | | | | | | | | | | | 775,745.00 | | | | | 775,745.00 |
| 十月销售收入 | | | | | | | | | | | | | 167,669.40 | 111,779.60 | | | 279,449.00 |
| 十一月销售收入 | | | | | | | | | | | | | | 174,110.40 | 116,073.60 | | 290,184.00 |
| 十二月销售收入 | | | | | | | | | | | | | | | 177,432.60 | | 177,432.60 |
| 第四季度销售收入 | | | | | | | | | | | | | | | | 855,545.60 | 855,545.60 |
| 现金收入合计 | 271,200.00 | 271,200.00 | 285,912.60 | 828,312.60 | 281,008.40 | 271,200.00 | 271,200.00 | 823,408.40 | 262,996.20 | 251,221.60 | 261,527.20 | 775,745.00 | 276,149.40 | 285,890.00 | 293,506.20 | 855,545.60 | 3,283,011.60 |
| 期末应收账款 | | | | | | | | | | | | | | | | | 118,288.40 |

图 6-1　2020 年各产品分月的销售预算

预计现金收入=本月销售收入×（1+增值税税率 13%）×预计收现比率 60%

+上月销售收入×（1+增值税税率 13%）×（1-预计收现比率 60%）

期末应收账款=本月销售收入×（1+增值税税率 13%）×（1-预计收现比率 60%）

预计该公司 2021 年和 2022 年牛肉香精、鸡肉香精、猪肉香精的年销售量呈增长趋势，应收账款周转期为 90 天，预计销售收现比率为 60%。同理，可以编制该公司 2021 年和 2022 年各产品分季度的销售预算，分别如图 6-2 和图 6-3 所示。

| | A | B | C | D | E | F | G |
|---|---|---|---|---|---|---|---|
| 1 | | | | 2021年销售预算 | | （金额单位：元） | |
| 2 | | 项目 | 1季度 | 2季度 | 3季度 | 4季度 | 全年合计 |
| 3 | | 预计销售量 | | | | | |
| 4 | | 牛肉香精（吨） | 10.42 | 10.08 | 9.52 | 10.75 | 40.77 |
| 5 | | 鸡肉香精（吨） | 14.01 | 13.56 | 13.22 | 14.58 | 55.37 |
| 6 | | 猪肉香精（吨） | 10.30 | 10.08 | 9.41 | 10.53 | 40.32 |
| 7 | | 销售单价（元/吨） | | | | | - |
| 8 | | 牛肉香精 | 25,000.00 | 25,000.00 | 25,000.00 | 25,000.00 | 25,000.00 |
| 9 | | 鸡肉香精 | 24,000.00 | 24,000.00 | 24,000.00 | 24,000.00 | 24,000.00 |
| 10 | | 猪肉香精 | 23,000.00 | 23,000.00 | 23,000.00 | 23,000.00 | 23,000.00 |
| 11 | | 销售收入（元） | | | | | - |
| 12 | | 牛肉香精 | 260,400.00 | 252,000.00 | 238,000.00 | 268,800.00 | 1,019,200.00 |
| 13 | | 鸡肉香精 | 336,288.00 | 325,440.00 | 317,304.00 | 349,848.00 | 1,328,880.00 |
| 14 | | 猪肉香精 | 236,992.00 | 231,840.00 | 216,384.00 | 242,144.00 | 927,360.00 |
| 15 | | 销售收入合计（元） | 833,680.00 | 809,280.00 | 771,688.00 | 860,792.00 | 3,275,440.00 |
| 16 | | 应交增值税——销项税额 | 108,378.40 | 105,206.40 | 100,319.44 | 111,902.96 | 425,807.20 |
| 17 | 预计现金收入计算表 | 期初应收账款 | 118,288.40 | | | | 118,288.40 |
| 18 | | 第一季度销售收入 | 565,235.04 | 376,823.36 | | | 942,058.40 |
| 19 | | 第二季度销售收入 | | 548,691.84 | 365,794.56 | | 914,486.40 |
| 20 | | 第三季度销售收入 | | | 523,204.46 | 348,802.98 | 872,007.44 |
| 21 | | 第四季度销售收入 | | | | 583,616.98 | 583,616.98 |
| 22 | | 现金收入合计 | 683,523.44 | 925,515.20 | 888,999.02 | 932,419.95 | 3,430,457.62 |
| 23 | | 期末应收账款 | | | | | 389,077.98 |

图 6-2　2021 年各产品分季度的销售预算

| | A | B | C | D | E | F | G |
|---|---|---|---|---|---|---|---|
| 1 | | | | 2022年销售预算 | | （金额单位：元） | |
| 2 | | 项目 | 1季度 | 2季度 | 3季度 | 4季度 | 全年合计 |
| 3 | | 预计销售量 | | | | | |
| 4 | | 牛肉香精（吨） | 11.50 | 13.50 | 14.00 | 18.00 | 57.00 |
| 5 | | 鸡肉香精（吨） | 15.00 | 16.50 | 17.50 | 19.00 | 68.00 |
| 6 | | 猪肉香精（吨） | 11.00 | 12.50 | 13.00 | 17.00 | 53.50 |
| 7 | | 销售单价（元/吨） | | | | | |
| 8 | | 牛肉香精 | 27,500.00 | 27,500.00 | 27,500.00 | 27,500.00 | 27,500.00 |
| 9 | | 鸡肉香精 | 26,400.00 | 26,400.00 | 26,400.00 | 26,400.00 | 26,400.00 |
| 10 | | 猪肉香精 | 25,300.00 | 25,300.00 | 25,300.00 | 25,300.00 | 25,300.00 |
| 11 | | 销售收入（元） | | | | | |
| 12 | | 牛肉香精 | 316,250.00 | 371,250.00 | 385,000.00 | 495,000.00 | 1,567,500.00 |
| 13 | | 鸡肉香精 | 396,000.00 | 435,600.00 | 462,000.00 | 501,600.00 | 1,795,200.00 |
| 14 | | 猪肉香精 | 278,300.00 | 316,250.00 | 328,900.00 | 430,100.00 | 1,353,550.00 |
| 15 | | 销售收入合计（元） | 990,550.00 | 1,123,100.00 | 1,175,900.00 | 1,426,700.00 | 4,716,250.00 |
| 16 | | 应交增值税——销项税额 | 128,771.50 | 146,003.00 | 152,867.00 | 185,471.00 | 613,112.50 |
| 17 | 预计现金收入计算表 | 期初应收账款 | 389,077.98 | | | | 389,077.98 |
| 18 | | 第一季度销售收入 | 671,592.90 | 447,728.60 | | | 1,119,321.50 |
| 19 | | 第二季度销售收入 | | 761,461.80 | 507,641.20 | | 1,269,103.00 |
| 20 | | 第三季度销售收入 | | | 797,260.20 | 531,506.80 | 1,328,767.00 |
| 21 | | 第四季度销售收入 | | | | 967,302.60 | 967,302.60 |
| 22 | | 现金收入合计 | 1,060,670.88 | 1,209,190.40 | 1,304,901.40 | 1,498,809.40 | 5,073,572.08 |
| 23 | | 期末应收账款 | | | | | 644,868.40 |

图 6-3　2022 年各产品分季度的销售预算

（2）编制生产预算

生产预算是规划预算期生产活动的业务预算。生产预算以销售预算为依据，结合企业期初、期末的预计产品存货水平等资料进行编制。由于企业的生产活动和销售活动不能时刻保持一致，因此一般情况下企业需要储存一定的产品以维持均衡生产。

在销售预算的基础上，可以编制该公司 2020 年分月的生产预算，如图 6-4 所示。

**2020年牛肉香精生产预算** （单位：吨）

| 项目 | 1月 | 2月 | 3月 | *1季度* | 4月 | 5月 | 6月 | *2季度* | 7月 | 8月 | 9月 | *3季度* | 10月 | 11月 | 12月 | *4季度* | *本年合计* |
|---|---|---|---|---|---|---|---|---|---|---|---|---|---|---|---|---|---|
| 预计销售需要量 | 3.00 | 3.00 | 3.30 | 9.30 | 3.00 | 3.00 | 3.00 | 9.00 | 2.70 | 2.80 | 3.00 | 8.50 | 3.10 | 3.20 | 3.30 | 9.60 | 36.40 |
| 加：预计期末存货量 | 2.00 | 2.00 | 1.70 | 1.70 | 1.70 | 1.70 | 1.70 | 1.70 | 2.00 | 2.20 | 2.20 | 2.20 | 2.10 | 1.90 | 1.60 | 1.60 | 1.60 |
| 预计需要量合计 | 5.00 | 5.00 | 5.00 | 11.00 | 4.70 | 4.70 | 4.70 | 10.70 | 4.70 | 5.00 | 5.20 | 10.70 | 5.20 | 5.10 | 4.90 | 11.20 | 38.00 |
| 减：期初存货量 | 2.00 | 2.00 | 2.00 | 2.00 | 1.70 | 1.70 | 1.70 | 1.70 | 1.70 | 2.00 | 2.20 | 1.70 | 2.20 | 2.10 | 1.90 | 2.20 | 2.00 |
| 预计生产量 | 3.00 | 3.00 | 3.00 | 9.00 | 3.00 | 3.00 | 3.00 | 9.00 | 3.00 | 3.00 | 3.00 | 9.00 | 3.00 | 3.00 | 3.00 | 9.00 | 36.00 |

**2020年鸡肉香精生产预算** （单位：吨）

| 项目 | 1月 | 2月 | 3月 | *1季度* | 4月 | 5月 | 6月 | *2季度* | 7月 | 8月 | 9月 | *3季度* | 10月 | 11月 | 12月 | *4季度* | *本年合计* |
|---|---|---|---|---|---|---|---|---|---|---|---|---|---|---|---|---|---|
| 预计销售需要量 | 4.00 | 4.00 | 4.40 | 12.40 | 4.00 | 4.00 | 4.00 | 12.00 | 4.00 | 3.70 | 4.00 | 11.70 | 4.20 | 4.30 | 4.40 | 12.90 | 49.00 |
| 加：预计期末存货量 | 2.00 | 2.00 | 1.60 | 1.60 | 1.60 | 1.60 | 1.60 | 1.60 | 1.60 | 1.90 | 1.90 | 1.90 | 1.70 | 1.40 | 1.00 | 1.00 | 1.00 |
| 预计需要量合计 | 6.00 | 6.00 | 6.00 | 14.00 | 5.60 | 5.60 | 5.60 | 13.60 | 5.60 | 5.60 | 5.90 | 13.60 | 5.90 | 5.70 | 5.40 | 13.90 | 50.00 |
| 减：期初存货量 | 2.00 | 2.00 | 2.00 | 2.00 | 1.60 | 1.60 | 1.60 | 1.60 | 1.60 | 1.60 | 1.90 | 1.60 | 1.90 | 1.70 | 1.40 | 1.90 | 2.00 |
| 预计生产量 | 4.00 | 4.00 | 4.00 | 12.00 | 4.00 | 4.00 | 4.00 | 12.00 | 4.00 | 4.00 | 4.00 | 12.00 | 4.00 | 4.00 | 4.00 | 12.00 | 48.00 |

**2020年猪肉香精生产预算** （单位：吨）

| 项目 | 1月 | 2月 | 3月 | *1季度* | 4月 | 5月 | 6月 | *2季度* | 7月 | 8月 | 9月 | *3季度* | 10月 | 11月 | 12月 | *4季度* | *本年合计* |
|---|---|---|---|---|---|---|---|---|---|---|---|---|---|---|---|---|---|
| 预计销售需要量 | 3.00 | 3.00 | 3.20 | 9.20 | 3.00 | 3.00 | 3.00 | 9.00 | 2.80 | 2.60 | 3.00 | 8.40 | 3.00 | 3.20 | 3.20 | 9.40 | 36.00 |
| 加：预计期末存货量 | 2.00 | 2.00 | 1.80 | 1.80 | 1.80 | 1.80 | 1.80 | 1.80 | 2.00 | 2.40 | 2.40 | 2.40 | 2.40 | 2.20 | 2.00 | 2.00 | 2.00 |
| 预计需要量合计 | 5.00 | 5.00 | 5.00 | 11.00 | 4.80 | 4.80 | 4.80 | 10.80 | 4.80 | 5.00 | 5.40 | 10.80 | 5.40 | 5.40 | 5.20 | 11.40 | 38.00 |
| 减：期初存货量 | 2.00 | 2.00 | 2.00 | 2.00 | 1.80 | 1.80 | 1.80 | 1.80 | 1.80 | 2.00 | 2.40 | 1.80 | 2.40 | 2.40 | 2.20 | 2.40 | 2.00 |
| 预计生产量 | 3.00 | 3.00 | 3.00 | 9.00 | 3.00 | 3.00 | 3.00 | 9.00 | 3.00 | 3.00 | 3.00 | 9.00 | 3.00 | 3.00 | 3.00 | 9.00 | 36.00 |

图 6-4　2020 年分月的生产预算

有关项目的计算公式如下。

预计生产量=预计销售量+预计期末存货量-期初存货量

期初存货量=预计上期期末存货量

同理，可以编制 2021 年和 2022 年分季度的生产预算，分别如图 6-5 和图 6-6 所示。

**2021年牛肉香精生产预算　（单位：吨）**

| 项目 | 1季度 | 2季度 | 3季度 | 4季度 | 全年合计 |
|---|---|---|---|---|---|
| 预计销售需要量 | 10.416 | 10.080 | 9.520 | 10.752 | 40.768 |
| 加：预计期末存货量 | 0.984 | 1.404 | 2.384 | 1.384 | 1.384 |
| 预计需要量合计 | 11.400 | 11.484 | 11.904 | 12.136 | 42.152 |
| 减：期初存货量 | 1.600 | 0.984 | 1.404 | 2.384 | 1.600 |
| 预计生产量 | 9.800 | 10.500 | 10.500 | 9.752 | 40.552 |

**2021年鸡肉香精生产预算　（单位：吨）**

| 项目 | 1季度 | 2季度 | 3季度 | 4季度 | 全年合计 |
|---|---|---|---|---|---|
| 预计销售需要量 | 14.012 | 13.560 | 13.221 | 14.577 | 55.370 |
| 加：预计期末存货量 | 0.788 | 1.028 | 1.607 | 0.830 | 0.830 |
| 预计需要量合计 | 14.800 | 14.588 | 14.828 | 15.407 | 56.200 |
| 减：期初存货量 | 1.000 | 0.788 | 1.028 | 1.607 | 1.000 |
| 预计生产量 | 13.800 | 13.800 | 13.800 | 13.800 | 55.200 |

**2021年猪肉香精生产预算　（单位：吨）**

| 项目 | 1季度 | 2季度 | 3季度 | 4季度 | 全年合计 |
|---|---|---|---|---|---|
| 预计销售需要量 | 10.304 | 10.080 | 9.408 | 10.528 | 40.320 |
| 加：预计期末存货量 | 1.496 | 1.716 | 2.608 | 1.820 | 1.820 |
| 预计需要量合计 | 11.800 | 11.796 | 12.016 | 12.348 | 42.140 |
| 减：期初存货量 | 2.000 | 1.496 | 1.716 | 2.608 | 2.000 |
| 预计生产量 | 9.800 | 10.300 | 10.300 | 9.740 | 40.140 |

图 6-5　2021 年分季度的生产预算

**2022年牛肉香精生产预算　（单位：吨）**

| 项目 | 1季度 | 2季度 | 3季度 | 4季度 | 全年合计 |
|---|---|---|---|---|---|
| 预计销售需要量 | 11.500 | 13.500 | 14.000 | 18.000 | 57.000 |
| 加：预计期末存货量 | 2.110 | 2.610 | 3.110 | 1.110 | 1.110 |
| 预计需要量合计 | 13.610 | 16.110 | 17.110 | 19.110 | 58.110 |
| 减：期初存货量 | 1.384 | 2.110 | 2.610 | 3.110 | 1.384 |
| 预计生产量 | 12.226 | 14.000 | 14.500 | 16.000 | 56.726 |

**2022年鸡肉香精生产预算　（单位：吨）**

| 项目 | 1季度 | 2季度 | 3季度 | 4季度 | 全年合计 |
|---|---|---|---|---|---|
| 预计销售需要量 | 15.000 | 16.500 | 17.500 | 19.000 | 68.000 |
| 加：预计期末存货量 | 1.320 | 1.320 | 1.820 | 0.820 | 0.820 |
| 预计需要量合计 | 16.320 | 17.820 | 19.320 | 19.820 | 68.820 |
| 减：期初存货量 | 0.830 | 1.320 | 1.320 | 1.820 | 0.830 |
| 预计生产量 | 15.490 | 16.500 | 18.000 | 18.000 | 67.990 |

**2022年猪肉香精生产预算　（单位：吨）**

| 项目 | 1季度 | 2季度 | 3季度 | 4季度 | 全年合计 |
|---|---|---|---|---|---|
| 预计销售需要量 | 11.000 | 12.500 | 13.000 | 17.000 | 53.500 |
| 加：预计期末存货量 | 1.240 | 1.740 | 2.740 | 0.740 | 0.740 |
| 预计需要量合计 | 12.240 | 14.240 | 15.740 | 17.740 | 54.240 |
| 减：期初存货量 | 1.820 | 1.240 | 1.740 | 2.740 | 1.820 |
| 预计生产量 | 10.420 | 13.000 | 14.000 | 15.000 | 52.420 |

图 6-6　2022 年分季度的生产预算

（3）编制直接材料预算

直接材料预算是规划预算期直接材料采购、消耗等活动的业务预算。直接材料预算以生产预算为依据，结合企业的材料消耗定额、材料预计单价及期初、期末的预计材料存货水平等资料进行编制。直接材料预算包括两部分内容：各个季度及全年的直接材料采购量（消耗量）预算和预计现金支出表，后者为编制现金预算提供依据。

该公司每期材料采购货款的 60%于本期支付，余款于下月付清。

有关项目的计算公式如下。

各种材料的预计采购量=生产产品材料耗用量+预计期末材料存量-预计期初材料存量

预计期初材料存量=上期末预计材料存量

材料耗用成本=期初材料成本+材料单价×（预计材料耗用量-期初材料存量）

材料采购成本=预计材料采购量×材料单价

各月预计现金支出=本月采购成本×（1+增值税税率 13%）×预计付现比率 60%

+上月采购成本×（1+增值税税率 13%）×（1-预计付现比率 60%）

期末应付账款=本月采购成本×（1+增值税税率 13%）×（1-预计付现比率 60%）

在该公司 2020 年牛肉香精生产预算的基础上，根据其原材料清单、原材料预计单价等资料可以编制牛肉香精 2020 年分月的直接材料预算，如图 6-7 所示。

同理，在该公司牛肉香精 2021 年和 2022 年生产预算的基础上，根据其原材料清单、原材料预计单价等资料可以编制牛肉香精 2021 年和 2022 年分季度的直接材料预算，分别如图 6-8 和图 6-9 所示。应付账款周转期为 90 天。

同理，在该公司鸡肉香精 2020～2022 年生产预算的基础上，根据其原材料清单、原材料预计单价等资料可以编制鸡肉香精 2020 年分月的直接材料预算，以及 2021 年和 2022 年分季度的直接材料预算，分别如图 6-10～图 6-12 所示。

在该公司猪肉香精 2020～2022 年生产预算的基础上，根据其原材料清单、原材料预计单价等资料可以编制猪肉香精 2020 年分月的直接材料预算，以及 2021 年和 2022 年分季度的直接材料预算，分别如图 6-13～图 6-15 所示。

（4）编制直接人工预算

直接人工预算是规划预算期直接人工成本开支的业务预算。直接人工预算以生产预算为依据，结合企业的工时定额及小时工资率等资料进行编制。

在该公司牛肉香精、鸡肉香精、猪肉香精三种产品 2020～2022 年生产预算的基础上，根据单位产品工时、每小时人工成本等资料可以编制 2020 年分月的直接人工预算，以及 2021 年和 2022 年分季度的直接人工预算，分别如图 6-16～图 6-18 所示。人工成本一般由现金开支，故不必单独编制现金支出预算。

有关项目的计算公式如下：

人工总工时=预计生产量×单位产品工时

人工总成本=人工总工时×每小时人工成本

（5）编制制造费用预算

制造费用预算是规划预算期除了直接材料、直接人工以外的其他一切生产费用的业务预算。制造费用预算包括两部分内容：各项变动制造费用、固定制造费用预算和预计现金支出表，后者为编制现金预算提供依据。

在该公司 2020～2022 年生产预算的基础上，根据除了固定资产折旧计算表、直接材料预算和直接人工预算以外的有关变动制造费用、固定制造费用等资料，可以编制 2020 年分月的制造费用预算，以及 2021 年和 2022 年分季度的制造费用预算，分别如图 6-19～图 6-21 所示。制造费用预算为计算并编制产品成本预算打下基础。同时，为了便于后续编制现金预算，制造费用预算也包括了预计现金支出。

| | A B | C | D | E | F | G | H | I | J | K | L | M | N | O | P | Q | R | S |
|---|---|---|---|---|---|---|---|---|---|---|---|---|---|---|---|---|---|---|
| 1 | 2020年牛肉香精直接材料预算 | | | | | | | | | | | | | | | | | |
| 2 | 项目 | 1月 | 2月 | 3月 | *1季度* | 4月 | 5月 | 6月 | *2季度* | 7月 | 8月 | 9月 | *3季度* | 10月 | 11月 | 12月 | *4季度* | *本年合计* |
| 3 | 预计生产量 | 3.00 | 3.00 | 3.00 | 9.00 | 3.00 | 3.00 | 3.00 | 9.00 | 3.00 | 3.00 | 3.00 | 9.00 | 3.00 | 3.00 | 3.00 | 9.00 | 36.00 |
| 4 | 材料耗用量 | | | | | | | | | | | | | | | | | |
| 5 | 牛肉 | 0.69 | 0.69 | 0.69 | 2.07 | 0.69 | 0.69 | 0.69 | 2.07 | 0.69 | 0.69 | 0.69 | 2.07 | 0.69 | 0.69 | 0.69 | 2.07 | 8.28 |
| 6 | 精盐 | 1.20 | 1.20 | 1.20 | 3.60 | 1.20 | 1.20 | 1.20 | 3.60 | 1.20 | 1.20 | 1.20 | 3.60 | 1.20 | 1.20 | 1.20 | 3.60 | 14.40 |
| 7 | 味精 | 0.45 | 0.45 | 0.45 | 1.35 | 0.45 | 0.45 | 0.45 | 1.35 | 0.45 | 0.45 | 0.45 | 1.35 | 0.45 | 0.45 | 0.45 | 1.35 | 5.40 |
| 8 | 香基 | 0.05 | 0.05 | 0.05 | 0.14 | 0.05 | 0.05 | 0.05 | 0.14 | 0.05 | 0.05 | 0.05 | 0.14 | 0.05 | 0.05 | 0.05 | 0.14 | 0.54 |
| 9 | 干燥剂 | 0.21 | 0.21 | 0.21 | 0.63 | 0.21 | 0.21 | 0.21 | 0.63 | 0.21 | 0.21 | 0.21 | 0.63 | 0.21 | 0.21 | 0.21 | 0.63 | 2.52 |
| 10 | 酵母提取物 | 0.05 | 0.05 | 0.05 | 0.14 | 0.05 | 0.05 | 0.05 | 0.14 | 0.05 | 0.05 | 0.05 | 0.14 | 0.05 | 0.05 | 0.05 | 0.14 | 0.54 |
| 11 | 淀粉 | 1.11 | 1.11 | 1.11 | 3.33 | 1.11 | 1.11 | 1.11 | 3.33 | 1.11 | 1.11 | 1.11 | 3.33 | 1.11 | 1.11 | 1.11 | 3.33 | 13.32 |
| 12 | 纸箱 | 0.30 | 0.30 | 0.30 | 0.90 | 0.30 | 0.30 | 0.30 | 0.90 | 0.30 | 0.30 | 0.30 | 0.90 | 0.30 | 0.30 | 0.30 | 0.90 | 3.60 |
| 13 | 包装袋 | 0.30 | 0.30 | 0.30 | 0.90 | 0.30 | 0.30 | 0.30 | 0.90 | 0.30 | 0.30 | 0.30 | 0.90 | 0.30 | 0.30 | 0.30 | 0.90 | 3.60 |
| 14 | 加：期末存量 | | | | | | | | | | | | | | | | | |
| 15 | 牛肉 | 0.14 | 0.14 | 0.14 | 0.14 | 0.14 | 0.14 | 0.14 | 0.14 | 0.14 | 0.14 | 0.14 | 0.14 | 0.14 | 0.14 | 0.14 | 0.14 | 0.14 |
| 16 | 精盐 | 0.24 | 0.24 | 0.24 | 0.24 | 0.24 | 0.24 | 0.24 | 0.24 | 0.24 | 0.24 | 0.24 | 0.24 | 0.24 | 0.24 | 0.24 | 0.24 | 0.24 |
| 17 | 味精 | 0.09 | 0.09 | 0.09 | 0.09 | 0.09 | 0.09 | 0.09 | 0.09 | 0.09 | 0.09 | 0.09 | 0.09 | 0.09 | 0.09 | 0.09 | 0.09 | 0.09 |
| 18 | 香基 | 0.01 | 0.01 | 0.01 | 0.01 | 0.01 | 0.01 | 0.01 | 0.01 | 0.01 | 0.01 | 0.01 | 0.01 | 0.01 | 0.01 | 0.01 | 0.01 | 0.01 |
| 19 | 干燥剂 | 0.04 | 0.04 | 0.04 | 0.04 | 0.04 | 0.04 | 0.04 | 0.04 | 0.04 | 0.04 | 0.04 | 0.04 | 0.04 | 0.04 | 0.04 | 0.04 | 0.04 |
| 20 | 酵母提取物 | 0.01 | 0.01 | 0.01 | 0.01 | 0.01 | 0.01 | 0.01 | 0.01 | 0.01 | 0.01 | 0.01 | 0.01 | 0.01 | 0.01 | 0.01 | 0.01 | 0.01 |
| 21 | 淀粉 | 0.22 | 0.22 | 0.22 | 0.22 | 0.22 | 0.22 | 0.22 | 0.22 | 0.22 | 0.22 | 0.22 | 0.22 | 0.22 | 0.22 | 0.22 | 0.22 | 0.22 |
| 22 | 纸箱 | 0.06 | 0.06 | 0.06 | 0.06 | 0.06 | 0.06 | 0.06 | 0.06 | 0.06 | 0.06 | 0.06 | 0.06 | 0.06 | 0.06 | 0.06 | 0.06 | 0.06 |
| 23 | 包装袋 | 0.06 | 0.06 | 0.06 | 0.06 | 0.06 | 0.06 | 0.06 | 0.06 | 0.06 | 0.06 | 0.06 | 0.06 | 0.06 | 0.06 | 0.06 | 0.06 | 0.06 |
| 24 | 合计/吨 | | | | | | | | | | | | | | | | | |
| 25 | 牛肉 | 0.83 | 0.83 | 0.83 | | 0.83 | 0.83 | 0.83 | | 0.83 | 0.83 | 0.83 | | 0.83 | 0.83 | 0.83 | | |
| 26 | 精盐 | 1.44 | 1.44 | 1.44 | | 1.44 | 1.44 | 1.44 | | 1.44 | 1.44 | 1.44 | | 1.44 | 1.44 | 1.44 | | |
| 27 | 味精 | 0.54 | 0.54 | 0.54 | | 0.54 | 0.54 | 0.54 | | 0.54 | 0.54 | 0.54 | | 0.54 | 0.54 | 0.54 | | |
| 28 | 香基 | 0.05 | 0.05 | 0.05 | | 0.05 | 0.05 | 0.05 | | 0.05 | 0.05 | 0.05 | | 0.05 | 0.05 | 0.05 | | |
| 29 | 干燥剂 | 0.25 | 0.25 | 0.25 | | 0.25 | 0.25 | 0.25 | | 0.25 | 0.25 | 0.25 | | 0.25 | 0.25 | 0.25 | | |
| 30 | 酵母提取物 | 0.05 | 0.05 | 0.05 | | 0.05 | 0.05 | 0.05 | | 0.05 | 0.05 | 0.05 | | 0.05 | 0.05 | 0.05 | | |
| 31 | 淀粉 | 1.33 | 1.33 | 1.33 | | 1.33 | 1.33 | 1.33 | | 1.33 | 1.33 | 1.33 | | 1.33 | 1.33 | 1.33 | | |
| 32 | 纸箱 | 0.36 | 0.36 | 0.36 | | 0.36 | 0.36 | 0.36 | | 0.36 | 0.36 | 0.36 | | 0.36 | 0.36 | 0.36 | | |
| 33 | 包装袋 | 0.36 | 0.36 | 0.36 | | 0.36 | 0.36 | 0.36 | | 0.36 | 0.36 | 0.36 | | 0.36 | 0.36 | 0.36 | | |
| 34 | 减：期初存量 | | | | | | | | | | | | | | | | | |
| 35 | 牛肉 | 0.14 | 0.14 | 0.14 | 0.14 | 0.14 | 0.14 | 0.14 | 0.14 | 0.14 | 0.14 | 0.14 | 0.14 | 0.14 | 0.14 | 0.14 | 0.14 | |
| 36 | 精盐 | 0.24 | 0.24 | 0.24 | 0.24 | 0.24 | 0.24 | 0.24 | 0.24 | 0.24 | 0.24 | 0.24 | 0.24 | 0.24 | 0.24 | 0.24 | 0.24 | |
| 37 | 味精 | 0.09 | 0.09 | 0.09 | 0.09 | 0.09 | 0.09 | 0.09 | 0.09 | 0.09 | 0.09 | 0.09 | 0.09 | 0.09 | 0.09 | 0.09 | 0.09 | |
| 38 | 香基 | 0.01 | 0.01 | 0.01 | 0.01 | 0.01 | 0.01 | 0.01 | 0.01 | 0.01 | 0.01 | 0.01 | 0.01 | 0.01 | 0.01 | 0.01 | 0.01 | |
| 39 | 干燥剂 | 0.04 | 0.04 | 0.04 | 0.04 | 0.04 | 0.04 | 0.04 | 0.04 | 0.04 | 0.04 | 0.04 | 0.04 | 0.04 | 0.04 | 0.04 | 0.04 | |
| 40 | 酵母提取物 | 0.01 | 0.01 | 0.01 | 0.01 | 0.01 | 0.01 | 0.01 | 0.01 | 0.01 | 0.01 | 0.01 | 0.01 | 0.01 | 0.01 | 0.01 | 0.01 | |
| 41 | 淀粉 | 0.22 | 0.22 | 0.22 | 0.22 | 0.22 | 0.22 | 0.22 | 0.22 | 0.22 | 0.22 | 0.22 | 0.22 | 0.22 | 0.22 | 0.22 | 0.22 | |
| 42 | 纸箱 | 0.06 | 0.06 | 0.06 | 0.06 | 0.06 | 0.06 | 0.06 | 0.06 | 0.06 | 0.06 | 0.06 | 0.06 | 0.06 | 0.06 | 0.06 | 0.06 | |
| 43 | 包装袋 | 0.06 | 0.06 | 0.06 | 0.06 | 0.06 | 0.06 | 0.06 | 0.06 | 0.06 | 0.06 | 0.06 | 0.06 | 0.06 | 0.06 | 0.06 | 0.06 | |
| 44 | 预计采购量 | | | | | | | | | | | | | | | | | |
| 45 | 牛肉 | 0.69 | 0.69 | 0.69 | 2.07 | 0.69 | 0.69 | 0.69 | 2.07 | 0.69 | 0.69 | 0.69 | 2.07 | 0.69 | 0.69 | 0.69 | 2.07 | 8.28 |
| 46 | 精盐 | 1.20 | 1.20 | 1.20 | 3.60 | 1.20 | 1.20 | 1.20 | 3.60 | 1.20 | 1.20 | 1.20 | 3.60 | 1.20 | 1.20 | 1.20 | 3.60 | 14.40 |
| 47 | 味精 | 0.45 | 0.45 | 0.45 | 1.35 | 0.45 | 0.45 | 0.45 | 1.35 | 0.45 | 0.45 | 0.45 | 1.35 | 0.45 | 0.45 | 0.45 | 1.35 | 5.40 |
| 48 | 香基 | 0.05 | 0.05 | 0.05 | 0.14 | 0.05 | 0.05 | 0.05 | 0.14 | 0.05 | 0.05 | 0.05 | 0.14 | 0.05 | 0.05 | 0.05 | 0.14 | 0.54 |
| 49 | 干燥剂 | 0.21 | 0.21 | 0.21 | 0.63 | 0.21 | 0.21 | 0.21 | 0.63 | 0.21 | 0.21 | 0.21 | 0.63 | 0.21 | 0.21 | 0.21 | 0.63 | 2.52 |
| 50 | 酵母提取物 | 0.05 | 0.05 | 0.05 | 0.14 | 0.05 | 0.05 | 0.05 | 0.14 | 0.05 | 0.05 | 0.05 | 0.14 | 0.05 | 0.05 | 0.05 | 0.14 | 0.54 |
| 51 | 淀粉 | 1.11 | 1.11 | 1.11 | 3.33 | 1.11 | 1.11 | 1.11 | 3.33 | 1.11 | 1.11 | 1.11 | 3.33 | 1.11 | 1.11 | 1.11 | 3.33 | 13.32 |
| 52 | 纸箱 | 0.30 | 0.30 | 0.30 | 0.90 | 0.30 | 0.30 | 0.30 | 0.90 | 0.30 | 0.30 | 0.30 | 0.90 | 0.30 | 0.30 | 0.30 | 0.90 | 3.60 |
| 53 | 包装袋 | 0.30 | 0.30 | 0.30 | 0.90 | 0.30 | 0.30 | 0.30 | 0.90 | 0.30 | 0.30 | 0.30 | 0.90 | 0.30 | 0.30 | 0.30 | 0.90 | 3.60 |

图 6-7　2020 年牛肉香精分月的直接材料预算

| | A | B | C | D | E | F | G | H | I | J | K | L | M | N | O | P | Q | R | S |
|---|---|---|---|---|---|---|---|---|---|---|---|---|---|---|---|---|---|---|---|
| 54 | 单价（元/吨） | | | | | | | | | | | | | | | | | | |
| 55 | | 牛肉 | 19,000.00 | 19,000.00 | 19,000.00 | 19,000.00 | 19,000.00 | 19,000.00 | 19,000.00 | 19,000.00 | 19,000.00 | 19,000.00 | 19,000.00 | 19,000.00 | 19,000.00 | 19,000.00 | 19,000.00 | 19,000.00 | 19,000.00 |
| 56 | | 精盐 | 850.00 | 850.00 | 850.00 | 850.00 | 850.00 | 850.00 | 850.00 | 850.00 | 850.00 | 850.00 | 850.00 | 850.00 | 850.00 | 850.00 | 850.00 | 850.00 | 850.00 |
| 57 | | 味精 | 8,500.00 | 8,500.00 | 8,500.00 | 8,500.00 | 8,500.00 | 8,500.00 | 8,500.00 | 8,500.00 | 8,500.00 | 8,500.00 | 8,500.00 | 8,500.00 | 8,500.00 | 8,500.00 | 8,500.00 | 8,500.00 | 8,500.00 |
| 58 | | 香基 | 36,000.00 | 36,000.00 | 36,000.00 | 36,000.00 | 36,000.00 | 36,000.00 | 36,000.00 | 36,000.00 | 36,000.00 | 36,000.00 | 36,000.00 | 36,000.00 | 36,000.00 | 36,000.00 | 36,000.00 | 36,000.00 | 36,000.00 |
| 59 | | 干燥剂 | 6,800.00 | 6,800.00 | 6,800.00 | 6,800.00 | 6,800.00 | 6,800.00 | 6,800.00 | 6,800.00 | 6,800.00 | 6,800.00 | 6,800.00 | 6,800.00 | 6,800.00 | 6,800.00 | 6,800.00 | 6,800.00 | 6,800.00 |
| 60 | | 酵母提取物 | 21,600.00 | 21,600.00 | 21,600.00 | 21,600.00 | 21,600.00 | 21,600.00 | 21,600.00 | 21,600.00 | 21,600.00 | 21,600.00 | 21,600.00 | 21,600.00 | 21,600.00 | 21,600.00 | 21,600.00 | 21,600.00 | 21,600.00 |
| 61 | | 淀粉 | 2,200.00 | 2,200.00 | 2,200.00 | 2,200.00 | 2,200.00 | 2,200.00 | 2,200.00 | 2,200.00 | 2,200.00 | 2,200.00 | 2,200.00 | 2,200.00 | 2,200.00 | 2,200.00 | 2,200.00 | 2,200.00 | 2,200.00 |
| 62 | | 纸箱 | 3,000.00 | 3,000.00 | 3,000.00 | 3,000.00 | 3,000.00 | 3,000.00 | 3,000.00 | 3,000.00 | 3,000.00 | 3,000.00 | 3,000.00 | 3,000.00 | 3,000.00 | 3,000.00 | 3,000.00 | 3,000.00 | 3,000.00 |
| 63 | | 包装袋 | 1,300.00 | 1,300.00 | 1,300.00 | 1,300.00 | 1,300.00 | 1,300.00 | 1,300.00 | 1,300.00 | 1,300.00 | 1,300.00 | 1,300.00 | 1,300.00 | 1,300.00 | 1,300.00 | 1,300.00 | 1,300.00 | 1,300.00 |
| 64 | 耗用成本（元） | | | | | | | | | | | | | | | | | | |
| 65 | | 牛肉 | 13,110.00 | 13,110.00 | 13,110.00 | 39,330.00 | 13,110.00 | 13,110.00 | 13,110.00 | 39,330.00 | 13,110.00 | 13,110.00 | 13,110.00 | 39,330.00 | 13,110.00 | 13,110.00 | 13,110.00 | 39,330.00 | 157,320.00 |
| 66 | | 精盐 | 1,020.00 | 1,020.00 | 1,020.00 | 3,060.00 | 1,020.00 | 1,020.00 | 1,020.00 | 3,060.00 | 1,020.00 | 1,020.00 | 1,020.00 | 3,060.00 | 1,020.00 | 1,020.00 | 1,020.00 | 3,060.00 | 12,240.00 |
| 67 | | 味精 | 3,825.00 | 3,825.00 | 3,825.00 | 11,475.00 | 3,825.00 | 3,825.00 | 3,825.00 | 11,475.00 | 3,825.00 | 3,825.00 | 3,825.00 | 11,475.00 | 3,825.00 | 3,825.00 | 3,825.00 | 11,475.00 | 45,900.00 |
| 68 | | 香基 | 1,620.00 | 1,620.00 | 1,620.00 | 4,860.00 | 1,620.00 | 1,620.00 | 1,620.00 | 4,860.00 | 1,620.00 | 1,620.00 | 1,620.00 | 4,860.00 | 1,620.00 | 1,620.00 | 1,620.00 | 4,860.00 | 19,440.00 |
| 69 | | 干燥剂 | 1,428.00 | 1,428.00 | 1,428.00 | 4,284.00 | 1,428.00 | 1,428.00 | 1,428.00 | 4,284.00 | 1,428.00 | 1,428.00 | 1,428.00 | 4,284.00 | 1,428.00 | 1,428.00 | 1,428.00 | 4,284.00 | 17,136.00 |
| 70 | | 酵母提取物 | 972.00 | 972.00 | 972.00 | 2,916.00 | 972.00 | 972.00 | 972.00 | 2,916.00 | 972.00 | 972.00 | 972.00 | 2,916.00 | 972.00 | 972.00 | 972.00 | 2,916.00 | 11,664.00 |
| 71 | | 淀粉 | 2,442.00 | 2,442.00 | 2,442.00 | 7,326.00 | 2,442.00 | 2,442.00 | 2,442.00 | 7,326.00 | 2,442.00 | 2,442.00 | 2,442.00 | 7,326.00 | 2,442.00 | 2,442.00 | 2,442.00 | 7,326.00 | 29,304.00 |
| 72 | | 纸箱 | 900.00 | 900.00 | 900.00 | 2,700.00 | 900.00 | 900.00 | 900.00 | 2,700.00 | 900.00 | 900.00 | 900.00 | 2,700.00 | 900.00 | 900.00 | 900.00 | 2,700.00 | 10,800.00 |
| 73 | | 包装袋 | 390.00 | 390.00 | 390.00 | 1,170.00 | 390.00 | 390.00 | 390.00 | 1,170.00 | 390.00 | 390.00 | 390.00 | 1,170.00 | 390.00 | 390.00 | 390.00 | 1,170.00 | 4,680.00 |
| 74 | | 耗用总成本 | 25,707.00 | 25,707.00 | 25,707.00 | 77,121.00 | 25,707.00 | 25,707.00 | 25,707.00 | 77,121.00 | 25,707.00 | 25,707.00 | 25,707.00 | 77,121.00 | 25,707.00 | 25,707.00 | 25,707.00 | 77,121.00 | 308,484.00 |
| 75 | 采购金额（元） | | | | | | | | | | | | | | | | | | |
| 76 | | 牛肉 | 13,110.00 | 13,110.00 | 13,110.00 | 39,330.00 | 13,110.00 | 13,110.00 | 13,110.00 | 39,330.00 | 13,110.00 | 13,110.00 | 13,110.00 | 39,330.00 | 13,110.00 | 13,110.00 | 13,110.00 | 39,330.00 | 157,320.00 |
| 77 | | 精盐 | 1,020.00 | 1,020.00 | 1,020.00 | 3,060.00 | 1,020.00 | 1,020.00 | 1,020.00 | 3,060.00 | 1,020.00 | 1,020.00 | 1,020.00 | 3,060.00 | 1,020.00 | 1,020.00 | 1,020.00 | 3,060.00 | 12,240.00 |
| 78 | | 味精 | 3,825.00 | 3,825.00 | 3,825.00 | 11,475.00 | 3,825.00 | 3,825.00 | 3,825.00 | 11,475.00 | 3,825.00 | 3,825.00 | 3,825.00 | 11,475.00 | 3,825.00 | 3,825.00 | 3,825.00 | 11,475.00 | 45,900.00 |
| 79 | | 香基 | 1,620.00 | 1,620.00 | 1,620.00 | 4,860.00 | 1,620.00 | 1,620.00 | 1,620.00 | 4,860.00 | 1,620.00 | 1,620.00 | 1,620.00 | 4,860.00 | 1,620.00 | 1,620.00 | 1,620.00 | 4,860.00 | 19,440.00 |
| 80 | | 干燥剂 | 1,428.00 | 1,428.00 | 1,428.00 | 4,284.00 | 1,428.00 | 1,428.00 | 1,428.00 | 4,284.00 | 1,428.00 | 1,428.00 | 1,428.00 | 4,284.00 | 1,428.00 | 1,428.00 | 1,428.00 | 4,284.00 | 17,136.00 |
| 81 | | 酵母提取物 | 972.00 | 972.00 | 972.00 | 2,916.00 | 972.00 | 972.00 | 972.00 | 2,916.00 | 972.00 | 972.00 | 972.00 | 2,916.00 | 972.00 | 972.00 | 972.00 | 2,916.00 | 11,664.00 |
| 82 | | 淀粉 | 2,442.00 | 2,442.00 | 2,442.00 | 7,326.00 | 2,442.00 | 2,442.00 | 2,442.00 | 7,326.00 | 2,442.00 | 2,442.00 | 2,442.00 | 7,326.00 | 2,442.00 | 2,442.00 | 2,442.00 | 7,326.00 | 29,304.00 |
| 83 | | 纸箱 | 900.00 | 900.00 | 900.00 | 2,700.00 | 900.00 | 900.00 | 900.00 | 2,700.00 | 900.00 | 900.00 | 900.00 | 2,700.00 | 900.00 | 900.00 | 900.00 | 2,700.00 | 10,800.00 |
| 84 | | 包装袋 | 390.00 | 390.00 | 390.00 | 1,170.00 | 390.00 | 390.00 | 390.00 | 1,170.00 | 390.00 | 390.00 | 390.00 | 1,170.00 | 390.00 | 390.00 | 390.00 | 1,170.00 | 4,680.00 |
| 85 | | 采购成本（元） | 25,707.00 | 25,707.00 | 25,707.00 | 77,121.00 | 25,707.00 | 25,707.00 | 25,707.00 | 77,121.00 | 25,707.00 | 25,707.00 | 25,707.00 | 77,121.00 | 25,707.00 | 25,707.00 | 25,707.00 | 77,121.00 | 308,484.00 |
| 86 | 交增值税—进项税 | | 3,341.91 | 3,341.91 | 3,341.91 | 10,025.73 | 3,341.91 | 3,341.91 | 3,341.91 | 10,025.73 | 3,341.91 | 3,341.91 | 3,341.91 | 10,025.73 | 3,341.91 | 3,341.91 | 3,341.91 | 10,025.73 | 40,102.92 |
| 87 | | 期应付 | 11,619.56 | 假设上月采购额和赊销率与本年年初一致，应付账款周转期30天 | | | | | | | | | | | | | | | 11,619.56 |
| 88 | | 1月购料 | 17,429.35 | 11,619.56 | | | | | | | | | | | | | | | 29,048.91 |
| 89 | | 2月购料 | | 17,429.35 | 11,619.56 | | | | | | | | | | | | | | 29,048.91 |
| 90 | | 3月购料 | | | 17,429.35 | | 11,619.56 | | | | | | | | | | | | 29,048.91 |
| 91 | | 季度购料 | | | | 87,146.73 | | | | | | | | | | | | | 87,146.73 |
| 92 | | 4月购料 | | | | | 17,429.35 | 11,619.56 | | | | | | | | | | | 29,048.91 |
| 93 | | 5月购料 | | | | | | 17,429.35 | 11,619.56 | | | | | | | | | | 29,048.91 |
| 94 | 预计现金支出计算表（元） | 6月购料 | | | | | | | 17,429.35 | | 11,619.56 | | | | | | | | 29,048.91 |
| 95 | | 季度购料 | | | | | | | | 87,146.73 | | | | | | | | | 87,146.73 |
| 96 | | 7月购料 | | | | | | | | | 17,429.35 | 11,619.56 | | | | | | | 29,048.91 |
| 97 | | 8月购料 | | | | | | | | | | 17,429.35 | 11,619.56 | | | | | | 29,048.91 |
| 98 | | 9月购料 | | | | | | | | | | | 17,429.35 | | 11,619.56 | | | | 29,048.91 |
| 99 | | 季度购料 | | | | | | | | | | | | 87,146.73 | | | | | 87,146.73 |
| 100 | | 10月购料 | | | | | | | | | | | | | 17,429.35 | 11,619.56 | | | 29,048.91 |
| 101 | | 11月购料 | | | | | | | | | | | | | | 17,429.35 | 11,619.56 | | 29,048.91 |
| 102 | | 12月购料 | | | | | | | | | | | | | | | 17,429.35 | | 17,429.35 |
| 103 | | 季度购料 | | | | | | | | | | | | | | | | 87,146.73 | 87,146.73 |
| 104 | | 支出 | 29,048.91 | 29,048.91 | 29,048.91 | 87,146.73 | 29,048.91 | 29,048.91 | 29,048.91 | 87,146.73 | 29,048.91 | 29,048.91 | 29,048.91 | 87,146.73 | 29,048.91 | 29,048.91 | 29,048.91 | 87,146.73 | 348,586.92 |
| 105 | 期末应收账款 | | | | | | | | | | | | | | | | | | 11,619.56 |

图 6-7（续）

| | A | B | C | D | E | F | G |
|---|---|---|---|---|---|---|---|
| 1 | | 2021年牛肉香精直接材料预算 | | | | | |
| 2 | | 项目 | 1季度 | 2季度 | 3季度 | 4季度 | 全年合计 |
| 3 | | **预计生产量** | 9.80 | 10.50 | 10.50 | 9.75 | 40.55 |
| 4 | | **材料耗用量** | | | | | |
| 5 | | 牛肉 | 2.21 | 2.37 | 2.37 | 2.20 | 9.14 |
| 6 | | 精盐 | 3.84 | 4.12 | 4.12 | 3.82 | 15.90 |
| 7 | | 味精 | 1.44 | 1.54 | 1.54 | 1.43 | 5.96 |
| 8 | | 香基 | 0.14 | 0.15 | 0.15 | 0.14 | 0.60 |
| 9 | | 干燥剂 | 0.67 | 0.72 | 0.72 | 0.67 | 2.78 |
| 10 | | 酵母提取物 | 0.14 | 0.15 | 0.15 | 0.14 | 0.60 |
| 11 | | 淀粉 | 3.55 | 3.81 | 3.81 | 3.54 | 14.70 |
| 12 | | 纸箱 | 0.96 | 1.03 | 1.03 | 0.96 | 3.97 |
| 13 | | 包装袋 | 0.96 | 1.03 | 1.03 | 0.96 | 3.97 |
| 14 | | **加：期末存量** | | | | | |
| 15 | | 牛肉 | 0.16 | 0.16 | 0.15 | 0.15 | 0.15 |
| 16 | | 精盐 | 0.27 | 0.27 | 0.25 | 0.25 | 0.25 |
| 17 | | 味精 | 0.10 | 0.10 | 0.10 | 0.10 | 0.10 |
| 18 | | 香基 | 0.01 | 0.01 | 0.01 | 0.01 | 0.01 |
| 19 | | 干燥剂 | 0.05 | 0.05 | 0.04 | 0.04 | 0.04 |
| 20 | | 酵母提取物 | 0.01 | 0.01 | 0.01 | 0.01 | 0.01 |
| 21 | | 淀粉 | 0.25 | 0.25 | 0.24 | 0.24 | 0.24 |
| 22 | | 纸箱 | 0.07 | 0.07 | 0.06 | 0.06 | 0.06 |
| 23 | | 包装袋 | 0.07 | 0.07 | 0.06 | 0.06 | 0.06 |
| 24 | | 合计/吨 | | | | | |
| 25 | | 牛肉 | 2.37 | 2.52 | 2.51 | 2.34 | |
| 26 | | 精盐 | 4.12 | 4.39 | 4.37 | 4.08 | |
| 27 | | 味精 | 1.54 | 1.65 | 1.64 | 1.53 | |
| 28 | | 香基 | 0.15 | 0.16 | 0.16 | 0.15 | |
| 29 | | 干燥剂 | 0.72 | 0.77 | 0.76 | 0.71 | |
| 30 | | 酵母提取物 | 0.15 | 0.16 | 0.16 | 0.15 | |
| 31 | | 淀粉 | 3.81 | 4.06 | 4.04 | 3.77 | |
| 32 | | 纸箱 | 1.03 | 1.10 | 1.09 | 1.02 | |
| 33 | | 包装袋 | 1.03 | 1.10 | 1.09 | 1.02 | |
| 34 | | **减：期初存量** | | | | | |
| 35 | | 牛肉 | 0.14 | 0.16 | 0.16 | 0.15 | 0.14 |
| 36 | | 精盐 | 0.24 | 0.27 | 0.27 | 0.25 | 0.24 |
| 37 | | 味精 | 0.09 | 0.10 | 0.10 | 0.10 | 0.09 |
| 38 | | 香基 | 0.01 | 0.01 | 0.01 | 0.01 | 0.01 |
| 39 | | 干燥剂 | 0.04 | 0.05 | 0.05 | 0.04 | 0.04 |
| 40 | | 酵母提取物 | 0.01 | 0.01 | 0.01 | 0.01 | 0.01 |
| 41 | | 淀粉 | 0.22 | 0.25 | 0.25 | 0.24 | 0.22 |
| 42 | | 纸箱 | 0.06 | 0.07 | 0.07 | 0.06 | 0.06 |
| 43 | | 包装袋 | 0.06 | 0.07 | 0.07 | 0.06 | 0.06 |
| 44 | | **预计采购量** | | | | | |
| 45 | | 牛肉 | 2.23 | 2.37 | 2.36 | 2.20 | 9.15 |
| 46 | | 精盐 | 3.88 | 4.12 | 4.10 | 3.82 | 15.91 |
| 47 | | 味精 | 1.45 | 1.54 | 1.54 | 1.43 | 5.97 |
| 48 | | 香基 | 0.15 | 0.15 | 0.15 | 0.14 | 0.60 |
| 49 | | 干燥剂 | 0.68 | 0.72 | 0.72 | 0.67 | 2.78 |
| 50 | | 酵母提取物 | 0.15 | 0.15 | 0.15 | 0.14 | 0.60 |
| 51 | | 淀粉 | 3.59 | 3.81 | 3.79 | 3.54 | 14.72 |
| 52 | | 纸箱 | 0.97 | 1.03 | 1.02 | 0.96 | 3.98 |
| 53 | | 包装袋 | 0.97 | 1.03 | 1.02 | 0.96 | 3.98 |
| 54 | | **单价（元/吨）** | | | | | |
| 55 | | 牛肉 | 19,950.00 | 19,950.00 | 19,950.00 | 19,950.00 | 19,950.00 |
| 56 | | 精盐 | 892.50 | 892.50 | 892.50 | 892.50 | 892.50 |
| 57 | | 味精 | 8,925.00 | 8,925.00 | 8,925.00 | 8,925.00 | 8,925.00 |
| 58 | | 香基 | 37,800.00 | 37,800.00 | 37,800.00 | 37,800.00 | 37,800.00 |
| 59 | | 干燥剂 | 7,140.00 | 7,140.00 | 7,140.00 | 7,140.00 | 7,140.00 |
| 60 | | 酵母提取物 | 22,680.00 | 22,680.00 | 22,680.00 | 22,680.00 | 22,680.00 |
| 61 | | 淀粉 | 2,310.00 | 2,310.00 | 2,310.00 | 2,310.00 | 2,310.00 |
| 62 | | 纸箱 | 3,150.00 | 3,150.00 | 3,150.00 | 3,150.00 | 3,150.00 |
| 63 | | 包装袋 | 1,365.00 | 1,365.00 | 1,365.00 | 1,365.00 | 1,365.00 |
| 64 | | **耗用成本（元）** | | | | | |
| 65 | | 牛肉 | 43,936.85 | 47,215.67 | 47,215.67 | 43,852.11 | 182,220.29 |
| 66 | | 精盐 | 3,418.43 | 3,673.53 | 3,673.53 | 3,411.83 | 14,177.32 |
| 67 | | 味精 | 12,819.11 | 13,775.74 | 13,775.74 | 12,794.38 | 53,164.96 |
| 68 | | 香基 | 5,429.27 | 5,834.43 | 5,834.43 | 5,418.80 | 22,516.92 |
| 69 | | 干燥剂 | 4,785.80 | 5,142.94 | 5,142.94 | 4,776.57 | 19,848.25 |
| 70 | | 酵母提取物 | 3,257.56 | 3,500.66 | 3,500.66 | 3,251.28 | 13,510.15 |
| 71 | | 淀粉 | 8,184.12 | 8,794.86 | 8,794.86 | 8,168.33 | 33,942.18 |
| 72 | | 纸箱 | 3,016.26 | 3,241.35 | 3,241.35 | 3,010.44 | 12,509.40 |
| 73 | | 包装袋 | 1,307.05 | 1,404.59 | 1,404.59 | 1,304.53 | 5,420.74 |
| 74 | | 耗用总成本 | 86,154.44 | 92,583.76 | 92,583.76 | 85,988.27 | 357,310.23 |
| 75 | | **采购金额（元）** | | | | | |
| 76 | | 牛肉 | 44,462.57 | 47,215.67 | 46,991.43 | 43,852.11 | 182,521.77 |
| 77 | | 精盐 | 3,459.33 | 3,673.53 | 3,656.08 | 3,411.83 | 14,200.78 |
| 78 | | 味精 | 12,972.49 | 13,775.74 | 13,710.31 | 12,794.38 | 53,252.92 |
| 79 | | 香基 | 5,494.23 | 5,834.43 | 5,806.72 | 5,418.80 | 22,554.18 |
| 80 | | 干燥剂 | 4,843.06 | 5,142.94 | 5,118.52 | 4,776.57 | 19,881.09 |
| 81 | | 酵母提取物 | 3,296.54 | 3,500.66 | 3,484.03 | 3,251.28 | 13,532.51 |
| 82 | | 淀粉 | 8,282.04 | 8,794.86 | 8,753.09 | 8,168.33 | 33,998.33 |
| 83 | | 纸箱 | 3,052.35 | 3,241.35 | 3,225.96 | 3,010.44 | 12,530.10 |
| 84 | | 包装袋 | 1,322.69 | 1,404.59 | 1,397.91 | 1,304.53 | 5,429.71 |
| 85 | | 采购成本(元) | 87,185.29 | 92,583.76 | 92,144.06 | 85,988.27 | 357,901.38 |
| 86 | | 应交增值税——进项税额 | 11,334.09 | 12,035.89 | 11,978.73 | 11,178.48 | 46,527.18 |
| 87 | 预计现金支出计算表 | 期初应付账款 | 11,619.56 | | | | 11,619.56 |
| 88 | | 第一季度购买材料支出 | 59,111.63 | 39,407.75 | | | 98,519.38 |
| 89 | | 第二季度购买材料支出 | | 62,771.79 | 41,847.86 | | 104,619.65 |
| 90 | | 第三季度购买材料支出 | | | 62,473.67 | 41,649.12 | 104,122.79 |
| 91 | | 第四季度购买材料支出 | | | | 58,300.05 | 58,300.05 |
| 92 | | 现金支出合计 | 70,731.19 | 102,179.54 | 104,321.53 | 99,949.16 | 377,181.43 |
| 93 | | 期末应付账款 | | | | | 38,866.70 |

图 6-8　2021 年牛肉香精分季度的直接材料预算

| | A | B | C | D | E | F | G |
|---|---|---|---|---|---|---|---|
| 1 | | | 2022年牛肉香精直接材料预算 | | | | |
| 2 | | 项目 | 1季度 | 2季度 | 3季度 | 4季度 | 全年合计 |
| 3 | | **预计生产量** | 12.23 | 14.00 | 14.50 | 16.00 | 40.55 |
| 4 | | **材料耗用量** | | | | | |
| 5 | | 牛肉 | 2.43 | 2.78 | 2.88 | 3.17 | 11.25 |
| 6 | | 精盐 | 4.79 | 5.49 | 5.68 | 6.27 | 22.24 |
| 7 | | 味精 | 1.80 | 2.06 | 2.13 | 2.35 | 8.34 |
| 8 | | 香基 | 0.16 | 0.18 | 0.19 | 0.21 | 0.73 |
| 9 | | 干燥剂 | 0.84 | 0.96 | 0.99 | 1.10 | 3.89 |
| 10 | | 酵母提取物 | 0.16 | 0.18 | 0.19 | 0.21 | 0.73 |
| 11 | | 淀粉 | 4.43 | 5.08 | 5.26 | 5.80 | 20.57 |
| 12 | | 纸箱 | 1.20 | 1.37 | 1.42 | 1.57 | 5.56 |
| 13 | | 包装袋 | 1.20 | 1.37 | 1.42 | 1.57 | 5.56 |
| 14 | | **加：期末存量** | | | | | |
| 15 | | 牛肉 | 0.19 | 0.19 | 0.21 | 0.21 | 0.21 |
| 16 | | 精盐 | 0.37 | 0.38 | 0.42 | 0.42 | 0.42 |
| 17 | | 味精 | 0.14 | 0.14 | 0.16 | 0.16 | 0.16 |
| 18 | | 香基 | 0.01 | 0.01 | 0.01 | 0.01 | 0.01 |
| 19 | | 干燥剂 | 0.06 | 0.07 | 0.07 | 0.07 | 0.07 |
| 20 | | 酵母提取物 | 0.01 | 0.01 | 0.01 | 0.01 | 0.01 |
| 21 | | 淀粉 | 0.34 | 0.35 | 0.39 | 0.39 | 0.39 |
| 22 | | 纸箱 | 0.09 | 0.09 | 0.10 | 0.10 | 0.10 |
| 23 | | 包装袋 | 0.09 | 0.09 | 0.10 | 0.10 | 0.10 |
| 24 | | 合计/吨 | | | | | |
| 25 | | 牛肉 | 2.61 | 2.97 | 3.09 | 3.39 | |
| 26 | | 精盐 | 5.16 | 5.87 | 6.10 | 6.69 | |
| 27 | | 味精 | 1.93 | 2.20 | 2.29 | 2.51 | |
| 28 | | 香基 | 0.17 | 0.19 | 0.20 | 0.22 | |
| 29 | | 干燥剂 | 0.90 | 1.03 | 1.07 | 1.17 | |
| 30 | | 酵母提取物 | 0.17 | 0.19 | 0.20 | 0.22 | |
| 31 | | 淀粉 | 4.77 | 5.43 | 5.64 | 6.19 | |
| 32 | | 纸箱 | 1.29 | 1.47 | 1.53 | 1.67 | |
| 33 | | 包装袋 | 1.29 | 1.47 | 1.53 | 1.67 | |
| 34 | | **减：期初存量** | | | | | |
| 35 | | 牛肉 | 0.15 | 0.19 | 0.19 | 0.21 | 0.15 |
| 36 | | 精盐 | 0.25 | 0.37 | 0.38 | 0.42 | 0.25 |
| 37 | | 味精 | 0.10 | 0.14 | 0.14 | 0.16 | 0.10 |
| 38 | | 香基 | 0.01 | 0.01 | 0.01 | 0.01 | 0.01 |
| 39 | | 干燥剂 | 0.04 | 0.06 | 0.07 | 0.07 | 0.04 |
| 40 | | 酵母提取物 | 0.01 | 0.01 | 0.01 | 0.01 | 0.01 |
| 41 | | 淀粉 | 0.24 | 0.34 | 0.35 | 0.39 | 0.24 |
| 42 | | 纸箱 | 0.06 | 0.09 | 0.09 | 0.10 | 0.06 |
| 43 | | 包装袋 | 0.06 | 0.09 | 0.09 | 0.10 | 0.06 |
| 44 | | **预计采购量** | | | | | |
| 45 | | 牛肉 | 2.46 | 2.78 | 2.90 | 3.17 | 11.32 |
| 46 | | 精盐 | 4.90 | 5.50 | 5.72 | 6.27 | 22.40 |
| 47 | | 味精 | 1.84 | 2.06 | 2.15 | 2.35 | 8.40 |
| 48 | | 香基 | 0.16 | 0.18 | 0.19 | 0.21 | 0.74 |
| 49 | | 干燥剂 | 0.86 | 0.96 | 1.00 | 1.10 | 3.92 |
| 50 | | 酵母提取物 | 0.16 | 0.18 | 0.19 | 0.21 | 0.74 |
| 51 | | 淀粉 | 4.54 | 5.09 | 5.29 | 5.80 | 20.72 |
| 52 | | 纸箱 | 1.23 | 1.38 | 1.43 | 1.57 | 5.60 |
| 53 | | 包装袋 | 1.23 | 1.38 | 1.43 | 1.57 | 5.60 |
| 54 | | **单价（元/吨）** | | | | | |
| 55 | | 牛肉 | 19,950.00 | 19,950.00 | 19,950.00 | 19,950.00 | 19,950.00 |
| 56 | | 精盐 | 892.50 | 892.50 | 892.50 | 892.50 | 892.50 |
| 57 | | 味精 | 8,925.00 | 8,925.00 | 8,925.00 | 8,925.00 | 8,925.00 |
| 58 | | 香基 | 37,800.00 | 37,800.00 | 37,800.00 | 37,800.00 | 37,800.00 |
| 59 | | 干燥剂 | 7,140.00 | 7,140.00 | 7,140.00 | 7,140.00 | 7,140.00 |
| 60 | | 酵母提取物 | 22,680.00 | 22,680.00 | 22,680.00 | 22,680.00 | 22,680.00 |
| 61 | | 淀粉 | 2,310.00 | 2,310.00 | 2,310.00 | 2,310.00 | 2,310.00 |
| 62 | | 纸箱 | 3,150.00 | 3,150.00 | 3,150.00 | 3,150.00 | 3,150.00 |
| 63 | | 包装袋 | 1,365.00 | 1,365.00 | 1,365.00 | 1,365.00 | 1,365.00 |
| 64 | | **耗用成本（元）** | | | | | |
| 65 | | 牛肉 | 48,379.78 | 55,399.71 | 57,378.27 | 63,313.96 | 224,471.73 |
| 66 | | 精盐 | 4,277.39 | 4,898.04 | 5,072.97 | 5,597.76 | 19,846.16 |
| 67 | | 味精 | 16,040.21 | 18,367.65 | 19,023.64 | 20,991.60 | 74,423.09 |
| 68 | | 香基 | 5,978.28 | 6,845.73 | 7,090.22 | 7,823.69 | 27,737.92 |
| 69 | | 干燥剂 | 5,988.34 | 6,857.26 | 7,102.16 | 7,836.86 | 27,784.62 |
| 70 | | 酵母提取物 | 3,586.97 | 4,107.44 | 4,254.13 | 4,694.22 | 16,642.75 |
| 71 | | 淀粉 | 10,240.57 | 11,726.48 | 12,145.29 | 13,401.70 | 47,514.04 |
| 72 | | 纸箱 | 3,774.17 | 4,321.80 | 4,476.15 | 4,939.20 | 17,511.32 |
| 73 | | 包装袋 | 1,635.47 | 1,872.78 | 1,939.67 | 2,140.32 | 7,588.24 |
| 74 | | 耗用总成本 | 99,901.17 | 114,396.89 | 118,482.50 | 130,739.31 | 463,519.87 |
| 75 | | **采购金额(元)** | | | | | |
| 76 | | 牛肉 | 49,149.62 | 55,531.62 | 57,773.99 | 63,313.96 | 225,769.18 |
| 77 | | 精盐 | 4,376.47 | 4,909.70 | 5,107.96 | 5,597.76 | 19,991.89 |
| 78 | | 味精 | 16,411.76 | 18,411.38 | 19,154.84 | 20,991.60 | 74,969.58 |
| 79 | | 香基 | 6,073.41 | 6,862.03 | 7,139.12 | 7,823.69 | 27,898.25 |
| 80 | | 干燥剂 | 6,127.06 | 6,873.58 | 7,151.14 | 7,836.86 | 27,988.64 |
| 81 | | 酵母提取物 | 3,644.04 | 4,117.22 | 4,283.47 | 4,694.22 | 16,738.95 |
| 82 | | 淀粉 | 10,477.78 | 11,754.40 | 12,229.05 | 13,401.70 | 47,862.93 |
| 83 | | 纸箱 | 3,861.59 | 4,332.09 | 4,507.02 | 4,939.20 | 17,639.90 |
| 84 | | 包装袋 | 1,673.36 | 1,877.24 | 1,953.04 | 2,140.32 | 7,643.96 |
| 85 | | 采购成本(元) | 101,795.08 | 114,669.27 | 119,299.62 | 130,739.31 | 466,503.27 |
| 86 | 应交增值税——进项税额 | | 13,233.36 | 14,907.00 | 15,508.95 | 16,996.11 | 60,645.43 |
| 87 | 预计现金支出计算表 | 期初应付账款 | 38,866.70 | | | | 38,866.70 |
| 88 | | 第一季度购买材料支出 | 69,017.06 | 46,011.38 | | | 115,028.44 |
| 89 | | 第二季度购买材料支出 | | 77,745.76 | 51,830.51 | | 129,576.27 |
| 90 | | 第三季度购买材料支出 | | | 80,885.14 | 53,923.43 | 134,808.57 |
| 91 | | 第四季度购买材料支出 | | | | 88,641.25 | 88,641.25 |
| 92 | | 现金支出合计 | 107,883.76 | 123,757.14 | 132,715.65 | 142,564.68 | 506,921.23 |
| 93 | | 期末应付账款 | | | | | 59,094.17 |

图 6-9 2022 年牛肉香精分季度的直接材料预算

2020年鸡肉香精直接材料预算

| 项目 | 1月 | 2月 | 3月 | 第1季度合计 | 4月 | 5月 | 6月 | 第2季度合计 | 7月 | 8月 | 9月 | 第3季度合计 | 10月 | 11月 | 12月 | 第4季度合计 | 本年合计 |
|---|---|---|---|---|---|---|---|---|---|---|---|---|---|---|---|---|---|
| 预计生产量/吨 | 4.00 | 4.00 | 4.00 | 12.00 | 4.00 | 4.00 | 4.00 | 12.00 | 4.00 | 4.00 | 4.00 | 12.00 | 4.00 | 4.00 | 4.00 | 12.00 | 48.00 |
| 产品材料耗用量/吨 | | | | | | | | | | | | | | | | | |
| 鸡肉 | 0.92 | 0.92 | 0.92 | 2.76 | 0.92 | 0.92 | 0.92 | 2.76 | 0.92 | 0.92 | 0.92 | 2.76 | 0.92 | 0.92 | 0.92 | 2.76 | 11.04 |
| 精盐 | 2.00 | 2.00 | 2.00 | 6.00 | 2.00 | 2.00 | 2.00 | 6.00 | 2.00 | 2.00 | 2.00 | 6.00 | 2.00 | 2.00 | 2.00 | 6.00 | 24.00 |
| 味精 | 0.80 | 0.80 | 0.80 | 2.40 | 0.80 | 0.80 | 0.80 | 2.40 | 0.80 | 0.80 | 0.80 | 2.40 | 0.80 | 0.80 | 0.80 | 2.40 | 9.60 |
| 香基 | 0.08 | 0.08 | 0.08 | 0.24 | 0.08 | 0.08 | 0.08 | 0.24 | 0.08 | 0.08 | 0.08 | 0.24 | 0.08 | 0.08 | 0.08 | 0.24 | 0.96 |
| 干燥剂 | 0.40 | 0.40 | 0.40 | 1.20 | 0.40 | 0.40 | 0.40 | 1.20 | 0.40 | 0.40 | 0.40 | 1.20 | 0.40 | 0.40 | 0.40 | 1.20 | 4.80 |
| 酵母提取物 | 0.04 | 0.04 | 0.04 | 0.12 | 0.04 | 0.04 | 0.04 | 0.12 | 0.04 | 0.04 | 0.04 | 0.12 | 0.04 | 0.04 | 0.04 | 0.12 | 0.48 |
| 淀粉 | 1.60 | 1.60 | 1.60 | 4.80 | 1.60 | 1.60 | 1.60 | 4.80 | 1.60 | 1.60 | 1.60 | 4.80 | 1.60 | 1.60 | 1.60 | 4.80 | 19.20 |
| 纸箱 | 0.40 | 0.40 | 0.40 | 1.20 | 0.40 | 0.40 | 0.40 | 1.20 | 0.40 | 0.40 | 0.40 | 1.20 | 0.40 | 0.40 | 0.40 | 1.20 | 4.80 |
| 包装袋 | 0.40 | 0.40 | 0.40 | 1.20 | 0.40 | 0.40 | 0.40 | 1.20 | 0.40 | 0.40 | 0.40 | 1.20 | 0.40 | 0.40 | 0.40 | 1.20 | 4.80 |
| 预计期末材料存量 | | | | | | | | | | | | | | | | | |
| 鸡肉 | 0.18 | 0.18 | 0.18 | 0.18 | 0.18 | 0.18 | 0.18 | 0.18 | 0.18 | 0.18 | 0.18 | 0.18 | 0.18 | 0.18 | 0.18 | 0.18 | 0.18 |
| 精盐 | 0.40 | 0.40 | 0.40 | 0.40 | 0.40 | 0.40 | 0.40 | 0.40 | 0.40 | 0.40 | 0.40 | 0.40 | 0.40 | 0.40 | 0.40 | 0.40 | 0.40 |
| 味精 | 0.16 | 0.16 | 0.16 | 0.16 | 0.16 | 0.16 | 0.16 | 0.16 | 0.16 | 0.16 | 0.16 | 0.16 | 0.16 | 0.16 | 0.16 | 0.16 | 0.16 |
| 香基 | 0.02 | 0.02 | 0.02 | 0.02 | 0.02 | 0.02 | 0.02 | 0.02 | 0.02 | 0.02 | 0.02 | 0.02 | 0.02 | 0.02 | 0.02 | 0.02 | 0.02 |
| 干燥剂 | 0.08 | 0.08 | 0.08 | 0.08 | 0.08 | 0.08 | 0.08 | 0.08 | 0.08 | 0.08 | 0.08 | 0.08 | 0.08 | 0.08 | 0.08 | 0.08 | 0.08 |
| 酵母提取物 | 0.01 | 0.01 | 0.01 | 0.01 | 0.01 | 0.01 | 0.01 | 0.01 | 0.01 | 0.01 | 0.01 | 0.01 | 0.01 | 0.01 | 0.01 | 0.01 | 0.01 |
| 淀粉 | 0.32 | 0.32 | 0.32 | 0.32 | 0.32 | 0.32 | 0.32 | 0.32 | 0.32 | 0.32 | 0.32 | 0.32 | 0.32 | 0.32 | 0.32 | 0.32 | 0.32 |
| 纸箱 | 0.08 | 0.08 | 0.08 | 0.08 | 0.08 | 0.08 | 0.08 | 0.08 | 0.08 | 0.08 | 0.08 | 0.08 | 0.08 | 0.08 | 0.08 | 0.08 | 0.08 |
| 包装袋 | 0.08 | 0.08 | 0.08 | 0.08 | 0.08 | 0.08 | 0.08 | 0.08 | 0.08 | 0.08 | 0.08 | 0.08 | 0.08 | 0.08 | 0.08 | 0.08 | 0.08 |
| 合计 | | | | | | | | | | | | | | | | | |
| 鸡肉 | 1.10 | 1.10 | 1.10 | | 1.10 | 1.10 | 1.10 | | 1.10 | 1.10 | 1.10 | | 1.10 | 1.10 | 1.10 | | |
| 精盐 | 2.40 | 2.40 | 2.40 | | 2.40 | 2.40 | 2.40 | | 2.40 | 2.40 | 2.40 | | 2.40 | 2.40 | 2.40 | | |
| 味精 | 0.96 | 0.96 | 0.96 | | 0.96 | 0.96 | 0.96 | | 0.96 | 0.96 | 0.96 | | 0.96 | 0.96 | 0.96 | | |
| 香基 | 0.10 | 0.10 | 0.10 | | 0.10 | 0.10 | 0.10 | | 0.10 | 0.10 | 0.10 | | 0.10 | 0.10 | 0.10 | | |
| 干燥剂 | 0.48 | 0.48 | 0.48 | | 0.48 | 0.48 | 0.48 | | 0.48 | 0.48 | 0.48 | | 0.48 | 0.48 | 0.48 | | |
| 酵母提取物 | 0.05 | 0.05 | 0.05 | | 0.05 | 0.05 | 0.05 | | 0.05 | 0.05 | 0.05 | | 0.05 | 0.05 | 0.05 | | |
| 淀粉 | 1.92 | 1.92 | 1.92 | | 1.92 | 1.92 | 1.92 | | 1.92 | 1.92 | 1.92 | | 1.92 | 1.92 | 1.92 | | |
| 纸箱 | 0.48 | 0.48 | 0.48 | | 0.48 | 0.48 | 0.48 | | 0.48 | 0.48 | 0.48 | | 0.48 | 0.48 | 0.48 | | |
| 包装袋 | 0.48 | 0.48 | 0.48 | | 0.48 | 0.48 | 0.48 | | 0.48 | 0.48 | 0.48 | | 0.48 | 0.48 | 0.48 | | |
| 预计期初材料存量 | | | | | | | | | | | | | | | | | |
| 鸡肉 | 0.18 | 0.18 | 0.18 | 0.18 | 0.18 | 0.18 | 0.18 | 0.18 | 0.18 | 0.18 | 0.18 | 0.18 | 0.18 | 0.18 | 0.18 | 0.18 | |
| 精盐 | 0.40 | 0.40 | 0.40 | 0.40 | 0.40 | 0.40 | 0.40 | 0.40 | 0.40 | 0.40 | 0.40 | 0.40 | 0.40 | 0.40 | 0.40 | 0.40 | |
| 味精 | 0.16 | 0.16 | 0.16 | 0.16 | 0.16 | 0.16 | 0.16 | 0.16 | 0.16 | 0.16 | 0.16 | 0.16 | 0.16 | 0.16 | 0.16 | 0.16 | |
| 香基 | 0.02 | 0.02 | 0.02 | 0.02 | 0.02 | 0.02 | 0.02 | 0.02 | 0.02 | 0.02 | 0.02 | 0.02 | 0.02 | 0.02 | 0.02 | 0.02 | |
| 干燥剂 | 0.08 | 0.08 | 0.08 | 0.08 | 0.08 | 0.08 | 0.08 | 0.08 | 0.08 | 0.08 | 0.08 | 0.08 | 0.08 | 0.08 | 0.08 | 0.08 | |
| 酵母提取物 | 0.01 | 0.01 | 0.01 | 0.01 | 0.01 | 0.01 | 0.01 | 0.01 | 0.01 | 0.01 | 0.01 | 0.01 | 0.01 | 0.01 | 0.01 | 0.01 | |
| 淀粉 | 0.32 | 0.32 | 0.32 | 0.32 | 0.32 | 0.32 | 0.32 | 0.32 | 0.32 | 0.32 | 0.32 | 0.32 | 0.32 | 0.32 | 0.32 | 0.32 | |
| 纸箱 | 0.08 | 0.08 | 0.08 | 0.08 | 0.08 | 0.08 | 0.08 | 0.08 | 0.08 | 0.08 | 0.08 | 0.08 | 0.08 | 0.08 | 0.08 | 0.08 | |
| 包装袋 | 0.08 | 0.08 | 0.08 | 0.08 | 0.08 | 0.08 | 0.08 | 0.08 | 0.08 | 0.08 | 0.08 | 0.08 | 0.08 | 0.08 | 0.08 | 0.08 | |
| 预计材料采购量/吨 | | | | | | | | | | | | | | | | | |
| 鸡肉 | 0.92 | 0.92 | 0.92 | 2.76 | 0.92 | 0.92 | 0.92 | 2.76 | 0.92 | 0.92 | 0.92 | 2.76 | 0.92 | 0.92 | 0.92 | 2.76 | 11.04 |
| 精盐 | 2.00 | 2.00 | 2.00 | 6.00 | 2.00 | 2.00 | 2.00 | 6.00 | 2.00 | 2.00 | 2.00 | 6.00 | 2.00 | 2.00 | 2.00 | 6.00 | 24.00 |
| 味精 | 0.80 | 0.80 | 0.80 | 2.40 | 0.80 | 0.80 | 0.80 | 2.40 | 0.80 | 0.80 | 0.80 | 2.40 | 0.80 | 0.80 | 0.80 | 2.40 | 9.60 |
| 香基 | 0.08 | 0.08 | 0.08 | 0.24 | 0.08 | 0.08 | 0.08 | 0.24 | 0.08 | 0.08 | 0.08 | 0.24 | 0.08 | 0.08 | 0.08 | 0.24 | 0.96 |
| 干燥剂 | 0.40 | 0.40 | 0.40 | 1.20 | 0.40 | 0.40 | 0.40 | 1.20 | 0.40 | 0.40 | 0.40 | 1.20 | 0.40 | 0.40 | 0.40 | 1.20 | 4.80 |
| 酵母提取物 | 0.04 | 0.04 | 0.04 | 0.12 | 0.04 | 0.04 | 0.04 | 0.12 | 0.04 | 0.04 | 0.04 | 0.12 | 0.04 | 0.04 | 0.04 | 0.12 | 0.48 |
| 淀粉 | 1.60 | 1.60 | 1.60 | 4.80 | 1.60 | 1.60 | 1.60 | 4.80 | 1.60 | 1.60 | 1.60 | 4.80 | 1.60 | 1.60 | 1.60 | 4.80 | 19.20 |
| 纸箱 | 0.40 | 0.40 | 0.40 | 1.20 | 0.40 | 0.40 | 0.40 | 1.20 | 0.40 | 0.40 | 0.40 | 1.20 | 0.40 | 0.40 | 0.40 | 1.20 | 4.80 |
| 包装袋 | 0.40 | 0.40 | 0.40 | 1.20 | 0.40 | 0.40 | 0.40 | 1.20 | 0.40 | 0.40 | 0.40 | 1.20 | 0.40 | 0.40 | 0.40 | 1.20 | 4.80 |
| 单价（元/吨） | | | | | | | | | | | | | | | | | |

图 6-10　2020 年鸡肉香精分季度的直接材料预算

| | A | B | C | D | E | F | G | H | I | J | K | L | M | N | O | P | Q | R | S |
|---|---|---|---|---|---|---|---|---|---|---|---|---|---|---|---|---|---|---|---|
| 54 | 单价（元/吨） | | | | | | | | | | | | | | | | | | |
| 55 | | 鸡肉 | 16,000.00 | 16,000.00 | 16,000.00 | 16,000.00 | 16,000.00 | 16,000.00 | 16,000.00 | 16,000.00 | 16,000.00 | 16,000.00 | 16,000.00 | 16,000.00 | 16,000.00 | 16,000.00 | 16,000.00 | 16,000.00 | 16,000.00 |
| 56 | | 精盐 | 850.00 | 850.00 | 850.00 | 850.00 | 850.00 | 850.00 | 850.00 | 850.00 | 850.00 | 850.00 | 850.00 | 850.00 | 850.00 | 850.00 | 850.00 | 850.00 | 850.00 |
| 57 | | 味精 | 8,500.00 | 8,500.00 | 8,500.00 | 8,500.00 | 8,500.00 | 8,500.00 | 8,500.00 | 8,500.00 | 8,500.00 | 8,500.00 | 8,500.00 | 8,500.00 | 8,500.00 | 8,500.00 | 8,500.00 | 8,500.00 | 8,500.00 |
| 58 | | 香基 | 36,000.00 | 36,000.00 | 36,000.00 | 36,000.00 | 36,000.00 | 36,000.00 | 36,000.00 | 36,000.00 | 36,000.00 | 36,000.00 | 36,000.00 | 36,000.00 | 36,000.00 | 36,000.00 | 36,000.00 | 36,000.00 | 36,000.00 |
| 59 | | 干燥剂 | 6,800.00 | 6,800.00 | 6,800.00 | 6,800.00 | 6,800.00 | 6,800.00 | 6,800.00 | 6,800.00 | 6,800.00 | 6,800.00 | 6,800.00 | 6,800.00 | 6,800.00 | 6,800.00 | 6,800.00 | 6,800.00 | 6,800.00 |
| 60 | | 酵母提取物 | 21,600.00 | 21,600.00 | 21,600.00 | 21,600.00 | 21,600.00 | 21,600.00 | 21,600.00 | 21,600.00 | 21,600.00 | 21,600.00 | 21,600.00 | 21,600.00 | 21,600.00 | 21,600.00 | 21,600.00 | 21,600.00 | 21,600.00 |
| 61 | | 淀粉 | 2,200.00 | 2,200.00 | 2,200.00 | 2,200.00 | 2,200.00 | 2,200.00 | 2,200.00 | 2,200.00 | 2,200.00 | 2,200.00 | 2,200.00 | 2,200.00 | 2,200.00 | 2,200.00 | 2,200.00 | 2,200.00 | 2,200.00 |
| 62 | | 纸箱 | 3,000.00 | 3,000.00 | 3,000.00 | 3,000.00 | 3,000.00 | 3,000.00 | 3,000.00 | 3,000.00 | 3,000.00 | 3,000.00 | 3,000.00 | 3,000.00 | 3,000.00 | 3,000.00 | 3,000.00 | 3,000.00 | 3,000.00 |
| 63 | | 包装袋 | 1,300.00 | 1,300.00 | 1,300.00 | 1,300.00 | 1,300.00 | 1,300.00 | 1,300.00 | 1,300.00 | 1,300.00 | 1,300.00 | 1,300.00 | 1,300.00 | 1,300.00 | 1,300.00 | 1,300.00 | 1,300.00 | 1,300.00 |
| 64 | 预计采购金额/元 | | | | | | | | | | | | | | | | | | |
| 65 | | 鸡肉 | 14,720.00 | 14,720.00 | 14,720.00 | 44,160.00 | 14,720.00 | 14,720.00 | 14,720.00 | 44,160.00 | 14,720.00 | 14,720.00 | 14,720.00 | 44,160.00 | 14,720.00 | 14,720.00 | 14,720.00 | 44,160.00 | 176,640.00 |
| 66 | | 精盐 | 1,700.00 | 1,700.00 | 1,700.00 | 5,100.00 | 1,700.00 | 1,700.00 | 1,700.00 | 5,100.00 | 1,700.00 | 1,700.00 | 1,700.00 | 5,100.00 | 1,700.00 | 1,700.00 | 1,700.00 | 5,100.00 | 20,400.00 |
| 67 | | 味精 | 6,800.00 | 6,800.00 | 6,800.00 | 20,400.00 | 6,800.00 | 6,800.00 | 6,800.00 | 20,400.00 | 6,800.00 | 6,800.00 | 6,800.00 | 20,400.00 | 6,800.00 | 6,800.00 | 6,800.00 | 20,400.00 | 81,600.00 |
| 68 | | 香基 | 2,880.00 | 2,880.00 | 2,880.00 | 8,640.00 | 2,880.00 | 2,880.00 | 2,880.00 | 8,640.00 | 2,880.00 | 2,880.00 | 2,880.00 | 8,640.00 | 2,880.00 | 2,880.00 | 2,880.00 | 8,640.00 | 34,560.00 |
| 69 | | 干燥剂 | 2,720.00 | 2,720.00 | 2,720.00 | 8,160.00 | 2,720.00 | 2,720.00 | 2,720.00 | 8,160.00 | 2,720.00 | 2,720.00 | 2,720.00 | 8,160.00 | 2,720.00 | 2,720.00 | 2,720.00 | 8,160.00 | 32,640.00 |
| 70 | | 酵母提取物 | 864.00 | 864.00 | 864.00 | 2,592.00 | 864.00 | 864.00 | 864.00 | 2,592.00 | 864.00 | 864.00 | 864.00 | 2,592.00 | 864.00 | 864.00 | 864.00 | 2,592.00 | 10,368.00 |
| 71 | | 淀粉 | 3,520.00 | 3,520.00 | 3,520.00 | 10,560.00 | 3,520.00 | 3,520.00 | 3,520.00 | 10,560.00 | 3,520.00 | 3,520.00 | 3,520.00 | 10,560.00 | 3,520.00 | 3,520.00 | 3,520.00 | 10,560.00 | 42,240.00 |
| 72 | | 纸箱 | 1,200.00 | 1,200.00 | 1,200.00 | 3,600.00 | 1,200.00 | 1,200.00 | 1,200.00 | 3,600.00 | 1,200.00 | 1,200.00 | 1,200.00 | 3,600.00 | 1,200.00 | 1,200.00 | 1,200.00 | 3,600.00 | 14,400.00 |
| 73 | | 包装袋 | 520.00 | 520.00 | 520.00 | 1,560.00 | 520.00 | 520.00 | 520.00 | 1,560.00 | 520.00 | 520.00 | 520.00 | 1,560.00 | 520.00 | 520.00 | 520.00 | 1,560.00 | 6,240.00 |
| 74 | 预计耗用材料成本/元 | | 34,924.00 | 34,924.00 | 34,924.00 | 104,772.00 | 34,924.00 | 34,924.00 | 34,924.00 | 104,772.00 | 34,924.00 | 34,924.00 | 34,924.00 | 104,772.00 | 34,924.00 | 34,924.00 | 34,924.00 | 104,772.00 | 419,088.00 |
| 75 | 预计采购金额/元 | | | | | | | | | | | | | | | | | | |
| 76 | | 牛肉 | 14,720.00 | 14,720.00 | 14,720.00 | 44,160.00 | 14,720.00 | 14,720.00 | 14,720.00 | 44,160.00 | 14,720.00 | 14,720.00 | 14,720.00 | 44,160.00 | 14,720.00 | 14,720.00 | 14,720.00 | 44,160.00 | 176,640.00 |
| 77 | | 精盐 | 1,700.00 | 1,700.00 | 1,700.00 | 5,100.00 | 1,700.00 | 1,700.00 | 1,700.00 | 5,100.00 | 1,700.00 | 1,700.00 | 1,700.00 | 5,100.00 | 1,700.00 | 1,700.00 | 1,700.00 | 5,100.00 | 20,400.00 |
| 78 | | 味精 | 6,800.00 | 6,800.00 | 6,800.00 | 20,400.00 | 6,800.00 | 6,800.00 | 6,800.00 | 20,400.00 | 6,800.00 | 6,800.00 | 6,800.00 | 20,400.00 | 6,800.00 | 6,800.00 | 6,800.00 | 20,400.00 | 81,600.00 |
| 79 | | 香基 | 2,880.00 | 2,880.00 | 2,880.00 | 8,640.00 | 2,880.00 | 2,880.00 | 2,880.00 | 8,640.00 | 2,880.00 | 2,880.00 | 2,880.00 | 8,640.00 | 2,880.00 | 2,880.00 | 2,880.00 | 8,640.00 | 34,560.00 |
| 80 | | 干燥剂 | 2,720.00 | 2,720.00 | 2,720.00 | 8,160.00 | 2,720.00 | 2,720.00 | 2,720.00 | 8,160.00 | 2,720.00 | 2,720.00 | 2,720.00 | 8,160.00 | 2,720.00 | 2,720.00 | 2,720.00 | 8,160.00 | 32,640.00 |
| 81 | | 酵母提取物 | 864.00 | 864.00 | 864.00 | 2,592.00 | 864.00 | 864.00 | 864.00 | 2,592.00 | 864.00 | 864.00 | 864.00 | 2,592.00 | 864.00 | 864.00 | 864.00 | 2,592.00 | 10,368.00 |
| 82 | | 淀粉 | 3,520.00 | 3,520.00 | 3,520.00 | 10,560.00 | 3,520.00 | 3,520.00 | 3,520.00 | 10,560.00 | 3,520.00 | 3,520.00 | 3,520.00 | 10,560.00 | 3,520.00 | 3,520.00 | 3,520.00 | 10,560.00 | 42,240.00 |
| 83 | | 纸箱 | 1,200.00 | 1,200.00 | 1,200.00 | 3,600.00 | 1,200.00 | 1,200.00 | 1,200.00 | 3,600.00 | 1,200.00 | 1,200.00 | 1,200.00 | 3,600.00 | 1,200.00 | 1,200.00 | 1,200.00 | 3,600.00 | 14,400.00 |
| 84 | | 包装袋 | 520.00 | 520.00 | 520.00 | 1,560.00 | 520.00 | 520.00 | 520.00 | 1,560.00 | 520.00 | 520.00 | 520.00 | 1,560.00 | 520.00 | 520.00 | 520.00 | 1,560.00 | 6,240.00 |
| 85 | 种材料采购成本总额/ | | 34,924.00 | 34,924.00 | 34,924.00 | 104,772.00 | 34,924.00 | 34,924.00 | 34,924.00 | 104,772.00 | 34,924.00 | 34,924.00 | 34,924.00 | 104,772.00 | 34,924.00 | 34,924.00 | 34,924.00 | 104,772.00 | 419,088.00 |
| 86 | 交增值税——进项税 | | 4,540.12 | 4,540.12 | 4,540.12 | 13,620.36 | 4,540.12 | 4,540.12 | 4,540.12 | 13,620.36 | 4,540.12 | 4,540.12 | 4,540.12 | 13,620.36 | 4,540.12 | 4,540.12 | 4,540.12 | 13,620.36 | 54,481.44 |
| 87 | 预计现金支出计算表（元） | 初应付账 | 15,785.65 | | | | | | | | | | | | | | | | 15,785.65 |
| 88 | | 第1月购料 | 23,678.47 | 15,785.65 | | | | | | | | | | | | | | | 39,464.12 |
| 89 | | 第2月购料 | | 23,678.47 | 15,785.65 | | | | | | | | | | | | | | 39,464.12 |
| 90 | | 第3月购料 | | | 23,678.47 | | 15,785.65 | | | | | | | | | | | | 39,464.12 |
| 91 | | 第1季度购料 | | | | 118,392.36 | | | | | | | | | | | | | 118,392.36 |
| 92 | | 第4月购料 | | | | | 23,678.47 | 15,785.65 | | | | | | | | | | | 39,464.12 |
| 93 | | 第5月购料 | | | | | | 23,678.47 | 15,785.65 | | | | | | | | | | 39,464.12 |
| 94 | | 第6月购料 | | | | | | | 23,678.47 | | 15,785.65 | | | | | | | | 39,464.12 |
| 95 | | 第2季度购料 | | | | | | | | 118,392.36 | | | | | | | | | 118,392.36 |
| 96 | | 第7月购料 | | | | | | | | | 23,678.47 | 15,785.65 | | | | | | | 39,464.12 |
| 97 | | 第8月购料 | | | | | | | | | | 23,678.47 | 15,785.65 | | | | | | 39,464.12 |
| 98 | | 第9月购料 | | | | | | | | | | | 23,678.47 | | 15,785.65 | | | | 39,464.12 |
| 99 | | 第3季度购料 | | | | | | | | | | | | 118,392.36 | | | | | 118,392.36 |
| 100 | | 第10月购料 | | | | | | | | | | | | | 23,678.47 | 15,785.65 | | | 39,464.12 |
| 101 | | 第11月购料 | | | | | | | | | | | | | | 23,678.47 | 15,785.65 | | 39,464.12 |
| 102 | | 第12月购料 | | | | | | | | | | | | | | | 23,678.47 | | 23,678.47 |
| 103 | | 第4季度购料 | | | | | | | | | | | | | | | | 118,392.36 | 118,392.36 |
| 104 | | 金支出合计 | 39,464.12 | 39,464.12 | 39,464.12 | 118,392.36 | 39,464.12 | 39,464.12 | 39,464.12 | 118,392.36 | 39,464.12 | 39,464.12 | 39,464.12 | 118,392.36 | 39,464.12 | 39,464.12 | 39,464.12 | 118,392.36 | 473,569.44 |
| 105 | 期末应付账款 | | | | | | | | | | | | | | | | | | 15,785.65 |

图 6-10（续）

| | A | B | C | D | E | F | G |
|---|---|---|---|---|---|---|---|
| 1 | | | 2021年鸡肉香精直接材料预算 | | | | |
| 2 | | 项目 | 1季度 | 2季度 | 3季度 | 4季度 | 全年合计 |
| 3 | | **预计生产量** | 13.80 | 13.80 | 13.80 | 13.80 | 55.20 |
| 4 | | **材料耗用量** | | | | | |
| 5 | | 鸡肉 | 3.11 | 3.11 | 3.11 | 3.11 | 12.44 |
| 6 | | 精盐 | 6.76 | 6.76 | 6.76 | 6.76 | 27.05 |
| 7 | | 味精 | 2.70 | 2.70 | 2.70 | 2.70 | 10.82 |
| 8 | | 香基 | 0.27 | 0.27 | 0.27 | 0.27 | 1.08 |
| 9 | | 干燥剂 | 1.35 | 1.35 | 1.35 | 1.35 | 5.41 |
| 10 | | 酵母提取物 | 0.14 | 0.14 | 0.14 | 0.14 | 0.54 |
| 11 | | 淀粉 | 5.41 | 5.41 | 5.41 | 5.41 | 21.64 |
| 12 | | 纸箱 | 1.35 | 1.35 | 1.35 | 1.35 | 5.41 |
| 13 | | 包装袋 | 1.35 | 1.35 | 1.35 | 1.35 | 5.41 |
| 14 | | **加：期末存量** | | | | | |
| 15 | | 鸡肉 | 0.21 | 0.21 | 0.21 | 0.21 | 0.21 |
| 16 | | 精盐 | 0.45 | 0.45 | 0.45 | 0.45 | 0.45 |
| 17 | | 味精 | 0.18 | 0.18 | 0.18 | 0.18 | 0.18 |
| 18 | | 香基 | 0.02 | 0.02 | 0.02 | 0.02 | 0.02 |
| 19 | | 干燥剂 | 0.09 | 0.09 | 0.09 | 0.09 | 0.09 |
| 20 | | 酵母提取物 | 0.01 | 0.01 | 0.01 | 0.01 | 0.01 |
| 21 | | 淀粉 | 0.36 | 0.36 | 0.36 | 0.36 | 0.36 |
| 22 | | 纸箱 | 0.09 | 0.09 | 0.09 | 0.09 | 0.09 |
| 23 | | 包装袋 | 0.09 | 0.09 | 0.09 | 0.09 | 0.09 |
| 24 | | 合计/吨 | | | | | |
| 25 | | 鸡肉 | 3.32 | 3.32 | 3.32 | 3.32 | |
| 26 | | 精盐 | 7.21 | 7.21 | 7.21 | 7.21 | |
| 27 | | 味精 | 2.89 | 2.89 | 2.89 | 2.89 | |
| 28 | | 香基 | 0.29 | 0.29 | 0.29 | 0.29 | |
| 29 | | 干燥剂 | 1.44 | 1.44 | 1.44 | 1.44 | |
| 30 | | 酵母提取物 | 0.14 | 0.14 | 0.14 | 0.14 | |
| 31 | | 淀粉 | 5.77 | 5.77 | 5.77 | 5.77 | |
| 32 | | 纸箱 | 1.44 | 1.44 | 1.44 | 1.44 | |
| 33 | | 包装袋 | 1.44 | 1.44 | 1.44 | 1.44 | |
| 34 | | **减：期初存量** | | | | | |
| 35 | | 鸡肉 | 0.18 | 0.21 | 0.21 | 0.21 | 0.18 |
| 36 | | 精盐 | 0.40 | 0.45 | 0.45 | 0.45 | 0.40 |
| 37 | | 味精 | 0.16 | 0.18 | 0.18 | 0.18 | 0.16 |
| 38 | | 香基 | 0.02 | 0.02 | 0.02 | 0.02 | 0.02 |
| 39 | | 干燥剂 | 0.08 | 0.09 | 0.09 | 0.09 | 0.08 |
| 40 | | 酵母提取物 | 0.01 | 0.01 | 0.01 | 0.01 | 0.01 |
| 41 | | 淀粉 | 0.32 | 0.36 | 0.36 | 0.36 | 0.32 |
| 42 | | 纸箱 | 0.08 | 0.09 | 0.09 | 0.09 | 0.08 |
| 43 | | 包装袋 | 0.08 | 0.09 | 0.09 | 0.09 | 0.08 |
| 44 | | **预计采购量** | | | | | |
| 45 | | 鸡肉 | 3.13 | 3.11 | 3.11 | 3.11 | 12.47 |
| 46 | | 精盐 | 6.81 | 6.76 | 6.76 | 6.76 | 27.10 |
| 47 | | 味精 | 2.73 | 2.70 | 2.70 | 2.70 | 10.84 |
| 48 | | 香基 | 0.27 | 0.27 | 0.27 | 0.27 | 1.08 |
| 49 | | 干燥剂 | 1.36 | 1.35 | 1.35 | 1.35 | 5.42 |
| 50 | | 酵母提取物 | 0.14 | 0.14 | 0.14 | 0.14 | 0.54 |
| 51 | | 淀粉 | 5.45 | 5.41 | 5.41 | 5.41 | 21.68 |
| 52 | | 纸箱 | 1.36 | 1.35 | 1.35 | 1.35 | 5.42 |
| 53 | | 包装袋 | 1.36 | 1.35 | 1.35 | 1.35 | 5.42 |
| 54 | | **单价（元/吨）** | | | | | |
| 55 | | 鸡肉 | 16,800.00 | 16,800.00 | 16,800.00 | 16,800.00 | 16,800.00 |
| 56 | | 精盐 | 892.50 | 892.50 | 892.50 | 892.50 | 892.50 |
| 57 | | 味精 | 8,925.00 | 8,925.00 | 8,925.00 | 8,925.00 | 8,925.00 |
| 58 | | 香基 | 37,800.00 | 37,800.00 | 37,800.00 | 37,800.00 | 37,800.00 |
| 59 | | 干燥剂 | 7,140.00 | 7,140.00 | 7,140.00 | 7,140.00 | 7,140.00 |
| 60 | | 酵母提取物 | 22,680.00 | 22,680.00 | 22,680.00 | 22,680.00 | 22,680.00 |
| 61 | | 淀粉 | 2,310.00 | 2,310.00 | 2,310.00 | 2,310.00 | 2,310.00 |
| 62 | | 纸箱 | 3,150.00 | 3,150.00 | 3,150.00 | 3,150.00 | 3,150.00 |
| 63 | | 包装袋 | 1,365.00 | 1,365.00 | 1,365.00 | 1,365.00 | 1,365.00 |
| 64 | | **耗用成本（元）** | | | | | |
| 65 | | 鸡肉 | 52,109.54 | 52,256.74 | 52,256.74 | 52,256.74 | 208,879.74 |
| 66 | | 精盐 | 6,018.09 | 6,035.09 | 6,035.09 | 6,035.09 | 24,123.34 |
| 67 | | 味精 | 24,072.34 | 24,140.34 | 24,140.34 | 24,140.34 | 96,493.36 |
| 68 | | 香基 | 10,195.34 | 10,224.14 | 10,224.14 | 10,224.14 | 40,867.78 |
| 69 | | 干燥剂 | 9,628.94 | 9,656.14 | 9,656.14 | 9,656.14 | 38,597.34 |
| 70 | | 酵母提取物 | 3,058.60 | 3,067.24 | 3,067.24 | 3,067.24 | 12,260.33 |
| 71 | | 淀粉 | 12,460.98 | 12,496.18 | 12,496.18 | 12,496.18 | 49,949.50 |
| 72 | | 纸箱 | 4,248.06 | 4,260.06 | 4,260.06 | 4,260.06 | 17,028.24 |
| 73 | | 包装袋 | 1,840.83 | 1,846.03 | 1,846.03 | 1,846.03 | 7,378.90 |
| 74 | | 耗用总成本 | 123,632.71 | 123,981.95 | 123,981.95 | 123,981.95 | 495,578.54 |
| 75 | | **采购金额(元)** | | | | | |
| 76 | | 鸡肉 | 52,649.32 | 52,256.74 | 52,256.74 | 52,256.74 | 209,419.53 |
| 77 | | 精盐 | 6,080.42 | 6,035.09 | 6,035.09 | 6,035.09 | 24,185.68 |
| 78 | | 味精 | 24,321.70 | 24,140.34 | 24,140.34 | 24,140.34 | 96,742.72 |
| 79 | | 香基 | 10,300.95 | 10,224.14 | 10,224.14 | 10,224.14 | 40,973.39 |
| 80 | | 干燥剂 | 9,728.68 | 9,656.14 | 9,656.14 | 9,656.14 | 38,697.09 |
| 81 | | 酵母提取物 | 3,090.29 | 3,067.24 | 3,067.24 | 3,067.24 | 12,292.02 |
| 82 | | 淀粉 | 12,590.05 | 12,496.18 | 12,496.18 | 12,496.18 | 50,078.58 |
| 83 | | 纸箱 | 4,292.06 | 4,260.06 | 4,260.06 | 4,260.06 | 17,072.24 |
| 84 | | 包装袋 | 1,859.89 | 1,846.03 | 1,846.03 | 1,846.03 | 7,397.97 |
| 85 | | 采购成本(元) | 124,913.37 | 123,981.95 | 123,981.95 | 123,981.95 | 496,859.21 |
| 86 | 应交增值税——进项税额 | | 16,238.74 | 16,117.65 | 16,117.65 | 16,117.65 | 64,591.70 |
| 87 | | 期初应付账款 | 15,785.65 | | | | 15,785.65 |
| 88 | 预计现金支出计算表 | 第一季度购买材料 | 84,691.26 | 56,460.84 | | | 141,152.11 |
| 89 | | 第二季度购买材料 | | 84,059.76 | 56,039.84 | | 140,099.60 |
| 90 | | 第三季度购买材料 | | | 84,059.76 | 56,039.84 | 140,099.60 |
| 91 | | 第四季度购买材料 | | | | 84,059.76 | 84,059.76 |
| 92 | | 现金支出合计 | 100,476.91 | 140,520.60 | 140,099.60 | 140,099.60 | 521,196.71 |
| 93 | | 期末应付账款 | | | | | 56,039.84 |
| 94 | | | 应收账款回收期90天 | | | | 577,236.55 |

图 6-11　2021 年鸡肉香精分季度的直接材料预算

| | A | B | C | D | E | F | G |
|---|---|---|---|---|---|---|---|
| 1 | | | 2022年鸡肉香精直接材料预算 | | | | |
| 2 | | 项目 | 1季度 | 2季度 | 3季度 | 4季度 | 全年合计 |
| 3 | | 预计生产量 | 15.49 | 16.50 | 18.00 | 18.00 | 67.99 |
| 4 | | 材料耗用量 | | | | | |
| 5 | | 鸡肉 | 3.07 | 3.27 | 3.57 | 3.57 | 13.49 |
| 6 | | 精盐 | 7.59 | 8.09 | 8.82 | 8.82 | 33.32 |
| 7 | | 味精 | 3.04 | 3.23 | 3.53 | 3.53 | 13.33 |
| 8 | | 香基 | 0.27 | 0.28 | 0.31 | 0.31 | 1.17 |
| 9 | | 干燥剂 | 1.52 | 1.62 | 1.76 | 1.76 | 6.66 |
| 10 | | 酵母提取物 | 0.13 | 0.14 | 0.16 | 0.16 | 0.59 |
| 11 | | 淀粉 | 6.07 | 6.47 | 7.06 | 7.06 | 26.65 |
| 12 | | 纸箱 | 1.52 | 1.62 | 1.76 | 1.76 | 6.66 |
| 13 | | 包装袋 | 1.52 | 1.62 | 1.76 | 1.76 | 6.66 |
| 14 | | 加：期末存量 | | | | | |
| 15 | | 鸡肉 | 0.22 | 0.24 | 0.24 | 0.24 | 0.24 |
| 16 | | 精盐 | 0.54 | 0.59 | 0.59 | 0.59 | 0.59 |
| 17 | | 味精 | 0.22 | 0.24 | 0.24 | 0.24 | 0.24 |
| 18 | | 香基 | 0.02 | 0.02 | 0.02 | 0.02 | 0.02 |
| 19 | | 干燥剂 | 0.11 | 0.12 | 0.12 | 0.12 | 0.12 |
| 20 | | 酵母提取物 | 0.01 | 0.01 | 0.01 | 0.01 | 0.01 |
| 21 | | 淀粉 | 0.43 | 0.47 | 0.47 | 0.47 | 0.47 |
| 22 | | 纸箱 | 0.11 | 0.12 | 0.12 | 0.12 | 0.12 |
| 23 | | 包装袋 | 0.11 | 0.12 | 0.12 | 0.12 | 0.12 |
| 24 | | 合计/吨 | | | | | |
| 25 | | 鸡肉 | 3.29 | 3.51 | 3.81 | 3.81 | |
| 26 | | 精盐 | 8.13 | 8.67 | 9.41 | 9.41 | |
| 27 | | 味精 | 3.25 | 3.47 | 3.76 | 3.76 | |
| 28 | | 香基 | 0.29 | 0.31 | 0.33 | 0.33 | |
| 29 | | 干燥剂 | 1.63 | 1.73 | 1.88 | 1.88 | |
| 30 | | 酵母提取物 | 0.14 | 0.15 | 0.17 | 0.17 | |
| 31 | | 淀粉 | 6.50 | 6.94 | 7.53 | 7.53 | |
| 32 | | 纸箱 | 1.63 | 1.73 | 1.88 | 1.88 | |
| 33 | | 包装袋 | 1.63 | 1.73 | 1.88 | 1.88 | |
| 34 | | 减：期初存量 | | | | | |
| 35 | | 鸡肉 | 0.21 | 0.22 | 0.24 | 0.24 | 0.21 |
| 36 | | 精盐 | 0.45 | 0.54 | 0.59 | 0.59 | 0.45 |
| 37 | | 味精 | 0.18 | 0.22 | 0.24 | 0.24 | 0.18 |
| 38 | | 香基 | 0.02 | 0.02 | 0.02 | 0.02 | 0.02 |
| 39 | | 干燥剂 | 0.09 | 0.11 | 0.12 | 0.12 | 0.09 |
| 40 | | 酵母提取物 | 0.01 | 0.01 | 0.01 | 0.01 | 0.01 |
| 41 | | 淀粉 | 0.36 | 0.43 | 0.47 | 0.47 | 0.36 |
| 42 | | 纸箱 | 0.09 | 0.11 | 0.12 | 0.12 | 0.09 |
| 43 | | 包装袋 | 0.09 | 0.11 | 0.12 | 0.12 | 0.09 |
| 44 | | 预计采购量 | | | | | |
| 45 | | 鸡肉 | 3.08 | 3.29 | 3.57 | 3.57 | 13.52 |
| 46 | | 精盐 | 7.68 | 8.13 | 8.82 | 8.82 | 33.45 |
| 47 | | 味精 | 3.07 | 3.25 | 3.53 | 3.53 | 13.38 |
| 48 | | 香基 | 0.27 | 0.29 | 0.31 | 0.31 | 1.18 |
| 49 | | 干燥剂 | 1.54 | 1.63 | 1.76 | 1.76 | 6.69 |
| 50 | | 酵母提取物 | 0.13 | 0.14 | 0.16 | 0.16 | 0.59 |
| 51 | | 淀粉 | 6.14 | 6.51 | 7.06 | 7.06 | 26.76 |
| 52 | | 纸箱 | 1.54 | 1.63 | 1.76 | 1.76 | 6.69 |
| 53 | | 包装袋 | 1.54 | 1.63 | 1.76 | 1.76 | 6.69 |
| 54 | | 单价（元/吨） | | | | | |
| 55 | | 鸡肉 | 16,800.00 | 16,800.00 | 16,800.00 | 16,800.00 | 16,800.00 |
| 56 | | 精盐 | 892.50 | 892.50 | 892.50 | 892.50 | 892.50 |
| 57 | | 味精 | 8,925.00 | 8,925.00 | 8,925.00 | 8,925.00 | 8,925.00 |
| 58 | | 香基 | 37,800.00 | 37,800.00 | 37,800.00 | 37,800.00 | 37,800.00 |
| 59 | | 干燥剂 | 7,140.00 | 7,140.00 | 7,140.00 | 7,140.00 | 7,140.00 |
| 60 | | 酵母提取物 | 22,680.00 | 22,680.00 | 22,680.00 | 22,680.00 | 22,680.00 |
| 61 | | 淀粉 | 2,310.00 | 2,310.00 | 2,310.00 | 2,310.00 | 2,310.00 |
| 62 | | 纸箱 | 3,150.00 | 3,150.00 | 3,150.00 | 3,150.00 | 3,150.00 |
| 63 | | 包装袋 | 1,365.00 | 1,365.00 | 1,365.00 | 1,365.00 | 1,365.00 |
| 64 | | 耗用成本（元） | | | | | |
| 65 | | 鸡肉 | 51,617.54 | 54,983.17 | 59,981.64 | 59,981.64 | 226,564.00 |
| 66 | | 精盐 | 6,774.16 | 7,215.86 | 7,871.85 | 7,871.85 | 29,733.73 |
| 67 | | 味精 | 27,096.66 | 28,863.45 | 31,487.40 | 31,487.40 | 118,934.91 |
| 68 | | 香基 | 10,099.08 | 10,757.58 | 11,735.54 | 11,735.54 | 44,327.74 |
| 69 | | 干燥剂 | 10,838.66 | 11,545.38 | 12,594.96 | 12,594.96 | 47,573.96 |
| 70 | | 酵母提取物 | 3,029.73 | 3,227.27 | 3,520.66 | 3,520.66 | 13,298.32 |
| 71 | | 淀粉 | 14,026.50 | 14,941.08 | 16,299.36 | 16,299.36 | 61,566.30 |
| 72 | | 纸箱 | 4,781.76 | 5,093.55 | 5,556.60 | 5,556.60 | 20,988.51 |
| 73 | | 包装袋 | 2,072.10 | 2,207.21 | 2,407.86 | 2,407.86 | 9,095.02 |
| 74 | | 耗用总成本 | 130,336.20 | 138,834.55 | 151,455.88 | 151,455.88 | 572,082.50 |
| 75 | | 采购金额(元) | | | | | |
| 76 | | 鸡肉 | 51,799.30 | 55,316.41 | 59,981.64 | 59,981.64 | 227,079.00 |
| 77 | | 精盐 | 6,852.88 | 7,259.60 | 7,871.85 | 7,871.85 | 29,856.18 |
| 78 | | 味精 | 27,411.53 | 29,038.38 | 31,487.40 | 31,487.40 | 119,424.71 |
| 79 | | 香基 | 10,134.65 | 10,822.78 | 11,735.54 | 11,735.54 | 44,428.50 |
| 80 | | 干燥剂 | 10,964.61 | 11,615.35 | 12,594.96 | 12,594.96 | 47,769.88 |
| 81 | | 酵母提取物 | 3,040.39 | 3,246.83 | 3,520.66 | 3,520.66 | 13,328.55 |
| 82 | | 淀粉 | 14,189.50 | 15,031.63 | 16,299.36 | 16,299.36 | 61,819.85 |
| 83 | | 纸箱 | 4,837.33 | 5,124.42 | 5,556.60 | 5,556.60 | 21,074.95 |
| 84 | | 包装袋 | 2,096.18 | 2,220.58 | 2,407.86 | 2,407.86 | 9,132.48 |
| 85 | | 采购成本(元) | 131,326.37 | 139,675.97 | 151,455.88 | 151,455.88 | 573,914.09 |
| 86 | 应交增值税——进项税额 | | 17,072.43 | 18,157.88 | 19,689.26 | 19,689.26 | 74,608.83 |
| 87 | 预计现金支出计算表 | 期初应付账款 | 56,039.84 | | | | 56,039.84 |
| 88 | | 第一季度购买材料 | 89,039.28 | 59,359.52 | | | 148,398.80 |
| 89 | | 第二季度购买材料 | | 94,700.31 | 63,133.54 | | 157,833.85 |
| 90 | | 第三季度购买材料 | | | 102,687.08 | 68,458.06 | 171,145.14 |
| 91 | | 第四季度购买材料 | | | | 102,687.08 | 102,687.08 |
| 92 | | 现金支出合计 | 145,079.12 | 154,059.83 | 165,820.62 | 171,145.14 | 636,104.71 |
| 93 | | 期末应付账款 | | | | | 68,458.06 |
| 94 | | | 应收账款回收期90天 | | | | 704,562.77 |

图 6-12　2022 年鸡肉香精分季度的直接材料预算

| | A | B | C | D | E | F | G | H | I | J | K | L | M | N | O | P | Q | R | S |
|---|---|---|---|---|---|---|---|---|---|---|---|---|---|---|---|---|---|---|---|
| 1 | | 2020年猪肉香精直接材料预算 | | | | | | | | | | | | | | | | | |
| 2 | | 项目 | 1月 | 2月 | 3月 | 第1季度合计 | 4月 | 5月 | 6月 | 第2季度合计 | 7月 | 8月 | 9月 | 第3季度合计 | 10月 | 11月 | 12月 | 第4季度合计 | 本年合计 |
| 3 | | 预计生产量/吨 | 3.00 | 3.00 | 3.00 | 9.00 | 3.00 | 3.00 | 3.00 | 9.00 | 3.00 | 3.00 | 3.00 | 9.00 | 3.00 | 3.00 | 3.00 | 9.00 | 36.00 |
| 4 | | 产品材料耗用量/吨 | | | | | | | | | | | | | | | | | |
| 5 | | 猪肉 | 0.72 | 0.72 | 0.72 | 2.16 | 0.72 | 0.72 | 0.72 | 2.16 | 0.72 | 0.72 | 0.72 | 2.16 | 0.72 | 0.72 | 0.72 | 2.16 | 8.64 |
| 6 | | 精盐 | 1.20 | 1.20 | 1.20 | 3.60 | 1.20 | 1.20 | 1.20 | 3.60 | 1.20 | 1.20 | 1.20 | 3.60 | 1.20 | 1.20 | 1.20 | 3.60 | 14.40 |
| 7 | | 味精 | 0.36 | 0.36 | 0.36 | 1.08 | 0.36 | 0.36 | 0.36 | 1.08 | 0.36 | 0.36 | 0.36 | 1.08 | 0.36 | 0.36 | 0.36 | 1.08 | 4.32 |
| 8 | | 香基 | 0.03 | 0.03 | 0.03 | 0.09 | 0.03 | 0.03 | 0.03 | 0.09 | 0.03 | 0.03 | 0.03 | 0.09 | 0.03 | 0.03 | 0.03 | 0.09 | 0.36 |
| 9 | | 干燥剂 | 0.18 | 0.18 | 0.18 | 0.54 | 0.18 | 0.18 | 0.18 | 0.54 | 0.18 | 0.18 | 0.18 | 0.54 | 0.18 | 0.18 | 0.18 | 0.54 | 2.16 |
| 10 | | 酵母提取物 | 0.06 | 0.06 | 0.06 | 0.18 | 0.06 | 0.06 | 0.06 | 0.18 | 0.06 | 0.06 | 0.06 | 0.18 | 0.06 | 0.06 | 0.06 | 0.18 | 0.72 |
| 11 | | 淀粉 | 1.20 | 1.20 | 1.20 | 3.60 | 1.20 | 1.20 | 1.20 | 3.60 | 1.20 | 1.20 | 1.20 | 3.60 | 1.20 | 1.20 | 1.20 | 3.60 | 14.40 |
| 12 | | 纸箱 | 0.30 | 0.30 | 0.30 | 0.90 | 0.30 | 0.30 | 0.30 | 0.90 | 0.30 | 0.30 | 0.30 | 0.90 | 0.30 | 0.30 | 0.30 | 0.90 | 3.60 |
| 13 | | 包装袋 | 0.30 | 0.30 | 0.30 | 0.90 | 0.30 | 0.30 | 0.30 | 0.90 | 0.30 | 0.30 | 0.30 | 0.90 | 0.30 | 0.30 | 0.30 | 0.90 | 3.60 |
| 14 | | 加：预计期末材料存量/吨 | | | | | | | | | | | | | | | | | |
| 15 | | 猪肉 | 0.14 | 0.14 | 0.14 | 0.14 | 0.14 | 0.14 | 0.14 | 0.14 | 0.14 | 0.14 | 0.14 | 0.14 | 0.14 | 0.14 | 0.14 | 0.14 | 0.14 |
| 16 | | 精盐 | 0.24 | 0.24 | 0.24 | 0.24 | 0.24 | 0.24 | 0.24 | 0.24 | 0.24 | 0.24 | 0.24 | 0.24 | 0.24 | 0.24 | 0.24 | 0.24 | 0.24 |
| 17 | | 味精 | 0.07 | 0.07 | 0.07 | 0.07 | 0.07 | 0.07 | 0.07 | 0.07 | 0.07 | 0.07 | 0.07 | 0.07 | 0.07 | 0.07 | 0.07 | 0.07 | 0.07 |
| 18 | | 香基 | 0.01 | 0.01 | 0.01 | 0.01 | 0.01 | 0.01 | 0.01 | 0.01 | 0.01 | 0.01 | 0.01 | 0.01 | 0.01 | 0.01 | 0.01 | 0.01 | 0.01 |
| 19 | | 干燥剂 | 0.04 | 0.04 | 0.04 | 0.04 | 0.04 | 0.04 | 0.04 | 0.04 | 0.04 | 0.04 | 0.04 | 0.04 | 0.04 | 0.04 | 0.04 | 0.04 | 0.04 |
| 20 | | 酵母提取物 | 0.01 | 0.01 | 0.01 | 0.01 | 0.01 | 0.01 | 0.01 | 0.01 | 0.01 | 0.01 | 0.01 | 0.01 | 0.01 | 0.01 | 0.01 | 0.01 | 0.01 |
| 21 | | 淀粉 | 0.24 | 0.24 | 0.24 | 0.24 | 0.24 | 0.24 | 0.24 | 0.24 | 0.24 | 0.24 | 0.24 | 0.24 | 0.24 | 0.24 | 0.24 | 0.24 | 0.24 |
| 22 | | 纸箱 | 0.06 | 0.06 | 0.06 | 0.06 | 0.06 | 0.06 | 0.06 | 0.06 | 0.06 | 0.06 | 0.06 | 0.06 | 0.06 | 0.06 | 0.06 | 0.06 | 0.06 |
| 23 | | 包装袋 | 0.06 | 0.06 | 0.06 | 0.06 | 0.06 | 0.06 | 0.06 | 0.06 | 0.06 | 0.06 | 0.06 | 0.06 | 0.06 | 0.06 | 0.06 | 0.06 | 0.06 |
| 24 | | 合计/吨 | | | | | | | | | | | | | | | | | |
| 25 | | 猪肉 | 0.86 | 0.86 | 0.86 | | 0.86 | 0.86 | 0.86 | | 0.86 | 0.86 | 0.86 | | 0.86 | 0.86 | 0.86 | | |
| 26 | | 精盐 | 1.44 | 1.44 | 1.44 | | 1.44 | 1.44 | 1.44 | | 1.44 | 1.44 | 1.44 | | 1.44 | 1.44 | 1.44 | | |
| 27 | | 味精 | 0.43 | 0.43 | 0.43 | | 0.43 | 0.43 | 0.43 | | 0.43 | 0.43 | 0.43 | | 0.43 | 0.43 | 0.43 | | |
| 28 | | 香基 | 0.04 | 0.04 | 0.04 | | 0.04 | 0.04 | 0.04 | | 0.04 | 0.04 | 0.04 | | 0.04 | 0.04 | 0.04 | | |
| 29 | | 干燥剂 | 0.22 | 0.22 | 0.22 | | 0.22 | 0.22 | 0.22 | | 0.22 | 0.22 | 0.22 | | 0.22 | 0.22 | 0.22 | | |
| 30 | | 酵母提取物 | 0.07 | 0.07 | 0.07 | | 0.07 | 0.07 | 0.07 | | 0.07 | 0.07 | 0.07 | | 0.07 | 0.07 | 0.07 | | |
| 31 | | 淀粉 | 1.44 | 1.44 | 1.44 | | 1.44 | 1.44 | 1.44 | | 1.44 | 1.44 | 1.44 | | 1.44 | 1.44 | 1.44 | | |
| 32 | | 纸箱 | 0.36 | 0.36 | 0.36 | | 0.36 | 0.36 | 0.36 | | 0.36 | 0.36 | 0.36 | | 0.36 | 0.36 | 0.36 | | |
| 33 | | 包装袋 | 0.36 | 0.36 | 0.36 | | 0.36 | 0.36 | 0.36 | | 0.36 | 0.36 | 0.36 | | 0.36 | 0.36 | 0.36 | | |
| 34 | | 减：期初材料存量 | | | | | | | | | | | | | | | | | |
| 35 | | 猪肉 | 0.14 | 0.14 | 0.14 | 0.14 | 0.14 | 0.14 | 0.14 | 0.14 | 0.14 | 0.14 | 0.14 | 0.14 | 0.14 | 0.14 | 0.14 | 0.14 | |
| 36 | | 精盐 | 0.24 | 0.24 | 0.24 | 0.24 | 0.24 | 0.24 | 0.24 | 0.24 | 0.24 | 0.24 | 0.24 | 0.24 | 0.24 | 0.24 | 0.24 | 0.24 | |
| 37 | | 味精 | 0.07 | 0.07 | 0.07 | 0.07 | 0.07 | 0.07 | 0.07 | 0.07 | 0.07 | 0.07 | 0.07 | 0.07 | 0.07 | 0.07 | 0.07 | 0.07 | |
| 38 | | 香基 | 0.01 | 0.01 | 0.01 | 0.01 | 0.01 | 0.01 | 0.01 | 0.01 | 0.01 | 0.01 | 0.01 | 0.01 | 0.01 | 0.01 | 0.01 | 0.01 | |
| 39 | | 干燥剂 | 0.04 | 0.04 | 0.04 | 0.04 | 0.04 | 0.04 | 0.04 | 0.04 | 0.04 | 0.04 | 0.04 | 0.04 | 0.04 | 0.04 | 0.04 | 0.04 | |
| 40 | | 酵母提取物 | 0.01 | 0.01 | 0.01 | 0.01 | 0.01 | 0.01 | 0.01 | 0.01 | 0.01 | 0.01 | 0.01 | 0.01 | 0.01 | 0.01 | 0.01 | 0.01 | |
| 41 | | 淀粉 | 0.24 | 0.24 | 0.24 | 0.24 | 0.24 | 0.24 | 0.24 | 0.24 | 0.24 | 0.24 | 0.24 | 0.24 | 0.24 | 0.24 | 0.24 | 0.24 | |
| 42 | | 纸箱 | 0.06 | 0.06 | 0.06 | 0.06 | 0.06 | 0.06 | 0.06 | 0.06 | 0.06 | 0.06 | 0.06 | 0.06 | 0.06 | 0.06 | 0.06 | 0.06 | |
| 43 | | 包装袋 | 0.06 | 0.06 | 0.06 | 0.06 | 0.06 | 0.06 | 0.06 | 0.06 | 0.06 | 0.06 | 0.06 | 0.06 | 0.06 | 0.06 | 0.06 | 0.06 | |
| 44 | | 材料采购量 | | | | | | | | | | | | | | | | | |
| 45 | | 猪肉 | 0.72 | 0.72 | 0.72 | 2.16 | 0.72 | 0.72 | 0.72 | 2.16 | 0.72 | 0.72 | 0.72 | 2.16 | 0.72 | 0.72 | 0.72 | 2.16 | 8.64 |
| 46 | | 精盐 | 1.20 | 1.20 | 1.20 | 3.60 | 1.20 | 1.20 | 1.20 | 3.60 | 1.20 | 1.20 | 1.20 | 3.60 | 1.20 | 1.20 | 1.20 | 3.60 | 14.40 |
| 47 | | 味精 | 0.36 | 0.36 | 0.36 | 1.08 | 0.36 | 0.36 | 0.36 | 1.08 | 0.36 | 0.36 | 0.36 | 1.08 | 0.36 | 0.36 | 0.36 | 1.08 | 4.32 |
| 48 | | 香基 | 0.03 | 0.03 | 0.03 | 0.09 | 0.03 | 0.03 | 0.03 | 0.09 | 0.03 | 0.03 | 0.03 | 0.09 | 0.03 | 0.03 | 0.03 | 0.09 | 0.36 |
| 49 | | 干燥剂 | 0.18 | 0.18 | 0.18 | 0.54 | 0.18 | 0.18 | 0.18 | 0.54 | 0.18 | 0.18 | 0.18 | 0.54 | 0.18 | 0.18 | 0.18 | 0.54 | 2.16 |
| 50 | | 酵母提取物 | 0.06 | 0.06 | 0.06 | 0.18 | 0.06 | 0.06 | 0.06 | 0.18 | 0.06 | 0.06 | 0.06 | 0.18 | 0.06 | 0.06 | 0.06 | 0.18 | 0.72 |
| 51 | | 淀粉 | 1.20 | 1.20 | 1.20 | 3.60 | 1.20 | 1.20 | 1.20 | 3.60 | 1.20 | 1.20 | 1.20 | 3.60 | 1.20 | 1.20 | 1.20 | 3.60 | 14.40 |
| 52 | | 纸箱 | 0.30 | 0.30 | 0.30 | 0.90 | 0.30 | 0.30 | 0.30 | 0.90 | 0.30 | 0.30 | 0.30 | 0.90 | 0.30 | 0.30 | 0.30 | 0.90 | 3.60 |
| 53 | | 包装袋 | 0.30 | 0.30 | 0.30 | 0.90 | 0.30 | 0.30 | 0.30 | 0.90 | 0.30 | 0.30 | 0.30 | 0.90 | 0.30 | 0.30 | 0.30 | 0.90 | 3.60 |
| 54 | | 单价（元/吨） | | | | | | | | | | | | | | | | | |
| 55 | | 猪肉 | 18,000.00 | 18,000.00 | 18,000.00 | 18,000.00 | 18,000.00 | 18,000.00 | 18,000.00 | 18,000.00 | 18,000.00 | 18,000.00 | 18,000.00 | 18,000.00 | 18,000.00 | 18,000.00 | 18,000.00 | 18,000.00 | 18,000.00 |

图 6-13　2020 年猪肉香精分月的直接材料预算

| | | | | | | | | | | | | | | | | | | |
|---|---|---|---|---|---|---|---|---|---|---|---|---|---|---|---|---|---|---|
| 56 | 精盐 | 850.00 | 850.00 | 850.00 | 850.00 | 850.00 | 850.00 | 850.00 | 850.00 | 850.00 | 850.00 | 850.00 | 850.00 | 850.00 | 850.00 | 850.00 | 850.00 | 850.00 |
| 57 | 味精 | 8,500.00 | 8,500.00 | 8,500.00 | 8,500.00 | 8,500.00 | 8,500.00 | 8,500.00 | 8,500.00 | 8,500.00 | 8,500.00 | 8,500.00 | 8,500.00 | 8,500.00 | 8,500.00 | 8,500.00 | 8,500.00 | 8,500.00 |
| 58 | 香基 | 36,000.00 | 36,000.00 | 36,000.00 | 36,000.00 | 36,000.00 | 36,000.00 | 36,000.00 | 36,000.00 | 36,000.00 | 36,000.00 | 36,000.00 | 36,000.00 | 36,000.00 | 36,000.00 | 36,000.00 | 36,000.00 | 36,000.00 |
| 59 | 干燥剂 | 6,800.00 | 6,800.00 | 6,800.00 | 6,800.00 | 6,800.00 | 6,800.00 | 6,800.00 | 6,800.00 | 6,800.00 | 6,800.00 | 6,800.00 | 6,800.00 | 6,800.00 | 6,800.00 | 6,800.00 | 6,800.00 | 6,800.00 |
| 60 | 母提取物 | 21,600.00 | 21,600.00 | 21,600.00 | 21,600.00 | 21,600.00 | 21,600.00 | 21,600.00 | 21,600.00 | 21,600.00 | 21,600.00 | 21,600.00 | 21,600.00 | 21,600.00 | 21,600.00 | 21,600.00 | 21,600.00 | 21,600.00 |
| 61 | 淀粉 | 2,200.00 | 2,200.00 | 2,200.00 | 2,200.00 | 2,200.00 | 2,200.00 | 2,200.00 | 2,200.00 | 2,200.00 | 2,200.00 | 2,200.00 | 2,200.00 | 2,200.00 | 2,200.00 | 2,200.00 | 2,200.00 | 2,200.00 |
| 62 | 纸箱 | 3,000.00 | 3,000.00 | 3,000.00 | 3,000.00 | 3,000.00 | 3,000.00 | 3,000.00 | 3,000.00 | 3,000.00 | 3,000.00 | 3,000.00 | 3,000.00 | 3,000.00 | 3,000.00 | 3,000.00 | 3,000.00 | 3,000.00 |
| 63 | 包装袋 | 1,300.00 | 1,300.00 | 1,300.00 | 1,300.00 | 1,300.00 | 1,300.00 | 1,300.00 | 1,300.00 | 1,300.00 | 1,300.00 | 1,300.00 | 1,300.00 | 1,300.00 | 1,300.00 | 1,300.00 | 1,300.00 | 1,300.00 |
| 64 | 材料成本金 | | | | | | | | | | | | | | | | | |
| 65 | 猪肉 | 12,960.00 | 12,960.00 | 12,960.00 | 38,880.00 | 12,960.00 | 12,960.00 | 12,960.00 | 38,880.00 | 12,960.00 | 12,960.00 | 12,960.00 | 38,880.00 | 12,960.00 | 12,960.00 | 12,960.00 | 38,880.00 | 155,520.00 |
| 66 | 精盐 | 1,020.00 | 1,020.00 | 1,020.00 | 3,060.00 | 1,020.00 | 1,020.00 | 1,020.00 | 3,060.00 | 1,020.00 | 1,020.00 | 1,020.00 | 3,060.00 | 1,020.00 | 1,020.00 | 1,020.00 | 3,060.00 | 12,240.00 |
| 67 | 味精 | 3,060.00 | 3,060.00 | 3,060.00 | 9,180.00 | 3,060.00 | 3,060.00 | 3,060.00 | 9,180.00 | 3,060.00 | 3,060.00 | 3,060.00 | 9,180.00 | 3,060.00 | 3,060.00 | 3,060.00 | 9,180.00 | 36,720.00 |
| 68 | 香基 | 1,080.00 | 1,080.00 | 1,080.00 | 3,240.00 | 1,080.00 | 1,080.00 | 1,080.00 | 3,240.00 | 1,080.00 | 1,080.00 | 1,080.00 | 3,240.00 | 1,080.00 | 1,080.00 | 1,080.00 | 3,240.00 | 12,960.00 |
| 69 | 干燥剂 | 1,224.00 | 1,224.00 | 1,224.00 | 3,672.00 | 1,224.00 | 1,224.00 | 1,224.00 | 3,672.00 | 1,224.00 | 1,224.00 | 1,224.00 | 3,672.00 | 1,224.00 | 1,224.00 | 1,224.00 | 3,672.00 | 14,688.00 |
| 70 | 母提取物 | 1,296.00 | 1,296.00 | 1,296.00 | 3,888.00 | 1,296.00 | 1,296.00 | 1,296.00 | 3,888.00 | 1,296.00 | 1,296.00 | 1,296.00 | 3,888.00 | 1,296.00 | 1,296.00 | 1,296.00 | 3,888.00 | 15,552.00 |
| 71 | 淀粉 | 2,640.00 | 2,640.00 | 2,640.00 | 7,920.00 | 2,640.00 | 2,640.00 | 2,640.00 | 7,920.00 | 2,640.00 | 2,640.00 | 2,640.00 | 7,920.00 | 2,640.00 | 2,640.00 | 2,640.00 | 7,920.00 | 31,680.00 |
| 72 | 纸箱 | 900.00 | 900.00 | 900.00 | 2,700.00 | 900.00 | 900.00 | 900.00 | 2,700.00 | 900.00 | 900.00 | 900.00 | 2,700.00 | 900.00 | 900.00 | 900.00 | 2,700.00 | 10,800.00 |
| 73 | 包装袋 | 390.00 | 390.00 | 390.00 | 1,170.00 | 390.00 | 390.00 | 390.00 | 1,170.00 | 390.00 | 390.00 | 390.00 | 1,170.00 | 390.00 | 390.00 | 390.00 | 1,170.00 | 4,680.00 |
| 74 | 用总成本 | 24,570.00 | 24,570.00 | 24,570.00 | 73,710.00 | 24,570.00 | 24,570.00 | 24,570.00 | 73,710.00 | 24,570.00 | 24,570.00 | 24,570.00 | 73,710.00 | 24,570.00 | 24,570.00 | 24,570.00 | 73,710.00 | 294,840.00 |
| 75 | 采购金额/元 | | | | | | | | | | | | | | | | | - |
| 76 | 猪肉 | 12,960.00 | 12,960.00 | 12,960.00 | 38,880.00 | 12,960.00 | 12,960.00 | 12,960.00 | 38,880.00 | 12,960.00 | 12,960.00 | 12,960.00 | 38,880.00 | 12,960.00 | 12,960.00 | 12,960.00 | 38,880.00 | 155,520.00 |
| 77 | 精盐 | 1,020.00 | 1,020.00 | 1,020.00 | 3,060.00 | 1,020.00 | 1,020.00 | 1,020.00 | 3,060.00 | 1,020.00 | 1,020.00 | 1,020.00 | 3,060.00 | 1,020.00 | 1,020.00 | 1,020.00 | 3,060.00 | 12,240.00 |
| 78 | 味精 | 3,060.00 | 3,060.00 | 3,060.00 | 9,180.00 | 3,060.00 | 3,060.00 | 3,060.00 | 9,180.00 | 3,060.00 | 3,060.00 | 3,060.00 | 9,180.00 | 3,060.00 | 3,060.00 | 3,060.00 | 9,180.00 | 36,720.00 |
| 79 | 香基 | 1,080.00 | 1,080.00 | 1,080.00 | 3,240.00 | 1,080.00 | 1,080.00 | 1,080.00 | 3,240.00 | 1,080.00 | 1,080.00 | 1,080.00 | 3,240.00 | 1,080.00 | 1,080.00 | 1,080.00 | 3,240.00 | 12,960.00 |
| 80 | 干燥剂 | 1,224.00 | 1,224.00 | 1,224.00 | 3,672.00 | 1,224.00 | 1,224.00 | 1,224.00 | 3,672.00 | 1,224.00 | 1,224.00 | 1,224.00 | 3,672.00 | 1,224.00 | 1,224.00 | 1,224.00 | 3,672.00 | 14,688.00 |
| 81 | 母提取物 | 1,296.00 | 1,296.00 | 1,296.00 | 3,888.00 | 1,296.00 | 1,296.00 | 1,296.00 | 3,888.00 | 1,296.00 | 1,296.00 | 1,296.00 | 3,888.00 | 1,296.00 | 1,296.00 | 1,296.00 | 3,888.00 | 15,552.00 |
| 82 | 淀粉 | 2,640.00 | 2,640.00 | 2,640.00 | 7,920.00 | 2,640.00 | 2,640.00 | 2,640.00 | 7,920.00 | 2,640.00 | 2,640.00 | 2,640.00 | 7,920.00 | 2,640.00 | 2,640.00 | 2,640.00 | 7,920.00 | 31,680.00 |
| 83 | 纸箱 | 900.00 | 900.00 | 900.00 | 2,700.00 | 900.00 | 900.00 | 900.00 | 2,700.00 | 900.00 | 900.00 | 900.00 | 2,700.00 | 900.00 | 900.00 | 900.00 | 2,700.00 | 10,800.00 |
| 84 | 包装袋 | 390.00 | 390.00 | 390.00 | 1,170.00 | 390.00 | 390.00 | 390.00 | 1,170.00 | 390.00 | 390.00 | 390.00 | 1,170.00 | 390.00 | 390.00 | 390.00 | 1,170.00 | 4,680.00 |
| 85 | 采购成本总 | 24,570.00 | 24,570.00 | 24,570.00 | 73,710.00 | 24,570.00 | 24,570.00 | 24,570.00 | 73,710.00 | 24,570.00 | 24,570.00 | 24,570.00 | 73,710.00 | 24,570.00 | 24,570.00 | 24,570.00 | 73,710.00 | 294,840.00 |
| 86 | 税进项税额 | 3,194.10 | 3,194.10 | 3,194.10 | 9,582.30 | 3,194.10 | 3,194.10 | 3,194.10 | 9,582.30 | 3,194.10 | 3,194.10 | 3,194.10 | 9,582.30 | 3,194.10 | 3,194.10 | 3,194.10 | 9,582.30 | 38,329.20 |
| 87 | 期初应付账款 | 11,105.64 | | | | | | | | | | | | | | | | 11,105.64 |
| 88 | 第1月购料 | 16,658.46 | 11,105.64 | | | | | | | | | | | | | | | 27,764.10 |
| 89 | 第2月购料 | | 16,658.46 | 11,105.64 | | | | | | | | | | | | | | 27,764.10 |
| 90 | 第3月购料 | | | 16,658.46 | | 11,105.64 | | | | | | | | | | | | 27,764.10 |
| 91 | 第1季度购料 | | | | 83,292.30 | | | | | | | | | | | | | 83,292.30 |
| 92 | 第4月购料 | | | | | 16,658.46 | 11,105.64 | | | | | | | | | | | 27,764.10 |
| 93 | 第5月购料 | | | | | | 16,658.46 | 11,105.64 | | | | | | | | | | 27,764.10 |
| 94 | 第6月购料 | | | | | | | 16,658.46 | | 11,105.64 | | | | | | | | 27,764.10 |
| 95 | 第2季度购料 | | | | | | | | 83,292.30 | | | | | | | | | 83,292.30 |
| 96 | 第7月购料 | | | | | | | | | 16,658.46 | 11,105.64 | | | | | | | 27,764.10 |
| 97 | 第8月购料 | | | | | | | | | | 16,658.46 | 11,105.64 | | | | | | 27,764.10 |
| 98 | 第9月购料 | | | | | | | | | | | 16,658.46 | | 11,105.64 | | | | 27,764.10 |
| 99 | 第3季度购料 | | | | | | | | | | | | 83,292.30 | | | | | 83,292.30 |
| 100 | 第10月购料 | | | | | | | | | | | | | 16,658.46 | 11,105.64 | | | 27,764.10 |
| 101 | 第11月购料 | | | | | | | | | | | | | | 16,658.46 | 11,105.64 | | 27,764.10 |
| 102 | 第12月购料 | | | | | | | | | | | | | | | 16,658.46 | | 16,658.46 |
| 103 | 第4季度购料 | | | | | | | | | | | | | | | | 83,292.30 | 83,292.30 |
| 104 | 现金支出合计 | 27,764.10 | 27,764.10 | 27,764.10 | 83,292.30 | 27,764.10 | 27,764.10 | 27,764.10 | 83,292.30 | 27,764.10 | 27,764.10 | 27,764.10 | 83,292.30 | 27,764.10 | 27,764.10 | 27,764.10 | 83,292.30 | 333,169.20 |
| 105 | 末应付账款 | | | | | | | | | | | | | | | | | 11,105.64 |

图 6-13（续）

| | A | B | C | D | E | F | G |
|---|---|---|---|---|---|---|---|
| 1 | 2021年猪肉香精直接材料预算 | | | | | | |
| 2 | 项目 | | 1季度 | 2季度 | 3季度 | 4季度 | 全年合计 |
| 3 | **预计生产量** | | 9.80 | 10.30 | 10.30 | 9.74 | 40.14 |
| 4 | **材料耗用量** | | | | | | |
| 5 | 猪肉 | | 2.30 | 2.42 | 2.42 | 2.29 | 9.44 |
| 6 | 精盐 | | 3.84 | 4.04 | 4.04 | 3.82 | 15.73 |
| 7 | 味精 | | 1.15 | 1.21 | 1.21 | 1.15 | 4.72 |
| 8 | 香基 | | 0.10 | 0.10 | 0.10 | 0.10 | 0.39 |
| 9 | 干燥剂 | | 0.58 | 0.61 | 0.61 | 0.57 | 2.36 |
| 10 | 酵母提取物 | | 0.19 | 0.20 | 0.20 | 0.19 | 0.79 |
| 11 | 淀粉 | | 3.84 | 4.04 | 4.04 | 3.82 | 15.73 |
| 12 | 纸箱 | | 0.96 | 1.01 | 1.01 | 0.95 | 3.93 |
| 13 | 包装袋 | | 0.96 | 1.01 | 1.01 | 0.95 | 3.93 |
| 14 | **加：期末存量** | | | | | | |
| 15 | 猪肉 | | 0.16 | 0.16 | 0.15 | 0.15 | 0.15 |
| 16 | 精盐 | | 0.27 | 0.27 | 0.25 | 0.25 | 0.25 |
| 17 | 味精 | | 0.08 | 0.08 | 0.08 | 0.08 | 0.08 |
| 18 | 香基 | | 0.01 | 0.01 | 0.01 | 0.01 | 0.01 |
| 19 | 干燥剂 | | 0.04 | 0.04 | 0.04 | 0.04 | 0.04 |
| 20 | 酵母提取物 | | 0.01 | 0.01 | 0.01 | 0.01 | 0.01 |
| 21 | 淀粉 | | 0.27 | 0.27 | 0.25 | 0.25 | 0.25 |
| 22 | 纸箱 | | 0.07 | 0.07 | 0.06 | 0.06 | 0.06 |
| 23 | 包装袋 | | 0.07 | 0.07 | 0.06 | 0.06 | 0.06 |
| 24 | 合计/吨 | | | | | | |
| 25 | 猪肉 | | 2.47 | 2.58 | 2.58 | 2.44 | |
| 26 | 精盐 | | 4.11 | 4.31 | 4.29 | 4.07 | |
| 27 | 味精 | | 1.23 | 1.29 | 1.29 | 1.22 | |
| 28 | 香基 | | 0.10 | 0.11 | 0.11 | 0.10 | |
| 29 | 干燥剂 | | 0.62 | 0.65 | 0.64 | 0.61 | |
| 30 | 酵母提取物 | | 0.21 | 0.22 | 0.21 | 0.20 | |
| 31 | 淀粉 | | 4.11 | 4.31 | 4.29 | 4.07 | |
| 32 | 纸箱 | | 1.03 | 1.08 | 1.07 | 1.02 | |
| 33 | 包装袋 | | 1.03 | 1.08 | 1.07 | 1.02 | |
| 34 | **减：期初存量** | | | | | | |
| 35 | 猪肉 | | 0.14 | 0.16 | 0.16 | 0.15 | 0.14 |
| 36 | 精盐 | | 0.24 | 0.27 | 0.27 | 0.25 | 0.24 |
| 37 | 味精 | | 0.07 | 0.08 | 0.08 | 0.08 | 0.07 |
| 38 | 香基 | | 0.01 | 0.01 | 0.01 | 0.01 | 0.01 |
| 39 | 干燥剂 | | 0.04 | 0.04 | 0.04 | 0.04 | 0.04 |
| 40 | 酵母提取物 | | 0.01 | 0.01 | 0.01 | 0.01 | 0.01 |
| 41 | 淀粉 | | 0.24 | 0.27 | 0.27 | 0.25 | 0.24 |
| 42 | 纸箱 | | 0.06 | 0.07 | 0.07 | 0.06 | 0.06 |
| 43 | 包装袋 | | 0.06 | 0.07 | 0.07 | 0.06 | 0.06 |
| 44 | **预计采购量** | | | | | | |
| 45 | 猪肉 | | 2.32 | 2.42 | 2.41 | 2.29 | 9.45 |
| 46 | 精盐 | | 3.87 | 4.04 | 4.02 | 3.82 | 15.75 |
| 47 | 味精 | | 1.16 | 1.21 | 1.21 | 1.15 | 4.72 |
| 48 | 香基 | | 0.10 | 0.10 | 0.10 | 0.10 | 0.39 |
| 49 | 干燥剂 | | 0.58 | 0.61 | 0.60 | 0.57 | 2.36 |
| 50 | 酵母提取物 | | 0.19 | 0.20 | 0.20 | 0.19 | 0.79 |
| 51 | 淀粉 | | 3.87 | 4.04 | 4.02 | 3.82 | 15.75 |
| 52 | 纸箱 | | 0.97 | 1.01 | 1.01 | 0.95 | 3.94 |
| 53 | 包装袋 | | 0.97 | 1.01 | 1.01 | 0.95 | 3.94 |
| 54 | **单价（元/吨）** | | | | | | |
| 55 | 猪肉 | | 18,900.00 | 18,900.00 | 18,900.00 | 18,900.00 | 18,900.00 |
| 56 | 精盐 | | 892.50 | 892.50 | 892.50 | 892.50 | 892.50 |
| 57 | 味精 | | 8,925.00 | 8,925.00 | 8,925.00 | 8,925.00 | 8,925.00 |
| 58 | 香基 | | 37,800.00 | 37,800.00 | 37,800.00 | 37,800.00 | 37,800.00 |
| 59 | 干燥剂 | | 7,140.00 | 7,140.00 | 7,140.00 | 7,140.00 | 7,140.00 |
| 60 | 酵母提取物 | | 22,680.00 | 22,680.00 | 22,680.00 | 22,680.00 | 22,680.00 |
| 61 | 淀粉 | | 2,310.00 | 2,310.00 | 2,310.00 | 2,310.00 | 2,310.00 |
| 62 | 纸箱 | | 3,150.00 | 3,150.00 | 3,150.00 | 3,150.00 | 3,150.00 |
| 63 | 包装袋 | | 1,365.00 | 1,365.00 | 1,365.00 | 1,365.00 | 1,365.00 |
| 64 | **耗用成本（元）** | | | | | | |
| 65 | 猪肉 | | 43,434.14 | 45,786.38 | 45,786.38 | 43,297.03 | 178,303.94 |
| 66 | 精盐 | | 3,418.43 | 3,603.56 | 3,603.56 | 3,407.64 | 14,033.18 |
| 67 | 味精 | | 10,255.28 | 10,810.67 | 10,810.67 | 10,222.91 | 42,099.54 |
| 68 | 香基 | | 3,619.51 | 3,815.53 | 3,815.53 | 3,608.09 | 14,858.66 |
| 69 | 干燥剂 | | 4,102.11 | 4,324.27 | 4,324.27 | 4,089.16 | 16,839.82 |
| 70 | 酵母提取物 | | 4,343.41 | 4,578.64 | 4,578.64 | 4,329.70 | 17,830.39 |
| 71 | 淀粉 | | 8,847.70 | 9,326.86 | 9,326.86 | 8,819.76 | 36,321.17 |
| 72 | 纸箱 | | 3,016.26 | 3,179.61 | 3,179.61 | 3,006.74 | 12,382.22 |
| 73 | 包装袋 | | 1,307.05 | 1,377.83 | 1,377.83 | 1,302.92 | 5,365.63 |
| 74 | 耗用总成本 | | 82,343.90 | 86,803.35 | 86,803.35 | 82,083.95 | 338,034.55 |
| 75 | **采购金额（元）** | | | | | | |
| 76 | 猪肉 | | 43,894.57 | 45,786.38 | 45,620.43 | 43,297.03 | 178,598.41 |
| 77 | 精盐 | | 3,454.67 | 3,603.56 | 3,590.50 | 3,407.64 | 14,056.36 |
| 78 | 味精 | | 10,364.00 | 10,810.67 | 10,771.49 | 10,222.91 | 42,169.07 |
| 79 | 香基 | | 3,657.88 | 3,815.53 | 3,801.70 | 3,608.09 | 14,883.20 |
| 80 | 干燥剂 | | 4,145.60 | 4,324.27 | 4,308.60 | 4,089.16 | 16,867.63 |
| 81 | 酵母提取物 | | 4,389.46 | 4,578.64 | 4,562.04 | 4,329.70 | 17,859.84 |
| 82 | 淀粉 | | 8,941.49 | 9,326.86 | 9,293.05 | 8,819.76 | 36,381.16 |
| 83 | 纸箱 | | 3,048.23 | 3,179.61 | 3,168.09 | 3,006.74 | 12,402.67 |
| 84 | 包装袋 | | 1,320.90 | 1,377.83 | 1,372.84 | 1,302.92 | 5,374.49 |
| 85 | 采购成本(元) | | 83,216.79 | 86,803.35 | 86,488.73 | 82,083.95 | 338,592.81 |
| 86 | 应交增值税——进项税额 | | 10,818.18 | 11,284.44 | 11,243.53 | 10,670.91 | 44,017.07 |
| 87 | 预计现金支出计算表 | 期初应付账款 | 11,105.64 | | | | 11,105.64 |
| 88 | | 第一季度购料 | 56,420.98 | 37,613.99 | | | 94,034.97 |
| 89 | | 第二季度购料 | | 58,852.67 | 39,235.12 | | 98,087.79 |
| 90 | | 第三季度购料 | | | 58,639.36 | 39,092.90 | 97,732.26 |
| 91 | | 第四季度购料 | | | | 55,652.92 | 55,652.92 |
| 92 | | 现金支出合计 | 67,526.62 | 96,466.66 | 97,874.47 | 94,745.82 | 356,613.58 |
| 93 | 期末应付账款 | | | | | | 37,101.94 |

图 6-14　2021 年猪肉香精分季度的直接材料预算

| | A | B | C | D | E | F | G |
|---|---|---|---|---|---|---|---|
| 1 | | 2022年猪肉香精直接材料预算 | | | | | |
| 2 | | 项目 | 1季度 | 2季度 | 3季度 | 4季度 | 全年合计 |
| 3 | | **预计生产量** | 10.42 | 13.00 | 14.00 | 15.00 | 52.42 |
| 4 | | **材料耗用量** | | | | | |
| 5 | | 猪肉 | 2.16 | 2.69 | 2.90 | 3.10 | 10.85 |
| 6 | | 精盐 | 4.08 | 5.10 | 5.49 | 5.88 | 20.55 |
| 7 | | 味精 | 1.23 | 1.53 | 1.65 | 1.76 | 6.16 |
| 8 | | 香基 | 0.09 | 0.11 | 0.12 | 0.13 | 0.45 |
| 9 | | 干燥剂 | 0.61 | 0.76 | 0.82 | 0.88 | 3.08 |
| 10 | | 酵母提取物 | 0.18 | 0.22 | 0.24 | 0.26 | 0.90 |
| 11 | | 淀粉 | 4.08 | 5.10 | 5.49 | 5.88 | 20.55 |
| 12 | | 纸箱 | 1.02 | 1.27 | 1.37 | 1.47 | 5.14 |
| 13 | | 包装袋 | 1.02 | 1.27 | 1.37 | 1.47 | 5.14 |
| 14 | | **加：期末存量** | | | | | |
| 15 | | 猪肉 | 0.18 | 0.19 | 0.21 | 0.21 | 0.21 |
| 16 | | 精盐 | 0.34 | 0.37 | 0.39 | 0.39 | 0.39 |
| 17 | | 味精 | 0.10 | 0.11 | 0.12 | 0.12 | 0.12 |
| 18 | | 香基 | 0.01 | 0.01 | 0.01 | 0.01 | 0.01 |
| 19 | | 干燥剂 | 0.05 | 0.05 | 0.06 | 0.06 | 0.06 |
| 20 | | 酵母提取物 | 0.01 | 0.02 | 0.02 | 0.02 | 0.02 |
| 21 | | 淀粉 | 0.34 | 0.37 | 0.39 | 0.39 | 0.39 |
| 22 | | 纸箱 | 0.08 | 0.09 | 0.10 | 0.10 | 0.10 |
| 23 | | 包装袋 | 0.08 | 0.09 | 0.10 | 0.10 | 0.10 |
| 24 | | 合计/吨 | | | | | |
| 25 | | 猪肉 | 2.34 | 2.88 | 3.10 | 3.31 | |
| 26 | | 精盐 | 4.42 | 5.46 | 5.88 | 6.27 | |
| 27 | | 味精 | 1.33 | 1.64 | 1.76 | 1.88 | |
| 28 | | 香基 | 0.10 | 0.12 | 0.13 | 0.14 | |
| 29 | | 干燥剂 | 0.66 | 0.82 | 0.88 | 0.94 | |
| 30 | | 酵母提取物 | 0.19 | 0.24 | 0.26 | 0.28 | |
| 31 | | 淀粉 | 4.42 | 5.46 | 5.88 | 6.27 | |
| 32 | | 纸箱 | 1.11 | 1.37 | 1.47 | 1.57 | |
| 33 | | 包装袋 | 1.11 | 1.37 | 1.47 | 1.57 | |
| 34 | | **减：期初存量** | | | | | |
| 35 | | 猪肉 | 0.15 | 0.18 | 0.19 | 0.21 | 0.15 |
| 36 | | 精盐 | 0.25 | 0.34 | 0.37 | 0.39 | 0.25 |
| 37 | | 味精 | 0.08 | 0.10 | 0.11 | 0.12 | 0.08 |
| 38 | | 香基 | 0.01 | 0.01 | 0.01 | 0.01 | 0.01 |
| 39 | | 干燥剂 | 0.04 | 0.05 | 0.05 | 0.06 | 0.04 |
| 40 | | 酵母提取物 | 0.01 | 0.01 | 0.02 | 0.02 | 0.01 |
| 41 | | 淀粉 | 0.25 | 0.34 | 0.37 | 0.39 | 0.25 |
| 42 | | 纸箱 | 0.06 | 0.08 | 0.09 | 0.10 | 0.06 |
| 43 | | 包装袋 | 0.06 | 0.08 | 0.09 | 0.10 | 0.06 |
| 44 | | **预计采购量** | | | | | |
| 45 | | 猪肉 | 2.18 | 2.70 | 2.91 | 3.10 | 10.90 |
| 46 | | 精盐 | 4.17 | 5.12 | 5.51 | 5.88 | 20.69 |
| 47 | | 味精 | 1.25 | 1.54 | 1.65 | 1.76 | 6.21 |
| 48 | | 香基 | 0.09 | 0.11 | 0.12 | 0.13 | 0.45 |
| 49 | | 干燥剂 | 0.63 | 0.77 | 0.83 | 0.88 | 3.10 |
| 50 | | 酵母提取物 | 0.18 | 0.23 | 0.24 | 0.26 | 0.91 |
| 51 | | 淀粉 | 4.17 | 5.12 | 5.51 | 5.88 | 20.69 |
| 52 | | 纸箱 | 1.04 | 1.28 | 1.38 | 1.47 | 5.17 |
| 53 | | 包装袋 | 1.04 | 1.28 | 1.38 | 1.47 | 5.17 |
| 54 | | **单价（元/吨）** | | | | | |
| 55 | | 猪肉 | 18,900.00 | 18,900.00 | 18,900.00 | 18,900.00 | 18,900.00 |
| 56 | | 精盐 | 892.50 | 892.50 | 892.50 | 892.50 | 892.50 |
| 57 | | 味精 | 8,925.00 | 8,925.00 | 8,925.00 | 8,925.00 | 8,925.00 |
| 58 | | 香基 | 37,800.00 | 37,800.00 | 37,800.00 | 37,800.00 | 37,800.00 |
| 59 | | 干燥剂 | 7,140.00 | 7,140.00 | 7,140.00 | 7,140.00 | 7,140.00 |
| 60 | | 酵母提取物 | 22,680.00 | 22,680.00 | 22,680.00 | 22,680.00 | 22,680.00 |
| 61 | | 淀粉 | 2,310.00 | 2,310.00 | 2,310.00 | 2,310.00 | 2,310.00 |
| 62 | | 纸箱 | 3,150.00 | 3,150.00 | 3,150.00 | 3,150.00 | 3,150.00 |
| 63 | | 包装袋 | 1,365.00 | 1,365.00 | 1,365.00 | 1,365.00 | 1,365.00 |
| 64 | | **耗用成本（元）** | | | | | |
| 65 | | 猪肉 | 40,761.44 | 50,854.00 | 54,765.85 | 58,677.70 | 205,058.99 |
| 66 | | 精盐 | 3,645.54 | 4,548.18 | 4,898.04 | 5,247.90 | 18,339.66 |
| 67 | | 味精 | 10,936.62 | 13,644.54 | 14,694.12 | 15,743.70 | 55,018.98 |
| 68 | | 香基 | 3,396.79 | 4,237.83 | 4,563.82 | 4,889.81 | 17,088.25 |
| 69 | | 干燥剂 | 4,374.65 | 5,457.82 | 5,877.65 | 6,297.48 | 22,007.59 |
| 70 | | 酵母提取物 | 4,076.14 | 5,085.40 | 5,476.58 | 5,867.77 | 20,505.90 |
| 71 | | 淀粉 | 9,435.52 | 11,771.76 | 12,677.28 | 13,582.80 | 47,467.36 |
| 72 | | 纸箱 | 3,216.65 | 4,013.10 | 4,321.80 | 4,630.50 | 16,182.05 |
| 73 | | 包装袋 | 1,393.88 | 1,739.01 | 1,872.78 | 2,006.55 | 7,012.22 |
| 74 | | 耗用总成本 | 81,237.24 | 101,351.64 | 109,147.92 | 116,944.20 | 408,681.01 |
| 75 | | **采购金额(元)** | | | | | |
| 76 | | 猪肉 | 41,265.24 | 51,114.79 | 55,026.64 | 58,677.70 | 206,084.37 |
| 77 | | 精盐 | 3,721.58 | 4,571.50 | 4,921.36 | 5,247.90 | 18,462.35 |
| 78 | | 味精 | 11,164.73 | 13,714.51 | 14,764.09 | 15,743.70 | 55,387.04 |
| 79 | | 香基 | 3,438.77 | 4,259.57 | 4,585.55 | 4,889.81 | 17,173.70 |
| 80 | | 干燥剂 | 4,465.89 | 5,485.80 | 5,905.64 | 6,297.48 | 22,154.81 |
| 81 | | 酵母提取物 | 4,126.52 | 5,111.48 | 5,502.66 | 5,867.77 | 20,608.44 |
| 82 | | 淀粉 | 9,632.32 | 11,832.13 | 12,737.65 | 13,582.80 | 47,784.89 |
| 83 | | 纸箱 | 3,283.74 | 4,033.68 | 4,342.38 | 4,630.50 | 16,290.30 |
| 84 | | 包装袋 | 1,422.96 | 1,747.93 | 1,881.70 | 2,006.55 | 7,059.13 |
| 85 | | 采购成本(元) | 82,521.75 | 101,871.40 | 109,667.68 | 116,944.20 | 411,005.03 |
| 86 | 应交增值税——进项税额 | | 10,727.83 | 13,243.28 | 14,256.80 | 15,202.75 | 53,430.65 |
| 87 | 预计现金支出计算表 | 期初应付账款 | 37,101.94 | | | | 37,101.94 |
| 88 | | 第一季度购料 | 55,949.75 | 37,299.83 | | | 93,249.58 |
| 89 | | 第二季度购料 | | 69,068.81 | 46,045.87 | | 115,114.68 |
| 90 | | 第三季度购料 | | | 74,354.68 | 49,569.79 | 123,924.47 |
| 91 | | 第四季度购料 | | | | 79,288.17 | 79,288.17 |
| 92 | | 现金支出合计 | 93,051.69 | 106,368.64 | 120,400.55 | 128,857.96 | 448,678.85 |
| 93 | 期末应付账款 | | | | | | 52,858.78 |

图 6-15　2022 年猪肉香精分季度的直接材料预算

| | A | B | C | D | E | F | G | H | I | J | K | L | M | N | O | P | Q | R |
|---|---|---|---|---|---|---|---|---|---|---|---|---|---|---|---|---|---|---|
| 1 | 2020年直接人工成本预算 | | | | | | | | | | | | | | | | | |
| 2 | 项目 | 1月 | 2月 | 3月 | 第1季度合计 | 4月 | 5月 | 6月 | 第2季度合计 | 7月 | 8月 | 9月 | 第3季度合计 | 10月 | 11月 | 12月 | 第4季度合计 | 本年合计 |
| 3 | 预计生产量/吨 | | | | | | | | | | | | | | | | | |
| 4 | 牛肉香精 | 3 | 3 | 3 | 9 | 3 | 3 | 3 | 9 | 3 | 3 | 3 | 9 | 3 | 3 | 3 | 9 | 36 |
| 5 | 鸡肉香精 | 4 | 4 | 4 | 12 | 4 | 4 | 4 | 12 | 4 | 4 | 4 | 12 | 4 | 4 | 4 | 12 | 48 |
| 6 | 猪肉香精 | 3 | 3 | 3 | 9 | 3 | 3 | 3 | 9 | 3 | 3 | 3 | 9 | 3 | 3 | 3 | 9 | 36 |
| 7 | 单位产品工时/（h/吨） | | | | | | | | | | | | | | | | | |
| 8 | 牛肉香精 | 400 | 400 | 400 | 400 | 400 | 400 | 400 | 400 | 400 | 400 | 400 | 400 | 400 | 400 | 400 | 400 | 400 |
| 9 | 鸡肉香精 | 380 | 380 | 380 | 380 | 380 | 380 | 380 | 380 | 380 | 380 | 380 | 380 | 380 | 380 | 380 | 380 | 380 |
| 10 | 猪肉香精 | 375 | 375 | 375 | 375 | 375 | 375 | 375 | 375 | 375 | 375 | 375 | 375 | 375 | 375 | 375 | 375 | 375 |
| 11 | 人工总工时/（h/单位） | | | | | | | | | | | | | | | | | |
| 12 | 牛肉香精 | 1,200 | 1,200 | 1,200 | 3,600 | 1,200 | 1,200 | 1,200 | 3,600 | 1,200 | 1,200 | 1,200 | 3,600 | 1,200 | 1,200 | 1,200 | 3,600 | 14,400 |
| 13 | 鸡肉香精 | 1,520 | 1,520 | 1,520 | 4,560 | 1,520 | 1,520 | 1,520 | 4,560 | 1,520 | 1,520 | 1,520 | 4,560 | 1,520 | 1,520 | 1,520 | 4,560 | 18,240 |
| 14 | 猪肉香精 | 1,125 | 1,125 | 1,125 | 3,375 | 1,125 | 1,125 | 1,125 | 3,375 | 1,125 | 1,125 | 1,125 | 3,375 | 1,125 | 1,125 | 1,125 | 3,375 | 13,500 |
| 15 | 每小时人工成本（元/h） | | | | | | | | | | | | 0 | | | | | |
| 16 | 牛肉香精 | 10 | 10 | 10 | 10 | 10 | 10 | 10 | 10 | 10 | 10 | 10 | 10 | 10 | 10 | 10 | 10 | 10 |
| 17 | 鸡肉香精 | 10 | 10 | 10 | 10 | 10 | 10 | 10 | 10 | 10 | 10 | 10 | 10 | 10 | 10 | 10 | 10 | 10 |
| 18 | 猪肉香精 | 10 | 10 | 10 | 10 | 10 | 10 | 10 | 10 | 10 | 10 | 10 | 10 | 10 | 10 | 10 | 10 | 10 |
| 19 | 人工总成本/元 | | | | | | | | | | | | | | | | | |
| 20 | 牛肉香精 | 12,000 | 12,000 | 12,000 | 36,000 | 12,000 | 12,000 | 12,000 | 36,000 | 12,000 | 12,000 | 12,000 | 36,000 | 12,000 | 12,000 | 12,000 | 36,000 | 144,000 |
| 21 | 鸡肉香精 | 15,200 | 15,200 | 15,200 | 45,600 | 15,200 | 15,200 | 15,200 | 45,600 | 15,200 | 15,200 | 15,200 | 45,600 | 15,200 | 15,200 | 15,200 | 45,600 | 182,400 |
| 22 | 猪肉香精 | 11,250 | 11,250 | 11,250 | 33,750 | 11,250 | 11,250 | 11,250 | 33,750 | 11,250 | 11,250 | 11,250 | 33,750 | 11,250 | 11,250 | 11,250 | 33,750 | 135,000 |
| 23 | 合计 | 38,450 | 38,450 | 38,450 | 115,350 | 38,450 | 38,450 | 38,450 | 115,350 | 38,450 | 38,450 | 38,450 | 115,350 | 38,450 | 38,450 | 38,450 | 115,350 | 461,400 |
| 24 | 现金支出合计 | 38,450 | 38,450 | 38,450 | 115,350 | 38,450 | 38,450 | 38,450 | 115,350 | 38,450 | 38,450 | 38,450 | 115,350 | 38,450 | 38,450 | 38,450 | 115,350 | 461,400 |

图 6-16　2020 年三种产品分月的直接人工成本预算

| | A | B | C | D | E | F |
|---|---|---|---|---|---|---|
| 1 | 2021年直接人工成本预算 | | | | | |
| 2 | 项目 | 1季度 | 2季度 | 3季度 | 4季度 | 全年合计 |
| 3 | 预计生产量/吨 | | | | | |
| 4 | 牛肉香精 | 9.80 | 10.50 | 10.50 | 9.75 | 40.55 |
| 5 | 鸡肉香精 | 13.80 | 13.80 | 13.80 | 13.80 | 55.20 |
| 6 | 猪肉香精 | 9.80 | 10.30 | 10.30 | 9.74 | 40.14 |
| 7 | 单位产品工时/（h/单位） | | | | | |
| 8 | 牛肉香精 | 385.00 | 385.00 | 385.00 | 385.00 | 385.00 |
| 9 | 鸡肉香精 | 375.00 | 375.00 | 375.00 | 375.00 | 375.00 |
| 10 | 猪肉香精 | 370.00 | 370.00 | 370.00 | 370.00 | 370.00 |
| 11 | 人工总工时/（h/单位） | | | | | |
| 12 | 牛肉香精 | 3,773.00 | 4,042.50 | 4,042.50 | 3,754.52 | 15,612.52 |
| 13 | 鸡肉香精 | 5,175.00 | 5,175.00 | 5,175.00 | 5,175.00 | 20,700.00 |
| 14 | 猪肉香精 | 3,626.00 | 3,811.00 | 3,811.00 | 3,603.80 | 14,851.80 |
| 15 | 每小时人工成本/（元/h） | | | | | |
| 16 | 牛肉香精 | 11.00 | 11.00 | 11.00 | 11.00 | 11.00 |
| 17 | 鸡肉香精 | 11.00 | 11.00 | 11.00 | 11.00 | 11.00 |
| 18 | 猪肉香精 | 11.00 | 11.00 | 11.00 | 11.00 | 11.00 |
| 19 | 人工总成本/元 | | | | | |
| 20 | 牛肉香精 | 41,503.00 | 44,467.50 | 44,467.50 | 41,299.72 | 171,737.72 |
| 21 | 鸡肉香精 | 56,925.00 | 56,925.00 | 56,925.00 | 56,925.00 | 227,700.00 |
| 22 | 猪肉香精 | 39,886.00 | 41,921.00 | 41,921.00 | 39,641.80 | 163,369.80 |
| 23 | 合计 | 138,314.00 | 143,313.50 | 143,313.50 | 137,866.52 | 562,807.52 |
| 24 | 现金支出合计 | 138,314.00 | 143,313.50 | 143,313.50 | 137,866.52 | 562,807.52 |

图 6-17　2021 年三种产品分季度的直接人工成本预算

| | A | B | C | D | E | F |
|---|---|---|---|---|---|---|
| 1 | 2022年直接人工成本预算 | | | | | |
| 2 | 项目 | 1季度 | 2季度 | 3季度 | 4季度 | 全年合计 |
| 3 | 预计生产量/吨 | | | | | |
| 4 | 牛肉香精 | 12.23 | 14.00 | 14.50 | 16.00 | 56.73 |
| 5 | 鸡肉香精 | 15.49 | 16.50 | 18.00 | 18.00 | 67.99 |
| 6 | 猪肉香精 | 10.42 | 13.00 | 14.00 | 15.00 | 52.42 |
| 7 | 单位产品工时/（h/单位） | | | | | |
| 8 | 牛肉香精 | 380.00 | 380.00 | 380.00 | 380.00 | 380.00 |
| 9 | 鸡肉香精 | 365.00 | 365.00 | 365.00 | 365.00 | 365.00 |
| 10 | 猪肉香精 | 360.00 | 360.00 | 360.00 | 360.00 | 360.00 |
| 11 | 人工总工时/（h/单位） | | | | | |
| 12 | 牛肉香精 | 4,645.88 | 5,320.00 | 5,510.00 | 6,080.00 | 21,555.88 |
| 13 | 鸡肉香精 | 5,653.85 | 6,022.50 | 6,570.00 | 6,570.00 | 24,816.35 |
| 14 | 猪肉香精 | 3,751.20 | 4,680.00 | 5,040.00 | 5,400.00 | 18,871.20 |
| 15 | 每小时人工成本/（元/h） | | | | | |
| 16 | 牛肉香精 | 12.32 | 12.32 | 12.32 | 12.32 | 12.32 |
| 17 | 鸡肉香精 | 12.32 | 12.32 | 12.32 | 12.32 | 12.32 |
| 18 | 猪肉香精 | 12.32 | 12.32 | 12.32 | 12.32 | 12.32 |
| 19 | 人工总成本/元 | | | | | |
| 20 | 牛肉香精 | 57,237.24 | 65,542.40 | 67,883.20 | 74,905.60 | 265,568.44 |
| 21 | 鸡肉香精 | 69,655.43 | 74,197.20 | 80,942.40 | 80,942.40 | 305,737.43 |
| 22 | 猪肉香精 | 46,214.78 | 57,657.60 | 62,092.80 | 66,528.00 | 232,493.18 |
| 23 | 合计 | 173,107.46 | 197,397.20 | 210,918.40 | 222,376.00 | 803,799.06 |
| 24 | 现金支出合计 | 173,107.46 | 197,397.20 | 210,918.40 | 222,376.00 | 803,799.06 |

图 6-18　2022 年三种产品分季度的直接人工成本预算

| | A | B | C | D | E | F | G | H | I | J | K | L | M | N | O | P | Q | R |
|---|---|---|---|---|---|---|---|---|---|---|---|---|---|---|---|---|---|---|
| 1 | | | | | | | | | 2020年制造费用预算 | | 单位（元） | | | | | | | |
| 2 | 项目 | 1月 | 2月 | 3月 | *第1季度合计* | 4月 | 5月 | 6月 | *第2季度合计* | 7月 | 8月 | 9月 | *第3季度合计* | 10月 | 11月 | 12月 | *第4季度合计* | *本年合计* |
| 3 | 变动制造费用 | | | | | | | | | | | | | | | | | |
| 4 | 间接材料 | 900 | 900 | 900 | 2,700 | 900 | 900 | 900 | 2,700 | 900 | 900 | 900 | 2,700 | 900 | 900 | 900 | 2,700 | 10,800 |
| 5 | 间接人工 | 4,800 | 4,800 | 4,800 | 14,400 | 4,800 | 4,800 | 4,800 | 14,400 | 4,800 | 4,800 | 4,800 | 14,400 | 4,800 | 4,800 | 4,800 | 14,400 | 57,600 |
| 6 | 修理费 | 800 | 800 | 800 | 2,400 | 800 | 800 | 800 | 2,400 | 800 | 800 | 800 | 2,400 | 800 | 800 | 800 | 2,400 | 9,600 |
| 7 | 水电费 | 800 | 800 | 800 | 2,400 | 800 | 800 | 800 | 2,400 | 800 | 800 | 800 | 2,400 | 800 | 800 | 800 | 2,400 | 9,600 |
| 8 | 其他 | 710 | 710 | 710 | 2,130 | 710 | 710 | 710 | 2,130 | 710 | 710 | 710 | 2,130 | 710 | 710 | 710 | 2,130 | 8,520 |
| 9 | 小计 | 8,010 | 8,010 | 8,010 | 24,030 | 8,010 | 8,010 | 8,010 | 24,030 | 8,010 | 8,010 | 8,010 | 24,030 | 8,010 | 8,010 | 8,010 | 24,030 | 96,120 |
| 10 | 固定制造费用 | | | | 0 | | | | 0 | | | | 0 | | | | 0 | |
| 11 | 维修费 | 800 | 800 | 800 | 2,400 | 800 | 800 | 800 | 2,400 | 800 | 800 | 800 | 2,400 | 800 | 800 | 800 | 2,400 | 9,600 |
| 12 | 折旧费 | 10,753 | 10,753 | 10,753 | 32,260 | 10,753 | 10,753 | 10,753 | 32,260 | 10,753 | 10,753 | 10,753 | 32,260 | 10,753 | 10,753 | 10,753 | 32,260 | 129,042 |
| 13 | 管理人员工资 | 9,000 | 9,000 | 9,000 | 27,000 | 9,000 | 9,000 | 9,000 | 27,000 | 9,000 | 9,000 | 9,000 | 27,000 | 9,000 | 9,000 | 9,000 | 27,000 | 108,000 |
| 14 | 保险费 | 620 | 620 | 620 | 1,860 | 620 | 620 | 620 | 1,860 | 620 | 620 | 620 | 1,860 | 620 | 620 | 620 | 1,860 | 7,440 |
| 15 | 其他 | 550 | 550 | 550 | 1,650 | 550 | 550 | 550 | 1,650 | 550 | 550 | 550 | 1,650 | 550 | 550 | 550 | 1,650 | 6,600 |
| 16 | 小计 | 21,723 | 21,723 | 21,723 | 65,170 | 21,723 | 21,723 | 21,723 | 65,170 | 21,723 | 21,723 | 21,723 | 65,170 | 21,723 | 21,723 | 21,723 | 65,170 | 260,682 |
| 17 | 合计 | 29,733 | 29,733 | 29,733 | 89,200 | 29,733 | 29,733 | 29,733 | 89,200 | 29,733 | 29,733 | 29,733 | 89,200 | 29,733 | 29,733 | 29,733 | 89,200 | 356,802 |
| 18 | 减：折旧 | 10,753 | 10,753 | 10,753 | 32,260 | 10,753 | 10,753 | 10,753 | 32,260 | 10,753 | 10,753 | 10,753 | 32,260 | 10,753 | 10,753 | 10,753 | 32,260 | 129,042 |
| 19 | 现金支出的费用 | 18,980 | 18,980 | 18,980 | 56,940 | 18,980 | 18,980 | 18,980 | 56,940 | 18,980 | 18,980 | 18,980 | 56,940 | 18,980 | 18,980 | 18,980 | 56,940 | 227,760 |
| 20 | | | | | | | | | | | | | | | | | | |
| 21 | 变动费用分配率 | 2.08 | 2.08 | 2.08 | 2.08 | 2.08 | 2.08 | 2.08 | 2.08 | 2.08 | 2.08 | 2.08 | 2.08 | 2.08 | 2.08 | 2.08 | 2.08 | 2.08 |
| 22 | 固定费用分配率 | 5.65 | 5.65 | 5.65 | 5.65 | 5.65 | 5.65 | 5.65 | 5.65 | 5.65 | 5.65 | 5.65 | 5.65 | 5.65 | 5.65 | 5.65 | 5.65 | 5.65 |

图 6-19　2020 年分月的制造费用预算

| | A | B | C | D | E | F |
|---|---|---|---|---|---|---|
| 1 | | 2021年制造费用预算 | | 单位（元） | | |
| 2 | 项目 | 1季度 | 2季度 | 3季度 | 4季度 | 全年合计 |
| 3 | 变动制造费用 | | | | | |
| 4 | 间接材料 | 3,200.00 | 3,200.00 | 3,200.00 | 3,500.00 | 13,100.00 |
| 5 | 间接人工 | 15,600.00 | 15,600.00 | 15,600.00 | 15,600.00 | 62,400.00 |
| 6 | 修理费 | 2,800.00 | 2,800.00 | 2,800.00 | 3,000.00 | 11,400.00 |
| 7 | 水电费 | 3,000.00 | 3,000.00 | 3,000.00 | 3,200.00 | 12,200.00 |
| 8 | 其他 | 2,200.00 | 2,200.00 | 2,200.00 | 2,200.00 | 8,800.00 |
| 9 | 小计 | 26,800.00 | 26,800.00 | 26,800.00 | 27,500.00 | 107,900.00 |
| 10 | 固定制造费用 | | | | | |
| 11 | 维修费 | 2,800.00 | 2,800.00 | 2,800.00 | 3,000.00 | 11,400.00 |
| 12 | 折旧费 | 32,260.42 | 32,260.42 | 32,260.42 | 32,260.42 | 129,041.67 |
| 13 | 管理人员工资 | 30,300.00 | 30,300.00 | 30,300.00 | 30,300.00 | 121,200.00 |
| 14 | 保险费 | 2,000.00 | 2,000.00 | 2,000.00 | 2,000.00 | 8,000.00 |
| 15 | 其他 | 1,800.00 | 1,800.00 | 1,800.00 | 1,800.00 | 7,200.00 |
| 16 | 小计 | 69,160.42 | 69,160.42 | 69,160.42 | 69,360.42 | 276,841.67 |
| 17 | 合计 | 95,960.42 | 95,960.42 | 95,960.42 | 96,860.42 | 384,741.67 |
| 18 | 减：折旧 | 32,260.42 | 32,260.42 | 32,260.42 | 32,260.42 | 129,041.67 |
| 19 | 现金支出的费用 | 63,700.00 | 63,700.00 | 63,700.00 | 64,600.00 | 255,700.00 |
| 20 | | | | | | |
| 21 | 变动制造费用分配率 | 2.13 | 2.06 | 2.06 | 2.19 | 2.11 |
| 22 | 固定制造费用分配率 | 5.50 | 5.31 | 5.31 | 5.53 | 5.41 |

图 6-20　2021 年分季度的制造费用预算

| | A | B | C | D | E | F |
|---|---|---|---|---|---|---|
| 1 | | 2022年制造费用预算 | | 单位（元） | | |
| 2 | 项目 | 1季度 | 2季度 | 3季度 | 4季度 | 全年合计 |
| 3 | 变动制造费用 | | | | | |
| 4 | 间接材料 | 4,000.00 | 4,200.00 | 4,500.00 | 4,500.00 | 17,200.00 |
| 5 | 间接人工 | 27,000.00 | 27,000.00 | 27,000.00 | 27,000.00 | 108,000.00 |
| 6 | 修理费 | 3,200.00 | 3,500.00 | 3,800.00 | 3,800.00 | 14,300.00 |
| 7 | 水电费 | 3,400.00 | 3,600.00 | 3,900.00 | 3,900.00 | 14,800.00 |
| 8 | 其他 | 2,600.00 | 2,800.00 | 3,000.00 | 3,000.00 | 11,400.00 |
| 9 | 小计 | 40,200.00 | 41,100.00 | 42,200.00 | 42,200.00 | 165,700.00 |
| 10 | 固定制造费用 | | | | | |
| 11 | 维修费 | 3,200.00 | 3,500.00 | 3,800.00 | 3,800.00 | 14,300.00 |
| 12 | 折旧费 | 44,927.08 | 44,927.08 | 44,927.08 | 44,927.08 | 179,708.33 |
| 13 | 管理人员工资 | 34,500.00 | 34,500.00 | 34,500.00 | 34,500.00 | 138,000.00 |
| 14 | 保险费 | 2,500.00 | 2,600.00 | 2,800.00 | 2,800.00 | 10,700.00 |
| 15 | 其他 | 2,200.00 | 2,300.00 | 2,500.00 | 2,500.00 | 9,500.00 |
| 16 | 小计 | 87,327.08 | 87,827.08 | 88,527.08 | 88,527.08 | 352,208.33 |
| 17 | 合计 | 127,527.08 | 128,927.08 | 130,727.08 | 130,727.08 | 517,908.33 |
| 18 | 减：折旧 | 44,927.08 | 44,927.08 | 44,927.08 | 44,927.08 | 179,708.33 |
| 19 | 现金支出的费用 | 82,600.00 | 84,000.00 | 85,800.00 | 85,800.00 | 338,200.00 |
| 20 | | | | | | |
| 21 | 变动制造费用分配率 | 2.86 | 2.57 | 2.46 | 2.34 | 2.54 |
| 22 | 固定制造费用分配率 | 6.22 | 5.48 | 5.17 | 4.90 | 5.40 |

图 6-21　2022 年分季度的制造费用预算

有关项目的计算公式如下：

折旧费=生产车间固定资产折旧+辅助车间固定资产折旧

间接材料变动制造费用分配率=变动制造费用小计÷三种产品人工总工时

固定制造费用分配率=固定制造费用小计÷三种产品人工总工时

为满足发展需要，公司预计 2021 年 12 月购置价值 800 000 元的机械设备，重新计算后，得到固定资产折旧计算如表 6-7 所示。

**表6-7　固定资产折旧计算表**

| 使用部门及固定资产类别 | | 原值/元 | 折旧 | | | | | |
|---|---|---|---|---|---|---|---|---|
| | | | 年限/年 | 年折旧率/% | 月折旧率/% | 已折旧额/元 | 月折旧额/元 | 年折旧额/元 |
| 生产车间 | 房屋 | 750 000 | 20 | 4.75 | 0.40 | 106 875.00 | 2 968.75 | 35 625.00 |
| | 机械设备 | 1 000 000 | 15 | 6.33 | 0.53 | 190 000.00 | 5 277.78 | 63 333.33 |
| | 机械设备 | 800 000 | 15 | 6.33 | 0.53 | — | 4 222.22 | 50 666.67 |
| | 小计 | 2 550 000 | | | | 296 875.00 | 12 468.75 | 149 625.00 |

续表

| 使用部门及固定资产类别 | | 原值/元 | 折旧 | | | | | |
|---|---|---|---|---|---|---|---|---|
| | | | 年限/年 | 年折旧率/% | 月折旧率/% | 已折旧额/元 | 月折旧额/元 | 年折旧额/元 |
| 辅助车间 | 房屋 | 260 000 | 20 | 4.75 | 0.40 | 37 050.00 | 1 029.17 | 12 350.00 |
| | 机械设备 | 280 000 | 15 | 6.33 | 0.53 | 53 200.00 | 1 477.78 | 17 733.33 |
| | 小计 | 540 000 | | | | 90 250.00 | 2 506.94 | 30 083.33 |
| 管理部门 | 房屋 | 350 000 | 20 | 4.75 | 0.40 | 49 875.00 | 1 385.42 | 16 625.00 |
| | 办公设备 | 150 000 | 8 | 11.88 | 0.99 | 53 437.50 | 1 484.38 | 17 812.50 |
| | 运输设备 | 210 000 | 8 | 11.88 | 0.99 | 74 812.50 | 2 078.13 | 24 937.50 |
| | 小计 | 710 000 | | | | 178 125.00 | 4 947.92 | 59 375.00 |
| 总计 | | 3 800 000 | | | | 565 250.00 | 19 923.61 | 239 083.33 |

（6）编制产品成本预算

产品成本预算是生产预算、直接材料预算、直接人工预算、制造费用预算的汇总。其中，直接材料、直接人工、制造费用等数据分别来自直接材料预算、直接人工预算、制造费用预算；单位成本根据总成本和生产预算的预计产品产量计算；销货成本根据单位成本和销售预算的预计产品销量计算；期末存货成本根据单位成本和生产预算的预计期末存货量计算。

在该公司牛肉香精、鸡肉香精、猪肉香精三种产品2020～2022年销售预算、生产预算、直接材料预算、直接人工预算、制造费用预算的基础上，可以编制2020年分月的产品成本预算，以及2021年和2022年分季度的产品成本预算，分别如图6-22～图6-24所示。

假设2020年期初存货单位成本与本年预计单位成本一致，并且三种产品在期末全部完工入库，无在产品。

有关项目的计算公式如下：

总成本=直接材料成本+直接人工成本+变动制造费用+固定制造费用

单位成本=总成本÷预计产品产量

销货成本=上期期末存货成本+单位成本×（预计产品销量-上期期末存货量）

期末存货成本=单位成本×预计期末存货量

（7）编制期间费用预算

期间费用预算以过去的实际开支为基础，按照预算期内的可预见变化来调整，其目标是提高费用使用效率。

为发展需要，该公司预计2021年12月1日需借入长期借款400 000元用于购买设备，共计800 000元，利率为8%，利息按月支付，由于该笔利息体现在现金预算表中，为避免重复计算，因此在期间费用预算表的现金支出费用项目中对其予以扣除。

根据对公司以往年度有关资料的分析，调整编制该公司2020年分月的期间费用（含管理人员、销售人员的工资）预算，以及2021年和2022年分季度的期间费用预算，分别如图6-25～图6-27所示。

| | A | B | C | D | E | F | G | H | I | J | K | L | M | N | O | P | Q | R |
|---|---|---|---|---|---|---|---|---|---|---|---|---|---|---|---|---|---|---|
| 1 | | | | | | | | | 2020年牛肉香精生产成本预算 | | | 单位（元） | | | | | | |
| 2 | | 1月 | 2月 | 3月 | 第1季度合计 | 4月 | 5月 | 6月 | 第2季度合计 | 7月 | 8月 | 9月 | 第3季度合计 | 10月 | 11月 | 12月 | 第4季度合计 | 本年合计 |
| 3 | 直接材料 | 25,707.00 | 25,707.00 | 25,707.00 | 77,121.00 | 25,707.00 | 25,707.00 | 25,707.00 | 77,121.00 | 25,707.00 | 25,707.00 | 25,707.00 | 77,121.00 | 25,707.00 | 25,707.00 | 25,707.00 | 77,121.00 | 308,484.00 |
| 4 | 直接人工成本 | 12,000.00 | 12,000.00 | 12,000.00 | 36,000.00 | 12,000.00 | 12,000.00 | 12,000.00 | 36,000.00 | 12,000.00 | 12,000.00 | 12,000.00 | 36,000.00 | 12,000.00 | 12,000.00 | 12,000.00 | 36,000.00 | 144,000.00 |
| 5 | 变动制造费用 | 2,499.87 | 2,499.87 | 2,499.87 | 7,499.61 | 2,499.87 | 2,499.87 | 2,499.87 | 7,499.61 | 2,499.87 | 2,499.87 | 2,499.87 | 7,499.61 | 2,499.87 | 2,499.87 | 2,499.87 | 7,499.61 | 29,998.44 |
| 6 | 固定制造费用 | 6,779.76 | 6,779.76 | 6,779.76 | 20,339.27 | 6,779.76 | 6,779.76 | 6,779.76 | 20,339.27 | 6,779.76 | 6,779.76 | 6,779.76 | 20,339.27 | 6,779.76 | 6,779.76 | 6,779.76 | 20,339.27 | 81,357.09 |
| 7 | 总成本合计 | 46,986.63 | 46,986.63 | 46,986.63 | 140,959.88 | 46,986.63 | 46,986.63 | 46,986.63 | 140,959.88 | 46,986.63 | 46,986.63 | 46,986.63 | 140,959.88 | 46,986.63 | 46,986.63 | 46,986.63 | 140,959.88 | 563,839.53 |
| 8 | 单位成本 | 15,662.21 | 15,662.21 | 15,662.21 | 15,662.21 | 15,662.21 | 15,662.21 | 15,662.21 | 15,662.21 | 15,662.21 | 15,662.21 | 15,662.21 | 15,662.21 | 15,662.21 | 15,662.21 | 15,662.21 | 15,662.21 | 15,662.21 |
| 9 | 销货成本 | 46,986.63 | 46,986.63 | 51,685.29 | 145,658.54 | 46,986.63 | 46,986.63 | 46,986.63 | 140,959.88 | 42,287.96 | 43,854.19 | 46,986.63 | 133,128.78 | 48,552.85 | 50,119.07 | 51,685.29 | 150,357.21 | 570,104.41 |
| 10 | 期末存货 | 31,324.42 | 31,324.42 | 26,625.76 | 26,625.76 | 26,625.76 | 26,625.76 | 26,625.76 | 26,625.76 | 31,324.42 | 34,456.86 | 34,456.86 | 34,456.86 | 32,890.64 | 29,758.20 | 25,059.53 | 25,059.53 | 25,059.53 |
| 11 | | | | | | | | | 2020年鸡肉香精生产成本预算 | | | 单位（元） | | | | | | |
| 12 | 项目 | 1月 | 2月 | 3月 | 第1季度合计 | 4月 | 5月 | 6月 | 第2季度合计 | 7月 | 8月 | 9月 | 第3季度合计 | 10月 | 11月 | 12月 | 第4季度合计 | 本年合计 |
| 13 | 直接材料 | 34,924.00 | 34,924.00 | 34,924.00 | 104,772.00 | 34,924.00 | 34,924.00 | 34,924.00 | 104,772.00 | 34,924.00 | 34,924.00 | 34,924.00 | 104,772.00 | 34,924.00 | 34,924.00 | 34,924.00 | 104,772.00 | 419,088.00 |
| 14 | 直接人工成本 | 15,200.00 | 15,200.00 | 15,200.00 | 45,600.00 | 15,200.00 | 15,200.00 | 15,200.00 | 45,600.00 | 15,200.00 | 15,200.00 | 15,200.00 | 45,600.00 | 15,200.00 | 15,200.00 | 15,200.00 | 45,600.00 | 182,400.00 |
| 15 | 变动制造费用 | 3,166.50 | 3,166.50 | 3,166.50 | 9,499.51 | 3,166.50 | 3,166.50 | 3,166.50 | 9,499.51 | 3,166.50 | 3,166.50 | 3,166.50 | 9,499.51 | 3,166.50 | 3,166.50 | 3,166.50 | 9,499.51 | 37,998.02 |
| 16 | 固定制造费用 | 8,587.69 | 8,587.69 | 8,587.69 | 25,763.08 | 8,587.69 | 8,587.69 | 8,587.69 | 25,763.08 | 8,587.69 | 8,587.69 | 8,587.69 | 25,763.08 | 8,587.69 | 8,587.69 | 8,587.69 | 25,763.08 | 103,052.31 |
| 17 | 总成本合计 | 61,878.19 | 61,878.19 | 61,878.19 | 185,634.58 | 61,878.19 | 61,878.19 | 61,878.19 | 185,634.58 | 61,878.19 | 61,878.19 | 61,878.19 | 185,634.58 | 61,878.19 | 61,878.19 | 61,878.19 | 185,634.58 | 742,538.33 |
| 18 | 单位成本 | 15,469.55 | 15,469.55 | 15,469.55 | 15,469.55 | 15,469.55 | 15,469.55 | 15,469.55 | 15,469.55 | 15,469.55 | 15,469.55 | 15,469.55 | 15,469.55 | 15,469.55 | 15,469.55 | 15,469.55 | 15,469.55 | 15,469.55 |
| 19 | 销货成本 | 61,878.19 | 61,878.19 | 68,066.01 | 191,822.40 | 61,878.19 | 61,878.19 | 61,878.19 | 185,634.58 | 61,878.19 | 57,237.33 | 61,878.19 | 180,993.72 | 64,972.10 | 66,519.06 | 68,066.01 | 199,557.18 | 758,007.88 |
| 20 | 期末存货 | 30,939.10 | 30,939.10 | 24,751.28 | 24,751.28 | 24,751.28 | 24,751.28 | 24,751.28 | 24,751.28 | 24,751.28 | 29,392.14 | 29,392.14 | 29,392.14 | 26,298.23 | 21,657.37 | 15,469.55 | 15,469.55 | 15,469.55 |
| 21 | | | | | | | | | 2020年猪肉香精生产成本预算 | | | 单位（元） | | | | | | |
| 22 | 项目 | 1月 | 2月 | 3月 | 第1季度合计 | 4月 | 5月 | 6月 | 第2季度合计 | 7月 | 8月 | 9月 | 第3季度合计 | 10月 | 11月 | 12月 | 第4季度合计 | 本年合计 |
| 23 | 直接材料 | 24,570.00 | 24,570.00 | 24,570.00 | 73,710.00 | 24,570.00 | 24,570.00 | 24,570.00 | 73,710.00 | 24,570.00 | 24,570.00 | 24,570.00 | 73,710.00 | 24,570.00 | 24,570.00 | 24,570.00 | 73,710.00 | 294,840.00 |
| 24 | 直接人工成本 | 11,250.00 | 11,250.00 | 11,250.00 | 33,750.00 | 11,250.00 | 11,250.00 | 11,250.00 | 33,750.00 | 11,250.00 | 11,250.00 | 11,250.00 | 33,750.00 | 11,250.00 | 11,250.00 | 11,250.00 | 33,750.00 | 135,000.00 |
| 25 | 变动制造费用 | 2,343.63 | 2,343.63 | 2,343.63 | 7,030.88 | 2,343.63 | 2,343.63 | 2,343.63 | 7,030.88 | 2,343.63 | 2,343.63 | 2,343.63 | 7,030.88 | 2,343.63 | 2,343.63 | 2,343.63 | 7,030.88 | 28,123.54 |
| 26 | 固定制造费用 | 6,356.02 | 6,356.02 | 6,356.02 | 19,068.07 | 6,356.02 | 6,356.02 | 6,356.02 | 19,068.07 | 6,356.02 | 6,356.02 | 6,356.02 | 19,068.07 | 6,356.02 | 6,356.02 | 6,356.02 | 19,068.07 | 76,272.27 |
| 27 | 总成本合计 | 44,519.65 | 44,519.65 | 44,519.65 | 133,558.95 | 44,519.65 | 44,519.65 | 44,519.65 | 133,558.95 | 44,519.65 | 44,519.65 | 44,519.65 | 133,558.95 | 44,519.65 | 44,519.65 | 44,519.65 | 133,558.95 | 534,235.81 |
| 28 | 单位成本 | 14,839.88 | 14,839.88 | 14,839.88 | 14,839.88 | 14,839.88 | 14,839.88 | 14,839.88 | 14,839.88 | 14,839.88 | 14,839.88 | 14,839.88 | 14,839.88 | 14,839.88 | 14,839.88 | 14,839.88 | 14,839.88 | 14,839.88 |
| 29 | 销货成本 | 44,519.65 | 44,519.65 | 47,487.63 | 136,526.93 | 44,519.65 | 44,519.65 | 44,519.65 | 133,558.95 | 41,551.67 | 38,583.70 | 44,519.65 | 124,655.02 | 44,519.65 | 47,487.63 | 47,487.63 | 139,494.90 | 534,235.81 |
| 30 | 期末存货 | 29,679.77 | 29,679.77 | 26,711.79 | 26,711.79 | 26,711.79 | 26,711.79 | 26,711.79 | 26,711.79 | 29,679.77 | 35,615.72 | 35,615.72 | 35,615.72 | 35,615.72 | 32,647.74 | 29,679.77 | 29,679.77 | 29,679.77 |

图 6-22　2020 年三种产品分月的生产成本预算

| | A | B | C | D | E | F |
|---|---|---|---|---|---|---|
| 1 | | 2021年牛肉香精生产成本预算 | | | 单位（元） | |
| 2 | 项目 | 1季度 | 2季度 | 3季度 | 4季度 | 全年合计 |
| 3 | 直接材料 | 86,154.44 | 92,583.76 | 92,583.76 | 85,988.27 | 357,310.23 |
| 4 | 直接人工成本 | 41,503.00 | 44,467.50 | 44,467.50 | 41,299.72 | 171,737.72 |
| 5 | 变动制造费用 | 8.041.71 | 8.315.54 | 8.315.54 | 8.237.98 | 32.910.77 |
| 6 | 固定制造费用 | 20,752.53 | 21,459.18 | 21,459.18 | 20,777.82 | 84,448.71 |
| 7 | 总成本合计 | 156,451.67 | 166,825.98 | 166,825.98 | 156,303.79 | 646,407.43 |
| 8 | 单位成本 | 15.964.46 | 15.888.19 | 15.888.19 | 16.027.87 | 15.940.21 |
| 9 | 销货成本 | 165.802.18 | 160.227.99 | 151.255.56 | 171.998.66 | 649.284.39 |
| 10 | 期末存货 | 15.709.02 | 22.307.02 | 37.877.44 | 22.182.57 | 22.182.57 |
| 11 | | 2021年鸡肉香精生产成本预算 | | | 单位（元） | |
| 12 | 项目 | 1季度 | 2季度 | 3季度 | 4季度 | 全年合计 |
| 13 | 直接材料 | 123,632.71 | 123,981.95 | 123,981.95 | 123,981.95 | 495,578.54 |
| 14 | 直接人工成本 | 56,925.00 | 56,925.00 | 56,925.00 | 56,925.00 | 227,700.00 |
| 15 | 变动制造费用 | 11,029.90 | 10,645.12 | 10,645.12 | 11,354.73 | 43,674.88 |
| 16 | 固定制造费用 | 28,463.91 | 27,470.94 | 27,470.94 | 28,638.87 | 112,044.66 |
| 17 | 总成本合计 | 220,051.52 | 219,023.01 | 219,023.01 | 220,900.55 | 878,998.09 |
| 18 | 单位成本 | 15,945.76 | 15,871.23 | 15,871.23 | 16,007.29 | 15,923.88 |
| 19 | 销货成本 | 222.955.80 | 215.272.64 | 209.833.57 | 233.119.58 | 881.181.59 |
| 20 | 期末存货 | 12.565.26 | 16.315.63 | 25.505.07 | 13.286.05 | 13.286.05 |
| 21 | | 2021年猪肉香精生产成本预算 | | | 单位（元） | |
| 22 | 项目 | 1季度 | 2季度 | 3季度 | 4季度 | 全年合计 |
| 23 | 直接材料 | 82,343.90 | 86,803.35 | 86,803.35 | 82,083.95 | 338,034.55 |
| 24 | 直接人工成本 | 39,886.00 | 41,921.00 | 41,921.00 | 39,641.80 | 163,369.80 |
| 25 | 变动制造费用 | 7,728.39 | 7,839.34 | 7,839.34 | 7,907.28 | 31,314.35 |
| 26 | 固定制造费用 | 19,943.99 | 20,230.29 | 20,230.29 | 19,943.72 | 80,348.29 |
| 27 | 总成本合计 | 149,902.28 | 156,793.98 | 156,793.98 | 149,576.75 | 613,066.99 |
| 28 | 单位成本 | 15,296.15 | 15,222.72 | 15,222.72 | 15,356.96 | 15,273.22 |
| 29 | 销货成本 | 156.699.00 | 153.554.84 | 143.215.32 | 161.327.94 | 614.797.10 |
| 30 | 期末存货 | 22.883.04 | 26.122.18 | 39.700.84 | 27.949.66 | 27.949.66 |

图 6-23　2021 年三种产品分季度的生产成本预算

| | A | B | C | D | E | F |
|---|---|---|---|---|---|---|
| 1 | | 2022年牛肉香精生产成本预算 | | | 单位（元） | |
| 2 | 项目 | 1季度 | 2季度 | 3季度 | 4季度 | 全年合计 |
| 3 | 直接材料 | 99,901.17 | 114,396.89 | 118,482.50 | 130,739.31 | 463,519.87 |
| 4 | 直接人工成本 | 57,237.24 | 65,542.40 | 67,883.20 | 74,905.60 | 265,568.44 |
| 5 | 变动制造费用 | 13,291.96 | 13,646.56 | 13,581.89 | 14,214.74 | 54,735.15 |
| 6 | 固定制造费用 | 28,874.33 | 29,161.50 | 28,492.07 | 29,819.65 | 116,347.54 |
| 7 | 总成本合计 | 199,304.70 | 222,747.35 | 228,439.66 | 249,679.29 | 900,171.00 |
| 8 | 单位成本 | 16,301.71 | 15,910.52 | 15,754.46 | 15,604.96 | 15,868.76 |
| 9 | 销货成本 | 187,090.67 | 215,617.49 | 220,969.76 | 281,354.16 | 905,032.07 |
| 10 | 期末存货 | 34,396.61 | 41,526.47 | 48,996.37 | 17,321.50 | 17,321.50 |
| 11 | | 2022年鸡肉香精生产成本预算 | | | 单位（元） | |
| 12 | 项目 | 1季度 | 2季度 | 3季度 | 4季度 | 全年合计 |
| 13 | 直接材料 | 130,336.20 | 138,834.55 | 151,455.88 | 151,455.88 | 572,082.50 |
| 14 | 直接人工成本 | 69,655.43 | 74,197.20 | 80,942.40 | 80,942.40 | 305,737.43 |
| 15 | 变动制造费用 | 16,175.78 | 15,448.57 | 16,194.74 | 15,360.33 | 63,179.43 |
| 16 | 固定制造费用 | 35,138.90 | 33,012.24 | 33,973.30 | 32,222.88 | 134,347.32 |
| 17 | 总成本合计 | 251,306.31 | 261,492.56 | 282,566.32 | 279,981.49 | 1,075,346.68 |
| 18 | 单位成本 | 16,223.78 | 15,848.03 | 15,698.13 | 15,554.53 | 15,816.25 |
| 19 | 销货成本 | 243,176.97 | 261,988.55 | 274,915.13 | 295,797.37 | 1,075,878.02 |
| 20 | 期末存货 | 21,415.39 | 20,919.41 | 28,570.59 | 12,754.71 | 12,754.71 |
| 21 | | 2022年猪肉香精生产成本预算 | | | 单位（元） | |
| 22 | 项目 | 1季度 | 2季度 | 3季度 | 4季度 | 全年合计 |
| 23 | 直接材料 | 81,237.24 | 101,351.64 | 109,147.92 | 116,944.20 | 408,681.01 |
| 24 | 直接人工成本 | 46,214.78 | 57,657.60 | 62,092.80 | 66,528.00 | 232,493.18 |
| 25 | 变动制造费用 | 10,732.26 | 12,004.87 | 12,423.36 | 12,624.93 | 47,785.42 |
| 26 | 固定制造费用 | 23,313.86 | 25,653.35 | 26,061.71 | 26,484.56 | 101,513.47 |
| 27 | 总成本合计 | 161,498.14 | 196,667.46 | 209,725.80 | 222,581.69 | 790,473.09 |
| 28 | 单位成本 | 15,498.86 | 15,128.27 | 14,980.41 | 14,838.78 | 15,079.61 |
| 29 | 销货成本 | 170,229.21 | 189,562.86 | 195,002.65 | 252,647.33 | 807,442.05 |
| 30 | 期末存货 | 19,218.59 | 26,323.18 | 41,046.34 | 10,980.70 | 10,980.70 |

图 6-24　2022 年三种产品分季度的生产成本预算

2020年期间费用预算　　单位（元）

| 项目 | 1月 | 2月 | 3月 | 1季度 | 4月 | 5月 | 6月 | 2季度 | 7月 | 8月 | 9月 | 3季度 | 10月 | 11月 | 12月 | 4季度 | 本年合计 |
|---|---|---|---|---|---|---|---|---|---|---|---|---|---|---|---|---|---|
| 销售费用 | | | | | | | | | | | | | | | | | |
| 运杂费 | 1,000.00 | 1,000.00 | 1,000.00 | 3,000.00 | 1,000.00 | 1,000.00 | 1,000.00 | 3,000.00 | 1,000.00 | 1,000.00 | 1,000.00 | 3,000.00 | 1,000.00 | 1,000.00 | 1,000.00 | 3,000.00 | 12,000.00 |
| 广告费 | 1,500.00 | 1,500.00 | 1,500.00 | 4,500.00 | 1,500.00 | 1,500.00 | 1,500.00 | 4,500.00 | 1,500.00 | 1,500.00 | 1,500.00 | 4,500.00 | 1,500.00 | 1,500.00 | 1,500.00 | 4,500.00 | 18,000.00 |
| 工资 | 9,500.00 | 9,500.00 | 9,500.00 | 28,500.00 | 9,500.00 | 9,500.00 | 9,500.00 | 28,500.00 | 9,500.00 | 9,500.00 | 9,500.00 | 28,500.00 | 9,500.00 | 9,500.00 | 9,500.00 | 28,500.00 | 114,000.00 |
| 小计 | 12,000.00 | 12,000.00 | 12,000.00 | 36,000.00 | 12,000.00 | 12,000.00 | 12,000.00 | 36,000.00 | 12,000.00 | 12,000.00 | 12,000.00 | 36,000.00 | 12,000.00 | 12,000.00 | 12,000.00 | 36,000.00 | 144,000.00 |
| 管理费用 | | | | | | | | | | | | | | | | | |
| 办公费 | 1,000.00 | 1,000.00 | 1,000.00 | 3,000.00 | 1,000.00 | 1,000.00 | 1,000.00 | 3,000.00 | 1,000.00 | 1,000.00 | 1,000.00 | 3,000.00 | 1,000.00 | 1,000.00 | 1,000.00 | 3,000.00 | 12,000.00 |
| 差旅费 | 1,000.00 | 1,000.00 | 1,000.00 | 3,000.00 | 1,000.00 | 1,000.00 | 1,000.00 | 3,000.00 | 1,000.00 | 1,000.00 | 1,000.00 | 3,000.00 | 1,000.00 | 1,000.00 | 1,000.00 | 3,000.00 | 12,000.00 |
| 水电费 | 700.00 | 700.00 | 700.00 | 2,100.00 | 700.00 | 700.00 | 700.00 | 2,100.00 | 700.00 | 700.00 | 700.00 | 2,100.00 | 900.00 | 900.00 | 900.00 | 2,700.00 | 9,000.00 |
| 招待费 | 1,200.00 | 1,200.00 | 1,200.00 | 3,600.00 | 1,200.00 | 1,200.00 | 1,200.00 | 3,600.00 | 1,200.00 | 1,200.00 | 1,200.00 | 3,600.00 | 1,200.00 | 1,200.00 | 1,200.00 | 3,600.00 | 14,400.00 |
| 折旧费 | 4,947.92 | 4,947.92 | 4,947.92 | 14,843.75 | 4,947.92 | 4,947.92 | 4,947.92 | 14,843.75 | 4,947.92 | 4,947.92 | 4,947.92 | 14,843.75 | 4,947.92 | 4,947.92 | 4,947.92 | 14,843.75 | 59,375.00 |
| 修理费 | 800.00 | 800.00 | 900.00 | 2,500.00 | 800.00 | 800.00 | 800.00 | 2,400.00 | 800.00 | 800.00 | 800.00 | 2,400.00 | 800.00 | 1,000.00 | 1,000.00 | 2,800.00 | 10,100.00 |
| 其他 | 1,000.00 | 1,000.00 | 1,000.00 | 3,000.00 | 1,000.00 | 1,000.00 | 1,000.00 | 3,000.00 | 1,000.00 | 1,000.00 | 1,000.00 | 3,000.00 | 1,000.00 | 1,000.00 | 1,000.00 | 3,000.00 | 12,000.00 |
| 工资 | 18,700.00 | 18,700.00 | 18,700.00 | 56,100.00 | 18,700.00 | 18,700.00 | 18,700.00 | 56,100.00 | 18,700.00 | 18,700.00 | 18,700.00 | 56,100.00 | 18,700.00 | 18,700.00 | 18,700.00 | 56,100.00 | 224,400.00 |
| 小计 | 29,347.92 | 29,347.92 | 29,447.92 | 88,143.75 | 29,347.92 | 29,347.92 | 29,347.92 | 88,043.75 | 29,347.92 | 29,347.92 | 29,347.92 | 88,043.75 | 29,547.92 | 29,747.92 | 29,747.92 | 89,043.75 | 353,275.00 |
| 财务费用 | | | | | | | | | | | | | | | | | |
| 利息费用 | | | | | | | | | | | | | | | | | |
| 手续费 | 100.00 | 100.00 | 100.00 | 300.00 | 100.00 | 100.00 | 100.00 | 300.00 | 100.00 | 100.00 | 100.00 | 300.00 | 100.00 | 120.00 | 150.00 | 370.00 | 1,270.00 |
| 小计 | 100.00 | 100.00 | 100.00 | 300.00 | 100.00 | 100.00 | 100.00 | 300.00 | 100.00 | 100.00 | 100.00 | 300.00 | 100.00 | 120.00 | 150.00 | 370.00 | 1,270.00 |
| 合计 | 41,447.92 | 41,447.92 | 41,547.92 | 124,443.75 | 41,447.92 | 41,447.92 | 41,447.92 | 124,343.75 | 41,447.92 | 41,447.92 | 41,447.92 | 124,343.75 | 41,647.92 | 41,867.92 | 41,897.92 | 125,413.75 | 498,545.00 |
| 减：折旧 | 4,947.92 | 4,947.92 | 4,947.92 | 14,843.75 | 4,947.92 | 4,947.92 | 4,947.92 | 14,843.75 | 4,947.92 | 4,947.92 | 4,947.92 | 14,843.75 | 4,947.92 | 4,947.92 | 4,947.92 | 14,843.75 | 59,375.00 |
| 现金支出费用 | 36,500.00 | 36,500.00 | 36,600.00 | 109,600.00 | 36,500.00 | 36,500.00 | 36,500.00 | 109,500.00 | 36,500.00 | 36,500.00 | 36,500.00 | 109,500.00 | 36,700.00 | 36,920.00 | 36,950.00 | 110,570.00 | 439,170.00 |

图 6-25　2020 年分月的期间费用预算

| | A | B | C | D | E | F |
|---|---|---|---|---|---|---|
| 1 | | 2021年期间费用预算 | | 单位（元） | | |
| 2 | 项目 | 1季度 | 2季度 | 3季度 | 4季度 | 全年合计 |
| 3 | 销售费用 | | | | | |
| 4 | 运杂费 | 3,500.00 | 3,500.00 | 3,500.00 | 3,500.00 | 14,000.00 |
| 5 | 广告费 | 4,500.00 | 4,500.00 | 4,500.00 | 4,500.00 | 18,000.00 |
| 6 | 工资 | 42,000.00 | 42,000.00 | 42,000.00 | 42,000.00 | 168,000.00 |
| 7 | 小计 | 50,000.00 | 50,000.00 | 50,000.00 | 50,000.00 | 200,000.00 |
| 8 | 管理费用 | | | | | - |
| 9 | 办公费 | 3,200.00 | 3,200.00 | 3,200.00 | 3,200.00 | 12,800.00 |
| 10 | 差旅费 | 3,000.00 | 3,000.00 | 3,000.00 | 3,000.00 | 12,000.00 |
| 11 | 水电费 | 2,500.00 | 2,500.00 | 2,500.00 | 2,500.00 | 10,000.00 |
| 12 | 业务招待费 | 4,000.00 | 4,000.00 | 4,000.00 | 4,000.00 | 16,000.00 |
| 13 | 折旧费 | 14,843.75 | 14,843.75 | 14,843.75 | 14,843.75 | 59,375.00 |
| 14 | 固定资产修理费 | 2,500.00 | 2,500.00 | 2,500.00 | 2,500.00 | 10,000.00 |
| 15 | 其他 | 3,500.00 | 3,500.00 | 3,500.00 | 3,500.00 | 14,000.00 |
| 16 | 工资 | 63,000.00 | 63,000.00 | 63,000.00 | 63,000.00 | 252,000.00 |
| 17 | 小计 | 96,543.75 | 96,543.75 | 96,543.75 | 96,543.75 | 386,175.00 |
| 18 | 财务费用 | | | | | |
| 19 | 利息费用 | | | | 2,666.67 | 2,666.67 |
| 20 | 邮电费及手续费 | 450.00 | 450.00 | 450.00 | 450.00 | 1,800.00 |
| 21 | 小计 | 450.00 | 450.00 | 450.00 | 3,116.67 | 4,466.67 |
| 22 | 合计 | 146,993.75 | 146,993.75 | 146,993.75 | 149,660.42 | 590,641.67 |
| 23 | 减：折旧 | 14,843.75 | 14,843.75 | 14,843.75 | 14,843.75 | 59,375.00 |
| 24 | 利息费用 | | | | 2,666.67 | 2,666.67 |
| 25 | 现金支出费用 | 132,150.00 | 132,150.00 | 132,150.00 | 132,150.00 | 528,600.00 |

图 6-26　2021 年分季度的期间费用预算

| | A | B | C | D | E | F |
|---|---|---|---|---|---|---|
| 1 | | 2022年期间费用预算 | | 单位（元） | | |
| 2 | 项目 | 1季度 | 2季度 | 3季度 | 4季度 | 全年合计 |
| 3 | 销售费用 | | | | | |
| 4 | 运杂费 | 4,000.00 | 4,200.00 | 4,500.00 | 4,500.00 | 17,200.00 |
| 5 | 广告费 | 5,200.00 | 5,400.00 | 5,800.00 | 5,800.00 | 22,200.00 |
| 6 | 工资 | 60,900.00 | 60,900.00 | 60,900.00 | 60,900.00 | 243,600.00 |
| 7 | 小计 | 70,100.00 | 70,500.00 | 71,200.00 | 71,200.00 | 283,000.00 |
| 8 | 管理费用 | | | | | - |
| 9 | 办公费 | 3,700.00 | 3,900.00 | 4,200.00 | 4,200.00 | 16,000.00 |
| 10 | 差旅费 | 3,500.00 | 3,800.00 | 4,200.00 | 4,200.00 | 15,700.00 |
| 11 | 水电费 | 3,000.00 | 3,200.00 | 3,500.00 | 3,500.00 | 13,200.00 |
| 12 | 业务招待费 | 4,500.00 | 4,800.00 | 5,400.00 | 5,400.00 | 20,100.00 |
| 13 | 折旧费 | 14,843.75 | 14,843.75 | 14,843.75 | 14,843.75 | 59,375.00 |
| 14 | 固定资产修理费 | 3,000.00 | 3,200.00 | 3,500.00 | 3,500.00 | 13,200.00 |
| 15 | 其他 | 3,600.00 | 3,800.00 | 4,000.00 | 4,000.00 | 15,400.00 |
| 16 | 工资 | 105,300.00 | 105,300.00 | 105,300.00 | 105,300.00 | 421,200.00 |
| 17 | 小计 | 141,443.75 | 142,843.75 | 144,943.75 | 144,943.75 | 574,175.00 |
| 18 | 财务费用 | | | | | |
| 19 | 利息费用 | 8,000.00 | 8,000.00 | 8,000.00 | 8,000.00 | 32,000.00 |
| 20 | 邮电费及手续费 | 600.00 | 620.00 | 650.00 | 650.00 | 2,520.00 |
| 21 | 小计 | 8,600.00 | 8,620.00 | 8,650.00 | 8,650.00 | 34,520.00 |
| 22 | 合计 | 220,143.75 | 221,963.75 | 224,793.75 | 224,793.75 | 891,695.00 |
| 23 | 减：折旧 | 14,843.75 | 14,843.75 | 14,843.75 | 14,843.75 | 59,375.00 |
| 24 | 利息费用 | 8,000.00 | 8,000.00 | 8,000.00 | 8,000.00 | 32,000.00 |
| 25 | 现金支出费用 | 197,300.00 | 199,120.00 | 201,950.00 | 201,950.00 | 800,320.00 |

图 6-27　2022 年分季度的期间费用预算

（8）编制现金预算

现金预算是规划预算期内企业现金流转活动的预算。根据该公司销售预算、直接材料预算、直接人工预算、制造费用预算、期间费用预算等编制 2020 年分月的现金预算，以及 2021 年和 2022 年分季度的现金预算，分别如图 6-28～图 6-30 所示。

有关项目的计算公式如下。

可供使用现金=期初现金余额+销货现金收入

现金多余或不足=可供使用现金-支出合计

期末现金余额=现金多余或不足+向银行借款-还银行借款-借款利息

**2020年现金预算**

| 项目 | 1月 | 2月 | 3月 | 第1季度合计 | 4月 | 5月 | 6月 | 第2季度合计 | 7月 | 8月 | 9月 | 第3季度合计 | 10月 | 11月 | 12月 | 第4季度合计 | 本年合计 |
|---|---|---|---|---|---|---|---|---|---|---|---|---|---|---|---|---|---|
| 期初现金余额 | 352, 804 | 401, 174 | 449, 543 | 352, 804 | 427, 599 | 485, 777 | 534, 147 | 427, 599 | 582, 516 | 625, 458 | 658, 721 | 582, 516 | 697, 418 | 748, 921 | 807, 836 | 697, 418 | 352, 804 |
| 加：销货现金收入 | 271, 200 | 271, 200 | 285, 913 | 828, 313 | 281, 008 | 271, 200 | 271, 200 | 823, 408 | 262, 996 | 251, 222 | 261, 527 | 775, 745 | 276, 149 | 285, 890 | 293, 506 | 855, 546 | 3, 283, 012 |
| 可供使用现金 | 624, 004 | 672, 374 | 735, 456 | 1, 181, 117 | 708, 607 | 756, 977 | 805, 347 | 1, 251, 007 | 845, 513 | 876, 680 | 920, 248 | 1, 358, 261 | 973, 567 | 1, 034, 811 | 1, 101, 342 | 1, 552, 963 | 3, 635, 816 |
| 减：各项支出： | | | | | | | | | | | | | | | | | |
| 直接材料 | 96, 277 | 96, 277 | 96, 277 | 288, 831 | 96, 277 | 96, 277 | 96, 277 | 288, 831 | 96, 277 | 96, 277 | 96, 277 | 288, 831 | 96, 277 | 96, 277 | 96, 277 | 288, 831 | 1, 155, 326 |
| 直接人工 | 38, 450 | 38, 450 | 38, 450 | 115, 350 | 38, 450 | 38, 450 | 38, 450 | 115, 350 | 38, 450 | 38, 450 | 38, 450 | 115, 350 | 38, 450 | 38, 450 | 38, 450 | 115, 350 | 461, 400 |
| 制造费用 | 18, 980 | 18, 980 | 18, 980 | 56, 940 | 18, 980 | 18, 980 | 18, 980 | 56, 940 | 18, 980 | 18, 980 | 18, 980 | 56, 940 | 18, 980 | 18, 980 | 18, 980 | 56, 940 | 227, 760 |
| 期间费用及工资 | 36, 500 | 36, 500 | 36, 600 | 109, 600 | 36, 500 | 36, 500 | 36, 500 | 109, 500 | 36, 500 | 36, 500 | 36, 500 | 109, 500 | 36, 700 | 36, 920 | 36, 950 | 110, 570 | 439, 170 |
| 税金及附加 | 1, 610 | 1, 610 | 1, 836 | 5, 055 | 1, 610 | 1, 610 | 1, 610 | 4, 830 | 1, 484 | 1, 387 | 1, 610 | 4, 481 | 1, 686 | 1, 785 | 1, 836 | 5, 306 | 19, 673 |
| 应交增值税 | 20, 124 | 20, 124 | 22, 945 | 63, 193 | 20, 124 | 20, 124 | 20, 124 | 60, 372 | 18, 551 | 17, 342 | 20, 124 | 56, 017 | 21, 073 | 22, 308 | 22, 945 | 66, 326 | 245, 906 |
| 所得税 | 10, 889 | 10, 889 | 12, 769 | 34, 548 | 10, 889 | 10, 889 | 10, 889 | 32, 668 | 9, 813 | 9, 022 | 10, 889 | 29, 724 | 11, 480 | 12, 255 | 12, 682 | 36, 418 | 133, 359 |
| 购买设备 | | | | | | | | | | | | | | | | | |
| 分配股利 | | | 80, 000 | 80, 000 | | | | | | | | | | | | | 80, 000 |
| 支出合计 | 222, 830 | 222, 830 | 307, 857 | 753, 518 | 222, 830 | 222, 830 | 222, 830 | 668, 491 | 220, 055 | 217, 959 | 222, 830 | 660, 844 | 224, 646 | 226, 975 | 228, 119 | 679, 741 | 2, 762, 593 |
| 现金多余或不足 | 401, 174 | 449, 543 | 427, 599 | 427, 599 | 485, 777 | 534, 147 | 582, 516 | 582, 516 | 625, 458 | 658, 721 | 697, 418 | 697, 418 | 748, 921 | 807, 836 | 873, 223 | 873, 223 | 873, 223 |
| 向银行借款 | | | | | | | | | | | | | | | | | |
| 还银行借款 | | | | | | | | | | | | | | | | | |
| 借款利息 | | | | | | | | | | | | | | | | | |
| 合计 | | | | | | | | | | | | | | | | | |
| 期末现金余额 | 401, 174 | 449, 543 | 427, 599 | 427, 599 | 485, 777 | 534, 147 | 582, 516 | 582, 516 | 625, 458 | 658, 721 | 697, 418 | 697, 418 | 748, 921 | 807, 836 | 873, 223 | 873, 223 | 873, 223 |

图 6-28　2020 年分月的现金预算

| | A | B | C | D | E | F |
|---|---|---|---|---|---|---|
| 1 | 2021年现金预算 | | | | | |
| 2 | 项目 | 1季度 | 2季度 | 3季度 | 4季度 | 全年合计 |
| 3 | 期初现金余额 | 873,222.56 | 874,353.32 | 918,497.05 | 1,031,301.22 | 873,222.56 |
| 4 | 加：销货现金收入 | 683,523.44 | 925,515.20 | 888,999.02 | 932,419.95 | 3,430,457.62 |
| 5 | 可供使用现金 | 1,556,746.00 | 1,799,868.52 | 1,807,496.07 | 1,963,721.17 | 4,303,680.17 |
| 6 | 减：各项支出： | | | | | |
| 7 | 直接材料 | 238,734.73 | 339,166.80 | 342,295.60 | 334,794.58 | 1,254,991.72 |
| 8 | 直接人工 | 138,314.00 | 143,313.50 | 143,313.50 | 137,866.52 | 562,807.52 |
| 9 | 制造费用 | 63,700.00 | 63,700.00 | 63,700.00 | 64,600.00 | 255,700.00 |
| 10 | 期间费用及工资 | 132,150.00 | 132,150.00 | 132,150.00 | 132,150.00 | 528,600.00 |
| 11 | 税金及附加 | 5,598.99 | 5,261.47 | 4,878.36 | 5,914.87 | 21,653.70 |
| 12 | 应交增值税 | 69,987.39 | 65,768.42 | 60,979.52 | 73,935.92 | 270,671.26 |
| 13 | 所得税 | 33,907.57 | 31,992.32 | 28,877.86 | 34,692.63 | 129,470.39 |
| 14 | 购买设备 | | | | 800,000.00 | 800,000.00 |
| 15 | 分配股利 | | 100,018.95 | | | 100,018.95 |
| 16 | 支出合计 | 682,392.68 | 881,371.47 | 776,194.85 | 1,583,954.53 | 3,923,913.53 |
| 17 | 现金多余或不足 | 874,353.32 | 918,497.05 | 1,031,301.22 | 379,766.64 | 379,766.64 |
| 18 | 向银行借款 | | | | 400,000.00 | 400,000.00 |
| 19 | 还银行借款 | | | | | |
| 20 | 借款利息 | | | | 2,666.67 | 2,666.67 |
| 21 | 合计 | | | | | |
| 22 | 期末现金余额 | 874,353.32 | 918,497.05 | 1,031,301.22 | 777,099.98 | 777,099.98 |

图 6-29　2021 年分季度的现金预算

| | A | B | C | D | E | F |
|---|---|---|---|---|---|---|
| 1 | 2022年现金预算 | | | | | |
| 2 | 项目 | 1季度 | 2季度 | 3季度 | 4季度 | 全年合计 |
| 3 | 期初现金余额 | 777,099.98 | 895,269.32 | 970,485.76 | 1,175,110.54 | 777,099.98 |
| 4 | 加：销货现金收入 | 1,060,670.88 | 1,209,190.40 | 1,304,901.40 | 1,498,809.40 | 5,073,572.08 |
| 5 | 可供使用现金 | 1,837,770.86 | 2,104,459.72 | 2,275,387.16 | 2,673,919.94 | 5,850,672.06 |
| 6 | 减：各项支出： | | | | | |
| 7 | 直接材料 | 346,014.57 | 384,185.61 | 418,936.83 | 442,567.78 | 1,591,704.79 |
| 8 | 直接人工 | 173,107.46 | 197,397.20 | 210,918.40 | 222,376.00 | 803,799.06 |
| 9 | 制造费用 | 82,600.00 | 84,000.00 | 85,800.00 | 85,800.00 | 338,200.00 |
| 10 | 期间费用及工资 | 197,300.00 | 199,120.00 | 201,950.00 | 201,950.00 | 800,320.00 |
| 11 | 税金及附加 | 7,019.03 | 7,975.59 | 8,272.96 | 10,686.63 | 33,954.21 |
| 12 | 应交增值税 | 87,737.88 | 99,694.84 | 103,411.99 | 133,582.88 | 424,427.59 |
| 13 | 所得税 | 40,722.59 | 56,497.94 | 62,986.44 | 90,355.19 | 250,562.16 |
| 14 | 购买设备 | | | | | |
| 15 | 长期股权投资 | | | | 600,000.00 | 600,000.00 |
| 16 | 分配股利 | | 97,102.79 | | | 97,102.79 |
| 17 | 支出合计 | 934,501.54 | 1,125,973.96 | 1,092,276.61 | 1,787,318.48 | 4,940,070.59 |
| 18 | 现金多余或不足 | 903,269.32 | 978,485.76 | 1,183,110.54 | 886,601.47 | 910,601.47 |
| 19 | 向银行借款 | | | | | |
| 20 | 还银行借款 | | | | | |
| 21 | 借款利息 | 8,000.00 | 8,000.00 | 8,000.00 | 8,000.00 | 32,000.00 |
| 22 | 合计 | | | | | |
| 23 | 期末现金余额 | 895,269.32 | 970,485.76 | 1,175,110.54 | 878,601.47 | 878,601.47 |

图 6-30　2022 年分季度的现金预算

（9）编制预计利润表

预计利润表是以货币为单位、全面综合反映预算期经营成果的财务预算。编制预计利润表的主要依据是销售预算、产品成本预算、期间费用预算和现金预算等，该表的格式与实际利润表的格式相同。根据该公司上述预算等编制 2020 年分月的预计利润表，以及 2021 年和 2022 年分季度的预计利润表，分别如图 6-31～图 6-33 所示。

| | A | B | C | D | E | F | G | H | I | J | K | L | M | N | O | P | Q | R |
|---|---|---|---|---|---|---|---|---|---|---|---|---|---|---|---|---|---|---|
| 1 | | | | | | | | 2020年预计利润表 | | | | 单位：元 | | | | | | |
| 2 | 项目 | 1月 | 2月 | 3月 | 第1季度合计 | 4月 | 5月 | 6月 | 第2季度合计 | 7月 | 8月 | 9月 | 第3季度合计 | 10月 | 11月 | 12月 | 第4季度合计 | 本年合计 |
| 3 | 一、营业收入 | 240,000.00 | 240,000.00 | 261,700.00 | 741,700.00 | 240,000.00 | 240,000.00 | 240,000.00 | 720,000.00 | 227,900.00 | 218,600.00 | 240,000.00 | 686,500.00 | 247,300.00 | 256,800.00 | 261,700.00 | 765,800.00 | 2,914,000.00 |
| 4 | 减：营业成本 | 153,384.47 | 153,384.47 | 167,238.93 | 474,007.88 | 153,384.47 | 153,384.47 | 153,384.47 | 460,153.42 | 145,717.83 | 139,675.21 | 153,384.47 | 438,777.52 | 158,044.60 | 164,125.76 | 167,238.93 | 489,409.29 | 1,862,348.10 |
| 5 | 税金及附加 | 1,609.91 | 1,609.91 | 1,835.59 | 5,055.41 | 1,609.91 | 1,609.91 | 1,609.91 | 4,829.73 | 1,484.07 | 1,387.35 | 1,609.91 | 4,481.33 | 1,685.83 | 1,784.63 | 1,835.59 | 5,306.05 | 19,672.52 |
| 7 | 销售费用 | 12,000.00 | 12,000.00 | 12,000.00 | 36,000.00 | 12,000.00 | 12,000.00 | 12,000.00 | 36,000.00 | 12,000.00 | 12,000.00 | 12,000.00 | 36,000.00 | 12,000.00 | 12,000.00 | 12,000.00 | 36,000.00 | 144,000.00 |
| 8 | 财务费用 | 100.00 | 100.00 | 100.00 | 300.00 | 100.00 | 100.00 | 100.00 | 300.00 | 100.00 | 100.00 | 100.00 | 300.00 | 100.00 | 120.00 | 150.00 | 370.00 | 1,270.00 |
| 9 | 管理费用 | 29,347.92 | 29,347.92 | 29,447.92 | 88,143.75 | 29,347.92 | 29,347.92 | 29,347.92 | 88,043.75 | 29,347.92 | 29,347.92 | 29,347.92 | 88,043.75 | 29,547.92 | 29,747.92 | 29,747.92 | 89,043.75 | 353,275.00 |
| 10 | 二、营业利润 | 43,557.70 | 43,557.70 | 51,077.56 | 138,192.97 | 43,557.70 | 43,557.70 | 43,557.70 | 130,673.10 | 39,250.18 | 36,089.52 | 43,557.70 | 118,897.40 | 45,921.65 | 49,021.70 | 50,727.56 | 145,670.91 | 533,434.39 |
| 11 | 加：营业外收入 | – | – | – | – | – | – | – | – | – | – | – | – | – | – | – | – | – |
| 12 | 减：营业外支出 | – | – | – | – | – | – | – | – | – | – | – | – | – | – | – | – | – |
| 13 | 三、利润总额 | 43,557.70 | 43,557.70 | 51,077.56 | 138,192.97 | 43,557.70 | 43,557.70 | 43,557.70 | 130,673.10 | 39,250.18 | 36,089.52 | 43,557.70 | 118,897.40 | 45,921.65 | 49,021.70 | 50,727.56 | 145,670.91 | 533,434.39 |
| 14 | 减：所得税费用 | 10,889.43 | 10,889.43 | 12,769.39 | 34,548.24 | 10,889.43 | 10,889.43 | 10,889.43 | 32,668.28 | 9,812.55 | 9,022.38 | 10,889.43 | 29,724.35 | 11,480.41 | 12,255.42 | 12,681.89 | 36,417.73 | 133,358.60 |
| 15 | 四、净利润 | 32,668.28 | 32,668.28 | 38,308.17 | 103,644.72 | 32,668.28 | 32,668.28 | 32,668.28 | 98,004.83 | 29,437.64 | 27,067.14 | 32,668.28 | 89,173.05 | 34,441.24 | 36,766.27 | 38,045.67 | 109,253.18 | 400,075.79 |

图 6-31　2020 年分月的预计利润表

| 2021年预计利润表 | | | 单位：元 | | |
|---|---|---|---|---|---|
| 项目 | 1季度 | 2季度 | 3季度 | 4季度 | 全年合计 |
| 一、营业收入 | 833,680.00 | 809,280.00 | 771,688.00 | 860,792.00 | 3,275,440.00 |
| 减：营业成本 | 545,456.98 | 529,055.48 | 504,304.44 | 566,446.18 | 2,145,263.08 |
| 税金及附加 | 5,598.99 | 5,261.47 | 4,878.36 | 5,914.87 | 21,653.70 |
| 销售费用 | 50,000.00 | 50,000.00 | 50,000.00 | 50,000.00 | 200,000.00 |
| 管理费用 | 96,543.75 | 96,543.75 | 96,543.75 | 96,543.75 | 386,175.00 |
| 财务费用 | 450.00 | 450.00 | 450.00 | 3,116.67 | 4,466.67 |
| 二、营业利润 | 135,630.27 | 127,969.30 | 115,511.44 | 138,770.53 | 517,881.55 |
| 加：营业外收入 | | | | | |
| 减：营业外支出 | | | | | |
| 三、利润总额 | 135,630.27 | 127,969.30 | 115,511.44 | 138,770.53 | 517,881.55 |
| 减：所得税费用 | 33,907.57 | 31,992.32 | 28,877.86 | 34,692.63 | 129,470.39 |
| 四、净利润 | 101,722.71 | 95,976.97 | 86,633.58 | 104,077.90 | 388,411.16 |

图 6-32 2021 年分季度的预计利润表

| 2022年预计利润表 | | | 单位：元 | | |
|---|---|---|---|---|---|
| 项目 | 1季度 | | 3季度 | 4季度 | 全年合计 |
| 一、营业收入 | 990,550.00 | 1,123,100.00 | 1,175,900.00 | 1,426,700.00 | 4,716,250.00 |
| 减：营业成本 | 600,496.85 | 667,168.90 | 690,887.54 | 829,798.86 | 2,788,352.14 |
| 税金及附加 | 7,019.03 | 7,975.59 | 8,272.96 | 10,686.63 | 33,954.21 |
| 销售费用 | 70,100.00 | 70,500.00 | 71,200.00 | 71,200.00 | 283,000.00 |
| 管理费用 | 141,443.75 | 142,843.75 | 144,943.75 | 144,943.75 | 574,175.00 |
| 财务费用 | 8,600.00 | 8,620.00 | 8,650.00 | 8,650.00 | 34,520.00 |
| 二、营业利润 | 162,890.37 | 225,991.77 | 251,945.75 | 361,420.76 | 1,002,248.65 |
| 加：营业外收入 | | | | | |
| 减：营业外支出 | | | | | |
| 三、利润总额 | 162,890.37 | 225,991.77 | 251,945.75 | 361,420.76 | 1,002,248.65 |
| 减：所得税费用 | 40,722.59 | 56,497.94 | 62,986.44 | 90,355.19 | 250,562.16 |
| 四、净利润 | 122,167.78 | 169,493.83 | 188,959.31 | 271,065.57 | 751,686.49 |

图 6-33 2022 年分季度的预计利润表

（10）编制预计资产负债表

预计资产负债表是以货币为单位、全面综合地反映预算期财务状况的财务预算。该表中的项目是在前文所述预算的基础上分析填列的，其格式与实际资产负债表的格式相同。

根据该公司上述预算编制 2020～2022 年的预计资产负债表，如图 6-34 所示。

| 预计资产负债表 | | | | | | | 单位：元 |
|---|---|---|---|---|---|---|---|
| 资产 | 2020年 | 2021年 | 2022年 | 负债及所有者权益 | 2020年 | 2021年 | 2022年 |
| 流动资产： | | | | 流动负债： | | | |
| 货币资金 | 873,222.56 | 777,099.98 | 878,601.47 | 短期借款 | | | |
| 应收账款 | 118,288.40 | 389,077.98 | 644,868.40 | 应付账款 | 38,510.85 | 132,008.48 | 180,411.00 |
| 存货 | 140,742.35 | 136,381.86 | 121,159.50 | 应付职工薪酬 | | | |
| 其中：原材料 | 17,040.20 | 19,470.28 | 26,609.29 | 应付利息 | | | |
| 库存商品 | 70,208.85 | 63,418.28 | 41,056.91 | 应交税费 | | | |
| 周转材料 | 53,493.30 | 53,493.30 | 53,493.30 | 应付股利 | 100,018.95 | 97,102.79 | 187,921.62 |
| 流动资产合计 | 1,132,253.30 | 1,302,559.82 | 1,644,629.37 | 流动负债合计 | 138,529.80 | 229,111.27 | 368,332.62 |
| 非流动资产： | | | | 非流动负债： | | | |
| 长期股权投资 | | | 600,000.00 | 长期借款 | | 400,000.00 | 400,000.00 |
| 投资性房地产 | | | | 非流动负债合计 | 0.00 | 400,000.00 | 400,000.00 |
| 固定资产原值 | 3,000,000.00 | 3,800,000.00 | 3,800,000.00 | 负债合计 | 138,529.80 | 629,111.27 | 768,332.62 |
| 减：累计折旧 | 753,666.67 | 942,083.33 | 1,181,166.67 | 所有者权益： | | | |
| 固定资产净值 | 2,246,333.33 | 2,857,916.67 | 2,618,833.33 | 实收资本 | 2,700,000.00 | 2,700,000.00 | 2,700,000.00 |
| 无形资产 | | | | 盈余公积 | 108,011.37 | 166,273.04 | 279,026.02 |
| | | | | 未分配利润 | 432,045.47 | 665,092.17 | 1,116,104.06 |
| | | | | | | | |
| 非流动资产合计 | 2,246,333.33 | 2,857,916.67 | 3,218,833.33 | 所有者权益合计 | 3,240,056.84 | 3,531,365.21 | 4,095,130.08 |
| 资产总计 | 3,378,586.64 | 4,160,476.49 | 4,863,462.70 | 负债和所有者权益总计 | 3,378,586.64 | 4,160,476.49 | 4,863,462.70 |

图 6-34 2020～2022 年的预计资产负债表

## 习　题　六

1. 分析成长期企业编制财务预算的目标、流程与重点问题。
2. 总结归纳编制企业财务预算所使用的 Excel 软件功能。

## 术 语 积 累

| | | | |
|---|---|---|---|
| 财务预算 | 销售预算 | 生产预算 | 直接材料预算 |
| 直接人工预算 | 制造费用预算 | 产品成本预算 | 期间费用预算 |
| 日常业务预算 | 现金预算 | 预计利润表 | 预计资产负债表 |
| 数据引用 | 动态链接 | | |

# 第七章

# 创业企业财务预测案例

## 一、案例目标

通过案例分析，培养学生根据创业企业的具体情况综合利用 Excel 软件预测其未来财务状况，并做出财务可行性分析的能力。

## 二、案例资料

甲乙二人拟分别投入货币资金 25 万元创立一家有限责任公司，生产、经销多功能家用清洁机。预计公司筹建期间发生开办费 5 万元，以及专用生产设备购置费用 6 万元。

该公司进行财务预测的基础数据如表 7-1 所示。

表7-1　基础数据

<table>
<tr><th colspan="2">类别</th><th>项目</th><th>数据</th></tr>
<tr><td rowspan="6">宏观环境</td><td rowspan="4">税费</td><td>所得税税率</td><td>25%</td></tr>
<tr><td>增值税税率</td><td>13%</td></tr>
<tr><td>城市维护建设税税率</td><td>5%</td></tr>
<tr><td>教育费附加费率</td><td>3%</td></tr>
<tr><td rowspan="2">利息</td><td>长期借款利率</td><td>8%</td></tr>
<tr><td>短期借款利率</td><td>5%</td></tr>
<tr><td rowspan="12">企业会计政策</td><td rowspan="7">经营</td><td>存货</td><td></td></tr>
<tr><td>　发出存货计价方法</td><td>先进先出法</td></tr>
<tr><td>固定资产</td><td></td></tr>
<tr><td>　预计使用寿命</td><td>10 年</td></tr>
<tr><td>　预计净残值</td><td>0 元</td></tr>
<tr><td>　折旧方法</td><td>平均年限法</td></tr>
<tr><td>　年折旧率</td><td>10%</td></tr>
<tr><td rowspan="4">利润分配</td><td>分配时间</td><td>12 月 31 日</td></tr>
<tr><td>法定盈余公积计提比例</td><td>10%</td></tr>
<tr><td>任意盈余公积计提比例</td><td>5%</td></tr>
<tr><td>利润分配率</td><td>30%</td></tr>
<tr><td>其他</td><td colspan="2">本年应交各种税费均于年末缴清（即应交税费期末余额为 0），不考虑递延税款。本月工资于次月 15 日发放，本年分配给股东的利润于次年 4 月 1 日支付，本公司生产一台产品消耗一件原材料。</td></tr>
</table>

**要求：**根据该创业企业的具体情况，利用 Excel 软件做出其开始经营后 1～5 年的财务预测及财务可行性分析。

## 三、Excel 软件要点

利用 Excel 软件的“数据分析”功能，可以对某一区域的数据进行方差分析、指数平滑分析、移动平均分析和回归分析等。这一功能可以用于创业企业的销售预测、成本预测等，其具体操作步骤如下。

第一步，选择“数据”选项卡“分析”选项组“数据分析”选项，打开“数据分析”对话框，根据需要分析的数据的具体情况，选择适当的数据分析工具，如“移动平均”选项，如图 7-1 所示。

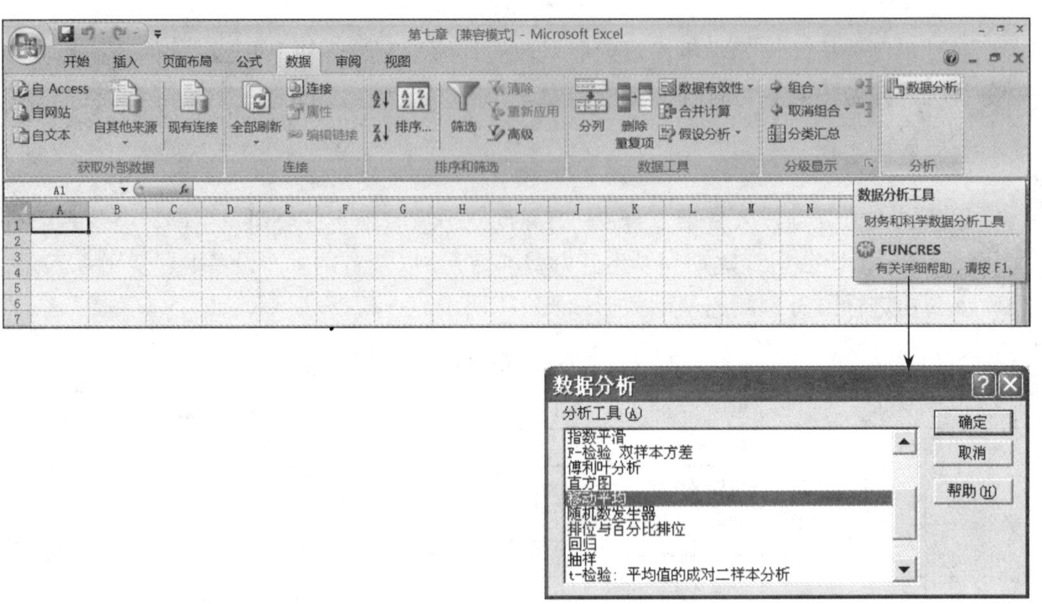


图 7-1　数据分析工具

第二步，在相应项目的对话框中指定数据的“输入区域”“间隔”“输出区域”等，如“移动平均”对话框，单击“确定”按钮，指定区域数据的移动平均分析即可完成。若选择“图表输出”复选框，则在完成数据分析的同时输出图表，如图 7-2 所示。

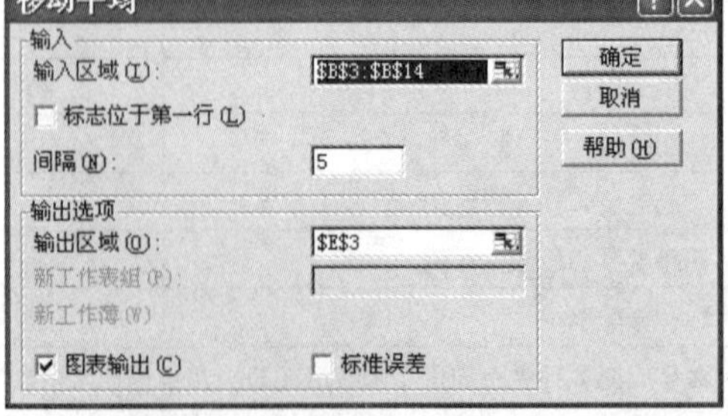

图 7-2　“移动平均”对话框

## 四、案例分析

### 1. 财务预测与财务可行性分析的总体思路

根据“以销定产”的指导思想，利用 Excel 软件对创业企业进行财务预测并分析其财务可行性。首先，应当对该公司开始经营后 1～5 年的产品销售情况进行预测，根据销售预测对原材料采购、产品生产和销售等经营活动及其所需资金做出计划；其次，编制该公司员工岗位设置及薪酬计划，以及包括管理费用、销售费用、财务费用等内容的期间费用预算；再次，根据原材料采购计划、薪酬计划及固定资产折旧等资料，计算产品的原材料成本、人工成本及制造费用以确定其生产成本；最后，综合上述资料编制现金预算表、预计资产负债表、预计利润表和预计现金流量表，计算项目的净现值、内含报酬率等投资项目评价指标，分析项目的偿债能力及盈利能力，对该拟创业企业的财务可行性做出评价。

### 2. 财务预测与财务可行性分析的具体步骤

（1）做出企业 1～5 年的销售预测

由于该公司为拟创业企业，没有产品销售的历史资料可供参考，因此不可用趋势预测法预测其未来销售情况。在这种情况下，可以考虑在市场调研、同类产品分析等基础上采用因果预测法中的一元回归分析法或多元回归分析法来进行预测。

在本案例中，根据产品特点展开广泛调查，在分析影响企业产品销售量的一系列因素后，提取当地居民人均收入水平和产品广告费用作为影响销量的主要因素。利用 Excel 软件的数据分析功能，可以得到该企业产品——多功能家用清洁机在未来 1～5 年的销售量数据和预计单价数据，如图 7-3 所示。

| | A | B | C | D | E | F |
|---|---|---|---|---|---|---|
| 1 | 销售预测 | | | | | |
| 2 | 项目 | 第1年 | 第2年 | 第3年 | 第4年 | 第5年 |
| 3 | 销售量（台） | 800 | 1,000 | 1,300 | 2,500 | 2,700 |
| 4 | 预计单价（元） | 1,500 | 1,500 | 1,600 | 1,800 | 2,000 |

图 7-3　未来 1～5 年的销售预测

（2）编制企业 1～5 年生产经营及资金计划

1）生产计划。根据企业产品的销售预测数据和固定资产产能，利用 Excel 软件编制该产品的生产计划，如图 7-4 所示。该产品在期末全部完工入库，无在产品。

| | A | B | C | D | E | F |
|---|---|---|---|---|---|---|
| 1 | 生产计划 | | | | | |
| 2 | 项目 | 第1年 | 第2年 | 第3年 | 第4年 | 第5年 |
| 3 | 生产量（台） | 800 | 1,000 | 1,400 | 2,400 | 2,900 |

图 7-4　生产计划

2）原材料采购计划。根据该企业产品的相关技术资料、生产计划和所需原材料的市场价格变动趋势编制原材料采购计划，如图 7-5 所示。

| 原材料采购计划 | | | | | |
|---|---|---|---|---|---|
| 项目 | 第1年 | 第2年 | 第3年 | 第4年 | 第5年 |
| 采购量（件） | 900 | 1,000 | 1,500 | 2,500 | 2,700 |
| 预计单价（元） | 500 | 600 | 650 | 800 | 800 |

图 7-5　原材料采购计划

3）生产经营及资金计划。预计该企业产品的赊销率和所需原材料的赊购率均为 20%。在经营之初，为满足材料采购、费用支出等经营需要，投资者除投入 50 万元货币资金外，预计需要借入 8 年期长期借款 10 万元，年利率为 8%；开始经营后的 1～5 年，每年年初还需借入 1 年期短期借款 8 万元，并于当年年末归还，年利率为 5%。此外，为满足第 4 年及未来的销售增长需要，拟在第 4 年初购入价值 10 万元的固定资产。

综合该企业产品的销售预测、生产计划、原材料采购计划等数据，利用 Excel 软件编制企业 1～5 年生产经营及资金计划，如图 7-6 所示。

企业生产经营及资金计划

| 期间 | 名称 | | 第0年 | 第1年 | 第2年 | 第3年 | 第4年 | 第5年 |
|---|---|---|---|---|---|---|---|---|
| 筹办期 | 实收资本（货币部分）（元） | | 500,000 | | | | | |
| | | | | | | | | |
| | 开办费 | | 50,000 | | | | | |
| | 固定资产 | | 60,000 | | | | | |
| 经营期 | 采购 | 原材料预计单价（单位：元） | | 500 | 600 | 650 | 800 | 800 |
| | | 实购数量（单位：件） | | 900 | 1,000 | 1,500 | 2,500 | 2,700 |
| | | 赊购率 | | 20% | 20% | 20% | 20% | 20% |
| | | 赊购数量（单位：件） | | 180 | 200 | 300 | 500 | 540 |
| | | 期末结存数量（单位：件） | | 100 | 100 | 200 | 300 | 100 |
| | | 材料成本 | | 400,000 | 600,000 | 910,000 | 1,920,000 | 2,320,000 |
| | 生产 | 生产数量（单位：台） | | 800 | 1,000 | 1,400 | 2,400 | 2,900 |
| | 销售 | 产品预计单价（单位：元） | | 1,500 | 1,500 | 1,600 | 1,800 | 2,000 |
| | | 销售数量（单位：台） | | 800 | 1,000 | 1,300 | 2,500 | 2,700 |
| | | 赊销率 | | 20% | 20% | 20% | 20% | 20% |
| | | 期末结存数量（单位：台） | | 0 | 0 | 100 | 0 | 200 |
| | | 销售收入 | | 1,200,000 | 1,500,000 | 2,080,000 | 4,500,000 | 5,400,000 |
| | 资金 | 长期借款（单位：元） | | 100,000 | 100,000 | 100,000 | 100,000 | 100,000 |
| | | 短期借款（单位：元） | | 80,000 | 80,000 | 80,000 | 80,000 | 80,000 |
| | | 购买固定资产（单位：元） | | | | | 100,000 | |

图 7-6　生产经营及资金计划

图 7-6 中，有底纹的单元格数据来自图 7-3～图 7-5 中的和案例资料输入的，无底纹的单元格数据是由 Excel 软件根据设计的公式计算得出的，下同。

图 7-6 中有关项目的计算公式如下：

赊购数量=采购数量×赊购率

材料期末结存数量=上期期末结存数量+本期采购数量-本期生产领用数量

材料成本=材料耗用数量×材料预计单价

产品期末结存数量=上期期末结存数量+本期生产数量-本期销售数量

销售收入=产品预计销售数量×产品预计单价

（3）编制企业 1～5 年员工岗位设置及薪酬计划

根据企业发展战略及 1～5 年生产经营计划，利用 Excel 软件编制企业 1～5 年员工岗位设置及薪酬计划，如表 7-2 所示。

表7-2　企业1～5年员工岗位设置及薪酬计划

| 职位 | 第 1 年 | | | 第 2 年 | | | 第 3 年 | | | 第 4 年 | | | 第 5 年 | | |
|---|---|---|---|---|---|---|---|---|---|---|---|---|---|---|---|
| | 月薪/元 | 人数/人 | 年度小计/元 | 月薪/元 | 人数/人 | 年度小计/元 | 月薪/元 | 人数/人 | 年度小计/元 | 月薪/元 | 人数/人 | 年度小计/元 | 月薪/元 | 人数/人 | 年度小计/元 |
| 总经理 | 5 000 | 1 | 60 000 | 5 000 | 1 | 60 000 | 6 000 | 1 | 72 000 | 6 000 | 1 | 72 000 | 7 000 | 1 | 84 000 |
| 生产车间 | | | | | | | | | | | | | | | |
| 车间主任 | 3 000 | 1 | 36 000 | 3 000 | 1 | 36 000 | 3 500 | 1 | 42 000 | 4 000 | 1 | 48 000 | 4 000 | 1 | 48 000 |
| 生产工人 | 1 800 | 4 | 86 400 | 1 800 | 4 | 86 400 | 2 300 | 4 | 110 400 | 2 300 | 6 | 165 600 | 2 800 | 10 | 336 000 |
| 技术部 | | | | | | | | | | | | | | | |
| 高级技师 | 3 000 | 1 | 36 000 | 3 000 | 1 | 36 000 | 3 500 | 1 | 42 000 | 4 000 | 1 | 48 000 | 4 000 | 1 | 48 000 |
| 普通技师 | 2 000 | 1 | 24 000 | 2 000 | 1 | 24 000 | 2 000 | 1 | 24 000 | 2 500 | 2 | 60 000 | 2 500 | 3 | 90 000 |
| 销售部 | | | | | | | | | | | | | | | |
| 部门经理 | 3 000 | 1 | 36 000 | 3 000 | 1 | 36 000 | 3 500 | 1 | 42 000 | 4 000 | 1 | 48 000 | 4 000 | 1 | 48 000 |
| 销售人员 | 2 000 | 3 | 72 000 | 2 000 | 3 | 72 000 | 2 300 | 3 | 82 800 | 2 500 | 3 | 90 000 | 2 500 | 5 | 150 000 |
| 研究人员 | | 0 | | | 0 | | | 0 | | 2 000 | 1 | | 2 000 | 1 | |
| 物流部 | | | | | | | | | | | | | | | |
| 部门经理 | | 0 | 0 | | 0 | 0 | | 0 | 0 | 4 000 | 1 | 48 000 | 4 000 | 1 | 48 000 |
| 员工 | | 0 | 0 | | 0 | 0 | | 0 | 0 | 2 000 | 2 | 48 000 | 2 000 | 4 | 96 000 |
| 售后服务部 | | | | | | | | | | | | | | | |
| 部门经理 | | 0 | 0 | | 0 | 0 | | 0 | 0 | 4 000 | 1 | 48 000 | 4 000 | 1 | 48 000 |
| 员工 | | 0 | 0 | | 0 | 0 | | 0 | 0 | 1 800 | 1 | 21 600 | 1 800 | 2 | 43 200 |
| 人事部 | | | | | | | | | | | | | | | |
| 部门经理 | | 0 | 0 | | 0 | 0 | | 0 | 0 | 4 000 | 1 | 48 000 | 4 000 | 1 | 48 000 |
| 员工 | | 0 | 0 | | 0 | 0 | | 0 | 0 | 2 000 | 1 | 24 000 | 2 000 | 2 | 48 000 |
| 财务部 | | | | | | | | | | | | | | | |
| 财务主管 | 3 000 | 1 | 36 000 | 3 000 | 1 | 36 000 | 3 500 | 1 | 42 000 | 4 000 | 1 | 48 000 | 4 000 | 1 | 48 000 |
| 员工 | 1 800 | 1 | 21 600 | 1 800 | 1 | 21 600 | 2 300 | 1 | 27 600 | 1 900 | 2 | 45 600 | 2 000 | 1 | 48 000 |

（4）编制企业 1～5 年期间费用计划

根据企业发展战略、1～5 年经营计划及相关的市场调查资料，利用 Excel 软件编制企业 1～5 年期间费用（不含职工薪酬）计划，如图 7-7 所示。

| | B | C | D | E | F | G |
|---|---|---|---|---|---|---|
| 1 | | | | | | |
| 2 | | | 期间费用（不含职工薪酬） | | | 单位：元 |
| 3 | 项目 | 第1年 | 第2年 | 第3年 | 第4年 | 第5年 |
| 4 | 销售费用 | | | | | |
| 5 | 运杂费 | 24,000 | 30,000 | 39,000 | 75,000 | 81,000 |
| 6 | 广告费 | 20,000 | 40,000 | 40,000 | 60,000 | 60,000 |
| 7 | 小计 | 44,000 | 70,000 | 79,000 | 135,000 | 141,000 |
| 8 | 管理费用 | | | | | |
| 9 | 房租 | 60,000 | 60,000 | 60,000 | 120,000 | 120,000 |
| 10 | 办公费 | 6,000 | 6,000 | 6,000 | 6,000 | 6,000 |
| 11 | 水电费 | 3,600 | 3,600 | 3,600 | 7,200 | 7,200 |
| 12 | 业务招待费 | 5,000 | 8,000 | 10,000 | 15,000 | 20,000 |
| 13 | 印花税 | 1,200 | 1,200 | 1,200 | 1,200 | 1,200 |
| 14 | 其他零星支出 | 10,000 | 10,000 | 10,000 | 10,000 | 10,000 |
| 15 | 小计 | 75,800 | 78,800 | 80,800 | 149,400 | 154,400 |
| 16 | 财务费用 | | | | | |
| 17 | 利息支出 | 12,000 | 12,000 | 12,000 | 12,000 | 12,000 |
| 18 | 小计 | 12,000 | 12,000 | 12,000 | 12,000 | 12,000 |
| 19 | 合计 | 131,800 | 160,800 | 171,800 | 296,400 | 307,400 |

图 7-7　期间费用（不含职工薪酬）计划

图 7-7 中，运杂费、广告费等项目的金额可以根据有关资料预测得出，利息费用的计算公式如下：

利息支出=长期借款 10 万元×利率 8%+短期借款 8 万元×利率 5%

（5）计算企业 1～5 年产品生产成本

根据生产经营计划、员工薪酬计划等资料，利用 Excel 软件编制企业 1～5 年产品生产成本计算表，如图 7-8 所示。

| | A | B | C | D | E | F |
|---|---|---|---|---|---|---|
| 1 | 企业1-5年产品生产成本计算表 | | | | | |
| 2 | 项　目 | 第1年 | 第2年 | 第3年 | 第4年 | 第5年 |
| 3 | 直接材料成本 | 400,000 | 600,000 | 910,000 | 1,920,000 | 2,320,000 |
| 4 | 直接人工成本 | 86,400 | 86,400 | 110,400 | 165,600 | 336,000 |
| 5 | 制造费用 | 42,000 | 42,000 | 48,000 | 64,000 | 64,000 |
| 6 | 总成本 | 528,400 | 728,400 | 1,068,400 | 2,149,600 | 2,720,000 |
| 7 | 生产量 | 800 | 1,000 | 1,400 | 2,400 | 2,900 |
| 8 | 单位成本 | 661 | 728 | 763 | 896 | 938 |

图 7-8　产品生产成本计算表

图 7-8 中有关项目的计算公式如下：

直接材料成本=企业 1～5 年生产经营计划中的生产领用材料数量×材料预计单价

直接人工成本=企业 1～5 年员工岗位设置及薪酬中的生产工人人数×月薪

制造费用=企业 1～5 年员工岗位设置及薪酬中的车间主任年度小计+固定资产总额×年折旧率（1～3 年固定资产总额为 6 万元，4～5 年固定资产总额为 16 万元）

总成本=直接材料成本+直接人工成本+制造费用

单位成本=总成本÷生产数量

（6）编制企业 1～5 年现金预算

根据该公司的生产经营计划、员工薪酬计划和期间费用计划，利用 Excel 软件编制企业 1～5 年现金预算，如图 7-9 所示。其中，数字前无符号表示现金流入，有减号表示现金流出。

| | A | B | C | D | E | F |
|---|---|---|---|---|---|---|
| 1 | 企业1-5年现金预算 | | | | | |
| 2 | 项　目 | 第1年 | 第2年 | 第3年 | 第4年 | 第5年 |
| 3 | **期初现金余额** | 600,000 | 588,268 | 752,918 | 935,776 | 1,416,528 |
| 4 | 开办费 | -50,000 | | | | |
| 5 | 购进固定资产 | -67,800 | | | -113,000 | |
| 6 | 支付应付利润 | | -44,330 | -71,064 | -128,750 | -290,312 |
| 7 | 支付应付账款 | | -101,700 | -135,600 | -220,350 | -452,000 |
| 8 | 收回应收账款 | | 271,200 | 339,000 | 470,080 | 1,017,000 |
| 9 | 购进原材料 | -406,800 | -542,400 | -881,400 | -1,808,000 | -1,952,640 |
| 10 | 销售产品 | 1,084,800 | 1,356,000 | 1,880,320 | 4,068,000 | 4,881,600 |
| 11 | 归还短期借款 | | -80,000 | -80,000 | -80,000 | -80,000 |
| 12 | 借入短期借款 | 80,000 | 80,000 | 80,000 | 80,000 | 80,000 |
| 13 | 支付职工薪酬 | -374,000 | -408,000 | -478,400 | -831,300 | -1,200,500 |
| 14 | 支付期间费用 | -131,800 | -160,800 | -171,800 | -296,400 | -307,400 |
| 15 | 上缴税费 | -146,132 | -205,320 | -298,198 | -659,528 | -874,719 |
| 16 | **期末现金余额** | 588,268 | 752,918 | 935,776 | 1,416,528 | 2,237,558 |

图 7-9　现金预算表

图 7-9 中，除创业初支付开办费 5 万元、创业初和第 4 年分别购进价值 6 万元和 10 万元的固定资产及每年年初借入短期借款 8 万元外，其他项目的计算公式如下。

第 1 年年初现金余额=投资者投入货币资金 50 万元+借入长期借款 10 万元

第 2～5 年年初现金余额=上年度末现金余额

发放应付利润支付的现金=上年度净利润×利润分配率 30%

偿还应付账款支付的现金=（上年度原材料采购量×预计单价）×（1+增值税税率 13%）×赊购率 20%

收回应收账款收到的现金=（上年度产品销售量×预计单价）×（1+增值税税率 13%）×赊销率 20%

购进原材料支付的现金=（本年度原材料采购量×预计单价）×（1+增值税税率 13%）×（1-赊购率 20%）

销售产品收到的现金=（本年度产品销售量×预计单价）×（1+增值税税率 13%）×（1-赊销率 20%）

归还短期借款支付的现金=上年年初借入的短期借款

职工薪酬支付的现金=上年度 12 月应支付的薪酬+本年度 1～11 月支付的薪酬

期间费用支付的现金=本年度期间费用总额

上缴税费支付的现金=本年度缴纳的增值税税额+本年度缴纳的城市建设维护税税额+本年度缴纳的教育费附加+根据本年利润计算缴纳的所得税税额

（7）编制企业 1～5 年预计财务报表

根据上述资料，利用 Excel 软件编制企业 1～5 年预计财务报表，包括预计资产负债表、预计利润表和预计现金流量表，如图 7-10～图 7-12 所示。

（8）财务分析

1）项目可行性分析。

① 净现值。假设投资项目的折现率为 10%。根据上述资料，利用 Excel 软件的 NPV 函数计算该项目的净现值，具体过程如图 7-13 所示。

| | A | B | C | D | E | F | G | H | I | J | K | L |
|---|---|---|---|---|---|---|---|---|---|---|---|---|
| 1 | | | | | | | | | | | | |
| 2 | | | | | | | 预计资产负债表 | | | | | 单位：元 |
| 3 | 资产 | 第1年 | 第2年 | 第3年 | 第4年 | 第5年 | 负债及所有者权益 | 第1年 | 第2年 | 第3年 | 第4年 | 第5年 |
| 4 | 流动资产： | | | | | | 流动负债： | | | | | |
| 5 | 货币资金 | 588,268 | 752,918 | 935,776 | 1,416,528 | 2,237,558 | 短期借款 | 80,000 | 80,000 | 80,000 | 80,000 | 80,000 |
| 6 | 应收账款 | 271,200 | 339,000 | 470,080 | 1,017,000 | 1,220,400 | 应付账款 | 101,700 | 135,600 | 220,350 | 452,000 | 488,160 |
| 7 | 其他应收款 | 0 | 0 | 0 | 0 | 0 | 应付利润 | 44,330 | 71,064 | 128,750 | 290,312 | 377,840 |
| 8 | 预付账款 | 0 | 0 | 0 | 0 | 0 | 应付职工薪酬 | 34,000 | 34,000 | 40,400 | 71,900 | 102,600 |
| 9 | 存货 | 50,000 | 50,000 | 191,314 | 181,748 | 209,334 | 应交税费 | 0 | 0 | 0 | 0 | 0 |
| 10 | 流动资产总计 | 909,468 | 1,141,918 | 1,597,170 | 2,615,275 | 3,667,291 | 流动负债合计 | 260,030 | 320,664 | 469,500 | 894,212 | 1,048,600 |
| 11 | 非流动资产： | | | | | | 非流动负债： | | | | | |
| 12 | 长期股权投资 | | | | | | 长期借款 | 100,000 | 100,000 | 100,000 | 100,000 | 100,000 |
| 13 | 固定资产： | | | | | | 非流动负债合计 | 100,000 | 100,000 | 100,000 | 100,000 | 100,000 |
| 14 | 固定资产原值 | 60,000 | 60,000 | 60,000 | 160,000 | 160,000 | 负债合计 | 360,030 | 420,664 | 569,500 | 994,212 | 1,148,600 |
| 15 | 减：累计折旧 | 6,000 | 12,000 | 18,000 | 34,000 | 50,000 | 所有者权益： | | | | | |
| 16 | 固定资产净值 | 54,000 | 48,000 | 42,000 | 126,000 | 110,000 | 实收资本 | 500,000 | 500,000 | 500,000 | 500,000 | 500,000 |
| 17 | | | | | | | 盈余公积 | 22,165 | 57,697 | 122,072 | 267,228 | 456,148 |
| 18 | 无形资产 | 0 | 0 | 0 | 0 | 0 | 未分配利润 | 81,272 | 211,556 | 447,598 | 979,836 | 1,672,543 |
| 19 | 非流动资产合计 | 54,000 | 48,000 | 42,000 | 126,000 | 110,000 | 所有者权益合计 | 603,438 | 769,254 | 1,069,670 | 1,747,064 | 2,628,691 |
| 20 | 资产总计 | 963,468 | 1,189,918 | 1,639,170 | 2,741,275 | 3,777,291 | 负债和所有者权益总计 | 963,468 | 1,189,918 | 1,639,170 | 2,741,275 | 3,777,291 |

图 7-10　预计资产负债表

| 项目 | 第1年 | 第2年 | 第3年 | 第4年 | 第5年 |
|---|---|---|---|---|---|
| **预计利润表** | | | | | 单位：元 |
| 一、营业收入 | 1,200,000 | 1,500,000 | 2,080,000 | 4,500,000 | 5,400,000 |
| 减：营业成本 | 528,400 | 728,400 | 992,086 | 2,239,167 | 2,532,414 |
| 税金及附加 | 7,176 | 9,360 | 11,492 | 24,960 | 33,696 |
| 销售费用 | 44,000 | 70,000 | 79,000 | 135,000 | 141,000 |
| 财务费用 | 12,000 | 12,000 | 12,000 | 12,000 | 12,000 |
| 管理费用 | 411,400 | 364,400 | 413,200 | 798,600 | 1,001,600 |
| 二、利润总额 | 197,024 | 315,840 | 572,222 | 1,290,273 | 1,679,290 |
| 减：所得税费用 | 49,256 | 78,960 | 143,056 | 322,568 | 419,823 |
| 三、净利润 | 147,768 | 236,880 | 429,167 | 967,705 | 1,259,468 |

图 7-11 预计利润表

| 项目 | 第1年 | 第2年 | 第3年 | 第4年 | 第5年 |
|---|---|---|---|---|---|
| **预计现金流量表** | | | | | 单位：元 |
| 一、经营活动中产生的现金流量 | | | | | |
| 销售商品、提供劳务收到的现金 | 1,084,800 | 1,627,200 | 2,219,320 | 4,538,080 | 5,898,600 |
| 现金流入小计 | 1,084,800 | 1,627,200 | 2,219,320 | 4,538,080 | 5,898,600 |
| 购买商品、接受劳务支付的现金 | 406,800 | 644,100 | 1,017,000 | 2,028,350 | 2,404,640 |
| 支付给职工以及为职工支付的现金 | 374,000 | 408,000 | 478,400 | 831,300 | 1,200,500 |
| 支付其他与经营活动有关的现金 | 169,800 | 148,800 | 159,800 | 284,400 | 295,400 |
| 支付各项税费 | 146,132 | 205,320 | 298,198 | 659,528 | 874,719 |
| 现金流出小计 | 1,096,732 | 1,406,220 | 1,953,398 | 3,803,578 | 4,775,259 |
| 经营活动产生的现金净额 | -11,932 | 220,980 | 265,922 | 734,502 | 1,123,341 |
| 二、投资活动产生的现金流量 | | | | | |
| 购建固定资产、无形资产和其他长期资产所支付的现金 | 67,800 | | | 113,000 | |
| 现金流出小计 | 67,800 | 0 | 0 | 113,000 | 0 |
| 投资活动所产生的现金流量 | -67,800 | 0 | 0 | -113,000 | 0 |
| 三、筹资活动产生的现金流量 | | | | | |
| 借款所收到的现金 | 80,000 | 80,000 | 80,000 | 80,000 | 80,000 |
| 现金流入小计 | 80,000 | 80,000 | 80,000 | 80,000 | 80,000 |
| 偿还债务所支付的现金 | | 80,000 | 80,000 | 80,000 | 80,000 |
| 偿还利息所支付的现金 | 12,000 | 12,000 | 12,000 | 12,000 | 12,000 |
| 分配利润所支付的现金 | | 44,330 | 71,064 | 128,750 | 290,312 |
| 现金流出小计 | 12,000 | 136,330 | 163,064 | 220,750 | 382,312 |
| 筹资活动产生的现金净额 | 68,000 | -56,330 | -83,064 | -140,750 | -302,312 |
| 四、现金及现金等价物增加额 | -11,732 | 164,650 | 182,858 | 480,752 | 821,030 |

图 7-12 预计现金流量表

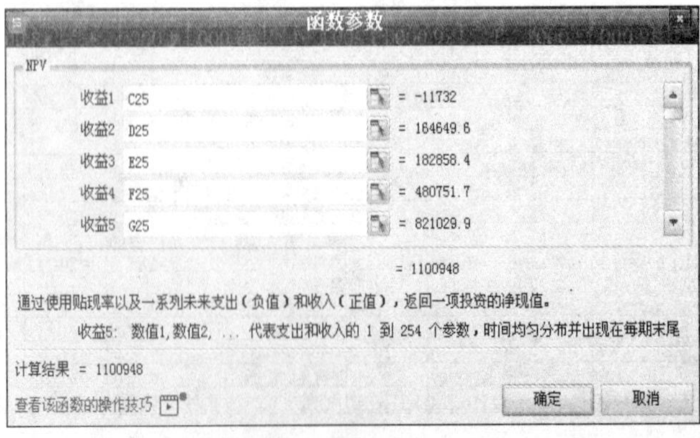


图 7-13 净现值的计算

**注意**：该项目净现值=NPV 函数计算所得值 1 000 948 元－投资期初现金净流出量 500 000 元=600 948 元。

② 内含报酬率。假设投资者的期望报酬率为 10%。该项目的内含报酬率指标利用 Excel 软件的 IRR 函数计算求得，其具体过程如图 7-14 所示。

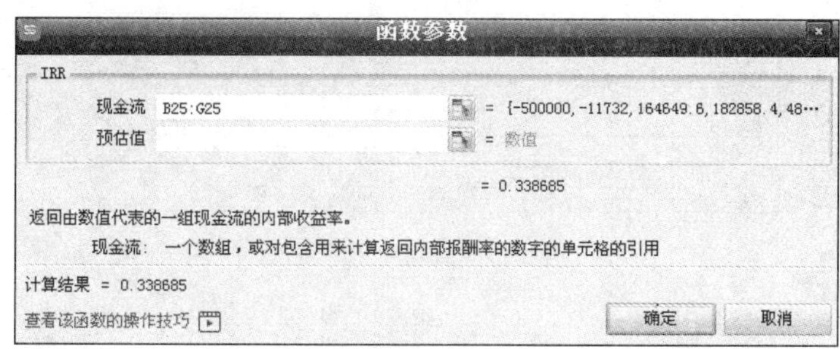


图 7-14　内含报酬率的计算

③ 其他指标的计算结果，如图 7-15 所示。

财务分析

1、可行性分析

|  |  |
|---|---|
| 净现值（NPV） | 600,947.69 |
| 原始投资额 | 500,000.00 |
| 内涵报酬率 | 33.87% |
| 净现值率 | 24.04% |
| 投资回报率 | 65.50% |
| 获利指数（PI） | 2.20 |

图 7-15　财务分析指标的计算结果

图 7-15 中的计算结果显示，该项目的净现值大于 0，内含报酬率大于期望报酬率，获利指数大于 1，净现值率和投资回报率分别为 22.78%和 63.77%。因此，该项目具有财务可行性。

2）财务比率分析。

① 偿债能力分析。该项目的短期偿债能力和长期偿债能力可以分别利用流动比率指标和资产负债率指标进行分析，如图 7-16 所示。

偿债能力分析

| 项目 | 第1年 | 第2年 | 第3年 | 第4年 | 第5年 |
|---|---|---|---|---|---|
| 流动资产 | 909,468 | 1,141,918 | 1,597,170 | 2,615,275 | 3,667,291 |
| 流动负债 | 260,030 | 320,664 | 469,500 | 894,212 | 1,048,600 |
| 流动比率 | 3.50 | 3.56 | 3.40 | 2.92 | 3.50 |
| 负债总额 | 360,030 | 420,664 | 569,500 | 994,212 | 1,148,600 |
| 资产总额 | 963,468 | 1,189,918 | 1,639,170 | 2,741,275 | 3,777,291 |
| 资产负债率 | 37.37% | 35.35% | 34.74% | 36.27% | 30.41% |

图 7-16　偿债能力分析

图 7-16 中的计算结果显示，该公司的流动比率趋近于 3，反映了公司的短期偿债能力较强，债权人的权益更有保证；资产负债率较为稳定，说明公司的长期偿债能力较强，

有助于增强债权人对公司按期偿还借款本息的信心。

② 盈利能力分析。该项目的盈利能力可以分别利用营业利润率指标和总资产报酬率指标进行分析，如图 7-17 所示。

盈利能力分析

| 项目 | 第1年 | 第2年 | 第3年 | 第4年 | 第5年 |
|---|---|---|---|---|---|
| 营业利润 | 197,024 | 315,840 | 572,222 | 1,290,273 | 1,679,290 |
| 营业收入 | 1,200,000 | 1,500,000 | 2,080,000 | 4,500,000 | 5,400,000 |
| 营业利润率 | 16.42% | 21.06% | 27.51% | 28.67% | 31.10% |
| 利润总额 | 197,024 | 315,840 | 572,222 | 1,290,273 | 1,679,290 |
| 利息支出 | 12,000 | 12,000 | 12,000 | 12,000 | 12,000 |
| 资产总额 | 963,468 | 1,189,918 | 1,639,170 | 2,741,275 | 3,777,291 |
| 总资产报酬率 | 21.69% | 27.55% | 35.64% | 47.51% | 44.78% |

图 7-17　盈利能力分析

图 7-17 中的计算结果显示，企业的营业利润率保持稳步上升趋势，说明其经营状况稳定，能够持续发展。该企业的总资产报酬率也稳步上升，说明该创业企业资产利用效率较好，盈利能力较强。

为了直观、清晰地表达该企业在经营期 1～5 年的主营业务收入、净利润和现金流量情况，可以利用 Excel 软件的作图功能分别做出经营期 1～5 年的主营业务收入对比图、净利润对比图和现金净流量趋势图，如图 7-18～图 7-20 所示。

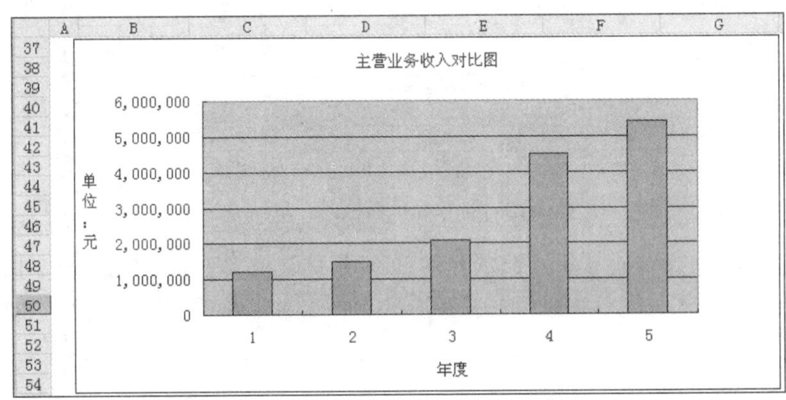


图 7-18　主营业务收入对比图

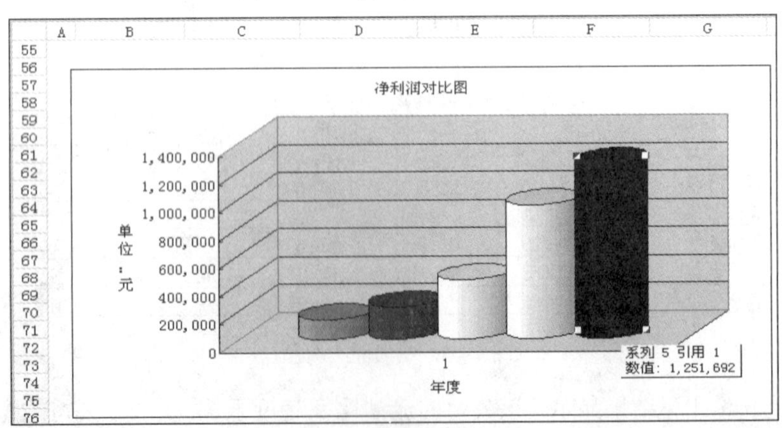


图 7-19　净利润对比图

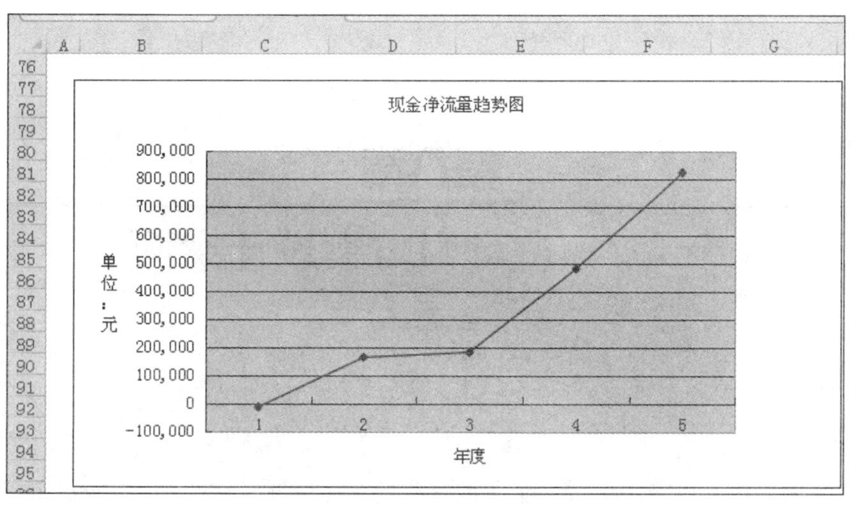


图 7-20 现金流量趋势图

## 习 题 七

1. 分析创业企业财务预测的流程。
2. 讨论创业企业财务可行性分析指标的优缺点及其适用范围。
3. 总结归纳进行创业企业财务预测、财务可行性分析所使用的 Excel 软件功能。

## 术 语 积 累

| | | | |
|---|---|---|---|
| 财务预测 | 销售预测 | 成本预测 | 生产计划 |
| 原材料采购计划 | 生产经营及资金计划 | 岗位设置及薪酬计划 | 期间费用计划 |
| 产品成本计划 | 现金预算 | 预计资产负债表 | 预计利润表 |
| 预计现金流量表 | 财务分析 | 移动平均分析 | 方差分析 |
| 指数平滑分析 | 回归分析 | | |

# 第八章

# 个人/家庭理财方案设计案例

## 一、案例目标

通过案例分析，培养学生根据个人或家庭的具体情况，综合利用 Excel 软件设计并优选理财规划方案，以解决个人理财问题的能力。

## 二、案例资料

今年 35 岁的张先生是一家大型公司的高级管理人员。2018 年，他与同岁的刘女士结婚，婚后刘女士做了全职太太。2019 年，张先生的月薪为 1.3 万元（含“三险一金”2000 元），年终奖金为 15 万元（税前），未参加任何商业保险计划，二人过着较为宽裕的生活。

2017 年年初，张先生贷款购买了一套 $50m^2$ 的酒店式公寓，价款为 50 万元，首付 20%，余下的 40 万元向银行申请贷款。该笔贷款采用等额本息还款方式，期限为 15 年，利率为 5.31%。婚后二人感觉生活空间狭小，于是在 2019 年 1 月购买了另外一套价值 120 万元的 $100m^2$ 精装修住房，在交了 30%的首付后，余款采用贷款方式支付。其中，公积金贷款 30 万元，采用等额本息还款方式，贷款利率为 4.85%，期限为 20 年；商业贷款 54 万元，采用等额本金还款方式，贷款利率为 5.81%，期限为 20 年。张先生夫妇搬入新家后，原来的酒店式公寓用于出租，租金为每月 2 000 元。随着房价的上涨，目前这套酒店式公寓已经升值至 65 万元。

张先生家庭每月除偿还住房贷款外的其他主要支出如下：基本生活支出 4 000 元/月；养车费用 1 500 元/月（2018 年年初购车，原值为 20 万元）；交际费用 2 000 元/月；孝敬双方父母 1 500 元/月。此外，每年还发生服装支出 12 000 元；健身支出 8 000 元；旅游支出 20 000 元。

截至 2019 年 12 月 31 日，张先生家庭拥有的资产如下：活期存款 25 万元，国债 20 万元；股票市值 15 万元（2017 年年初购入，2019 年年初市值 20 万元）；股票型基金市值 32 万元（2018 年年初购入，2019 年年初市值 30 万元）。

2020 年 3 月，张先生夫妇的儿子出生。

张先生家庭的主要理财需求如下。

1）子女教育规划。张先生打算让儿子 18 岁后出国读大学，综合考虑国外高昂的学费及生活费用，需要为儿子准备 80 万元的教育资金。

2）保险规划。张先生夫妇都没有购买任何商业保险，鉴于未来生活中可能出现的不确定性，二人考虑购买一定额度的商业保险。

3）养老规划。张先生打算 55 岁退休，夫妇二人的预期寿命为 85 岁。考虑到通货膨胀及旅游、医疗等各种开支，为保证晚年生活质量，张先生退休时需要准备养老资金 200 万元。

4）房贷规划。张先生虽然收入较多，但是每月的房贷压力较大，考虑未来养老与孩子教育的资金需求，希望改善家庭债务状况。

5）现金规划。保证家庭良好的现金流动性。

**注意**：*不考虑存款利息收入；不考虑租房、售房需要缴纳的个人所得税等税费；不考虑房屋、汽车的折旧问题或升值问题。*

**要求**：针对张先生家庭的财务现状及理财需求，利用 Excel 软件为该家庭设计理财规划方案并做出相关分析。

## 三、Excel 软件要点

为了直观明了地展示在案例分析过程中产生的大量数据结构、趋势等信息，引入 Excel 软件的图表处理功能。以某公司资产负债表的流动资产结构分析为例，说明使用 Excel 软件图表处理功能的具体操作步骤如下。

第一步，选择图表类型。在“插入”选项卡选择需要的图表类型，打开“图表工具”窗口，在“设计”选项卡中设计需要的图表样式及图表布局，分别如图 8-1 和图 8-2 所示。

第二步，选择数据源。选择“数据”组中的“选择数据”选项，打开“选择数据源”对话框，选定作图所需的数据和标志区域，如图 8-3 所示；再单击“确定”按钮，做出的图表如图 8-4 所示。

第三步，输入图表标题。在“图表标题”文本框中输入图表标题名称，如图 8-5 所示。

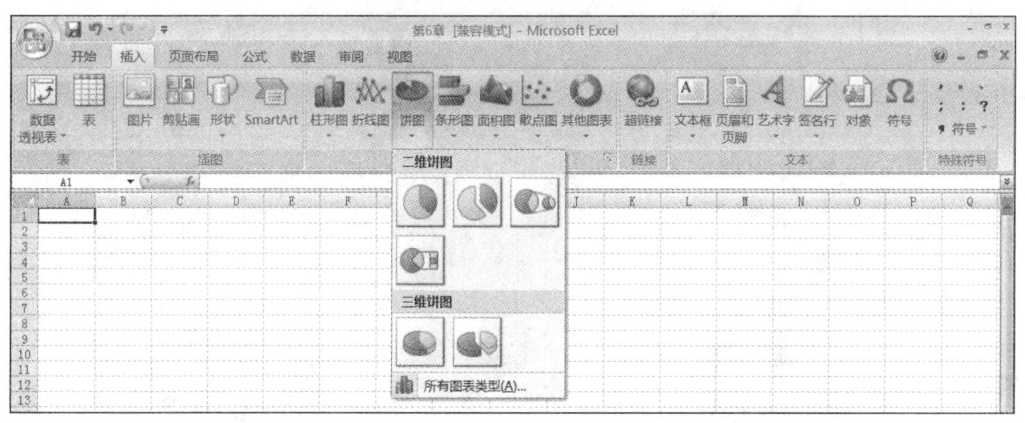


图 8-1　单击“插入”选项卡中的图表类型

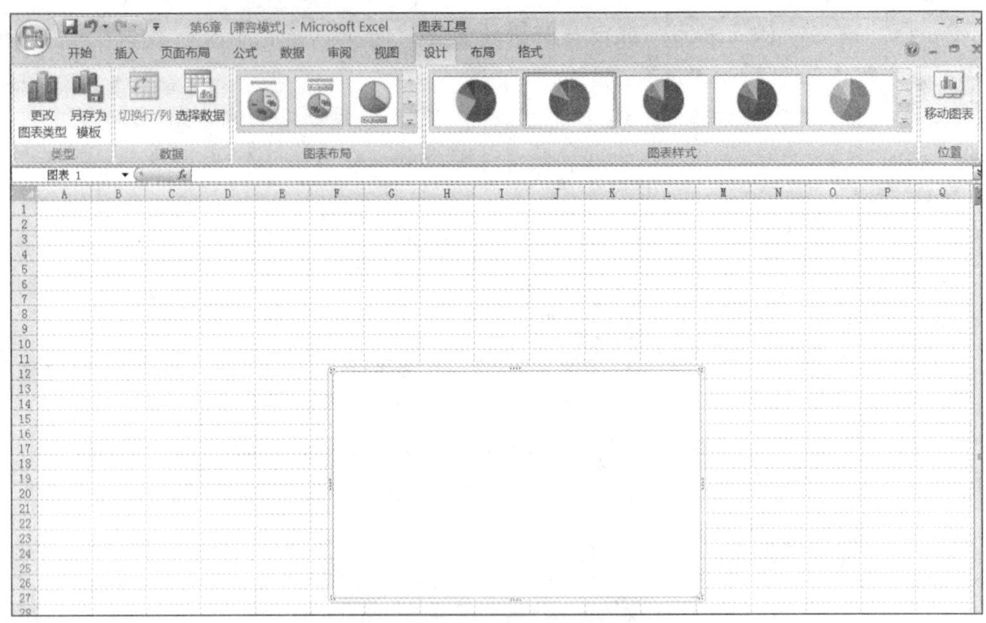


图 8-2　设计图表样式及图表布局

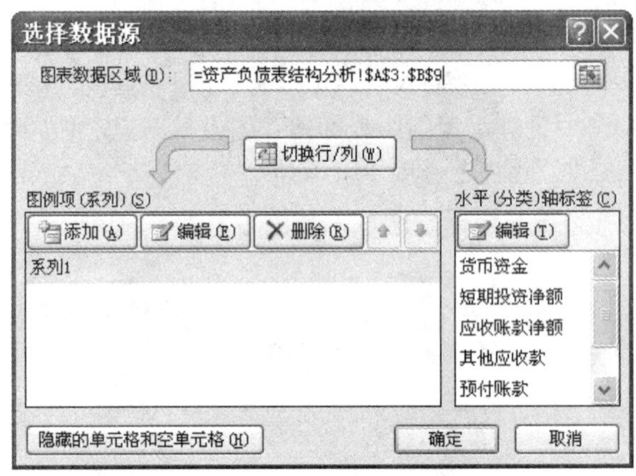


图 8-3　选择数据源

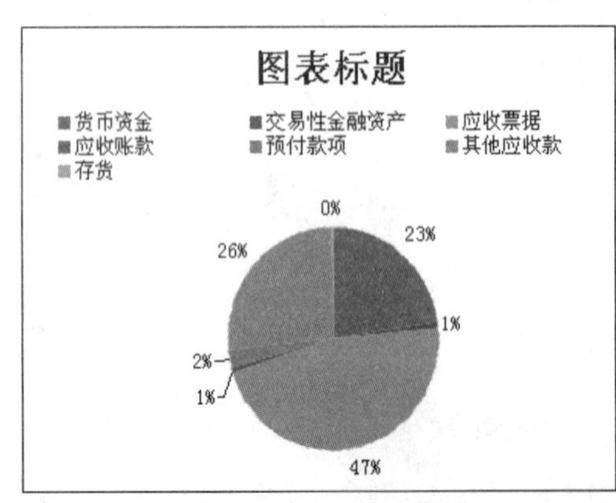


图 8-4　做出的图表

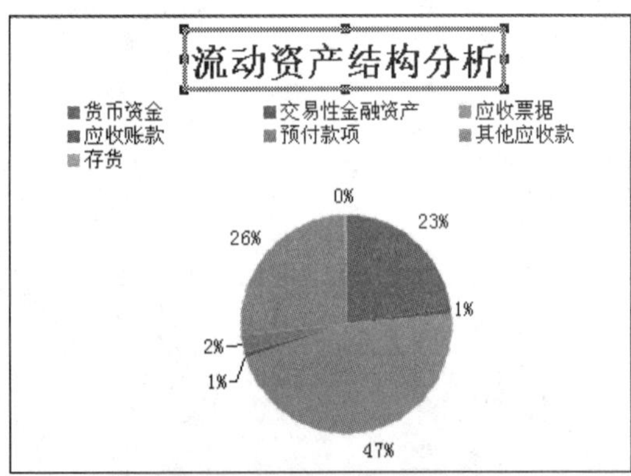


图 8-5　输入图表标题

第四步，选择图表位置。选择“位置”选项组“移动图表”选项，选择放置图表的位置，单击“确定”按钮，如图 8-6 所示。

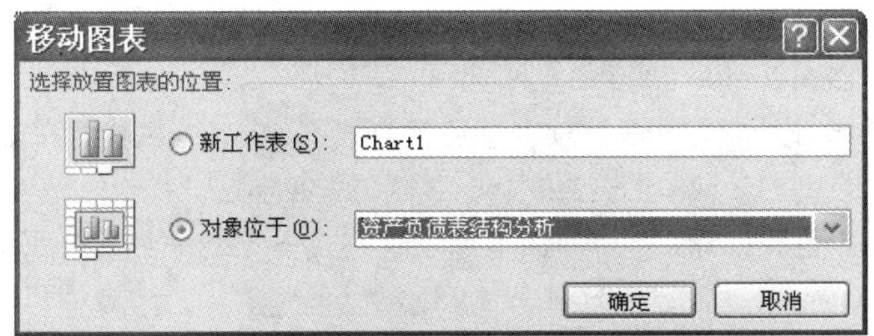


图 8-6　移动图表位置

## 四、案例分析

### 1. 设计个人/家庭理财方案的总体思路

设计个人/家庭理财方案的总体思路：首先，利用 Excel 软件编制个人/家庭的资产负债表和现金流量表以描述其目前的财务状况和现金流量情况，在此基础上编制财务比率表、支出比例表，对照财务比率的参考值分析其财务状况；其次，对其财务状况进行预测，针对理财需求确定理财目标；再次，分项设计该个人/家庭的债务规划、现金规划、保险保障规划、子女教育规划和退休养老规划等理财规划方案；最后，通过编制理财规划后的资产负债表和现金流量表，对比分析各项支出比例和财务比率的变化，检查是否达到个人/家庭的理财目标。

### 2. 设计个人/家庭理财方案的具体步骤

（1）分析个人/家庭财务状况

1）编制个人/家庭资产负债表。根据案例资料编制张先生家庭 2019 年 12 月 31 日的资产负债表，如图 8-7 所示。

| | A | B | C | D | E |
|---|---|---|---|---|---|
| 1 | 资产负债表 | | | | |
| 2 | 资产 | 金额 | 负债与净资产 | | 金额 |
| 3 | 现金与现金等价物 | 250,000.00 | 负债 | | |
| 4 | | | 住房贷款 | | 1,147,117.60 |
| 5 | | | 50平米公寓 | | 343,229.92 |
| 6 | 其他金融资产 | 670,000.00 | 120平米住房 | 公积金贷款 | 290,887.68 |
| 7 | 债券 | 200,000.00 | | 商业贷款 | 513,000.00 |
| 8 | 基金 | 320,000.00 | | | |
| 9 | 股票 | 150,000.00 | | | |
| 10 | 实物资产 | 2,050,000.00 | 负债总计 | | 1,147,117.60 |
| 11 | 自住房 | 1,200,000.00 | | | |
| 12 | 投资房产 | 650,000.00 | | | |
| 13 | 机动车 | 200,000.00 | 净资产 | | 1,822,882.40 |
| 14 | 资产总计 | 2,970,000.00 | 负债与净资产总计 | | 2,970,000.00 |

图 8-7　家庭资产负债表

以 2019 年 12 月 31 日为基准点，图 8-7 中有关项目的计算如下。

① 活期存款、债券、基金、股票、自住房、投资房产及机动车的金额根据案例资

料整理得出。其中，活期存款和债券未考虑利息收入；基金、股票和投资房产按照 2019 年年末的市值列示；自住房及机动车未考虑折旧。

② 利用 PMT 函数计算，可得等额本息还款方式下 $50m^2$ 公寓贷款的每月还款额=PMT（5.31%/12,15×12,-400 000）=3 228.14 元。

③ 利用 PV 函数计算，可得等额本息还款方式下 $50m^2$ 公寓贷款在 2019 年 12 月 31 日的现值=PV（5.31%/12,12×12,-3 228.14）=343 229.92 元。

④ 利用 PMT 函数计算，可得等额本息还款方式下 $120m^2$ 住房公积金贷款的每月还款额=PMT（4.85%/12,12×20,-300 000）=1 955.09 元。

⑤ 利用 PV 函数计算，可得等额本息还款方式下 $120m^2$ 住房公积金贷款在 2019 年 12 月 31 日的现值=PV（4.85%/12,19×12,-1 955.09）=290 887.68 元。

⑥ 等额本金还款方式下，$120m^2$ 住房在未来 19 年需要偿还商业贷款本金=[540 000÷（12×20）]×19×12=513 000 元。

⑦ 净资产=资产总计-负债总计。

2）编制个人/家庭现金流量表。根据案例资料编制张先生家庭 2019 年现金流量表，如图 8-8 所示。

| | A | B | C | D | E |
|---|---|---|---|---|---|
| 1 | 现金流量表 | | | | |
| 2 | 年收入 | 金额 | 年支出 | | 金额 |
| 3 | 工薪类收入 | 278,630.00 | 房屋按揭还贷 | | 119,853.85 |
| 4 | | | 50平米公寓 | | 38,737.73 |
| 5 | | | 120平米住房 | 公积金贷款 | 23,461.11 |
| 6 | | | | 商业贷款 | 57,655.01 |
| 7 | | | 日常生活支出 | | 48,000.00 |
| 8 | 投资收入 | -30,000.00 | 交通费用 | | 18,000.00 |
| 9 | 租金收入 | 24,000.00 | 旅游支出 | | 20,000.00 |
| 10 | | | 其他支出 | | 62,000.00 |
| 11 | 收入总计 | 272,630.00 | 支出总计 | | 267,853.85 |
| 12 | 年结余 | | | | 4,776.15 |

图 8-8　家庭现金流量

图 8-8 中有关项目的计算如下。

① 工薪类收入。

张先生的月薪为 1.3 万元，包含“三险一金”等专项扣除计 2 000 元，减去每月基本减除费用 5 000 元，享受赡养老人、住房贷款利息支出两项“专项附加扣除”共计 2 000 元，2019 年月薪缴纳个人所得税为 2 280 元。月薪个人所得税计算表如图 8-9 所示。

年终奖金 15 万元应纳个人所得税额=150 000 元×个人所得税税率 20%-速率扣除数 1 410 元=1 090 元。

工薪类收入=（13 000 元-2 000 元）×12 月-2 280 元+150 000 元-1 090 元=278 630 元

② 投资收入=基金投资收益 2 万元+股票投资收益-5 万元。

③ 租金收入=酒店式公寓租金 2 000 元/月×12 月。

④ 利用 PMT 函数计算，可得等额本息还款方式下 $50m^2$ 公寓贷款 2019 年的还款额=PMT（5.31%/12,15*12,-400 000）×12=38 737.73 元。

| | A | B | C | D | E | F | G | H | I | J |
|---|---|---|---|---|---|---|---|---|---|---|
| 1 | 个人所得税计算表（2019年） | | | | | | | | | |
| 2 | 时间 | 累计月薪 | 累计减除费用 | 累计专项扣除 | 累计专项附加扣除 | 应纳税所得额 | 适用税率 | 速算扣除数 | 累计预缴预扣税额 | 应交税额 |
| 3 | 1月 | 13,000.00 | 5,000.00 | 2,000.00 | 2,000.00 | 4,000.00 | 3% | - | - | 120.00 |
| 4 | 2月 | 26,000.00 | 10,000.00 | 4,000.00 | 4,000.00 | 8,000.00 | 3% | - | 120.00 | 120.00 |
| 5 | 3月 | 39,000.00 | 15,000.00 | 6,000.00 | 6,000.00 | 12,000.00 | 3% | - | 240.00 | 120.00 |
| 6 | 4月 | 52,000.00 | 20,000.00 | 8,000.00 | 8,000.00 | 16,000.00 | 3% | - | 360.00 | 120.00 |
| 7 | 5月 | 65,000.00 | 25,000.00 | 10,000.00 | 10,000.00 | 20,000.00 | 3% | - | 480.00 | 120.00 |
| 8 | 6月 | 78,000.00 | 30,000.00 | 12,000.00 | 12,000.00 | 24,000.00 | 3% | - | 600.00 | 120.00 |
| 9 | 7月 | 91,000.00 | 35,000.00 | 14,000.00 | 14,000.00 | 28,000.00 | 3% | - | 720.00 | 120.00 |
| 10 | 8月 | 104,000.00 | 40,000.00 | 16,000.00 | 16,000.00 | 32,000.00 | 3% | - | 840.00 | 120.00 |
| 11 | 9月 | 117,000.00 | 45,000.00 | 18,000.00 | 18,000.00 | 36,000.00 | 3% | - | 960.00 | 120.00 |
| 12 | 10月 | 130,000.00 | 50,000.00 | 20,000.00 | 20,000.00 | 40,000.00 | 10% | 2,520.00 | 1,080.00 | 400.00 |
| 13 | 11月 | 143,000.00 | 55,000.00 | 22,000.00 | 22,000.00 | 44,000.00 | 10% | 2,520.00 | 1,480.00 | 400.00 |
| 14 | 12月 | 156,000.00 | 60,000.00 | 24,000.00 | 24,000.00 | 48,000.00 | 10% | 2,520.00 | 1,880.00 | 400.00 |
| 15 | 合计 | | | | | | | | | 2,280.00 |

图 8-9 月薪个人所得税计算表

⑤ 利用 PMT 函数计算，可得等额本息还款方式下 120m$^2$ 住房公积金贷款 2019 年的还款额=PMT（4.85%/12，20×12，-300 000）×12=23 461.11 元。

⑥ 等额本金还款方式下，120m$^2$ 住房商业贷款 2019 年的利息总额=[540 000÷20÷12]×5.81%÷12×（240+239+…+229）=30 655.01 元。

⑦ 等额本金还款方式下，120m$^2$ 住房商业贷款 2019 年本利合计=540 000÷20+30 655.01=57 655.01 元。

⑧ 日常生活支出、交通费用、旅游支出和其他支出根据案例资料整理得出。

3）分析个人/家庭财务比率。

一般情况下，家庭财务比率的计算方法及参考值如表 8-1 所示。

**表8-1 家庭财务比率的计算方法及参考值**

| 项目 | 计算方法 | 参考值 |
|---|---|---|
| 结余比率 | 年结余/年收入总额 | 30% |
| 投资与净资产比率 | （金融资产投资额+实物资产投资额）/ 净资产 | 50% |
| 负债比率 | 负债总额/资产总额 | 50% |
| 偿债支出与收入比率 | 年偿债支出/年收入总额 | 40% |
| 流动性比率 | 现金及现金等价物/每月支出 | 3～6 |

根据张先生家庭 2019 年 12 月 31 日的资产负债表和 2019 年现金流量表，以及家庭财务比率的计算方法，利用 Excel 软件计算该家庭的财务比率、各项支出占全年总支出的百分比，如图 8-10、图 8-11 所示；绘制财务比率及各项支出比率图如图 8-12 所示。

图 8-10 中有关项目的计算公式如下。

结余比率=现金流量表!C12÷现金流量表!B11

投资与净资产比率=（资产负债表!B6+资产负债表!B12）÷资产负债表!E13

负债比率=资产负债表!E10÷资产负债表!B14

负债收入比率=现金流量表!E3÷现金流量表!B11

流动比率=资产负债表!B3÷（现金流量表!E11/12）

图 8-11 中各项支出占全年支出的百分比由现金流量表数据计算得出。

| | A | B |
|---|---|---|
| 1 | 各项财务比率 | |
| 2 | 结余比例 | 2% |
| 3 | 投资与净资产比率 | 72% |
| 4 | 负债比率 | 39% |
| 5 | 偿债支出与收入比率 | 44% |
| 6 | 流动比率 | 11.20 |

图 8-10　财务比率

| 各项支出占全年支出的百分比 | |
|---|---|
| 房屋按揭还贷 | 44.75% |
| 日常生活支出 | 17.92% |
| 交通费用 | 6.72% |
| 旅游支出 | 7.47% |
| 其他支出 | 23.15% |

图 8-11　各项支出占全年支出的百分比

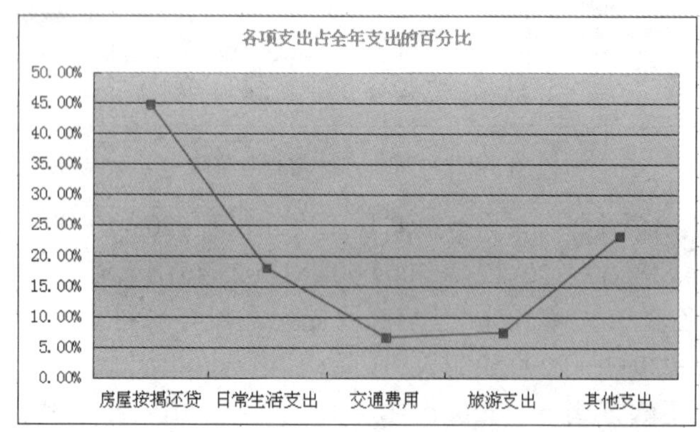


图 8-12　各项支出占全年支出的百分比折线图

依据家庭财务比率的参考值，对张先生家庭的财务比率分析如下。

① 结余比率反映了年结余占年收入总额的比例。张先生家庭的结余比率为 2%，严重低于 30%的正常比率，这说明该家庭每年能够用于未来规划的资金很少。综合考虑张先生家庭的支出状况可知，贷款支出占据家庭支出的主要部分。因此，应当通过调整该家庭的债务结构来减少贷款还款支出，以便筹集子女教育规划和养老规划所需资金。

② 投资与净资产比率反映了金融资产投资与实物资产投资之和占家庭净资产的比例。该家庭的投资与净资产比率为 72%，高于 50%的标准值，结合张先生家庭 11.20 的流动比率，可知其家庭的投资与净资产比率较高并非因为投资资产的良好运用，而是因为债务过重引起净资产过低。因此，应当考虑降低负债金额以优化投资与净资产比率。

③ 负债比率反映了负债总额占资产总额的比例。该家庭的负债比率为 39%，虽然低于 50%的标准值，但是结合家庭各项资产比率、投资与净资产比率和偿债支出与收入比率可知该家庭的投资资产偏高，债务过重，未来面临的财务风险较大。

④ 偿债支出与收入比率反映了年偿债支出占年收入总额的比例。该家庭的偿债支出与收入比率为 44%，高于 40%的标准值，这说明张先生家庭的短期还债能力较弱，家庭年收入近一半的比例用于房屋按揭的还债支出。考虑该家庭没有保险保障规划的安排，一旦家庭收入出现意外，将可能导致短期还债能力急剧下降，以致家庭生活陷入困境。

⑤ 流动比率反映了家庭流动性资产与每月支出的比值，该比值通常介于 3～6 之间较为合理。该家庭 11.20 的流动比率说明其流动性可以支持家庭 11 个月的支出，这对目前张先生家庭的收入情况来说有些偏高，过多的流动性资产也反映了张先生家庭资产的增值能力不足。

此外，在张先生家庭各类资产占总资产的比率中，实物资产占总资产的比率最大，达到了69.02%，而现金及现金等价物却只占总资产的8.42%，这说明当张先生家庭出现意外事故时资产及时变现的能力较差。各资产占总资产的比率如图8-13所示。

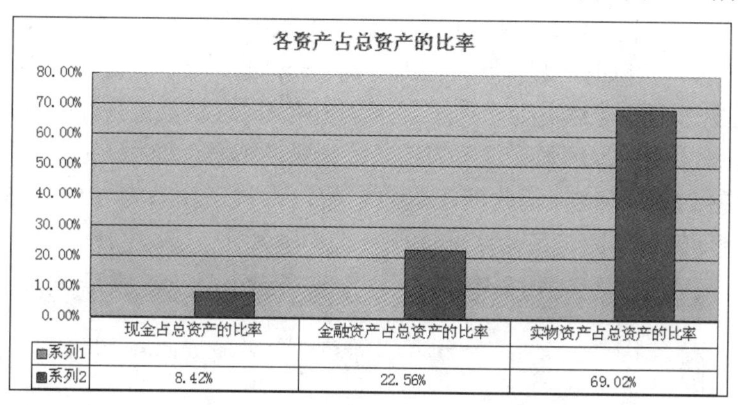


图8-13 各资产占总资产的比率

4）财务状况总体评价。张先生家庭属于收入和支出都较多的中产阶级家庭，虽然家庭收入较多，但由于两处房产的贷款还款支出较大，偿债支出与收入比率过高，导致家庭结余比率很低，未来资金积累困难。此外，过高的偿债支出与收入比率表明张先生家庭未来可能发生债务危机。因此，应当重点对张先生家庭的债务状况进行优化以有效化解未来可能出现的财务危机，并对家庭的保险保障、子女教育和养老需求做出适当的安排。

（2）确定理财规划目标

1）预测未来财务状况。从家庭收入情况来看，该家庭的收入以张先生为主，若张先生就职的公司稳步发展，则其收入在未来仍有较大的提高。然而，家庭收入过于依靠张先生，这也说明该家庭未来承担的风险较大。从支出来看，随着儿子的成长及双方父母年龄的增加，家庭支出将有较大幅度增加；从负债来看，张先生家庭偿债支出与收入比率为44%，表明短期内债务风险较大。随着收入的增加，张先生家庭的投资资产应当根据各项理财目标合理配置。

2）制定分项理财规划目标。根据张先生家庭目前的财务状况、理财需求及对其未来的财务预测，可以分项确定理财规划目标如下。

① 减少偿还贷款本息支出的债务规划。

② 保证家庭资产的适度流动性和增值性。

③ 家庭保险保障计划。

④ 儿子18岁时80万元高等教育资金的足额准备。

⑤ 夫妇二人55岁时200万元退休养老资金的足额准备。

（3）设计分项理财规划方案

1）债务规划。在张先生家庭支出中，两处房产的贷款还款支出占据了很高的比例，这导致家庭每年结余偏低。考虑张先生家庭各项理财目标，若不对债务结构加以调整，则未来可能会导致家庭的债务危机，并且无法进行家庭的保险保障、子女教育和养老规划。基于这种情况，在设计张先生家庭的理财规划方案时应当首先考虑对其家庭债务结构进行优化。

目前，张先生家庭 50$m^2$ 酒店式公寓每月还款额为 3 228.14 元，超过每月租金收入 2 000 元，并且该笔贷款未来可能面临升息压力。因此，建议张先生将公寓住房出售，65 万元的售房款在偿还该笔贷款 34 万元（见图 8-7 有关计算）的未还本息后，还有 31 万元可用于改善家庭财务状况及未来理财规划。同时，考虑张先生未来收入将逐渐增加，而短期内支出压力较大。因此，建议张先生与银行商议将 120$m^2$ 自住房的 540 000 元商业贷款的还款方式由等额本金法改为等额本息法，这笔贷款的未还本金为 513 000 元，贷款利率保持 5.81%不变，还款期还剩 19 年，每月还款额为 PMT（5.81%/12,19×12, 513 000）=-3 720.79 元，具体计算过程如图 8-14 所示。

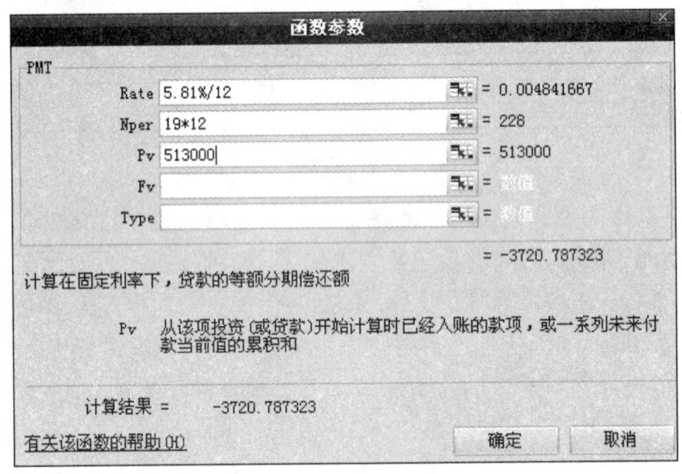


图 8-14 每月还款额的计算

经债务规划后，张先生家庭每月共需还贷款 5 675.88 元（120$m^2$ 自住房的公积金贷款每月还款额 1 955.09+商业贷款每月还款额 3 720.79 元），全年还款额为 68 110.56 元，比规划前的 119 853.85 下降 51 043.29 元，从而为家庭的保险保障、子女教育和养老规划所需资金提供来源。

2）现金规划。一般来说，家庭需要留出每月支出的 3～6 倍的现金及现金等价物作为日常储备。因此，建议张先生家庭持有 5 万元的现金及现金等价物以准备三个月左右的包括房产还贷支出在内的各项支出所需。其中，保留活期存款 2 万元，其余 3 万元用于购买货币市场基金作为现金等价物，以便在保证资金流动性的基础上获取更高的投资收益。另外，将 11 万元的活期存款投资平衡型基金。

3）保险保障计划。保险是家庭及个人风险的最佳转移途径。根据保险“双十原则”，家庭或个人每年的保费支出一般不超过年收入的 10%，而保额应为年收入的 10 倍。在该家庭中，张先生是唯一的经济支柱，但却没有设计相关的商业保险规划，一旦发生意外事故或因疾病而失能，将导致家庭生活陷入困境。因此，建议张先生夫妇每年拿出家庭收入的 10%即 20 000 元用于家庭保障计划。其中，张先生作为家庭主要收入来源，其保险额度必须充分考虑到家庭成员的生活支出及偿还债务的需要。张先生、张太太及其儿子的保费比例可以按照 6∶3∶1 支出，可以考虑为张先生购买 20 年定期寿险，此外还可购买意外险与附加住院医疗的健康险；张太太可以考虑购买寿险、意外与健康险，而儿子因为年龄较小，发生意外和疾病的可能性较大，建议给其购买意外险与住院医疗保险。

4）子女教育规划。张先生的儿子年龄虽然较小，但考虑到张先生打算让儿子出国接受高等教育，因此需要提早准备教育金。鉴于教育支出的时间刚性和费用刚性，假设该项投资的报酬率为 5%。

建议张先生把股票投资的 15 万元变现作为子女教育金的启动资金，18 年中每年再投入 PMT（5%,18,−150 000,800 000）=−15 605.04 元，即可在儿子上大学时积累到 80 万元的高等教育金，具体计算过程如图 8-15 所示。教育金的投资应当充分考虑其稳健性，可以构建一个债券型基金和保本型银行理财产品的投资组合。

5）退休养老计划。张先生计划 55 岁退休，以生存至 85 岁计，夫妇二人预计需要准备 200 万元退休养老金。将活期存款 9 万元、出售酒店式公寓剩余所得 31 万元共计 40 万元作为启动资金，构建以平衡型基金、股票型基金和指数基金组成的投资组合，基本可以保证平均每年 7%的投资报酬率。这笔资金要想在 20 年后张先生 55 岁退休时积累到 200 万元，每年还需投入资金=PMT（7%,20,−400 000,2 000 000）=11 028.68 元，具体计算过程如图 8-16 所示。

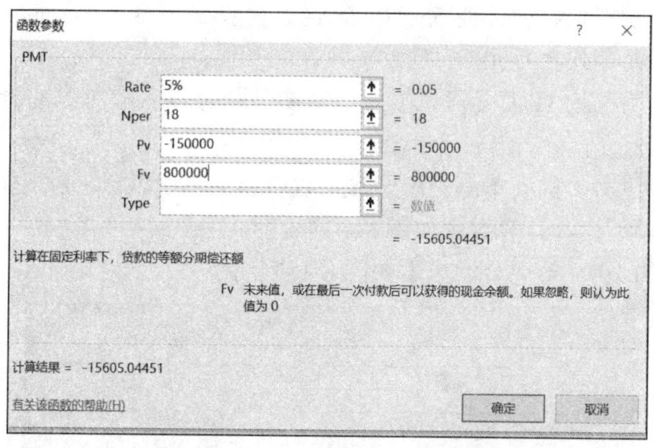


图 8-15 教育金投入的计算

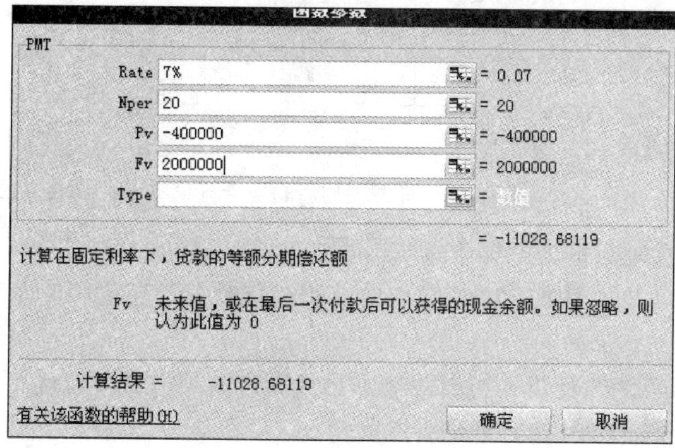


图 8-16 养老金投入的计算

（4）编制理财规划后的资产负债表和现金流量表

理财规划后的 2019 年 12 月 31 日的资产负债表如图 8-17 所示。

| 资产负债表 | | | | |
|---|---|---|---|---|
| 资产 | 金额 | 负债与净资产 | | 金额 |
| 现金与现金等价物 | 50,000.00 | 负债 | | 803,887.68 |
| | | 住房贷款 | | 803,887.68 |
| | | 120平米住房 | 公积金贷款 | 290,887.68 |
| 其他金融资产 | 1,180,000.00 | | 商业贷款 | 513,000.00 |
| 教育、养老规划启动基金 | 550,000.00 | | | |
| 债券 | 200,000.00 | | | |
| 基金 | 430,000.00 | | | |
| 实物资产 | 1,400,000.00 | 负债总计 | | 803,887.68 |
| 自住房 | 1,200,000.00 | | | |
| 机动车 | 200,000.00 | 净资产 | | 1,826,112.32 |
| 资产总计 | 2,630,000.00 | 负债与净资产总计 | | 2,630,000.00 |

图 8-17　理财规划后的资产负债表

以 2019 年 12 月 31 日为时间基准点，图 8-17 中有关项目的说明如下。

① 现金及现金等价物 50 000 元，其中，经现金规划后保留活期存款 20 000 元，购买货币市场基金 30 000 元。

② 教育、养老规划启动资金 55 万元来自出售股票所得 15 万元、出售酒店式公寓所得 31 万元及活期存款 9 万元。

③ 剩余的活期存款 11 万元可以投资于平衡型基金以获取更高的投资收益，加上原有的基金投资 32 万元，共计 43 万元。

④ 债券、自住房、机动车等资产金额，以及自住的 $120m^2$ 住房的公积金贷款及商业贷款的负债金额不变，计算过程如图 8-7 的说明。

理财规划后的 2019 年现金流量表如图 8-18 所示。

| 现金流量表 | | | | |
|---|---|---|---|---|
| 年收入 | 金额 | 年支出 | | 金额 |
| | | 房屋按揭还贷 | | 68,110.56 |
| 工薪类收入 | 278,630.00 | 120平米住房 | 公积金贷款 | 23,461.11 |
| | | | 商业贷款 | 44,649.45 |
| | | 日常生活、交通支出 | | 66,000.00 |
| | | 旅游支出 | | 20,000.00 |
| | | 保险规划支出 | | 20,000.00 |
| | | 教育规划支出 | | 15,605.04 |
| | | 养老规划支出 | | 11,028.68 |
| | | 其他支出 | | 62,000.00 |
| 收入总计 | 278,630.00 | 支出总计 | | 262,744.28 |
| 年结余 | | | | 15,885.72 |

图 8-18　理财规划后的现金流量

图 8-18 中有关项目的说明如下。

① 工薪类收入和自住的 $120m^2$ 住房的公积金贷款每年还款额的计算说明，如图 8-8 所示。

② 利用 PMT 函数计算，可得等额本息还款方式下 $120m^2$ 自住房年还款额=PMT (5.81%/12,19*12,−513 000)*12=44 649.45 元。

③ 日常生活支出、交通支出、旅游支出和其他支出不变。

④ 保险规划支出为每年 2 万元。

⑤ 教育规划和养老规划年支出的计算分别如图 8-15 和图 8-16 所示。

（5）对比分析理财规划前后家庭的财务状况

对理财规划前后张先生家庭的财务状况变化具体分析如下。

1）各项支出的变化。在理财规划前，张先生家庭的支出主要用于支付房屋贷款，占总支出的 44.75%，这笔支出使得张先生家庭不能在其他方面有很大的开支，不能让其享受很好的生活品质。而在理财规划后，张先生家庭的支出比率发生了很大的变化，虽然房屋贷款仍然占最大比率，但比率却缩小了 18.83%，使张先生家庭的债务压力得到化解，生活质量得以提高。同时，在家庭支出中增加了保险支出，这一项支出将使张先生家庭在遇到紧急状况时不至于使生活陷入困境。此外，还根据该家庭的理财需求增加了子女教育规划支出和退休养老规划支出，使张先生家庭的支出情况得到明显的改善，而且呈现出多元化的支出模式。这样一来，既化解了家庭出现突发状况时的危机和压力，又充分考虑了未来孩子教育经费和自身养老经费的足额准备问题。

理财规划前后各项支出占总支出的比率对比如表 8-2 和图 8-19 所示。

**表8-2　理财前后各项支出占总支出的比率对比**

| 项目 | 理财后比率/% | 理财前比率/% |
|---|---|---|
| 房屋按揭还贷 | 25.92 | 44.75 |
| 日常生活及交通支出 | 25.12 | 24.64 |
| 旅游支出 | 7.61 | 7.47 |
| 保险规划支出 | 7.61 | |
| 教育规划支出 | 5.94 | |
| 养老规划支出 | 4.20 | |
| 其他支出 | 23.60 | 23.15 |

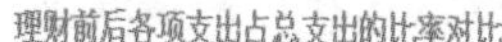


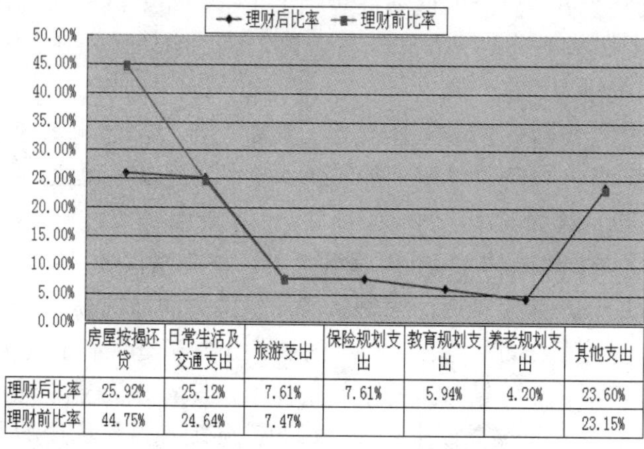


图 8-19　理财前后各项支出占总支出的比率对比

2）各项财务指标的变化。理财规划前后各项财务比率的对比如表 8-3 和图 8-20 所示。

表8-3　理财规划前后各项财务比率的对比

| 时期 | 财务比率/% | | | | |
|---|---|---|---|---|---|
| | 结余比率 | 投资与净资产比率 | 负债比率 | 负债收入比率 | 流动比率 |
| 理财前 | 2 | 72 | 39 | 44 | 11.20 |
| 理财后 | 6 | 65 | 31 | 24 | 2.28 |

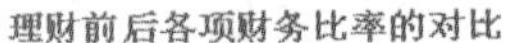


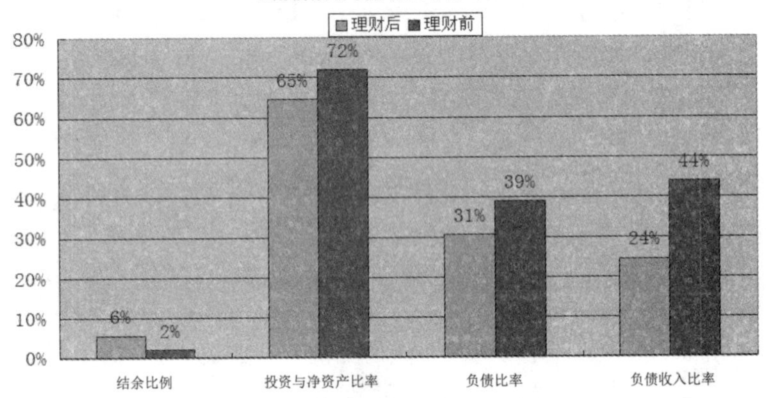


图 8-20　理财前后各项财务比率的对比

对各项财务指标之间的变化分析如下。

① 结余比率从 2%增长到 6%，若加上保险支出、教育规划支出和养老规划支出，则结余比率达到 22.44%，接近 30%的参考值。这说明张先生家庭用于未来规划的资金增加，为张先生夫妇的养老规划和子女的教育规划提供了资金保障，随着理财计划的逐年实施，张先生家庭的结余比率将会保持稳定状态。

② 投资与净资产比率也有所改善，从严重高于参考值的 72%下降到 65%，这说明张先生家庭的投资资产占净资产的比率逐步趋于正常，家庭财务状况较为稳定。

③ 负债比率由 39%降为 31%，低于参考值，这说明理财规划后张先生家庭的债务压力降低，财务状况较为稳定。

④ 负债收入比率从 44%下降到 24%，低于参考值，这说明张先生家庭的短期还债能力得到很大提高，加之保险保障规划的实施，使得家庭在出现意外状况时不会出现较大的财务危机，可以从容面对。

⑤ 流动比率从严重偏高的 11.20 下降到 2.28，在参考值 3～6 范围内，说明张先生家庭对流动性资产的管理趋于理性，家庭资产增值能力明显提高。

从以上各项指标的变化可以看出，在不突破张先生家庭现有的财务资源和以后年份中持续增加的财务资源（即年结余）的限制条件下，其财务状况得到优化，财务指标接近参考值标准，家庭资产的综合收益率较为理想，各项理财目标均能实现。

## 习　题　八

1. 分析设计家庭理财方案的目标和流程。
2. 总结归纳设计家庭理财方案所使用的 Excel 软件功能。

## 术 语 积 累

| | | |
|---|---|---|
| 个人/家庭理财方案 | 个人/家庭资产负债表 | 个人/家庭现金流量表 |
| 个人/家庭财务比率 | 个人/家庭财务状况 | 个人/家庭财务预测 |
| 理财需求 | 理财目标 | 现金规划 |
| 保险保障规划 | 债务规划 | 子女教育规划 |
| 退休养老规划 | 图表处理 | |

# 参 考 文 献


韩良智，2015. Excel 在财务管理中的应用[M]. 北京：清华大学出版社.

李艳丽，罗瑞雪，杨婷，2017. Excel 在财务中的应用（Excel 2013 版）[M]. 武汉：武汉大学出版社.

企业会计准则编审委员会，2019. 企业会计准则案例讲解[M]. 上海：立信会计出版社.

张敦力，李银香，马光华，2019. Excel 在财务管理中的应用[M]. 北京：中国人民大学出版社.

中华人民共和国注册会计师考试委员会办公室，2018. 财务成本管理[M]. 北京：经济科学出版社.